Annie Somerville

Das große grüne Kochbuch

Annie Somerville

Das große grüne Kochbuch

288 Rezepte für alle Jahreszeiten

Aus dem Amerikanischen von Susanne Bunzel
Illustrationen von Cynthia Schafer

EDITON SPANGENBERG
BEI DROEMER

Die amerikanische Originalausgabe erschien unter dem Titel »Fields of Greens.
New Vegetarian Recipes from the Celebrated Greens Restaurant« bei
Bantam Books, New York
Copyright © der deutschen Ausgabe Droemersche Verlagsanstalt Th. Knaur Nachf.,
München 1998
Copyright ©1993 by Annie Somerville
Umschlaggestaltung: Agentur ZERO, München
Satz: Ventura Publisher im Verlag
Druck und Bindung: Franz Spiegel Buch GmbH, Ulm
Printed in Germany
ISBN 3-426-27064-1

5 4 3 2 1

Dieses Buch ist Shunryu Suzuki Roshi gewidmet,
der ein kleines Samenkorn des Buddhismus
in Amerika pflanzte

Inhalt

Einführung

»Greens« ist ein namhaftes vegetarisches Restaurant in San Francisco. Im geschäftigen Treiben bunter Märkte, in liebevoll bestellten Gemüsegärten, in den weiten Feldern der Green Gulch Farm – überall dort, wo frisches Gemüse, Obst und Kräuter angebaut werden und unter lebhafter Kommunikation den Besitzer wechseln, ist der Geist unserer Art zu kochen zu Hause. Diese Art zu leben und zu arbeiten ist für uns eine stetige Quelle der Inspiration.

Seit der Eröffnung von Greens Restaurant haben wir eng mit den Gärtnern auf der Green Gulch Farm zusammengearbeitet und die Pflanzung von zartem Salat und Blattgemüse, von Spinat und Kürbissen, von Kartoffeln und Kräutern diskutiert, die wir in der folgenden Saison anbieten wollten. Ein Spaziergang durch die Felder von Green Gulch bis zum Pazifik ist ein Fest für die Sinne: Salat und Radicchio recken ihre glänzenden Köpfe der Sonne entgegen, duftender Thymian steht in voller Blüte, während in der Luft der Geruch von Pfefferminze liegt und der zitronige französische Sauerampfer das Treibhaus zu überwuchern droht, wenn wir ihn nicht bald verarbeiten. Wir beziehen unser Gemüse nun schon seit vielen Jahren von dieser Farm, die in einem kühlen Tal an der Pazifikküste liegt, und tun das immer mit der Einstellung, daß wir zurückgeben, was wir genommen haben.

Wenn Sie Ihren eigenen Gemüsegarten bestellen oder am frühen Morgen auf den Bauernmarkt gehen, erleben Sie das gleiche Gefühl von Reichtum und Überfluß. Sie entdecken gartenfrisches Gemüse, das Sie sonst nur selten in einem Supermarkt auftreiben werden. Wenn es in Ihrer Gegend keinen Bauernmarkt gibt, sollten Sie nach einem Markt Ausschau halten, der wirklich frisches Gemüse verkauft, und sich auch einmal das Angebot in internationalen Spezialitätengeschäften ansehen. Die Kastentexte, die wir quer über das ganze Buch verstreut haben, geben Aufschluß über besonders interessante Gemüsesorten, die eigens aufzuspüren sich lohnt. In einem Kapitel berichten wir über den biologischen Gartenbau auf der Green Gulch Farm und wollen Ihnen damit Anregungen geben. Selbst wenn Sie weder die Zeit noch den Platz für einen ganzen Küchengarten haben, können Sie Ihre Lieblingskräuter oder Blattsalate in Blumenkästen ziehen. Damit bringen Sie Frische in Ihre Küche.

Unser unverwechselbarer Kochstil wurde von Deborah Madison, der Gründerin des Greens Restaurant, geprägt. Obwohl sich unsere Gerichte im Laufe der Jahre weiterentwickelt haben, bleibt ihre kreative Inspiration doch das Herzstück unserer Küche. Wir kombinieren das frischeste Saisongemüse mit Nudeln, Hülsenfrüchten und Getreide. Selbst die einfachsten Zutaten werden sorgfältig und aufmerksam zubereitet. Unsere Rezepte sind heute leichter und kommen mit weniger Sahne und Butter aus. Obwohl Milchprodukte und Eier nach wie vor eine bedeutende Rolle spielen, verwenden wir sie in zurückhaltenderem Maße als noch vor einigen Jahren. Zum Sautieren nehmen wir hauptsächlich Olivenöl, doch wenn es auf den besonderen Geschmack ankommt, greifen wir natürlich zu Butter. Bei den meisten Gerichten liegt unser Hauptaugenmerk auf dem Geschmackserlebnis, doch den letzten Touch mit Salz, Pfeffer und Essig überlassen wir Ihnen.

Wir verwenden keine überkandidelten Zutaten, sondern achten lieber auf Frische und erstklassige Qualität. Wenn Sie Ihre Vorratsschränke mit einigen guten Ölen und Essigen, getrockneten Pilzen und Chillies, getrockneten Tomaten, Oliven und Kapern bestücken, dann ist dies zunächst einmal teuer – doch bereits eine kleine Dosis von diesen feinen Zutaten veredelt Ihre Speisen, so daß sich die Anschaffung lohnt. Käse macht da keine Ausnahme: Es besteht nun einmal ein himmelweiter Unterschied zwischen einem gut gereiften Parmesan oder Provolone oder dem Gummikäse aus dem Supermarkt. Pinienkerne kosten ein kleines Vermögen, doch für die meisten Gerichte genügt bereits ein Eßlöffel davon. Kaufen Sie nur frische Pinienkerne und bewahren Sie diese dann im Gefrierschrank auf.

Mit unseren Festmenüs für jede Jahreszeit möchten wir Ihnen bei der Planung von besonderen Menüs helfen und hoffen, daß diese Ihren Gaumen inspirieren. Die aufwendigen Gerichte wie Lasagne, Gebäck aus Filloteig und einige Eintöpfe benötigen lange Zubereitungszeiten, worauf wir in der Einleitung zu den jeweiligen Rezepten hinweisen. Machen Sie eines von diesen aufwendigen Gerichten zum Mittelpunkt des Mahls und kombinieren Sie einfachere Gerichte dazu – so sparen Sie eine Menge Zeit. Mit dem Kapitel über Weine möchten wir Ihnen bei der Auswahl von passenden Weinen zu vegetarischen Gerichten helfen.

Ein Salat aus verschiedenen Gemüsesorten, Hülsenfrüchten oder Getreide bildet fast immer einen guten Auftakt zu einem Mahl, und die meisten unserer Salate können Sie bereits im voraus zubereiten. Nudeln und Risotto schmecken köstlich, wenn Sie einen grünen Blattsalat, ein Antipasto oder frisch bzw. im voraus gegrilltes Gemüse dazu reichen. Ein herzhafter Eintopf gibt schon allein eine ganze Mahlzeit ab, wenn Sie Basmatireis, Kuskus oder Polenta dazu servieren. Die meisten Eintöpfe, Suppen und Gerichte aus Hülsenfrüchten und Getreide schmecken sogar noch besser, wenn sie am nächsten Tag aufgewärmt werden – kochen Sie also gleich ein bißchen mehr! Frisches und voll ausgereiftes Obst ist ein wunderbarer Nachtisch – vor allem dann, wenn Sie keine Zeit haben, eigens ein Dessert zuzubereiten. Servieren Sie eine Schüssel Pfirsichstücke und Beeren mit Englischer Creme oder einem Klecks Himbeerpüree. Unsere Desserts sind einfach und auf ihre Art doch elegant und können großenteils im voraus zubereitet werden.

Die meisten Kochbücher, die von Restaurants veröffentlicht werden, bereiten Hobbyköchen, die kein Personal und keine professionell eingerichtete Küche zur Verfügung haben, Schwierigkeiten. Nicht so unser Kochbuch. Wir testeten die Rezepte bei mir zu Hause, einem lustigen kleinen Häuschen in einer Seitenstraße von North Beach, dem Italienerviertel von San Francisco. Meine Küche ist bescheiden und altmodisch eingerichtet: ein luftiger Raum mit einem alten, vierflammigen Gasherd und einem einzigen Backofen und zwei Arbeitstischen. An Arbeitsgerät standen uns ein Satz Edelstahltöpfe und -pfannen, eine Küchenmaschine und ein alter Mixer, ein Zitrusschäler, einige scharfe Messer und ein Pizzastein zur Verfügung. Natürlich hatten wir auch jede Menge Schüsseln, Meßbecher usw., aber Sie brauchen eben nicht die neueste Profiküche, um unsere Rezepte nachzukochen.

Die Gerätschaften in der offenen, lichterfüllten Küche des Greens Restaurant zeigen die Spuren jahrelangen Gebrauchs, doch unsere Art der Zusammenarbeit bringt Glanz in unsere Küche. Der Blick vom Lieferanteneingang ist schlichtweg atemberaubend: Direkt gegenüber liegt Angel Island, und draußen auf der Bay ziehen Pelikane ihre Bahnen. Morgens werden allerlei Obst und Gemüse und frische Kräuter angeliefert, an warmen Frühlings- und Sommernachmittagen schälen wir hier unsere Puffbohnen und Erbsen oder entblättern den süßen Sommermais.

Das Greens Restaurant gibt es nun schon rund fünfzehn Jahre, und viele Leute kamen durch unsere Holztüren: Kunden, Personal und jede Menge Freunde. Das Haus hat eine starke Ausstrahlung. Ich habe oft behauptet, das Greens besitze ein Eigenleben. Im großzügigen, offenen Speisesaal mit den raumhohen Fenstern geht es lebhaft zu. Menschen aller Altersgruppen und Lebensanschauungen kommen hier zusammen, um ein besonderes Ereignis zu feiern oder sich an einer einfachen Mahlzeit zu erfreuen. Wir hoffen, daß unsere Küche den Geschmack von Frische vermittelt und unserer geschäftigen, aber unsicheren Welt etwas entgegensetzt: einen Salat oder ein Gemüse, das Sie nie zuvor probiert haben, ein neues Gericht, das Sie gleich wieder kosten möchten oder, besser noch, ein Gericht, das Ihnen so gut geschmeckt hat, daß Sie es zu Hause nachkochen wollen.

Biologischer Gartenbau auf der Green Gulch Farm

von Wendy Johnson

Im Frühjahr leuchten die Felder der Green Gulch Farm des Zen Centers (sie liegen in einem Tal der Marin Headlands nördlich von San Francisco) in allen Grüntönen. Das weiche Blaugrün der frischen Puffbohnenblätter, das dunkle Tannengrün der wilden Brennesseln, das blasse, durchscheinende Gelbgrün des Kopfsalats verweben sich zu einem Teppich, der sich bis zum Pazifik erstreckt. Von diesen üppigen Feldern ernten wir Biogemüse für das Restaurant Greens, für unsere Meditationszentren, unsere Küchen und für die Märkte in der Umgebung.

Wenn an der nordkalifornischen Küste der Sommer beginnt, ernten wir vierzehn verschiedene Sorten Kopfsalat, dunklen Blattspinat, burgunderroten Radicchio und die ersten neuen Kartoffeln. Die zarten Weiß-, Rot- und Violettöne der mehrjährigen Blumen verschwinden beinahe hinter den grellbunten Farben der einjährigen Blüten. Löwenmaul, Glockenblumen, die nach Nelken duftenden Levkojen und die Lotus-dahlien beherrschen den Sommergarten mit ihrem leuchtenden Rosa, ihrem kräftigen Orange und dunklen Rot. Im Herbst sind die Felder unserer Farm übersät mit Kürbissen aller Art, Kartoffeln und riesigen, kugelrunden Beten, deren rote Schultern bereits aus dem Boden hervorragen. Blattsalate gedeihen weiter bis ins nächste Jahr hinein, doch bereits zuvor sehen wir die Früchte des Winters: jungen Lauch, Knoblauch, Brokkoli, Grünkohl, Blumenkohl und Weißkohl in geordneten Reihen.

Die Farmer des Zen Centers begannen im Frühjahr 1972, den nährstoffreichen Schwemmlandboden der Green Gulch Farm zu bestellen. Von Anfang an herrschte hier eine enge Verbindung von Küche und Garten. Wir können uns glücklich preisen, so hervorragende Lehrmeister zu haben wie den aus England stammenden Garten-bauer Alan Chadwick und den Yurok-Indianer Harry Roberts, der Lehrer und Botaniker ist. Diese Mentoren lehrten uns die Bedeutung von biologischem Garten-bau – weil es besser schmeckt und weil der Boden dabei nicht zerstört wird.

Auf den folgenden Seiten wollen wir Ihnen Lust auf einen eigenen Küchengarten machen. Über das ganze Buch verstreut finden Sie Kästen mit Informationen zum Anbau vieler Kräuter und Gemüse – die bekannten Sorten und einige ungewöhnliche Spielarten, die wir zu schätzen gelernt haben. Unser Hauptaugenmerk liegt auf Pflanzen, die gartenfrisch einfach unvergleichlich besser schmecken oder die Sie kaum in Ihrem Supermarkt bekommen werden.

Auswahl

Fangen Sie zunächst einmal klein an, wenn Sie noch keine Erfahrung besitzen. Auf diese Weise können Sie Ihren Garten schrittweise mit Ihren Kenntnissen erweitern. Beginnen Sie mit ein paar Mittelmeerkräutern auf der Fensterbank: Rosmarin, Thymian und Majoran. Bereits einige wenige mehrjährige Kräuter verleihen Ihrer Küche Jahr für Jahr einen Hauch von Frische. Eine oder zwei gesunde Mangoldpflanzen versorgen Sie über viele Monate hinweg mit zartem Blattgemüse. In einem großen Pflanztrog können Sie sogar ein kleines Zitronenbäumchen oder einen Zwergapfel ziehen. Setzen Sie um den Baum herum ganzjährigen Kopfsalat, der dann an riesige Rosen erinnert. Wenn Sie keinen Garten und keine Terrasse besitzen, können Sie den Zitronenbaum auch im Zimmer vor ein großes sonniges Fenster stellen.

Auf einem kleinen Beet im Garten lassen sich verschiedene Basilikumsorten und mehrere Tomatenarten anpflanzen, mit denen Sie dann köstliche Sommersalate für Picknicks und Parties zubereiten können. Wenn Sie auf einem 4 x 1 Meter großen Beet im Frühjahr Zuckererbsen, Kopfsalat und Spinat säen, können Sie dort im Spätsommer Winterkarotten, Grünkohl, Brokkoli und Friséesalat einsetzen. Säen Sie in den Ecken Ihres Gartens verschiedene eßbare Blumen: Borretsch, Ringelblume und Veilchen verschönern Garten und Tisch.

Einjährige Kräuter (die Sie jedes Jahr neu pflanzen müssen) sind unkompliziert, aber lohnend. Viele Sorten bekommen Sie in keinem Supermarkt, und die, die es gibt, sind meist schon verwelkt. Koriandergrün, Kerbel und Rauke passen gut zusammen. Legen Sie einen Blumenkasten mit Ihren Lieblingskräutern an, und säen Sie jeden Monat nach, damit Sie soviel wie möglich davon haben.

Mehrjährige Mittelmeerkräuter gedeihen in mildem Klima unter den Wachstumsbedingungen ihrer Heimatregion: Sie brauchen Sonne, Wärme und leichten, durchlässigen Boden. Binden Sie kleine Kräutersträußchen und schenken Sie sie Ihren Freunden und Bekannten.

Kleines Garten-Einmaleins

Bodenbearbeitung

Die meisten Pflanzen gedeihen in einem lockeren Boden, der »atmet«, in dem die Luft zirkuliert, tiefe Wurzeln gedeihen können und der gut entwässert wird. Guter Gartenbau beginnt mit der Lockerung der Humusschicht, bei der man große Steine und Wurzeln entfernt und darauf achtet, daß der Humus nicht untergegraben wird. Eine Grabgabel ist ein hervorragendes Gerät zur Bodenbearbeitung, weil Sie damit die Bodenschichten nicht durcheinanderbringen. Im Frühjahr kann der Boden umgegraben werden, sobald ein Häufchen Erde in Ihrer Hand zerbröselt und weder zu naß noch zu trocken ist. Wenn Sie Tröge bepflanzen, achten Sie darauf, daß die Erde locker und fein ist und jede Menge organische Stoffe enthält. Offenen, lockeren Boden schützt man am besten mit einer feinen Schicht organischen Mulchs wie verrottetem Heu oder Kompost. Sobald Sie den Boden bearbeiten, wird Ihnen Ihr Garten schon sagen, was Sie zu tun haben.

Düngen

In den Küchen und auf den Feldern der Green Gulch Farm fällt ständig Biomüll an. Ich sehe es gern, wenn unsere Küchenabfälle zu Gartenkompost »recycelt« werden. Humus, das Endprodukt der Kompostierung, kann neunmal mehr Wasser aufnehmen und speichern als Sand, wärmt den Boden im Frühjahr, birgt eine Vielzahl von Bodenorganismen, führt zu besserer Sauerstoffverwertung und regt die Zuckerbildung in den Pflanzen an.

Sie düngen Ihren Garten außerdem, indem Sie Düngepflanzen säen, die zu Beginn einer neuen Gartensaison in die Erde gepflügt werden. Diese Methode der Nährstoffzufuhr empfiehlt sich bei jeder Gartengröße. Eine Frühjahrsaussaat von blühendem Buchweizen auf einem schlafenden Gemüsebeet sieht außerdem hübsch aus. Saatgut für Buchweizen, eine stark phosphorhaltige Pflanze, bekommen Sie in Bioläden oder Reformhäusern. Streuen Sie die Samen großzügig über das Beet und rechen Sie sie ein. Nach etwa acht Wochen können Sie den Buchweizen wieder in die Erde pflügen und haben damit ein nährstoffhaltiges Beet für Ihr Sommergemüse. Andere wertvolle Düngepflanzen sind Puffbohnen, Wicken sowie Luzerne und verschiedene Zierklee-arten. Wenn Sie Ihren Boden weiter anreichern wollen, eignen sich Bioprodukte wie Hornspäne und Steinmehl.

Bewässern

Am wirksamsten bewässern Sie Ihren Garten, wenn Sie jede einzelne Pflanze mit einem Gartenschlauch gießen. Hier bei uns in Kalifornien muß man mit Wasser äußerst sparsam umgehen. Einen kleinen Garten von Hand zu bewässern ist sparsam, außerdem sehen Sie dabei gleich, was in Ihrem Garten alles vor sich geht. Gießen Sie am frühen Morgen. Tagsüber wirken Wassertropfen auf den Blättern wie Brenngläser und verbrennen die Pflanze. Wenn die Nächte nicht sehr warm und trocken sind, sollten Sie abends auch nicht gießen – die Pflanzen werden sonst anfällig für Schimmel und Pilzbefall.

Wenn Sie keinen Schlauch haben oder Ihr Garten in der Wohnung liegt, tut's auch ein Gießkanne, mit der Sie langsam und gleichmäßig bewässern können. Wenn Sie in größerem Maßstab gärtnern, eignet sich Tröpfchenbewässerung am besten, weil dabei die Wurzelregion langsam und gleichmäßig mit Wasser versorgt wird. Achten Sie auch auf den unterschiedlichen Wasserbedarf Ihrer Pflanzen.

Ungeziefer und Unkraut

Ein sorgfältig vorbereiteter und gedüngter Garten, der umsichtig bewässert wird, bringt gesunde Pflanzen hervor. Kräftige Pflanzen sind gegenüber Insekten und Krankheiten weitaus weniger anfällig. Viele beliebte Pflanzensorten sind von Natur aus widerstandsfähig: Manche Insekten richten nur oberflächliche und kleine Schäden an. Und bei ernsteren Problemen gibt es Biolösungen.

Ich gehe mein Unkrautproblem auf eher unkonventionelle Weise an. Ich halte nichts von einem Garten, in dem überhaupt kein Unkraut gedeiht. Unkraut steht schließlich auch für eine gesunde und fruchtbare Umgebung, und viele Arten von Unkraut düngen sogar den Garten, wenn sie vor der Samenbildung in den Boden gepflügt werden. Wenn Sie das Unkraut allerdings überhand nehmen lassen, dann nimmt es Ihren Pflanzen die Feuchtigkeit und Nährstoffe weg, die sie brauchen. Jäten Sie also regelmäßig und schützen Sie vor allem die einjährigen Pflanzen: Junger Kopfsalat, die ersten Radieschen und zarte Karotten gedeihen am besten in einem sorgfältig gejäteten Beet.

Aussaat und Pflanzung

Auf der Green Gulch Farm gehört die Samenzucht zu unseren Lieblingsbeschäftigungen. Einmal zogen wir siebzig verschiedene Blumenarten aus Samen, die wir aus der ganzen Welt zusammengetragen hatten. Als Anfänger kaufen Sie sich besser Setzlinge aus einer Gärtnerei in Ihrer Umgebung. Jeder angehende Gärtner sollte aber trotzdem ein paar Pflänzchen aus Samen ziehen, und sei es nur, um das geheimnisvolle Erwachen einer Pflanze aus einem kleinen Samenkorn zu erleben. Zarte grüne Bohnen sind ideal, sie können leicht aus einem Samen gezogen werden, man kann sie jedoch nicht umpflanzen. Sie mögen direkte Sonne und lockeren Boden mit viel organischem Dünger. In San Francisco säen wir die Bohnen Anfang Mai und ernten Mitte Juli. Wenn die Ernte geschmacklich besonders intensiv ausfällt, können Sie einige Bohnen am Busch reifen lassen und die getrockneten Samen für das nächste Jahr aufheben.

Sowohl bei der Aussaat als auch beim Setzen von jungen Pflanzen folgen wir dem Mondkalender, nach dem sich die Bauern seit Beginn des Ackerbaus richten. Wir säen Samen »im hellen Mondlicht«, d. h. im Zeitraum zwischen zwei Tage vor Neumond bis zwei Tage vor Vollmond, wenn das stärkste Wachstum zu verzeichnen ist. »Bei abnehmendem Mond«, also zwischen Vollmond und Neumond, pflanzen wir um, denn das ist die rechte Zeit für die Entwicklung der Wurzeln und das Wachstum unter der Erde. In der dunklen Mondphase, Anfang Herbst, teilen und beschneiden wir unsere mehrjährigen Pflanzen.

Aufzeichnungen

Führen Sie genau Buch über Ihre Erfahrungen beim Pflanzen und Pflegen Ihres Gartens. Erinnern Sie sich an die Pflanzen, die Ihnen besonders zusagen, und schreiben sie auf, wie sie gedeihen und was sie brauchen. Legen Sie sich im Lauf der Jahre eine umfangreiche Sammlung von »Garten- und Pflanzrezepten« an.

Stellen Sie Fragen

Fragen Sie Leute aus der Gegend, wenn Sie Informationen über Ihren Garten benötigen. Ältere Nachbarn oder Bauern können Sie oft mit unschätzbar wertvollen Tips zu Boden und Klima versorgen, sie wissen, wann es den ersten und den letzten Frost gibt, wie lange die Pflanzsaison dauert, wann man die ersten Pflanzen aussetzen kann, wie es mit dem Wasser steht und wo es Düngemittel gibt, welche Schädlinge die Gärten befallen, was man dagegen tut und noch vieles mehr. Trauen Sie sich auch ruhig einmal, mit den Besitzern eines besonders schönen Gartens über deren Prachtstück zu reden. Die Erfahrungen auf der Green Gulch Farm haben uns gelehrt, Fragen zu stellen und die Konsequenzen unseres Tuns genau zu beobachten. Der Gründer des Zen Centers, Shunryu Suzuki Roshi, lehrte uns, die unvoreingenommene und aufgeschlossene Einstellung eines Anfängers sei unser wertvollstes Kapital: »Im Geiste eines Anfängers gibt es Raum für viele Möglichkeiten, doch im Geiste eines Experten nur wenige.« Deshalb möchte ich Sie auffordern, beim Gärtnern und Kochen Ihren unvoreingenommenen »Anfängergeist« zu bewahren. Seien Sie bereit, aus allem, was Sie tun, zu lernen. Hören Sie genau hin, wenn der Garten zu Ihnen spricht.

Im Zen Center und auf der Green Gulch Farm kochen und gärtnern wir gemeinsam, weil uns diese Lebensweise gefällt. Wir haben uns dem guten Geschmack und der Pflege unserer Umwelt verschrieben, und so lernen Koch und Gärtner voneinander, vom Lauf der Jahreszeiten und von den Früchten der Erde. Besuchen Sie uns, wenn Sie nach San Francisco kommen, und genießen Sie den langen und geruhsamen Spaziergang durch unsere weiten Gemüsefelder bis hinaus zum Pazifik.

Salate

Blattsalate

Die frischesten und prächtigsten Kopfsalate aus biologischem Anbau beziehen wir das ganze Jahr über von der Green Gulch Farm und den Star Route Farms in Bolinas. Für Einkäufer und Gärtner gleichermaßen gibt es seit einiger Zeit außerdem alle möglichen köstlichen Blattgemüse: Mizuna und Senfblätter, Rucola, Gartenkresse, Tat soi und Feldsalat – sie alle sind leicht und schnell anzubauen. Selbst Radicchio und Chicorée, die einst zu den Exoten zählten, werden jetzt praktisch vor der Haustür angebaut.

Wir mögen diese bitteren Blattsalate und bieten sie im Herbst und Winter an. Sie schmecken köstlich zu Zitrusfrüchten, Äpfeln oder Birnen, wenn sie mit einer säuerlichen Zitrus- oder einer pikanten Sherryvinaigrette angemacht werden. Wenn Sie einen großen Kopf Endivien- oder Friséesalat entdecken, denken Sie daran, daß die hellgrünen inneren Blätter einen unglaublich köstlichen Salat abgeben; die festen äußeren Blätter können Sie zusammen mit Mangold, dem Blattgrün von roten Beten und Grünkohl in der Pfanne sautieren. Ein paar Zweiglein Brunnenkresse peppen jeden Salat auf, während die gekrausten Blätter von Frisée oder Endivien einen Salat auflockern und knackiger machen.

Römischer Salat gehört nach wie vor zu unseren Favoriten (Blätter und Rispen), denn die knackigen Herzen und dunklen Außenblätter ergeben einen herrlichen Salat. Dafür brauchen Sie dann allerdings eine kräftig-säuerliche Vinaigrette, die Sie großzügig über die Blätter geben.

Wir verfeinern unsere grünen Salate oft mit leichten, einjährigen Kräutern wie Kerbel-, Petersilien- oder Sauerampferzweiglein oder aber mit ganzen Blättern von Pfefferminze oder Basilikum. Man kann die Kräuter auch hacken und unter die Vinaigrette rühren. Im Frühjahr und Sommer geben wir auch die Blüten von Borretsch und Schnittlauch sowie die Blütenblätter von Ringelblumen und Kapuzinerkresse in den Salat. Die scharfen Blätter der Kapuzinerkresse kann man zurechtzupfen oder fein aufschneiden und ebenfalls unter einen Blattsalat heben.

Sehr saubere Hände sind das beste Werkzeug, um einen Salat durchzumischen. Mischen Sie die Blätter vorsichtig und geben Sie nicht zuviel Dressing daran – Sie wollen schließlich den Eigengeschmack des Salats und seine Frische genießen. Die herzhaften Blattsalate vertragen eine kräftige Vinaigrette und müssen etwas großzügiger damit angemacht werden als zarte Blättchen und feines Gemüse.

Ein paar Tips zur Zubereitung: Wir lassen die kleinen, inneren Blätter gerne ganz und schneiden (mit einem Edelstahlmesser) die größeren Blätter in Stücke, die die Form der Blätter noch erkennen lassen. Sie können Kopfsalate auch mit den Händen zerzupfen. Gehen Sie mit den Blättern jedoch immer sorgsam um, seien Sie vor allem beim Waschen und Trocknen vorsichtig, denn die zarten Blätter nehmen schnell Schaden oder zerreißen. Spinat muß meist mehrmals gewaschen werden, bis das letzte Sandkörnchen verschwunden ist – dieser Mehraufwand lohnt sich. Eine Salatschleuder ist zum Waschen und Trocknen äußerst praktisch und eignet sich auch zum Waschen von Gemüse. Lassen Sie Ihre Blattsalate gut trocknen, denn nasse Blätter verwässern selbst die schmackhafteste Vinaigrette und lassen den Salat durchweichen.

Öle und Essige

Wir verwenden bei unseren Vinaigrettes einen ziemlich hohen Essig- (oder Säure-)anteil im Verhältnis zum Öl und greifen sogar oft zu zwei verschiedenen Essigen, um einen bestimmten Geschmack herauszuarbeiten oder zu betonen. Die Qualität von Öl und Essig ist hier ganz entscheidend, weshalb Sie Ihre Küche mit ein paar geschmacksintensiven Ölen und Ihren Lieblingsessigen ausrüsten sollten. Bewahren Sie die Öle in einem kühlen Vorratsschrank oder im Kühlschrank auf. Dunkles Sesamöl und Nußöle werden sehr leicht ranzig; kaufen Sie sie deshalb in kleinen Flaschen von zuverlässigen Händlern und stellen Sie sie nach dem Öffnen in den Kühlschrank.

Für unsere Vinaigrettes verwenden wir zwei verschiedene Qualitätsstufen von Olivenöl: ein natives Olivenöl extra und ein leichteres Olivenöl. Wir mögen den fruchtigen Geschmack des nativen Olivenöl extra zu Balsam-, Sherry- und Rotweinessig. Für zartere Zitrusvinaigrettes schmeckt uns das leichtere »normale« Olivenöl besser, das wir dann auch oft mit Hasel- oder Walnußöl mischen.

Unsere Lieblingsessige reichen vom weichen, fast süßen Balsamessig bis zu den kräftig säuerlichen Sherry- und Rotweinessigen. Der klare, saubere Geschmack von Champagner- und Reisessig paßt hervorragend zu Zitrussaft und anderen Essigen. Ein wohlschmeckender Apfelessig verleiht Herbst- und Wintersalaten Glanz. Essig hält sich praktisch ewig, so daß es sich lohnt, eine interessante Vielfalt davon anzuschaffen.

Vinaigrettes können Sie bereits im voraus zubereiten und dann kalt stellen; einzige Ausnahme sind Zitrusvinaigrettes (eine unserer Lieblingssorten), die erst unmittelbar vor dem Servieren angerührt werden.

Hülsenfrüchte und Getreide

Auf unserer Speisekarte bieten wir täglich neben zwei oder drei Gemüsesalaten auch Salate aus Hülsenfrüchten und Getreide als Vorspeise an. Wir würzen diese herzhaften Salate recht großzügig – man braucht oft nur ein paar Spritzer Essig mehr und eine Extradosis Salz und Pfeffer, um den Geschmack dieser Salate so richtig zur Geltung zu bringen.

Wir verwenden eine breite Palette von Hülsenfrüchten, die alle auf ihre Art einzigartig sind. Kleine französische Linsen eignen sich wunderbar für Salate und zerkochen im Gegensatz zu anderen Linsen auch nicht. Kichererbsen besitzen eine ungewöhnliche Süße. Sie garen sehr langsam, berechnen Sie die Kochzeit also nicht zu knapp. Kleine schwarze Bohnen haben einen festen Platz auf unserem Speisezettel, ebenso die kleinen und größeren weißen Bohnensorten. Cannellini-, Pueblo-, Lima-bohnen sowie schwarze und gesprenkelte Bohnen gehören zu unseren Favoriten, weil sie einen besonders weichen und buttrigen Geschmack besitzen.

Linsen werden schnell gar, alle anderen Hülsenfrüchte werden über Nacht in reichlich Wasser eingeweicht, um ihre Kochzeit zu verringern. Wenn Sie in Zeitnot sind, übergießen Sie die Bohnen mit kochendem Wasser und lassen sie mindestens eine Stunde darin einweichen (für die großen und stärkehaltigen Bohnen wie Cannellini- oder Limabohnen sollten Sie jedoch eine ganze Nacht einplanen). Wir gießen die Bohnen nach dem Einweichen ab und kochen sie dann in frischem, ungesalzenem Wasser. Wir salzen unser Kochwasser nie, denn das Salz läßt die Bohnen schrumpeln und erhöht die Garzeit. Geben Sie ein oder zwei Lorbeerblätter und ein paar frische Kräuterzweige ins Kochwasser, weil sie den Bohnen bereits beim Garen Frische und einen angenehmen Geschmack verleihen.

Die Konsistenz der Hülsenfrüchte ist sehr wichtig, da sie den Geschmack und das Erscheinungsbild des Salats beeinflußt. Kochen Sie Hülsenfrüchte daher ohne Deckel bei sanfter Hitze und sehen Sie in den letzten Minuten regelmäßig nach. Die Hülsenfrüchte müssen wirklich vollkommen durch sein; probieren Sie deshalb immer wieder und geben Sie nach Bedarf noch eine oder zwei Minuten Garzeit dazu. Gießen Sie die Hülsenfrüchte ab und würzen Sie sie unmittelbar danach – solange sie warm sind, saugen sie die köstlichen Salatsaucen besonders gut auf.

Unsere Getreidesalate bestechen durch ihre Leichtigkeit, weshalb wir sie mit nur wenig Öl anmachen. Wir verwenden Zitrussäfte und Champagneressig, um den Geschmack zur Geltung zu bringen, geben Chillies und Kräuter dazu, die Frische verleihen, und runden den Salat mit süßem Dörrobst ab. Kuskus und Bulgur erhalten Sie bereits vorgekocht, sie brauchen also etwas weniger Aufmerksamkeit als Basmati- oder Wildreis, die wir oft zusammen servieren (aber getrennt kochen). Kochen Sie Kuskus, Reis oder Bulgur nicht zu weich, damit sie ihre lockere Konsistenz nicht verlieren.

Sie können praktisch alle diese Salate im voraus zubereiten – die meisten schmecken ohnehin noch besser, wenn sie einen Tag lang durchziehen können.

Gemüse

Unsere Lieblingssalate sind oft ganz einfach, denn allein die Frische macht das Gemüse so köstlich. Gebratene rote und gelbe Paprikaschoten schmecken herrlich, wenn sie im eigenen Saft mit etwas Balsamessig, Olivenöl und duftendem Basilikum mariniert werden, während man zu zarten frischen Bohnen nur noch frischen Estragon und eine frische Zitronenvinaigrette braucht. Schwarze und grüne Oliven, getrocknete Tomaten, Kapern und geröstete Pinienkerne bieten eine Vielfalt an Geschmacksrichtungen von salzig und pikant bis zu nussiger Süße – und verleihen unseren Gemüsesalaten eine ganz besonders lebhafte Note.

Schneiden Sie das Gemüse stets sorgfältig – achten Sie auf schöne Formen und gleichmäßige Größe, damit die Gemüseschnitze das Auge erfreuen und auch gleichmäßig garen. Wir kochen die Stiele nach Möglichkeit immer mit (z. B. beim Brokkoli) und schneiden sie schräg auf: So vermitteln sie optische Länge und eine gewisse Eleganz.

Den frischen und sauberen Geschmack und die angenehme Konsistenz erreichen wir dadurch, daß wir unser Gemüse in sprudelndem Wasser nur so lange garen, bis es gerade bißfest ist. Dann gießen wir es ab und schrecken es unter kaltem Wasser ab, damit es seine lebhafte Farbe behält. Diese Methode eignet sich besonders gut für grünes Gemüse wie grünen Spargel, Brokkoli, frische Erbsen und Bohnen. Damit die Farbe knackig bleibt, machen Sie das Gemüse erst unmittelbar vor dem Servieren mit Vinaigrette an oder marinieren es in Olivenöl und geben Essig oder Zitrussaft erst zum Schluß dazu. Jicama, Fenchel und Kohl schmecken am besten, wenn Sie sie einfach fein aufschneiden und marinieren. Verwenden Sie kräftige Marinaden, damit die knackige Frische des Gemüses schön zutage tritt.

Sanftere Geschmacksnuancen erreichen Sie, wenn Sie Ihr Gemüse im Ofen braten: Auberginen, Knoblauch, rote Bete, Paprika und Kartoffeln schmecken so zubereitet einfach köstlich und halten überdies Ihre Herdplatten für andere Gerichte frei.

Kapuzinerkresse

Mit einer Farbskala, die von tiefem Orange bis zu zartem Gelb reicht, stellen die scharfen Blüten der Kapuzinerkresse eine faszinierende Ergänzung sommerlicher Blattsalate dar. In schmale Streifen geschnitten, verleihen die Blätter der Kapuzinerkresse dem Salat einen pfeffrigen Geschmack.

Die einjährige Pflanze läßt sich leicht aus Samen ziehen, in Kalifornien vermehrt sich Kapuzinerkresse sogar von selbst. In milden Klimazonen blüht Kapuzinerkresse im Frühjahr und Herbst und sät sich Jahr für Jahr selbst aus. Die sonnenhungrige Pflanze kann sehr hoch wachsen, um an Sonnenlicht zu gelangen. Wenn Sie die Pflanzen im Schatten ziehen, bekommen sie zartere Blätter.

Romana-Herzen mit Croûtons und Parmesan

Säuerliche Zitronenvinaigrette überzieht die Romanablätter und setzt sich zusammen mit dem geriebenen Parmesan und den gehackten Oliven an den Blattrispen fest. Die Croûtons aus Sauerteig-Weißbrot verleihen dem Salat Biß und einen schönen, kräftigen Knoblauchgeschmack. Wenn Sie ein echter Knoblauchfan sind, geben Sie noch eine Knoblauchzehe extra in die Vinaigrette.

Zutaten für zwei große oder vier kleine Portionen
2 Köpfe Romanasalat
1 Knoblauchzehe, fein gehackt
Natives Olivenöl extra
4 dicke Scheiben gesäuertes Weißbrot,
in 1 cm große Würfel geschnitten
Zitronen-Knoblauch-Vinaigrette (Rezept folgt)
8 schwarze Oliven (vorzugsweise die Sorten Gaeta oder Niçoise),
entsteint und grob gehackt
30 g geriebener Parmesan
Pfeffer

Die harten äußeren Salatblätter ablösen und wegwerfen. Verwenden Sie die ganz zarten Blätter und die Herzen, die hellgrün oder gelb und schön fest sein müssen. Blätter waschen und in einer Salatschleuder trocknen. Locker in ein feuchtes Tuch schlagen und in den Kühlschrank stellen.
Backrohr auf 190 Grad vorheizen. Die Weißbrotwürfel mit der zerstoßenen Knoblauchzehe und einem Eßlöffel Olivenöl aromatisieren. Die Brotwürfel auf einem Backblech ausbreiten und in 7–8 Minuten goldbraun backen. Beiseite stellen und abkühlen lassen. Inzwischen die Vinaigrette zubereiten.
Wenn Sie soweit sind, geben Sie den geputzten Salat in eine große Schüssel. Oliven unterheben und alles sorgfältig mit der Vinaigrette anmachen. Croûtons und Parmesan einstreuen und erneut durchmischen. Mit Pfeffer aus der Mühle übermahlen und servieren.

Zitronen-Knoblauch-Vinaigrette (ca. 125 ml)
1/2 Teelöffel abgeriebene Zitronenschale
3 Eßlöffel frisch gepreßter Zitronensaft
1/4 Teelöffel Salz
1 Knoblauchzehe, fein gehackt
5 Eßlöffel natives Olivenöl extra

Bis auf das Olivenöl alle Zutaten vermischen, dann das Öl mit einem Schneebesen unterrühren. Die Vinaigrette sollte intensiv nach Zitrone schmecken und hell aussehen.

Gartensalate und Rucola mit Sommerbohnen, Ziegenkäse und Haselnüssen

Geröstete Haselnüsse, cremiger Ziegenkäse und zarte Bohnen frisch aus dem Garten ergeben einen köstlichen Sommersalat. Wir verwenden eine Vielzahl von Kopfsalaten, die auf Green Gulch und den Star Route Farms angebaut werden, und mischen sie gerne. Die Blattsalate sind so außergewöhnlich wie ihre Namen: Merveille des Quatre Saisons (wörtlich: »Wunder der vier Jahreszeiten«), roter und grüner Eichblattsalat, roter Kopfsalat und Lollo rosso, dessen gekrauste rötliche Blätter die geschmacksintensive Haselnuß-Schalotten-Vinaigrette sehr gut aufnehmen.

Zutaten für vier Portionen
125 g blauhülsige oder gelbe Wachsbohnen, geputzt
und in 5 cm lange Stücke geschnitten
Leichtes Olivenöl
Pfeffer, Salz
Sherryessig
Haselnuß-Schalotten-Vinaigrette (Rezept folgt)
250 g Blattsalate
1 kleiner Kopf Radicchio
1 Büschel Rucola
4 Eßlöffel geröstete Haselnüsse (Seite 312)
50 g milder und cremiger Ziegenkäse, zerkrümelt

Einen kleinen Topf Wasser zum Kochen bringen und einen halben Teelöffel Salz einstreuen. Bohnen ins kochende Wasser werfen und 3–4 Minuten garen, bis sie gerade bißfest werden. Abgießen und unter kaltem Wasser abschrecken. Sofort mit etwas Olivenöl überziehen, salzen und pfeffern. Kurz bevor Sie den Salat anmachen, einen Schuß Sherryessig über die Bohnen geben, damit ihr Geschmack besser zur Geltung kommt.

Vinaigrette zubereiten. Salat putzen, beschädigte oder welke Blätter wegwerfen. Die größeren Blätter zerkleinern, die kleineren Blätter ganz lassen. Den Strunk des Radicchios abtrennen und die Blätter vorsichtig lösen und in grobe Stücke reißen. Rucola putzen und die Stengel abschneiden. Blattsalate waschen und in einer Salatschleuder trocknen.

Zutaten für den Salat in einer großen Schüssel mischen und mit der Vinaigrette anmachen. Mit einer Runde Pfeffer übermahlen.

Haselnuß-Schalotten-Vinaigrette (ca. 75 ml)
2 Eßlöffel Sherryessig
1 kleine Schalotte, gewürfelt
1/4 Teelöffel Salz
2 Eßlöffel Haselnußöl
2 Eßlöffel leichtes Olivenöl

Bis auf die beiden Ölsorten alle Zutaten in einer Schüssel vermischen. Dann die Öle mit einem Schneebesen unterrühren.

Feldsalat

Dieser altbewährte Blattsalat ist auch unter dem Namen Rapunzel oder Ackersalat bekannt. Die dunkelgrünen Salatblätter wachsen in kleinen Büscheln und geben Salaten einen weichen, buttrigen Geschmack und passen vorzüglich zu einer Mischung aus Blattsalaten und Rucola.

Säen Sie den ersten Feldsalat im Frühjahr aus, sobald der Boden bearbeitet werden kann, und säen Sie bis Ende Juli alle zwei Wochen nach. Da Feldsalat etwas Schatten braucht, können Sie Tomaten, Brokkoli oder andere höher wachsende Pflanzen dazwischen setzen. Feldsalat wird auch im Herbst vor dem ersten harten Frost gepflanzt. Sorgfältiges Mulchen belohnt Sie mit besonders frühem Grün im folgenden Frühjahr. Sie können auch einige Pflänzchen aussamen lassen, damit sie sich im nächsten Jahr selbst vermehren.

Rote und Grüne Romana-Herzen mit Avocado, Mango und Ingwer

Die Green Gulch Farm baut für uns roten Romanasalat an, den man im Handel nicht so leicht findet. Wenn Sie keinen roten Romanasalat bekommen, nehmen Sie nur grünen Romanasalat oder aber einfach ganz normalen Kopfsalat. Die kräftige Ingwervinaigrette besitzt eine cremige Konsistenz.

Zutaten für zwei große oder vier kleine Portionen
1 Kopf grüner Romanasalat
2–3 Köpfe roter Romanasalat oder 1 weiterer Kopf
grüner Romanasalat
1 reife Mango
Ingwervinaigrette (Rezept folgt)
1 Eßlöffel Pinienkerne, geröstet (Seite 312)
1 Avocado, geschält und leicht angeschrägt in 6–7 mm
feine Scheiben geschnitten
Pfeffer

Die welken und beschädigten äußeren Blätter des grünen Romanasalats wegwerfen. Nur die zartgrünen inneren Blätter verwenden: kleine Blätter ganz lassen, größere Blätter halbieren oder vierteln. Roter Romanasalat ist kleiner und zarter. Unschöne äußere Blätter wegwerfen. Die großen Blätter zerkleinern, die kleinen ganz lassen. Salat waschen und in einer Salatschleuder trocknen. Locker in ein feuchtes Tuch schlagen und in den Kühlschrank stellen.
Mango mit einem Obstmesser schälen; die Frucht entlang des ovalen Kerns vorsichtig in lange Spalten teilen. Die Spalten dann in schmale Scheiben (6–7 mm) teilen. Vinaigrette anrühren.
Salatblätter in eine große Schüssel geben und mit den Pinienkernen bestreuen. Vinaigrette darübergießen und gründlich durchmischen, bis alle Blätter davon benetzt sind. Avocado und Mango unterheben und nochmals durchmischen. Mit schwarzem Pfeffer aus der Mühle bestreuen und zu Tisch bringen.

Ingwervinaigrette (ca. 75 ml)
1/4 Teelöffel abgeriebene Limettenschale
1/4 Teelöffel abgeriebene Orangenschale
2 Eßlöffel frisch gepreßter Limettensaft
1 Eßlöffel frisch gepreßter Orangensaft
1/4 Teelöffel Salz
1 Teelöffel frisch geriebener Ingwer
3 Eßlöffel leichtes Olivenöl

Alle Zutaten bis auf die Zitrusschalen in ein Mixgefäß geben. Durchmixen, dann die Zitrusschalen einrühren.

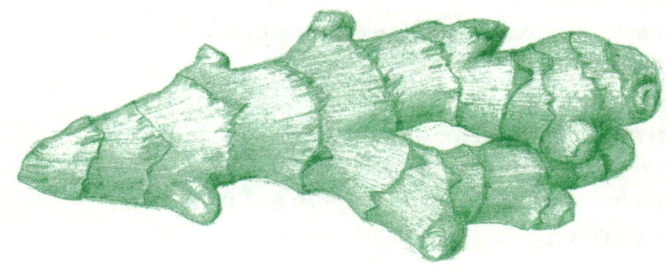

Salat von Spinat und gebratenem Paprika

Bei dieser Variante unseres Klassikers ergänzt der zartbittere Geschmack des Friséesalats die Süße der gebratenen Paprikaschoten und des Balsamessigs. Die Blattsalate werden mit sehr heißem Olivenöl angemacht, wodurch die Blätter leicht angaren und die verschiedenen Aromen des Salats geeint werden. Auf diese Weise läßt sich Wurzelspinat wunderbar anrichten, der für seine krausen, dunkelgrünen Blätter und seinen außergewöhnlich vollen Geschmack bekannt ist.

Zutaten für zwei große oder vier kleine Portionen
1 mittelgroße rote oder gelbe Paprikaschote, gebraten,
gehäutet und in schmale Streifen geschnitten (Seite 77)
6 Eßlöffel natives Olivenöl extra
Salz und Pfeffer
1/4 rote Zwiebel, in dünne Ringe geschnitten
8–12 dünne Baguettescheiben für Croûtons
300 g Wurzelspinat
2 Handvoll Frisée- oder Endiviensalat
3 Eßlöffel Balsamessig
1 Knoblauchzehe, fein gehackt
10 schwarze Oliven (vorzugsweise die Sorten Niçoise oder Gaeta),
entsteint
30 g geriebener Parmesan

Backrohr auf 190 Grad vorheizen. Paprika mit 1/2 Eßlöffel Öl bestreichen, salzen und pfeffern. Beiseite stellen und durchziehen lassen.

Baguettescheiben auf ein Backblech legen und mit ungefähr 1 1/2 Eßlöffel Olivenöl leicht bepinseln. Etwa 8 Minuten im Ofen rösten, bis die Scheiben kroß und goldbraun sind.

Die unschönen Spinatblätter entfernen, Stengel abknipsen, Blätter ganz lassen. Das Strunkende der Friséeblätter abtrennen und die groben Blätter wegwerfen; nur die zarten inneren Blätter verwenden. Gemüse sorgfältig waschen und in einer Salatschleuder trocknen.

Zwiebel erst unmittelbar vor der Zubereitung des Salats aufschneiden. Essig, Knoblauch, 1/2 Teelöffel Salz und etwas Pfeffer in eine große Schüssel geben. Blattsalate, Zwiebelringe, Paprikastreifen und Oliven untermischen. Geben Sie auch den süßlichen Saft dazu, den der Paprika gezogen hat, weil er dem Salat zusätzlich Aroma verleiht. Die restlichen 4 Eßlöffel Olivenöl in einem kleinen Pfännchen so stark erhitzen, daß es fast raucht. Sofort vom Herd ziehen und über den Salat gießen. Mit metallenem Salatbesteck durchmischen, damit alle Blätter damit überzogen werden und durch die Hitze leicht zusammenfallen. Beim Durchmischen auch gleich den Parmesan einstreuen. Die Croûtons dazugeben und unverzüglich servieren.

Variante: Im Sommer geben wir auch kleine, dunkle Basilikumblättchen in den Salat. Die violetten Blätter sehen sehr hübsch aus und besitzen einen minzeähnlichen Geschmack. Im Herbst ersetzen wir einen Teil der Blattsalate durch Eskariol und Radicchio.

Kopfsalat und Radicchio mit Avocado, Grapefruit und Pecannüssen

Die hellgrünen Blätter von zartem Kopfsalat und der tiefrote Radicchio passen vorzüglich zu gehaltvoller Avocado, gerösteten Pecannüssen und Zitrusaromen. Für diesen köstlichen Salat verwenden wir oft roten Kopfsalat, den die Green Gulch Farm eigens für uns anbaut. Die hellgrünen Blätter haben rostrote Ränder und lassen den Salat besonders hübsch aussehen. Behandeln Sie den Kopfsalat sehr vorsichtig, damit die zarten Blätter nicht kaputtgehen. Eine Handvoll frischer Granatapfelkerne verleiht dem Salat eine angenehme Frische und bringt das satte Grün schön zur Geltung.

Zutaten für zwei große oder vier kleine Portionen
1–2 Kopfsalate oder gemischte Blattsalate
1 kleiner Kopf Radicchio
1 große Grapefruit mit rosa Fruchtfleisch
Grapefruit-Vinaigrette (Rezept folgt)
1 Granatapfel (nach Wunsch)
1 Avocado, geschält und leicht angeschrägt in
6–7 mm dünne Scheiben geschnitten
4 Eßlöffel geröstete Pecannüsse (Seite 312)

Unschöne äußere Salatblätter entfernen und nur die zarten inneren Blätter verwenden. Die kleinen Blätter ganz lassen, die größeren zurechtschneiden oder -reißen. Den Strunk des Radicchios entfernen und die Blätter vorsichtig lösen; die größeren Blätter zerteilen. Salat waschen und in einer Salatschleuder trocknen.
Mit einem scharfen Messer die Schale und die weiße Haut der Grapefruit ablösen. Schneiden Sie dazu die Grapefruit oben und unten quer durch und ziehen Sie dann Schale und Haut von den Seiten ab. Halten Sie die Grapefruit über eine Schüssel und fangen Sie den Saft auf (für die Vinaigrette). Jede Spalte aus der Membran lösen. Vinaigrette zubereiten.
Granatapfel quer halbieren, sanft auseinanderziehen und die Kerne aus der Membran lösen. Alle Zutaten bis auf die Granatapfelkerne in eine Schüssel geben. Vorsichtig die Vinaigrette untermischen und darauf achten, daß die Avocadoscheiben nicht brechen. Mit einem Eßlöffel Granatapfelkernen bestreuen.

Grapefruit-Vinaigrette (ca. 75 ml)
2 Eßlöffel frisch gepreßter Grapefruitsaft
1/2 Eßlöffel Champagneressig
1/4 Teelöffel Salz
1 Schalotte, fein gehackt
2 1/2 Eßlöffel leichtes Olivenöl

Alle Zutaten bis auf das Öl in einem Schälchen verrühren, dann mit einem Schneebesen langsam das Öl untermixen.

Variante: Im Herbst schmecken schmale Scheiben von der Khakifrucht anstelle von
Grapefruit ganz besonders gut. Machen Sie den Salat dann mit einer Zitrusvinaigrette
(Seite 36) an. Die Khakis passen hervorragend zu Granatäpfeln und gerösteten
Pecannüssen und bilden einen schönen Kontrast zu den Blattsalaten.

Kopfsalat

Es ist ein herrliches Gefühl, glänzende Kopfsalate, die aus winzigen Setzlingen
gezogen wurden, auf den Tisch zu bringen. Sie können die äußeren Blätter nach
Bedarf ernten und die Köpfe weiter sprießen lassen. Salat fühlt sich bei den kühleren
Temperaturen im Frühjahr und Herbst am wohlsten. Die meisten Sorten werden in
der heißen Jahreszeit bitter oder samen aus. Hier stellen wir Ihnen kurz unsere
Lieblingssorten vor:

Eichblattsalat: Die anmutigen Blätter dieser widerstandsfähigen Salatpflanze erinnern in Form und Aussehen an Eichenlaub. Roter Eichblattsalat besitzt entweder
nur leicht gerötete Blattspitzen oder leuchtet in tiefem Rot. Der warme Farbton von
grünem Eichblattsalat bietet einen schönen Kontrast dazu.

Roter Romanasalat: Die zarten, glatten Blätter besitzen wunderschön gerötete
Ränder und eine angenehm cremige Konsistenz. Im Vergleich zum knackigeren
grünen Romanasalat wirkt die rote Variante zart.

Lollo Rosso: Dieser italienische Kopfsalat besitzt gekrauste Blätter. Sie sind in der
Mitte grün und an den Rändern gerötet. Dieser schnell wachsende Salat verleiht
bunten Salatschüsseln einen leuchtenden Glanz.

Merveille des Quatre Saisons: Dieser Buttersalat besitzt rot und hellgrün gesprenkelte Köpfe. Die zarten, leicht gewölbten Blätter geben ein wunderschönes Bett für
eingelegtes Gemüse ab. Wenn Sie diese Sorte aus Samen ziehen, sollten Sie eher
zuviel als zuwenig aussäen, weil die Samen empfindlich sind. Die Sorte ist widerstandsfähig gegenüber Parasiten.

Roter Buttersalat: Dieser seidige Buttersalat mit rostroten Rändern schmeckt
sauber und knackig. Zusammen mit grünem Buttersalat, gerösteten Pinienkernen
und einer milden Zitrusvinaigrette ergibt er einen herrlich delikaten Sommersalat.

Herbstliche Blattsalate mit marinierten Pilzen, Fenchel und Gruyère

Als wir einmal Ende September durch die Felder von Green Gulch spazierten, kam uns die Idee zu diesem Salat aus herbstlichen und winterlichen Blattgemüsen. Der rote und grüne Eichblattsalat glänzt mit seinen Blättern in zartem Hellgrün, leuchtendem Kirschrot und tiefem, erdigem Rot. Radicchio und Chicorée verleihen dem Salat eine herbe Note, während Rucola nussig und leicht wirkt. Nehmen Sie feste, frische Pilze und marinieren Sie sie zusammen mit dem Fenchel in etwas Vinaigrette. Die nussigen Gruyèrestreifen sind dann noch das Tüpfelchen auf dem I. Servieren Sie dazu ein herzhaftes, knuspriges Brot und eine Suppe aus Butternuß-Kürbis mit Apfelmus (Seite 128).

Zutaten für vier Portionen
125 g Champignons mit geschlossenen Köpfen
Balsamvinaigrette (Rezept folgt)
1 kleine Fenchelknolle (längs vierteln, putzen und
in dünne Scheiben schneiden)
Salz und Pfeffer
Balsamessig, nach Bedarf
250 g Blattsalate
1 kleiner Kopf Radicchio
1 Chicorée
50 g Gruyère, in feine Streifen geschnitten
1 Eßlöffel Pinienkerne, geröstet (Seite 312)

Champignons kurz unter kaltem Wasser abbrausen und trockentupfen. Die Stiele unten abschneiden, dann die Pilze halbieren. Vinaigrette zubereiten. Fenchel sowie Champignons 30 Minuten in der Hälfte davon marinieren. Die restliche Vinaigrette für den Salat aufheben. Pilze und Fenchel mit Salz, Pfeffer und nach Bedarf auch noch mit einem Spritzer Balsamessig abschmecken.
Salate verlesen, unschöne Blätter wegwerfen. Die großen Blätter zurechtschneiden, die kleinen Blätter ganz lassen. Den Strunk des Radicchios herausschneiden und die Blätter vorsichtig lösen. Größere Blätter zurechtschneiden. Salate waschen und in einer Salatschleuder trocknen. In ein feuchtes Tuch betten, in den Kühlschrank legen. Chicoréeblätter auseinanderziehen, die größeren Blätter halbieren. Zutaten für den Salat in eine große Schüssel geben. Mit der restlichen Vinaigrette beträufeln und durchmischen. Mit schwarzem Pfeffer aus der Mühle würzen.

Balsamvinaigrette (ca. 75 ml)
2 Eßlöffel Balsamessig
Salz, Pfeffer
1 Knoblauchzehe, fein gehackt
4 Eßlöffel natives Olivenöl extra
Sherryessig

Balsamessig, 1/4 Teelöffel Salz und Knoblauch in ein Schälchen geben. Das Öl mit einem Schneebesen unterrühren. Mit Salz, Pfeffer und einem Schuß Sherryessig abschmecken.

Sauerampfer

Die zarten Blätter des mehrjährigen Sauerampfers schmecken deutlich nach Zitrone. Die Blätter peppen Salate auf und gehören in eine klassische Kartoffelsuppe. Sie werden mit den Händen zerzupft oder gebündelt und in schmale Streifen geschnitten, dann mit den Kartoffeln in der Brühe geköchelt. Denken Sie sich nichts, wenn die Blätter ihre Farbe verlieren – das tut Sauerampfer nun einmal. Nun brauchen Sie die Suppe nur noch mit einem Schuß Sahne oder Crème fraîche abzurunden.

Das wunderbare Kraut vermehrt sich wie verrückt und läßt sich leicht aus der Teilung bestehender Pflanzen oder aus Samen ziehen. Sauerampfer liebt kräftigen, feuchten und gut entwässerten Boden sowie jede Menge Sonne und Wasser. (Unsere Farm befindet sich in einer feuchten, nebelreichen Gegend, weshalb wir Sauerampfer im Treibhaus ziehen müssen.) Ernten Sie Sauerampfer, wenn die Blätter jung und zart sind, und halten Sie die Pflanzen kurz, schneiden Sie sie bis zu den Blattknoten ab. Sauerampfer benötigt viel Pflege, sonst werden die Blätter groß und faserig und bieten überdies Schnecken ein ideales Versteck. Sauerampfer eignet sich hervorragend für Pflanztröge auf einer Terrasse und sogar für drinnen. Lassen Sie ein paar Pflanzen aussamen; die langstielige, korallenrote bis rosafarbene Blüte sieht wunderschön aus.

Salat von Zitrusfrüchten mit herbem Blattgemüse

Saftige Mandarinen, rosarotes Grapefruitfleisch und Orangen werden auf ein Kissen aus Brunnenkresse und Friséesalat gebettet und mit einer Vinaigrette aus Zitrussaft beträufelt. Das herbe Blattgemüse bildet einen schönen Kontrast zur süßlichen Vinaigrette. Nehmen Sie verschiedene Mandarinensorten mit möglichst wenig Kernen, z. B. Satsumas. Wenn Sie Blutorangen und Kumquats bekommen können, sollten Sie zugreifen – das dunkelrote Fruchtfleisch der Blutorangen kontrastiert schön mit dem grünen Gemüse, und die feingeschnittenen Kumquats verleihen dem Salat eine milde Säure.

Zutaten für 4 Portionen
1 Handvoll Eskariol-Herzen
1 kleiner Kopf Radicchio
1 Handvoll Brunnenkresse oder Friséeherzen oder eine Mischung
Zitrusvinaigrette (Rezept folgt)
2–3 Kumquats, in feine Scheiben geschnitten und entkernt
2 Navel- oder Blutorangen
2 Mandarinen
1 große Grapefruit mit rosa Fruchtfleisch

Die äußeren Blätter des Eskariol ablösen. Die zarten, hellgrünen inneren Blätter in grobe Stücke reißen. Den Strunk des Radicchios abtrennen, die Blätter herauslösen und zurechtschneiden. Brunnenkresse verlesen und die Blätter von den kleinen Zweigen zupfen. Lange Stengel und unschöne Blätter wegwerfen. Salate in einer Salatschleuder waschen und trocknen. Locker in ein feuchtes Tuch schlagen und bis zur Verwendung in den Kühlschrank stellen.

Vinaigrette anrühren. Dann die Kumquats mit einigen Tropfen Vinaigrette beträufeln, damit sich ihre Säure verliert.

Mit einem scharfen Messer die Schale und die weiße Haut der Zitrusfrüchte enfernen. Schneiden Sie dazu die Früchte oben und unten quer durch und ziehen Sie Schale und Haut dann von den Seiten ab. Entfernen Sie die weiße Membran sorgfältig. Orangen und Mandarinen in Scheiben schneiden. Grapefruit längs halbieren, dann in Halbmonde zerteilen. Alle Kerne herauspicken.

Salate in eine Schüssel füllen und mit der Hälfte der Vinaigrette anmachen. Auf einer Servierplatte oder auf Tellern anrichten und die Zitrusfrüchte abwechselnd obenauf setzen. Die Kumquats darüber verteilen und mit der restlichen Vinaigrette beträufeln.

Zitrusvinaigrette (ca. 75 ml)
1/2 Teelöffel fein gehackte Orangenschale
2 Eßlöffel frisch gepreßter Orangensaft oder
je 1 Eßlöffel Orangen- und Mandarinensaft
1 Eßlöffel Champagneressig
1/4 Teelöffel Salz
3 Eßlöffel leichtes Olivenöl

Alle Zutaten bis auf das Öl in einem Schälchen verrühren, dann mit einem Schnee-besen das Öl unterziehen.

Radicchio

Die stark gewölbten Blätter dieses Salatgemüses besitzen eine tiefrote Farbe und sind von weißen Rippen durchzogen. Die Köpfe öffnen sich wie leuchtende und glänzende Blüten, so daß man versucht sein könnte, sie einfach stehenzulassen. Knackig und leicht bitter, bildet Radicchio einen schönen Kontrast zu jungen Kopfsalaten sowie zu herzhaften und scharfen Blattsalaten. Radicchioblätter kann man auch in feine Streifen schneiden und unter Nudeln geben oder aber füllen und über Holzkohle grillen, denn durch die Hitze kommt ihr bittersüßer Geschmack zum Vorschein.

Ziehen Sie diese großartige Salatpflanze aus Samen; beginnen Sie im zeitigen Frühjahr und pflanzen Sie insgesamt viermal. Pflanzen Sie dann wieder ab Herbst. Radicchio sollte am frühen Morgen gegossen werden. Gießen Sie aber nicht zuviel, wenn sich der Kopf bildet, und gießen Sie nie den Kopf, weil er sonst fault. Radicchio braucht vom Samen bis zur Erntereife drei Monate. Ernten Sie die ganze Pflanze, weil die inneren Blätter am besten schmecken.

Winterliche Blattsalate mit Äpfeln, Pecannüssen und Stilton

Brunnenkresse schmeckt zur besten Erntezeit zart und scharf zugleich. Unsere Brunnenkresse wird an einem terrassierten Hügel in Sausalito nördlich von San Francisco angebaut. Oftmals bringt sie uns der Gemüsebauer in einem französischen Fischerkorb, den er sich auf den Rücken geschnallt hat.

Für diesen klassischen Salat haben wir Brunnenkresse mit herzhaftem Eskariol und seidigem Chicorée kombiniert. Aromatische und knackige Äpfel, Stiltonkrümel und geröstete Pecannüsse ergänzen diesen bunten Wintersalat.

Zutaten für zwei große oder vier kleine Portionen
1 großer Kopf Eskariol (ca. 150 g)
1 kleines Büschel Brunnenkresse
Sherry-Schalotten-Vinaigrette (Rezept folgt)
1 Chicorée
1 knackiger Apfel, z. B. Granny Smith
4 Eßlöffel Pecannüsse, zerkleinert und geröstet (Seite 312)
50 g Stilton, zerkrümelt
Pfeffer

Den Eskariol von den äußeren Blättern befreien; nur die zarten, hellgrünen Blätter im Innern verwenden. Die Brunnenkresse von den Zweigen zupfen, die langen Stengel und unschönen Blätter wegwerfen. Blattsalate waschen und in einer Salatschleuder trocknen. Locker in ein feuchtes Küchentuch schlagen und in den Kühlschrank stellen. Die Vinaigrette zubereiten.

Chicoréeblätter ablösen, die größeren Blätter halbieren. Den Apfel vierteln, entkernen und in dünne Scheibchen schneiden. Alle Zutaten in eine große Schüssel geben. Mit der Vinaigrette anmachen und mit Pfeffer übermahlen.

Sherry-Schalotten-Vinaigrette (ca. 75 ml)
1 1/2 Eßlöffel Sherryessig
1 kleine Schalotte, dünn aufgeschnitten
1/4 Teelöffel Salz
4 Eßlöffel leichtes Olivenöl

Essig, Schalotte und Salz verrühren, dann mit einem Schneebesen das Olivenöl unterziehen.

Gartensalate, Brunnenkresse und Eskariol mit Ziegenkäse und getrockneten Tomaten

Beginnen Sie mit den zarten Innenblättern vom Wintereskariol, der scharfen Brunnenkresse und dem vollen Aroma von sonnengetrockneten Tomaten und gerösteten Pinienkernen. Fügen Sie dann zarte Kopfsalatsorten, z. B. Merveille des Quatre Saisons, ein hervorragender rötlicher Kopfsalat mit zarten, rotumrandeten Blättern, hinzu. Machen Sie den Salat mit Balsamvinaigrette an und krümeln Sie etwas Ziegenkäse darüber. Reichen Sie einen deftigen Eintopf oder Pastetchen dazu.

Zutaten für zwei große oder vier kleine Portionen
200 g zarte Kopfsalatblätter
1 Handvoll zarter Innenblätter vom Eskariol
1 kleines Büschel Brunnenkresse, 2 Handvoll kleine Zweige
Balsamvinaigrette (Seite 34)
1 Eßlöffel Pinienkerne, geröstet (Seite 312)
2 getrocknete Tomaten in Öl (abtropfen lassen und in feine Scheiben schneiden)
50 g cremiger und milder Ziegenkäse
Pfeffer

Die inneren Salatblätter ganz lassen, die größeren zurechtschneiden. Eskariolblätter in grobe Stücke reißen oder schneiden. Salatblätter waschen und in einer Salatschleuder trocknen. In ein feuchtes Tuch schlagen und bis zur weiteren Verwendung kühl stellen. Vinaigrette anrühren.
Kopfsalat, Eskariol, Brunnenkresse, Pinienkerne und getrocknete Tomaten mit der Vinaigrette anmachen. Den Ziegenkäse über den Salat krümeln und nochmals gut durchmischen. Mit frisch gemahlenem Pfeffer bestreuen.

Winterliche Blattsalate mit Birnen, Walnüssen und warmen Roquefort-Croûtons

Eskariol-Herzen, Radicchio, Brunnenkresse und Friséesalat passen hervorragend zu gerösteten Walnüssen und der weichen Süße von Birnen. Wegen der Farbe nehmen wir gern die rötlichen Williamsbirnen, aber das zarte Aroma von Sorten wie Comice oder Butterbirnen ist wohl kaum zu übertreffen. Obwohl dieser Salat recht elegant anmutet, ist er relativ einfach gemacht. Bereiten Sie die Roquefort-Croûtons schon im voraus zu und rösten Sie sie dann in letzter Minute, wenn Sie den Salat anmachen. Servieren Sie die Croûtons heiß aus dem Ofen.

Zutaten für vier Portionen
150 g zarte Eskariolblätter (1–2 Köpfe)
1 kleiner Kopf Radicchio
1 Handvoll kleiner Brunnenkresse-Zweige
1 Handvoll Friséeherzen
Roquefort-Croûtons (Rezept folgt)
Walnuß-Schalotten-Vinaigrette (Rezept folgt)
1 reife und vollaromatische Birne
4 Eßlöffel Walnußkerne, geröstet (Seite 312)
Pfeffer

Die Eskariolblätter grob zerkleinern. Radicchioblätter vorsichtig vom Strunk lösen und ebenfalls grob zerkleinern. Unschöne Brunnenkresseblättchen entfernen. Den Strunk der Friséeherzen entfernen. Salatblätter in einer Salatschleuder waschen und trocknen. Locker in ein feuchtes Tuch schlagen und kühl stellen.
Croûtons und Vinaigrette zubereiten.
Wenn Sie den Salat anmachen, den Grill im Ofen anheizen. Die Birne halbieren, Kernhaus entfernen, dann die Birnenhälften längs in Scheiben schneiden. Salatblätter, Birnenscheiben und Walnüsse in eine große Schüssel geben. Vorsichtig mit der Vinaigrette anmachen. Mit schwarzem Pfeffer aus der Mühle würzen. Croûtons unter dem Grill überbacken, bis der Käse Blasen wirft (1–2 Minuten). Croûtons auf den einzelnen Salatportionen verteilen oder getrennt dazu reichen.

Roquefort-Croûtons (12 Croûtons)
12 Baguettescheiben, schräg 6–7 mm dünn aufgeschnitten
Olivenöl
60 g Roquefort
1 Eßlöffel Butter
Pfeffer

Backofen auf 190 Grad vorheizen. Brotscheiben mit Olivenöl einpinseln und im heißen Ofen rösten, bis sie knusprig und goldbraun aussehen. Den Käse mit der Butter verkneten und mit etwas Pfeffer würzen. Brotscheiben großzügig mit der Roquefortbutter bestreichen und abschließend wie oben beschrieben kurz überbacken.

Walnuß-Schalotten-Vinaigrette (ca. 75 ml)
2 Eßlöffel Sherryessig
1 kleine Schalotte, fein gewürfelt
1/4 Teelöffel Salz
Pfeffer
2 Eßlöffel leichtes Olivenöl
2 Eßlöffel Walnußöl

Alle Zutaten bis auf die Öle in einem Schälchen vermengen, dann mit einem Schneebesen die Öle unterrühren.

Friséesalat

Die gekrausten Blätter mit ihren kräftigen und knackigen Rippen verleihen Salaten eine frische Note. Friséesalat, auch Krausendivie genannt, paßt besonders gut zu einem warmen Spinatsalat oder kann im Herbst zusammen mit Escariol und Radicchio kurz gedünstet werden.
Frisée liebt kühleres Wetter und feuchten, humusreichen Boden, der sehr gut entwässert werden kann. Für die Ernte im zeitigen Frühjahr können Sie im Januar eine Reihe Frisée in Kästen aussäen und, sobald es die Witterung erlaubt, ins Frühbeet umpflanzen.

Romana-Herzen mit Avocado, Jicama und Orange

Die knackig grünen Herzen vom römischen Salat und feinen Jicamascheiben passen gut zusammen. Die Vinaigrette ist mit gerade so viel Kreuzkümmel gewürzt, daß sie interessant schmeckt, aber nicht die Aromen von Avocado und Orange übertönt. Die Jicama wird in Orangensaft und Champagneressig mariniert, wobei ein Hauch von Cayennepfeffer für Schärfe sorgt und den sauberen Geschmack zur Geltung bringt.

Zutaten für zwei große oder vier kleine Portionen
2 Köpfe Romanasalat, 200–250 g Innenblätter
1 große Navelorange
1/2 mittelgroße Jicama, ca. 125 g
3 Eßlöffel frisch gepreßter Orangensaft
1 Teelöffel Champagneressig
1 Messerspitze Salz
Cayennepfeffer
1 Avocado
Zitrusvinaigrette mit Kreuzkümmel (Rezept folgt)
Pfeffer

Den römischen Salat putzen: Strunk und die harten äußeren Blätter abtrennen. Nur die hellgrünen inneren Blätter oder die Herzen verwenden. Die größeren Blätter entlang den Rispen halbieren und nach Wunsch vierteln; die kleineren Blätter ganz lassen. Salat waschen und in einer Salatschleuder trocknen. In ein feuchtes Küchentuch wickeln und kühl stellen.

Mit einem scharfen Messer die Schale und die weiße Haut der Orange abziehen. Dazu die Orange oben und unten quer durchschneiden, dann die Seiten putzen. Die Orange zuerst längs halbieren, dann vierteln; dabei restliche Häutchen und die Kerne entfernen. Die Orange in einzelne Halbmondstückchen teilen.

Jicama schälen und streichholzfein stifteln. Orangensaft, Essig, Salz und eine Prise Cayennepfeffer vermengen. Die Jicama 10–15 Minuten in dieser Mischung marinieren, damit sie das Zitrusaroma und die Schärfe des Cayennepfeffers aufnimmt.

Kurz vor dem Servieren die Avocado halbieren, schälen und in leicht angeschrägte Scheiben schneiden.

Salatblätter, Orangenstückchen und Jicama in eine große Schüssel geben. Mit der Vinaigrette überziehen. Avocado hinzufügen und vorsichtig durchmischen, damit die Avocadoscheiben nicht brechen. Mit einer Runde Pfeffer übermahlen.

Zitrusvinaigrette mit Kreuzkümmel (ca. 75 ml)
1/2 Teelöffel abgeriebene Orangenschale
2 Eßlöffel frisch gepreßter Orangensaft
1 Eßlöffel Champagneressig
1 Messerspitze Kreuzkümmel, geröstet und gemahlen (Seite 116)
1/4 Teelöffel Salz
3 Eßlöffel leichtes Olivenöl

Alle Zutaten bis auf die Orangenschale in einem Mixer verrühren, abschließend die Orangenschale unterziehen.

Serviervorschlag: Wenn Sie den Salat auf einzelnen Tellern anrichten, machen Sie Salatblätter und Jicama zuerst an und stellen etwas Vinaigrette für die Avocado beiseite. Geben Sie die Avocadoscheiben in eine Schüssel und überziehen Sie sie mit dem Rest Vinaigrette. Richten Sie den Salat auf gekühlten Tellern an und betten Sie Avocado und Orangenstückchen auf die Salatblätter. Würzen Sie abschließend mit einer Runde Pfeffer aus der Mühle.

Variante: Brunnenkresse und Eskariol-Herzen passen wunderbar zum Romanasalat. Ersetzen Sie einen Kopf oder den ganzen römischen Salat durch Brunnenkresse und Eskariol. Die scharfe Brunnenkresse und der herbe Eskariol eignen sich gut für diesen aromatischen Salat. Sie können die Orange auch durch eine rosa Grapefruit ersetzen.

Ringelblume

Der »Safran des armen Mannes«, wie diese eßbare Blume mit ihren feinen goldgelben bis orangefarbenen Blütenblättern auch genannt wird, bringt Farbe und zarten Geschmack in Salate, Reispilaws und Eierspeisen. Als Begleitpflanze hält sie den Garten sauber und bietet nützlichen Insekten Schutz. Sie können Ringelblumen aus Samen oder Beetpflänzchen ziehen. Ringelblumen sind einjährig, vermehren sich aber wie ein Buschfeuer. Die fröhlichen Blumen lieben kühleres Wetter.

Mango-Papaya-Salat an Zitrus-Ingwer-Vinaigrette

Dieser einfache Salat schmeckt einfach herrlich, wenn es vollreife Mangos und Papayas gibt. Die süßen und aromatischen Früchte werden ergänzt durch das frische Aroma von Ingwer und Limetten. Zarte Mizunablättchen und knackiger, lockiger Friséesalat bilden einen schönen Kontrast zu den leuchtenden Tropenfrüchten.

Zutaten für vier bis sechs Portionen
2 Handvoll Mizuna oder rote Senfblätter
1 reife Mango
1 reife Papaya
Zitrus-Ingwer-Vinaigrette (Rezept folgt)

Die langen Stengel der Mizuna- oder Senfblätter entfernen. Blätter waschen und in einer Salatschleuder trocknen. Locker in ein feuchtes Küchentuch schlagen und kühl stellen.

Mango schälen, dann das Obstfleisch vorsichtig in länglichen Segmenten vom Kern lösen. Tasten Sie sich dabei mit dem Obstmesser an die Konturen des flachen und ovalen Kerns heran. Die Mango längs in 6–7 Millimeter breite Scheiben schneiden. Papaya schälen und halbieren, mit einem Löffel die Kerne ausschaben. Die Papaya schräg in 6–7 Millimeter breite Scheiben schneiden.

Vinaigrette zubereiten, die Salatblätter mit 2 Eßlöffeln Vinaigrette anmachen und auf einer Platte anrichten. Abwechselnd Mango- und Papayascheiben darauf betten. Mit der restlichen Vinaigrette beträufeln und servieren.

Zitrus-Ingwer-Vinaigrette (ca. 75 ml)
1/4 Teelöffel abgeriebene Limettenschale
1 Eßlöffel frisch gepreßter Limettensaft
1 Eßlöffel frisch gepreßter Orangensaft
1/2 Teelöffel Champagneressig
1/2 Teelöffel frisch geriebener Ingwer
1 Messerspitze Salz
3 Eßlöffel leichtes Olivenöl

Alle Zutaten bis auf die Limettenschale glattmixen, dann die Limettenschale unterrühren.

S pinatsalat mit Mandarinen und roten Zwiebeln an Sesam-Ingwer-Vinaigrette

Das kräftige Sesamaroma verbindet sich mit dem süßen Mandarinensaft und dem frisch geriebenen Ingwer zu einer spritzigen Vinaigrette. Der erfrischende Salat schmeckt das ganze Jahr über – wenn es keine Mandarinen gibt, nehmen Sie statt dessen Orangen.

Zutaten für vier Portionen
2 Handvoll Frisée- oder Endiviensalat
500 g zarte Spinatblätter (verlesen und Stengel abknipsen)
1/4 rote Zwiebel, in dünne Ringe geschnitten
Reisessig
2–3 kernlose Mandarinen, z. B. Satsumas
Sesam-Ingwer-Vinaigrette (Rezept folgt)
1 Teelöffel Sesamsaat, geröstet (Seite 312)

Den Strunk des Friséesalats abtrennen, die harten äußeren Blätter entfernen und nur die zartgrünen Innenblätter verwenden. Salat und Spinat waschen und trocknen. Locker in ein feuchtes Küchentuch einwickeln und kühl stellen.
Zwiebelringe mit einem Schuß Reisessig bespritzen, damit die rotviolette Farbe schön zur Geltung kommt. Mandarinen schälen und in Spalten teilen, wenn nötig Kerne, das weiße Häutchen oder Fäden entfernen. Die Vinaigrette anrühren. Salat, Mandarinen und Zwiebelringe in eine große Schüssel geben. Mit der Vinaigrette anmachen und mit geröstetem Sesam bestreuen.

Sesam-Ingwer-Vinaigrette (ca. 125 ml)
1 Teelöffel fein gehackte Mandarinenschale
2 Eßlöffel frisch gepreßter Mandarinensaft
2 Teelöffel frisch geriebener Ingwer
2 1/2 Eßlöffel Reisweinessig
2 Eßlöffel leichtes Olivenöl
1 Eßlöffel dunkles Sesamöl
1 Teelöffel Sojasauce
1/4 Teelöffel Salz

Alle Zutaten bis auf die Mandarinenschale im Mixer glattrühren, danach mit einem Schneebesen die Mandarinenschale unterheben.

Spätsommerlicher Salat – Feigen und Melonen an Orangenvinaigrette

Dieser herrliche Salat steht im Spätsommer auf unserer Speisekarte, wenn der Herbst bereits in der Luft liegt. Nehmen Sie eine aromatische Melonensorte, z. B. Cantaloupe, und die reifesten Feigen, die Sie auftreiben können. Die besten Feigen weisen oft bereits ein paar Druckstellen auf. Geben Sie diese Feigen unbedingt in den Salat und zeigen Sie die ganze Üppigkeit der Frucht, indem Sie auch das geschwungene Stielende dranlassen. Wir nehmen für den Salat Rucola, aber auch die zarten Blätter von pfeffriger Mizuna oder rote Senfblätter schmecken köstlich dazu.

Zutaten für vier Portionen
2 Handvoll Rucola, Mizuna oder rote Senfblätter
Orangenvinaigrette (Rezept folgt)
1 kleine Melone
8–10 reife, frische Feigen
1 Eßlöffel geröstete Pinienkerne (Seite 312)

Rucola verlesen, Stengel abknipsen, unschöne Blätter wegwerfen. Salat waschen und in einer Salatschleuder trocknen, danach in ein feuchtes Tuch schlagen und in den Kühlschrank stellen. Die Vinaigrette zubereiten.
Die Melone halbieren und entkernen. Das Fruchtfleisch in dünne Scheiben schneiden und entrinden. Die Feigen unter kaltem Wasser abbrausen und trockentupfen. Feigen halbieren oder vierteln, Stielende dranlassen.
Rucola auf eine Servierplatte betten. Melonenscheiben und Feigen in lockerer Folge darauf anordnen. Mit Vinaigrette beträufeln und mit den Pinienkernen bestreuen (wenn Sie die Pinienkerne vorher in etwas Vinaigrette tauchen, erhalten sie einen schönen Glanz).

Orangenvinaigrette (ca. 75 ml)
1/4 Teelöffel fein gehackte Orangenschale
2 Eßlöffel frisch gepreßter Orangensaft
1/2 Eßlöffel Champagneressig
1/4 Teelöffel Salz
3 Eßlöffel leichtes Olivenöl

Bis auf das Öl alle Zutaten in einem Schälchen vermischen; danach mit einem Schneebesen das Öl unterrühren.

B ohnensalat mit Tomaten und Basilikum

Dicke italienische weiße Bohnen, sogenannte Cannellini-Bohnen, gehören zu unseren beliebtesten Vorspeisen. Sie sind stärkehaltig und aromatisch und geben eine köstliche Sauce ab, wenn man sie mit Strauchtomaten, Olivenöl und Essig anmacht. Zusammen mit geröstetem Weißbrot aus Sauerteig, frischem Mozzarella und verschiedenen schwarzen Olivensorten ergeben sie eine herrlich leichte Sommermahlzeit.

Zutaten für vier bis sechs Portionen
300 g getrocknete weiße Bohnenkerne
(vorzugsweise die Sorte Cannellini),
verlesen und über Nacht eingeweicht
1 Lorbeerblatt
Einige frische Kräuterzweige: Majoran, Thymian, Salbei
1/4 rote Zwiebel, gewürfelt
Champagneressig
2 Eßlöffel Rotweinessig
2 Teelöffel abgeriebene Zitronenschale
2 Knoblauchzehen, fein gehackt
Salz und Pfeffer
6 Eßlöffel natives Olivenöl extra
250 g Tomaten
4 Eßlöffel frisch gehacktes Basilikum

Bohnen abgießen und unter fließendem Wasser abbrausen, dann in einen großen Topf füllen. Großzügig mit kaltem Wasser bedecken, Lorbeerblatt und Kräuterzweige hinzufügen. Einmal aufwallen lassen, dann bei milder Hitze weich garen. Nach 20–25 Minuten den Garzustand der Bohnen testen. Wenn die Haut noch fest und hart ist, Bohnen noch etwas länger garen, bis die Haut sich lockert und die Bohnen aufspringen.

Während die Bohnen garen, einen kleinen Topf Wasser aufsetzen und zum Kochen bringen. Die Zwiebelwürfel hineinwerfen und 15 Sekunden blanchieren. Herausfischen und mit 1/2 Eßlöffel Champagneressig anmachen. In einem Schälchen Rotweinessig, Zitronenschale, Knoblauch, 3/4 Teelöffel Salz und eine Prise Pfeffer verrühren, dann mit einem kleinen Schneebesen das Öl unterziehen. Tomaten putzen, entkernen und in grobe Stücke schneiden.

Die weichgekochten Bohnen abgießen und sofort mit der Vinaigrette überziehen, denn die heißen Bohnen nehmen die Aromen besonders gut auf. Abkühlen lassen, dann Tomaten, Zwiebel und Basilikum hinzufügen. Den Bohnensalat vor dem Servieren nach Möglichkeit eine bis zwei Stunden durchziehen lassen. Abschließend mit Salz und Pfeffer sowie einem Spritzer Champagneressig abschmecken. Den Salat bei Zimmertemperatur servieren.

Tip: Machen Sie diesen Salat bereits einen Tag im voraus, da die Bohnen am zweiten Tag sogar noch besser schmecken. Sie müssen den Salat dann noch einmal nachwürzen und etwas mehr Zitronenschale hinzugeben. Den Salat vor dem Servieren unbedingt auf Zimmertemperatur erwärmen.

Drei-Bohnen-Salat mit Zitrone und Estragon

Wir machen den Salat am liebsten dann, wenn grüne Bohnen und gelbe Wachsbohnen frisch am Strauch hängen. Die knackigen, frischen Bohnen bilden einen schönen Kontrast zu getrockneten Bohnen, z. B. den weich-zarten und hellgrünen Flageoletbohnen. Den Estragon schmeckt man hier deutlich heraus, während die Zitrone den Gesamteindruck durch ihr sauberes Aroma ergänzt. Reichen Sie zu diesem Salat dicke Scheiben von Strauchtomaten, die Sie mit Salz und Pfeffer und ein paar Tropfen Olivenöl angemacht haben.

Zutaten für vier bis sechs Portionen
100 g getrocknete Flageoletbohnen, verlesen und über Nacht eingeweicht
2 Lorbeerblätter
2 frische Estragonzweige
175 g kleine, getrocknete weiße Bohnen, verlesen und über Nacht eingeweicht
Salz
125 g grüne Bohnen oder gelbe Wachsbohnen, geputzt und schräg in 5 cm lange Stücke geschnitten
1 kleine Mohrrübe, gewürfelt
1/2 Selleriestengel, gewürfelt
Vinaigrette (Rezept folgt)
2 Schalotten, fein aufgeschnitten
1 gehäufter Eßlöffel grob gehackter Estragon

Die Garzeit der Flageoletbohnen ist fast doppelt so lang wie die der weißen Bohnen; kochen Sie die Bohnen daher nach Sorten getrennt. Flageoletbohnen abgießen und unter fließendem Wasser abbrausen; in einen Topf füllen und großzügig mit Wasser bedecken. Ein Lorbeerblatt und einen Estragonzweig hinzufügen. Zum Kochen bringen und dann 50–60 Minuten leise köcheln lassen, bis die Bohnen gar sind. Während der letzten 10 Minuten Garzeit die Bohnen mehrmals probieren und erst dann abgießen, wenn sie weich sind. Die weißen Bohnen in einen zweiten Topf füllen, mit reichlich kaltem Wasser aufsetzen und mit dem zweiten Lorbeerblatt und Estragonzweig garen (25–30 Minuten).
In der Zwischenzeit das Gemüse blanchieren. Einen Topf Wasser zum Kochen bringen, 1/2 Teelöffel Salz einstreuen. Die frischen Bohnen darin kochen, bis sie gerade weich zu werden beginnen (4–5 Minuten). Mit einer Schaumkelle aus dem

Wasser heben und mit kaltem Wasser abschrecken. Beiseite stellen. Mohrrübe etwa eine Minute blanchieren. In den letzten 30 Sekunden den Sellerie dazugeben. Gemüse in ein Sieb abgießen und mit kaltem Wasser abbrausen. Die Vinaigrette anrühren. Die weichgekochten dicken Bohnen abgießen und noch warm mit der Mohrrübe, dem Sellerie und der Schalotte vermischen und mit der Vinaigrette anmachen. 30–60 Minuten durchziehen lassen. Nun auch den feingehackten Estragon und die grünen Bohnen unterheben. Salat bei Zimmertemperatur servieren.

Vinaigrette (ca. 175 ml)
2 Teelöffel abgeriebene Zitronenschale
4 Eßlöffel frisch gepreßter Zitronensaft
1 Eßlöffel Sherryessig
2 Knoblauchzehen, fein gehackt
1 Teelöffel Salz
1/4 Teelöffel Pfeffer
6 Eßlöffel natives Olivenöl extra

Bis auf das Öl alle Zutaten in einem Schälchen vermischen; dann mit einem kleinen Schneebesen das Öl unterrühren, bis eine cremige Vinaigrette entsteht.

Französischer Estragon

Das Gewürzkraut hat einen säuerlichen Geschmack, der an Anis erinnert und grüne Blattsalate, gegrillte oder geröstete Kartoffeln und Bohnen verfeinert. Die klassische französische Kombination (Zitronensaft oder Rotweinessig, Dijonsenf und Estragon) taucht das ganze Jahr über auf unserer Speisekarte auf. Im Frühjahr würzt die Vinaigrette einen Salat aus Spargel, Chioggia-Rübchen und Zuckerschoten; im Sommer einen Salat aus gegrillten Kartoffeln mit zarten grünen Bohnen und Cocktailtomaten.

Pflanzen Sie nur echten französischen Estragon, denn sein russischer Verwandter schmeckt praktisch nach gar nichts. Estragon vermehrt sich durch die Teilung bestehender Pflanzen, nicht durch Samen. Wenn Sie einen niedrig wachsenden Estragonzweig entdecken, beschweren Sie ihn mit einem Stöckchen, damit der Zweig Wurzeln schlagen kann. Estragon liebt pralle Sonne und humusreichen Boden mit guter Entwässerung. In kühleren Klimazonen sollten Sie die Pflanze in einem großen Topf ziehen, den Sie im Winter ins Haus stellen. Zusammen mit anderen sonnenliebenden Kräutern gedeiht Estragon prächtig auf einer sonnigen Fensterbank.

Drei-Bohnen-Salat mit Jicama und Orange

Dieser überraschend leichte Salat besticht durch das Zusammenspiel verschiedenartiger Konsistenzen und ist wie geschaffen für ein sommerliches Picknick. Die Bohnen nehmen die Süße der Orange und die Schärfe der Chillies auf, während die knackige Jicama für Frische sorgt. Sie können den Salat auch etwas einfacher, also nur mit ein oder zwei Bohnensorten, zubereiten. Reichen Sie Tortillachips und eingelegte rote Zwiebeln (Seite 460) dazu.

Zutaten für vier bis sechs Portionen
100 g getrocknete Pintobohnen, verlesen und über Nacht eingeweicht
100 g getrocknete schwarze Bohnen, verlesen und über Nacht eingeweicht
100 g getrocknete rote Bohnen, verlesen und über Nacht eingeweicht
Vinaigrette (Rezept folgt)
1/4 rote Zwiebel, gewürfelt
Champagneressig
50 g Jicama, gewürfelt
1–2 Jalapeño-Chillies, entkernt und fein gewürfelt
Salz
2 Eßlöffel grob gehacktes Koriandergrün

Da die Bohnen unterschiedliche Garzeiten besitzen, müssen sie nach Sorten getrennt gekocht werden. Das sieht auf den ersten Blick etwas umständlich aus, doch auf diese Weise vermeiden Sie, daß die Bohnen zu hart oder zu weich geraten. Die Pintobohnen abgießen, unter kaltem Wasser abbrausen und in einen kleinen Topf füllen. Mit reichlich kaltem Wasser aufsetzen und bei sanfter Hitze weich garen (40–45 Minuten). Die schwarzen und roten Bohnen getrennt aufsetzen und auf kleiner Flamme weich garen (25–30 Minuten).

Inzwischen die Vinaigrette und die übrigen Zutaten vorbereiten. Einen kleinen Topf Wasser zum Kochen bringen und die Zwiebel 15 Sekunden darin blanchieren. Abtropfen lassen und mit einem Spritzer Champagneressig anmachen.

Die weichgekochten Bohnen abgießen und in eine Schüssel füllen. Die warmen Bohnen sofort mit der Vinaigrette überziehen, dann Zwiebel, Jicama und Chillies unterheben. Salzen. Den Salat mit Koriandergrün bestreuen und bei Zimmertemperatur servieren.

Vinaigrette (ca. 175 ml)
1 Teelöffel abgeriebene Orangenschale
125 ml frisch gepreßter Orangensaft
1/2 Eßlöffel Champagneressig
1 Knoblauchzehe, fein gehackt
1 Teelöffel Kreuzkümmel, geröstet und gemahlen (Seite 116)
1 Teelöffel Salz
2 Eßlöffel leichtes Olivenöl
3 Prisen Cayennepfeffer

Alle Zutaten in einem Schälchen sorgfältig verrühren.

Zitrussaft und Essig

Ein oder zwei Spritzer Essig beleben das Zitrusaroma einer Vinaigrette, weshalb wir unsere Zitrusvinaigrettes meist mit etwas Essig aufpeppen. Diese Kombination schmeckt einfach hervorragend in einem Kuskussalat oder zu Artischocken mit Zitrone und Minze.

Champagneressig oder Reisessig heben den frischen Saft von Mandarinen, Orangen, Zitronen und Limetten erst richtig hervor. Sherryessig schmeckt köstlich zu Orangensaft, paßt aber auch gut zu Zitronensaft. Genießen Sie den Essig in einer Zitrusvinaigrette mit warmen jungen Kartoffeln, Spargel und Zuckererbsen. Feingeriebene Zitrusschale verleiht den Aromen den richtigen Glanz, weshalb wir fast immer ein wenig davon in unsere Zitrusvinaigrettes rühren.

Salat von Kichererbsen und getrockneten Tomaten

Wir servieren diesen einfachen und schmackhaften Salat das ganze Jahr über. Kochen Sie die Kichererbsen ziemlich weich, damit sie die herrlichen Aromen des Salats richtig aufnehmen können. Lassen Sie den Salat vor dem Servieren etwa eine Stunde durchziehen, denn dann wirken die Aromen besonders weich und abgerundet. Reichen Sie knusprige Croûtons und gegrillte Auberginen (Seite 91) dazu.

Zutaten für vier bis sechs Portionen
250 g getrocknete Kichererbsen, verlesen und über Nacht eingeweicht
1 Lorbeerblatt
1 frisches Salbeiblatt
2 frische Majoran- oder Oreganozweige
1/2 kleine rote Zwiebel, gewürfelt
Champagneressig
4 Eßlöffel Rotweinessig
1 Knoblauchzehe, fein gehackt
Salz und Pfeffer
2 Eßlöffel natives Olivenöl extra
2 getrocknete Tomaten in Öl (abtropfen lassen und würfeln)
2 Eßlöffel gehackte Petersilie

Kichererbsen abgießen, abbrausen und mit reichlich kaltem Wasser aufsetzen. Das Lorbeerblatt und die frischen Kräuter hinzufügen und alles bei sanfter Hitze köcheln lassen. Nach 50–60 Minuten den Garzustand testen; nach Bedarf weiterkochen, bis die Kichererbsen schön weich sind, denn nur dann nehmen sie die Aromen des Salats auf.

Während die Kichererbsen garen, die Zwiebel in etwas kochendem Wasser 15 Sekunden blanchieren. Abgießen und mit ein paar Tropfen Champagneressig beträufeln. Rotweinessig, Knoblauch, 3/4 Teelöffel Salz und einige Prisen Pfeffer in einem Schälchen vermengen. Nach und nach mit einem Schneebesen das Öl unterrühren. Die weichgekochten Kichererbsen abgießen und sofort mit der Vinaigrette, der Zwiebel und den Tomaten anmachen. Eine Stunde ziehen lassen. Zum Schluß die gehackte Petersilie unterheben. Salat zimmerwarm servieren.

Scharfer Bohnensalat mit Chillies und Limetten

Minzeblättchen, Koriandergrün und frische Limetten verleihen den schwarzen Bohnen ein erfrischendes Aroma. Wir krümeln oft auch noch sogenannten *queso fresco* (ein mexikanischer Frischkäse) über die Bohnen und reichen unseren Jicama-Orangen-Salat (Seite 85), eingelegte rote Zwiebeln (Seite 460) und Avocadoscheiben dazu.

Zutaten für vier bis sechs Portionen
250 g getrocknete schwarze Bohnen, verlesen und über Nacht eingeweicht
Salz und Pfeffer
1/2 Mohrrübe, gewürfelt
1/2 Selleriestengel, gewürfelt
1 1/2 Teelöffel abgeriebene Limettenschale (1–2 Limetten)
3 Eßlöffel frisch gepreßter Limettensaft
2 Eßlöffel Champagneressig
1 Knoblauchzehe, fein gehackt
3 Prisen Cayennepfeffer
4 Eßlöffel leichtes Olivenöl
1–2 Jalapeño-Chillies, entkernt und gewürfelt
2 gehäufte Eßlöffel gehacktes Koriandergrün
1 Eßlöffel frisch gehackte Minze

Bohnen abgießen, abbrausen und in einen großen Topf füllen. Großzügig mit kaltem Wasser bedecken und zum Kochen bringen. Dann leise 20–25 Minuten simmern, bis die Bohnen weich sind, aber noch nicht zerfallen. Vor dem Abgießen probieren, ob die Bohnen durch sind, und gegebenenfalls etwas länger garen.

Während die Bohnen kochen, einen kleinen Topf Wasser mit 1/2 Teelöffel Salz zum Kochen bringen. Die gewürfelte Mohrrübe hineingeben und eine Minute blanchieren; die letzten 30 Sekunden den Sellerie dazugeben. Sofort abgießen und mit kaltem Wasser abschrecken. Aus Limettenschale und -saft, Essig, Knoblauch, Cayennepfeffer, einem Teelöffel Salz und einer Prise schwarzem Pfeffer das Dressing rühren. Nach und nach das Olivenöl unterziehen.

Die Bohnen abgießen und sofort mit dem Dressing und den Chillies anmachen. Wenn die Jalapeños sehr scharf sein sollten, geben Sie vorerst nur die Hälfte in den Salat und stimmen die Schärfe dann auf Ihren Geschmack ab. Der Salat sollte allerdings recht kräftig schmecken. 30 Minuten ziehen lassen. Vor dem Servieren mit Salz und Pfeffer nachwürzen, das Koriandergrün und die Minze unterheben.

L insensalat mit Currygewürzen und Joghurt

Dieser zarte Salat hat es in sich. Kleine französische Linsen werden mit säuerlichem Joghurt und aromatischen Gewürzen angemacht, wobei ein Hauch Cayennepfeffer für angenehme Schärfe sorgt. Zitronensaft und Koriandergrün machen den Salat leicht und erfrischend. Servieren Sie Croûtons oder Pitabrot vom Grill dazu.

Zutaten für vier bis sechs Portionen
250 g französische Linsen
1 Lorbeerblatt
1/4 rote Zwiebel, gewürfelt
Champagneressig
1 kleine Mohrrübe, gewürfelt
125 g Naturjoghurt
3 Eßlöffel frisch gepreßter Zitronensaft
1 1/2 Teelöffel Kreuzkümmel, geröstet und gemahlen (Seite 116)
1/2 Teelöffel Gelbwurzpulver
1/4 Teelöffel Korianderpulver
1 Teelöffel Salz
1 Messerspitze Cayennepfeffer
1 Messerspitze schwarzer Pfeffer
1/2 rote Paprikaschote, gewürfelt
2 Eßlöffel grob gehacktes Koriandergrün

Linsen abbrausen und in einen Topf füllen. Mit reichlich kaltem Wasser und dem Lorbeerblatt aufsetzen. Bei sanfer Hitze weich garen (15–20 Minuten). Probieren Sie die Linsen immer wieder, damit sie weder zu hart noch zu weich geraten.
Während die Linsen garen, einen kleinen Topf Wasser erhitzen und die Zwiebelwürfelchen 15 Sekunden in das sprudelnde Wasser tauchen. Mit einem Sieb herausfischen und mit einem Spritzer Champagneressig würzen. Die gewürfelte Mohrrübe ins kochende Wasser tauchen, eine Minute blanchieren, abgießen und beiseite stellen. In einem kleinen Schälchen Joghurt, Zitronensaft, einen Eßlöffel Champagneressig, Currygewürze, Salz, Cayenne- und schwarzen Pfeffer verrühren.
Die weichgekochten Linsen abgießen. Das Lorbeerblatt entfernen. Die warmen Linsen sofort mit dem Gemüse und der Joghurtmischung anmachen. Der zunächst etwas stechende Zitronengeschmack wird schnell von den Linsen absorbiert. Unmittelbar vor dem Servieren mit Koriandergrün bestreuen.

Basmati- und Wildreis mit Mandarinen und Pinienkernen

Der nussige Geschmack von Wildreis und Pinienkernen einerseits und das süßliche Aroma der Korinthen sowie die saftigen Mandarinen andererseits machen diesen eleganten Salat zum Glanzpunkt einer jeden Festtafel.

Zutaten für sechs Portionen
200 g Wildreis
1 3/4 l Wasser
Salz
100 g Basmatireis, gewaschen und abgetropft
Saft von 4 Mandarinen (ca. 180 ml)
75 g Korinthen
3 Mandarinen
Champagneressig
2 Eßlöffel leichtes Olivenöl
2 Eßlöffel Pinienkerne, geröstet (Seite 312)

Den Wildreis in einen großen Topf schütten. Mit einem Liter Wasser bedecken, 1/2 Teelöffel Salz hinzufügen und zum Kochen bringen. Wärmezufuhr reduzieren und den Reis auf kleiner Flamme bißfest garen (30–35 Minuten).
Den restlichen 3/4 Liter Wasser in einem mittelgroßen Topf zum Kochen bringen. Den Basmatireis und 1/2 Teelöffel Salz hineingeben, 8–10 Minuten bißfest kochen. Abgießen und abkühlen lassen, dann mit dem Wildreis vermischen.
Den Mandarinensaft in einem kleinen Töpfchen über mittlerer Flamme erhitzen; sobald der Saft zu kochen beginnt, über die Korinthen gießen, damit diese aufquellen. Die Mandarinen schälen und in Spalten teilen, Kerne und Fädchen entfernen.
Reis mit Korinthen, Mandarinensaft, 1/2 Eßlöffel Champagneressig und Olivenöl anmachen. Salat mit Salz und einem Schuß Essig abschmecken. Abschließend die Mandarinenspalten und die gerösteten Pinienkerne unterheben. Salat bei Zimmertemperatur servieren.

Variante: Nehmen Sie Orangen und Orangensaft statt der Mandarinen. Die Orangen mit einem scharfen Messer schälen; dabei die Orangen oben und unten quer durchschneiden, dann die Schale von den Seiten abziehen. Halten Sie die Orangen über eine Schüssel, damit Sie den Saft auffangen können, wenn Sie die Orangen in Spalten teilen.

Mais und Bulgur mit Koriandergrün und Limetten

Der erfrischende Sommersalat mit seinem herzhaften Aroma ist schnell und leicht gemacht. Der nussige Geschmack und die knackige Konsistenz von Bulgur passen herrlich zu den süßlichen Maiskörnern.

Zutaten für vier bis sechs Portionen
100 g Bulgur
125 ml kochendes Wasser
1 Eßlöffel leichtes Olivenöl
Maiskörner von 3 Kolben
Salz
1/4 rote Zwiebel, gewürfelt
1 Jalapeño-Chili, entkernt und in feine Streifen geschnitten
1 Eßlöffel frisch gepreßter Zitronensaft
1 Eßlöffel frisch gepreßter Limettensaft
Cayennepfeffer
1 Eßlöffel grob gehacktes Koriandergrün
1 Eßlöffel frisch gehackter Salbei, ca. 5 große Blätter

Bulgur in eine Schüssel geben und mit kochendem Wasser überbrühen. Abdecken und 20 Minuten ziehen lassen.

Inzwischen das Öl in einer Pfanne erhitzen. Maiskörner mit einer Prise Salz 5 Minuten bei mittlerer Hitze andünsten. Zwiebel hinzufügen und ungefähr 3 Minuten weiterdünsten, bis die Maiskörner weich sind. Abkühlen lassen, dann mit Bulgur, Chilistreifen, Zitronen- und Limettensaft, 1/2 Teelöffel Salz und einigen Prisen Cayennepfeffer anmachen. Wenn nötig nachsalzen. Unmittelbar vor dem Servieren Koriandergrün und Salbei unterheben.

Dolmas
(Gefüllte Weinblätter)

Unsere Abendköchin Diana hat dieses Rezept von der griechischen Insel Mykonos mitgebracht. Der Reis wird mit Zitronenstreifen und frisch gemahlenem Zimt gekocht, dann mit Korinthen und gerösteten Pinienkernen vermischt. Das süß-würzige Aroma bildet einen wunderbaren Kontrast zu den scharfen Weinblättern. Reichen Sie dazu einfach ein paar Zitronenspalten und Kalamata-Oliven oder Rüben und unseren Gurkendip von Seite 456.

Zutaten für 20–24 Dolmas
1/2 l Wasser
Salz
200 g Langkornreis
3/4 Teelöffel Zimt (vorzugsweise ganz frisch gemahlen)
1 Eßlöffel Zucker
1 Eßlöffel Butter
1 Zitrone (die abgeriebene Schale und 2 Eßlöffel Saft)
4 Eßlöffel Korinthen
4 Eßlöffel Pinienkerne, geröstet (Seite 312)
Schwarzer Pfeffer oder Fünf-Pfeffer-Mischung
20-24 Weinblätter in Salzlake
Natives Olivenöl extra

Wasser in einem Topf zum Kochen bringen; einen Teelöffel Salz hinzufügen, dann den Reis, das Zimtpulver, Zucker, Butter und Zitronenschale hineinrühren. Wieder aufkochen lassen, abdecken und den Reis auf kleiner Flamme bißfest garen (15–20 Minuten). Der Reis sollte noch nicht ganz durch sein.

Den Reis in eine Schüssel füllen und noch warm mit den Korinthen, Pinienkernen und dem Zitronensaft vermischen. Mit Salz und Pfeffer abschmecken.

Die Weinblätter abspülen und abtropfen lassen, dann trockentupfen und die Stiele abtrennen. Die Blätter auf einer Arbeitsfläche ausbreiten. Jeweils einen Eßlöffel Reis abmessen und mit den Händen fest zusammendrücken. In die Mitte der Weinblätter setzen. Das untere Ende und die beiden Seiten der Weinblätter einschlagen, dann die Blätter aufrollen.

Die fertiggerollten Dolmas leicht mit etwas Olivenöl einpinseln und in ein Dämpfkörbchen legen. Dämpfkorb über kochendes Wasser setzen, abdecken und 3–5 Minuten dämpfen, bis die Dolmas gut durchgewärmt sind. Warm servieren oder auf Zimmertemperatur abkühlen lassen.

Kuskus mit Aprikosen, Pinienkernen und Ingwer

Aromen und Konsistenz dieses köstlich leichten Salats sind herrlich ausgewogen: Der Kuskus bildet eine schöne Grundlage für die süßen Trockenfrüchte und für die frischen Aromen von Ingwer und Orange. Servieren Sie im Frühjahr Brunnenkresse und Spargelspitzen mit Sesamvinaigrette dazu. Im Winter passen Blutorangen, schwarze Oliven und Pitabrot vom Grill. Sie können den Salat ein paar Stunden oder sogar einen ganzen Tag im voraus zubereiten. Geben Sie die Pinienkerne in jedem Fall aber erst unmittelbar vor dem Servieren unter den Salat, damit sie knackig und nussig bleiben.

Zutaten für 4 Portionen
100 g Instant-Kuskus
125 ml Wasser
250 ml frisch gepreßter Orangensaft
4 Eßlöffel leichtes Olivenöl
Champagneressig
8 getrocknete Aprikosen, in feine Streifen geschnitten
1 Eßlöffel Korinthen
1 Eßlöffel Sultaninen
2 Teelöffel frisch geriebener Ingwer
Salz
1/4 rote Zwiebel, fein gewürfelt
2 Eßlöffel Pinienkerne, geröstet (Seite 312)

Kuskus in eine Schale schütten. Wasser, Orangensaft, Olivenöl und 2 Eßlöffel Essig in einem Topf zum Kochen bringen. Dörrobst und Ingwer sowie 1/2 Teelöffel Salz hineingeben und sofort über den Kuskus gießen. Abdecken und 20 Minuten quellen lassen.

Einen kleinen Topf Wasser aufsetzen und die Zwiebelwürfelchen 15 Sekunden darin blanchieren. Gut abtropfen lassen und mit einigen Spritzern Essig besprengen, damit die leuchtende Farbe der Zwiebel schön zur Geltung kommt.

Den gequollenen Kuskus mit einer Gabel sanft auflockern, Pinienkerne und Zwiebel unterheben. Mit Salz und einem Spritzer Essig abschmecken.

Feuriger Maissalat

Süßer Sommermais, saftige Cocktailtomaten, Frühlingszwiebeln und feurige Chillies – diese Aromenfülle macht das Gericht zu einem Sommergenuß. Ob als Salat oder als Beilage (beispielsweise zu Quesadillas mit geräuchertem Käse und Chipotle-Püree, Seite 387), das Gericht schmeckt im Sommer besonders köstlich, wenn Mais und Tomaten gerade reif sind.

Zutaten für vier bis sechs Portionen
1 Eßlöffel leichtes Olivenöl
Maiskörner von 4 Kolben
1–2 Jalapeño-Chillies, entkernt und fein gewürfelt
Salz
2 Teelöffel Champagneressig
4 Teelöffel frisch gepreßter Limettensaft
Cayennepfeffer
1 Frühlingszwiebel, schräg in feine Röllchen geschnitten
2 Eßlöffel grob gehacktes Koriandergrün
250 g Cocktailtomaten, halbiert

Olivenöl in einer weiten Pfanne erhitzen. Mais, Chillies und eine Prise Salz hineingeben und bei mittlerer Hitze 7–8 Minuten dünsten, bis die Maiskörner weich sind. Pfanneninhalt in eine Schüssel füllen und noch warm mit Essig, Limettensaft, einer Prise Salz und einigen Prisen Cayennepfeffer anmachen.
Abkühlen lassen, dann die feingeschnittene Frühlingszwiebel und das Koriandergrün unterheben. Nachsalzen. Unmittelbar vor dem Servieren die Tomatenhälften unterheben. Wenn Sie den Salat sehr scharf mögen, geben Sie noch etwas Cayennepfeffer oder eine Chilischote mehr dazu.

H erbstlicher Salat mit warmen Gorgonzola-Croûtons

Dieser Salat gehört zu den Klassikern unseres Restaurants. Der Sherryessig kommt auch gegen die üppige Walnußvinaigrette an und arbeitet die Aromen schön heraus. Der Gorgonzola wird mit Butter geschmeidig gerührt, auf knusprige Croûtons gestrichen und goldbraun geröstet. Richten Sie den Salat auf einer Servierplatte an und reichen Sie die warmen Croûtons extra dazu.

Zutaten für vier bis sechs Portionen
500 g rote Beten
40 g Walnußkerne, grob gehackt
1 Fenchelknolle
2 Handvoll Friséesalat
Gorgonzola-Croûtons (Rezept folgt)
Walnußvinaigrette (Rezept folgt)
1 Schalotte, in dünne Ringe geschnitten
Salz und Pfeffer
Sherryessig
1 säuerlicher und knackiger Apfel

Backrohr auf 190 Grad vorheizen. Das Blattgrün der roten Beten entfernen und für ein Nudel- oder Gemüsegericht aufheben. Die roten Beten waschen und in eine flache Auflaufform setzen. Den Boden der Form fingerbreit mit Wasser bedecken. Die Beten abdecken und im heißen Backrohr weich garen (je nach Größe ca. 45 Minuten). Prüfen Sie den Garzustand der Beten mit einem spitzen Messer oder einem Spießchen. Beten aus dem Rohr nehmen und beiseite stellen. Die Walnüsse auf einem Backblech rösten, bis sie fein duften (ca. 8 Minuten). Beiseite stellen und abkühlen lassen.
Den Fenchel putzen und die dicken äußeren Schichten ablösen. Die Knolle längs vierteln. Den Strunk herauslösen und die Viertel längs aufschneiden. Sobald die Beten abgekühlt sind, pellen und in Spalten schneiden.
Den Strunk und die harten äußeren Blätter des Friséesalats ablösen und nur die hellgrünen inneren Blätter für den Salat verwenden. Blätter waschen und in einer Salatschleuder trocknen. In ein feuchtes Küchentuch schlagen und kühl stellen. Croûtons und Vinaigrette vorbereiten.
Den Grill im Ofen anheizen. Den Friséesalat mit etwas Vinaigrette anmachen und auf einer Servierplatte anrichten. Rote Beten und Schalotte vermischen und mit der Hälfte der Vinaigrette überziehen. Mit Salz, Pfeffer und einem Schuß Essig ab-

schmecken. Die roten Beten auf den Friséesalat betten. (Wenn Sie die roten Beten mit dem Gemüse anmachen, läuft der Saft aus und färbt alles rosa.)

Den Apfel vierteln, entkernen und dünn aufschneiden. Fenchel, Apfel und Walnüsse vermischen, mit der restlichen Vinaigrette anmachen und über den roten Beten verteilen. Mit Pfeffer aus der Mühle übermahlen. Sobald der Salat fertig ist, die Croûtons überbacken, bis der Käse Blasen wirft. Croûtons zum Salat servieren.

Gorgonzola-Croûtons (12 Croûtons)
12 Baguettescheiben, schräg 6–7 mm dünn aufgeschnitten
Leichtes Olivenöl
60 g Gorgonzola
1 Eßlöffel weiche Butter
Pfeffer und Salz

Backrohr auf 190 Grad vorheizen. Die Brotscheiben mit Olivenöl einpinseln und backen, bis sie knusprig und goldbraun aussehen (etwa 8 Minuten). Den Gorgonzola mit Butter und etwas Pfeffer geschmeidig rühren; wenn nötig nachsalzen. Die Croûtons großzügig mit der Gorgonzolabutter bestreichen und überbacken.

Walnußvinaigrette (ca. 75 ml)
2 Eßlöffel Sheryessig
1/4 Teelöffel Salz
Pfeffer
3 Eßlöffel leichtes Olivenöl
3 Eßlöffel Walnußöl

Essig, Salz und einige Prisen Pfeffer in einem Schälchen vermischen, dann mit einem kleinen Schneebesen die beiden Öle unterrühren.

Goldrübchen und Chioggia-Rüben

Chioggia-Rüben sind rosige, süßliche Beten. Goldrübchen sind von tiefem, rostigem Gelb und haben einen etwas nussigeren Geschmack. Gute Exemplare kommen mit wenig Würze aus – etwas Walnußöl, ein Schuß Essig und etwas Salz und Pfeffer genügen. Sie färben sie nicht ab und können mit anderen Gemüsesorten mariniert oder zu einem Salat kombiniert werden. Heben Sie das zarte Blattgrün auf, das sich für Nudeln oder zum Sautieren eignet.

Rüben lieben sonnige Standorte in humusreichem, gut entwässertem und leicht alkalischem Boden. Arbeiten Sie vor dem Pflanzen etwas Holzasche oder Kalk ins Beet. Die Aussaat erfolgt im Frühjahr oder Herbst (zum Überwintern) im Abstand von 2 1/2 Zentimetern. Während der Wachstumsperiode muß der Boden gleichmäßig feucht gehalten werden.

K artoffelsalat mit Chipotle-Vinaigrette

Dieser peppige Kartoffelsalat schmeckt das ganze Jahr über. Paprikastreifen, Zwiebelringe und neue Kartoffeln werden über Holzkohle gegrillt und mit einer scharfen Chipotle-Vinaigrette angemacht. Die Aromen passen wirklich gut zusammen: Die Milde von Paprika und Zwiebeln ist noch zu spüren, während die Kartoffeln die rauchige Schärfe der Chipotle-Chillies und die Frische des Korianders aufnehmen. Natürlich können Sie das Bett aus Blattsalaten weglassen und den Kartoffelsalat auch solo servieren.

Zutaten für vier bis sechs Portionen
1 kg neue Kartoffeln
Leichtes Olivenöl
Salz und Pfeffer
1 rote Zwiebel
1 rote oder gelbe Paprikaschote
1 Knoblauchzehe, fein gehackt
1 Handvoll Blattsalate: Mizuna und Friséesalat oder Brunnenkresse
Chipotle-Vinaigrette (Rezept folgt)
1 Eßlöffel grob gehacktes Koriandergrün

Auf dem Grill eine Holzkohlenglut vorbereiten.
Das Backrohr auf 200 Grad vorheizen. Die Kartoffeln in eine ofenfeste Form setzen, mit etwas Olivenöl benetzen und mit Salz und Pfeffer bestreuen. Abdecken und im heißen Ofen weich garen (35–40 Minuten). Beiseite stellen und abkühlen lassen. Die Kartoffeln je nach Größe halbieren oder vierteln und zum Grillen auf Spieße stecken (Sie brauchen keine Spieße, wenn die Kartoffelstücke so groß sind, daß sie nicht durch die Grillstäbe fallen können).
Die Zwiebel in zentimeterbreite Scheiben schneiden, die einzelnen Ringe aber nicht auseinanderziehen. Nur die äußere Haut abziehen. Den Paprika längs halbieren, Kerne und Häutchen sowie den Stiel entfernen. Der Länge nach in 2 1/2 Zentimeter breite Streifen schneiden. Die Knoblauchzehe mit etwas Olivenöl verrühren. Das Gemüse mit dem Knoblauchöl einpinseln, dann salzen und pfeffern. Die Blattsalate waschen und in einer Salatschleuder trocknen. Die Vinaigrette anrühren.
Das Gemüse so auf den heißen Grill legen, daß die Schnittfläche der Kartoffeln und die Außenseite des Paprikas direkt auf dem Grillrost aufliegen. Die Zwiebelscheiben nach ca. 5 Minuten wenden. Während die Zwiebeln fertiggaren, Paprikastreifen und

Kartoffeln wenn nötig an den kühleren Rand schieben. Die Zwiebeln entfalten ein herrlich süßliches Aroma, je länger sie über den heißen Kohlen garen; geben Sie ihnen deshalb genügend Zeit.

Sobald die Zwiebeln auf beiden Seiten durch sind, in eine Schüssel geben und mit Kartoffeln, Paprikastreifen, Vinaigrette und Koriandergrün vermischen. Die Blattsalate locker auf eine Servierplatte häufen, dann das gegrillte Gemüse darauf anrichten. Sofort servieren.

Chipotle-Vinaigrette (ca. 125 ml)
1 Eßlöffel Champagneressig
2 Eßlöffel frisch gepreßter Limettensaft
1/2 Teelöffel Dijonsenf
1 Teelöffel Chipotle-Püree (Seite 387)
1 Knoblauchzehe, fein gehackt
1/2 Teelöffel Salz
5 Eßlöffel leichtes Olivenöl

Essig und Limettensaft in einem Schälchen vermischen. Den Dijonsenf, das Chipotle-Püree, Knoblauch und Salz unterrühren. Abschließend mit dem Olivenöl zu einer cremigen Vinaigrette schlagen.

Mizuna

Die fein gezackten Blätter dieses vielseitigen japanischen Senfkrauts haben einen zarten und zugleich pfeffrigen Geschmack. Mizuna paßt wunderbar zu Lollo Rosso und Eichblattsalat sowie zu roten Senfblättern und wird mit scharfer Sherryvinaigrette gewürzt. Im Verein mit Friséesalat gibt sie ein schönes Bett für einen Salat aus warmen Kartoffeln, Spargel und Erbsen ab. Leider ist Mizura nur sehr schwer erhältlich. Fragen Sie in einem asiatischen Lebensmittelgeschäft nach, das auch frisches Gemüse aus Fernost anbietet.

Mizuna keimt schnell und liebt dieselben Wachstumsbedingungen wie rotes Senfkraut. Für einen schnellen Salat können Sie Mizuna, Rucola und rote Senfblätter zusammen aussäen oder gemeinsam in einen Topf pflanzen. Blätter nach Bedarf ernten und die Pflanze weiterwachsen lassen.

Kartoffelsalat mit Artischocken und Zitronen-Estragon-Vinaigrette

Dieser Kartoffelsalat ist ebenso köstlich wie ungewöhnlich. Die Kartoffeln werden noch warm mit der Vinaigrette angemacht, damit sie die Aromen besser aufnehmen können: Zitrone, Estragon, Olivenöl und etwas Dijonsenf, der eine angenehme Schärfe mitbringt. Damit die Aromen sich richtig entfalten können, sollten Sie den Salat vor dem Servieren ein bis zwei Stunden durchziehen lassen. Besonders schön sieht der Salat aus, wenn Sie ihn auf einem Bett aus würziger Brunnenkresse anrichten. Geben Sie auch einmal Streifen von gebratenem roten Paprika unter den Salat.

Zutaten für vier bis sechs Portionen
1 kg neue Kartoffeln
Natives Olivenöl extra
Salz und Pfeffer
Artischocken mit Zitronen und Minze
(nach dem Rezept auf Seite 75, aber ohne Minze)
2 Schalotten oder 1/4 rote Zwiebel, in dünne Ringe geschnitten
Champagneressig
Zitronen-Estragon-Vinaigrette (Rezept folgt)
1 Teelöffel Kapern (abtropfen lassen und abbrausen)
12 schwarze Oliven (vorzugsweise die Sorten Gaeta oder Niçoise)

Backrohr auf 200 Grad vorheizen. Die Kartoffeln mit etwas Olivenöl benetzen und mit Salz und Pfeffer bestreuen. In eine ofenfeste Form setzen, abdecken und im heißen Ofen weich garen (ca. 35–40 Minuten).
In der Zwischenzeit die Artischocken vorbereiten und wie beschrieben in ihrer Marinade garen. Die Schalotten mit einem Spritzer Champagneressig beträufeln, damit ihre Farbe schön zur Geltung kommt.
Wenn die Kartoffeln so weit abgekühlt sind, daß Sie sie anfassen können, je nach Größe halbieren oder vierteln und mit der Vinaigrette, den Schalotten und Kapern vermengen. Die Artischocken dazugeben und alles gut durchmischen. Mit Salz und Pfeffer abschmecken. Den Salat mit Oliven garnieren und servieren.

Zitronen-Estragon-Vinaigrette (125 ml)
1/2 Teelöffel abgeriebene Zitronenschale
2 Eßlöffel frisch gepreßter Zitronensaft

1 Teelöffel Dijonsenf
1 Knoblauchzehe, fein gehackt
1/2 Teelöffel Salz
Pfeffer
5 Eßlöffel natives Olivenöl extra
2 Teelöffel grob gehackter Estragon

Zitronenschale und -saft, Senf, Knoblauch, Salz und einige Prisen Pfeffer in einem Schälchen verrühren. Nach und nach das Olivenöl unterziehen, zum Schluß den Estragon einrühren.

Variante: Im Frühjahr geben wir oft blanchierte grüne Spargelspitzen oder Ackerbohnen und Spalten von Chioggia- oder Goldrübchen in den Salat. Spargel und grüne Bohnen erst unmittelbar vor dem Servieren unter den Salat heben, weil die Säure der Vinaigrette sonst ihre zarte Farbe ausbleicht.

Kartoffeln

Auf der Green Gulch Farm können wir die ersten neuen Kartoffeln ungefähr am 4. Juli ernten. Wir grillen die zarten Feldfrüchte oder geben sie in Salate oder servieren Sie mit Sommergemüse und einer Zitronenaïoli. Kartoffelsuppe mit Pesto schmeckt wunderbar, aber auch einfache Ofenkartoffeln mit frischen Kräutern und ganzen Knoblauchzehen sind köstlich.

Wir verwenden am liebsten die Sorte Yellow Finn, weil sie ein cremiges, gelbliches Fruchtfleisch besitzt, das Suppen und Gratins herrlich weich macht. Bintje-Kartoffeln haben ein helleres Fleisch, sind aber genauso aromatisch. Unser absoluter Favorit ist die Sorte Rosefir – diese zarten, süßlichen und länglichen Kartoffeln haben eine roséfarbene Haut und schmecken vom Grill oder aus dem Ofen einfach phantastisch. Die rote Sorte La Sota besticht durch ihr außergewöhnliches Aroma. Bereits nach 10–12 Wochen liefert sie die ersten neuen und Kartoffeln.

Wenn der Boden warm wird, arbeitet man reichlich Kompost und andere organische Dünger (aber keinen Stallmist) in den Boden und pflanzt die Saatkartoffeln in eine 30 Zentimeter tiefe Furche. Dann mit 10 Zentimetern Erde abdecken und während der Wachstumsperiode immer mehr Erde anhäufen, bis die Kartoffelpflanze blüht. Sonnenlicht ist schädlich für die Knollen – sie werden grün und giftig. Wenn die Pflanze blüht, bildet sie auch Knollen. Dann können Sie die ersten Kartoffeln »klauen«. Diese neuen Kartoffeln, die geerntet werden, bevor die Pflanze abstirbt und der Zucker in Stärke umgewandelt wird, schmecken süß und köstlich. Eine Pflanze bildet 8–10 Kartoffeln. Halten Sie den Boden gleichmäßig feucht. Kartoffelpflanzen bedürfen ständiger Pflege, um richtig gedeihen zu können.

Heben Sie Kartoffeln, die gesund aussehen und keine Verletzungen aufweisen, als Saatkartoffeln auf. Bewahren Sie sie lichtgeschützt bei 5 Grad Celsius auf. Die Kartoffeln treiben vermutlich aus; lassen Sie diese Triebe dran. Wenn die Kartoffeln zur Pflanzzeit noch keine Triebe gebildet haben, einige Wochen im Licht lagern, bis sie austreiben und zu wachsen beginnen.

Kartoffelsalat mit Cocktailtomaten, Sommerbohnen und Basilikum

Knusprig gegrillte Kartoffeln werden heiß mit leuchtend roten Cocktailtomaten, zarten Bohnen und schwarzen Oliven zu einem Salat kombiniert. Die gegrillten Kartoffeln verleihen dem Salat ein ganz besonderes Aroma, doch wenn Sie keine Zeit zum Grillen haben, tun's auch Kartoffeln aus dem Ofen.

Zutaten für vier Portionen
1 kg neue Kartoffeln
Leichtes Olivenöl
Salz und Pfeffer
125 g frische Sommerbohnen: grüne Bohnen, gelbe Wachsbohnen,
grüne oder gelbe Stangenbohnen
150 g Cocktail- oder Eiertomaten
1 Handvoll Friséesalat oder gemischte Blattsalate (nach Wunsch)
Basilikum-Knoblauch-Vinaigrette (Rezept folgt)
Champagneressig
12 schwarze Oliven (vorzugsweise die Sorten Gaeta oder Niçoise)

Eine Holzkohlenglut auf dem Grill vorbereiten.
Das Backrohr auf 200 Grad voheizen. Die Kartoffeln in eine Auflaufform setzen, mit etwas Olivenöl benetzen und mit Salz und Pfeffer bestreuen. Abdecken und weich garen (35–40 Minuten). Beiseite stellen und abkühlen lassen. Die Kartoffeln je nach Größe halbieren oder viertlen, dann auf Spieße stecken (die Spieße sind nicht notwendig, wenn die Kartoffelstücke durch die Grillstäbe fallen könnten).
Während die Kartoffeln im Ofen garen, die Bohnen putzen und schräg halbieren; kleine Bohnen ganz lassen. Einen kleinen Topf Wasser zum Kochen bringen und salzen (1/2 Teelöffel). Die Bohnen ins kochende Salzwasser werfen und 3–4 Minuten garen. Mit kaltem Wasser abschrecken und abtropfen lassen. Die Cocktailtomaten halbieren, kleine Früchte ganz lassen. Die Blattsalate waschen und in einer Salatschleuder trocknen. Die Vinaigrette zubereiten.
Kartoffeln mit der Schnittfläche nach unten auf den Grill legen und rösten, bis sie goldbraun und knusprig aussehen und das Muster der Grillstäbe deutlich zu sehen ist. Die gegrillten Kartoffeln von den Spießen streifen und mit den Bohnen, den Tomaten und der Vinaigrette vermischen. Wenn nötig, mit einem Spritzer Champagneressig sowie Salz und Pfeffer nachwürzen. Blattsalate locker auf eine Platte häufen, das Gemüse darübergeben und mit den Oliven garnieren.

Basilikum-Knoblauch-Vinaigrette (ca. 125 ml)
2 Eßlöffel Champagneressig
6 Eßlöffel natives Olivenöl extra
1 Handvoll frische Basilikumblätter
1/2 Teelöffel Salz
1 Knoblauchzehe, grob gehackt

Alle Zutaten in der Küchenmaschine glattmixen.

Kleine Tomaten

Cocktail- oder Kirschtomaten und ihre kleineren Verwandten gibt es den ganzen Sommer über in vielen Farben, Formen und Größen; sie schmücken viele unserer Gerichte.

Cocktailtomaten schmecken köstlich in Salaten oder leicht in einer Pfanne mit Olivenöl, Schalotten und Kräutern angedünstet. Man kann sie auch marinieren und zusammen mit Knoblauchbrotkrümeln unter Nudeln mischen, außerdem lassen sie sich im Handumdrehen zu einer einfachen Tomatensauce verkochen.

Die milden Eiertomaten schmecken ebenfalls gut in Salaten.

Kleine Tomaten lieben sonnige Standorte. Sie wachsen in feuchtem, tief bearbeiteten und gut entwässerten Boden mit reichlich organischem Dünger. Beim Gießen nach Möglichkeit darauf achten, daß die Blätter nicht naß werden. Die Pflanzen beim Wachsen locker an Stangen anbinden oder in Drahtkörbe setzen. Vor dem ersten Frost die letzten grünen Tomaten ernten und nachreifen lassen oder grün einlegen.

F rühjahrsgemüse an Zitronenvinaigrette

Wir haben diesen aromatischen Salat, den wir warm oder bei Zimmertemperatur servieren, das ganze Jahr über auf unserer Speisekarte und stellen die Gemüse je nach Jahreszeit neu zusammen. Die Kartoffeln werden noch warm mit der Vinaigrette überzogen, wodurch sie die Aromen von Zitronensaft und -schale besonders gut aufnehmen. Wenn Sie die seltenen Meyer-Zitronen, die wir für dieses Rezept am liebsten verwenden, nicht bekommen können, nehmen Sie einfach normale Zitronen und peppen die Vinaigrette mit etwas Dijonsenf auf.

Zutaten für vier Portionen
250 g kleine neue Kartoffeln (z. B. die Sorte Bamberger Hörnchen)
Leichtes Olivenöl
Salz und Pfeffer
Zitronen-Vinaigrette (Rezept folgt)
2 Schalotten, in dünne Ringe geschnitten
Champagneressig
1/2 rote oder gelbe Paprikaschote, in feine Streifen geschnitten
1 Mohrrübe, längs halbiert und schräg in zentimeterbreite Scheiben geschnitten
250 g grüner Spargel (von den holzigen Enden befreien und schräg in 7–8 cm lange Stücke schneiden)
125 g Zuckererbsen, geputzt
250 g feine Erbsen, geschält
125 g Zuckerschoten, geputzt
2 Eßlöffel Pinienkerne, geröstet (Seite 312)
8–12 schwarze Oliven (vorzugsweise die Sorte Niçoise)

Backrohr auf 200 Grad vorheizen. Kartoffeln in eine ofenfeste Form setzen. Mit etwas Olivenöl benetzen und mit Salz und Pfeffer bestreuen. Abdecken und im heißen Ofen weich garen (30–35 Minuten). Die Vinaigrette vorbereiten. Die Schalotten mit etwas Champagneressig beträufeln, damit ihre Farbe schön zur Geltung kommt. Die Kartoffeln noch warm halbieren oder vierteln und mit dem Paprika, den Schalotten und 4 Eßlöffeln Vinaigrette vermischen.
Die leuchtende Farbe und knackige Konsistenz des Gemüses machen den Reiz dieses Salats aus. Es ist daher wichtig, daß Sie alle Zutaten griffbereit haben. Bringen Sie nun einen Topf Wasser zum Kochen und geben Sie 1/2 Teelöffel Salz hinein.

Zunächst die Mohrrübe, 30 Sekunden später Spargel, Zuckererbsen und Erbsen dazugeben. Nach 45 Sekunden auch die Zuckerschoten hinzufügen und alles zusammen weitere 45 Sekunden blanchieren. Das Gemüse durch ein Sieb abgießen, unter kaltem Wasser abschrecken und abtropfen lassen. (Wenn Sie den Salat warm servieren wollen, machen Sie gleich nach dem Abgießen des Gemüses alles mit Vinaigrette an.)

Damit das grüne Gemüse seine Farbe nicht verliert, wird der Salat erst unmittelbar vor dem Servieren angemacht. Das Gemüse mit den Pinienkernen und der restlichen Vinaigrette vermischen. Jede Portion mit 2 oder 3 Oliven garnieren.

Zitronenvinaigrette (ca. 125 ml)
Die abgeriebene Schale einer Zitrone (s. Vorbemerkung)
2 Eßlöffel Zitronensaft (s. Vorbemerkung)
1 Eßlöffel Champagneressig
1/2 Teelöffel Salz
1 Messerspitze schwarzer Pfeffer
6 Eßlöffel leichtes Olivenöl
Dijonsenf (s. Vorbemerkung)

Alle Zutaten bis auf das Öl in einem Schälchen vermengen, dann mit einem kleinen Schneebesen das Olivenöl unterrühren. Wenn Sie die von uns so geschätzten Meyer-Zitronen nicht bekommen können, verfeinern Sie die Vinaigrette mit etwas Senf.

Meyer-Zitronen

Diese wohlriechenden, orangefarbenen Zitronen mit ihrer interessanten Form sind eine Spezialität aus San Francisco und Umgebung. Wegen ihrer weichen Schale können diese Früchte nicht im großen Maßstab angebaut werden. Wir beziehen sie deshalb von Kleinbauern, Freunden und Nachbarn. Die Meyer-Zitronen unterscheiden sich durch ihren süßen Saft und die duftende Schale von gewöhnlichen Zitronen. Sie ergeben die köstlichsten Vinaigrettes und Buttersaucen. Eine Eiscreme, eine Zitronencreme oder Mousse aus Meyer-Zitronen ist ein unvergeßliches Geschmackserlebnis.

Einem kleinen Meyer-Zitronenbaum genügt ein Pflanztrog an einer geschützten Stelle auf Ihrer Terrasse oder Ihrem Balkon; er gedeiht sogar drinnen. Die Pflanze benötigt luftigen und feuchten Boden, in dem das Wasser leicht abfließt, und reagiert empfindlich auf zu starkes Gießen. Im rechten Klima (kühle Sommer und relativ warme Winter) trägt der winterharte Baum bereits in jungen Jahren das ganze Jahr über Früchte.

Drei Tomatensalate

Tomatensalate nehmen einen wichtigen Platz auf unserer Sommerspeisekarte ein. Da es eine enorme Vielfalt von Tomatensorten gibt, stellt jeder Salat aufs neue ein Fest für Augen und Gaumen dar. Unsere Tomaten reifen am Strauch und bekommen sowenig Wasser wie möglich, weil ihr Geschmack dadurch intensiver wird. Wir zeigen Ihnen mit den folgenden drei Salaten eine kleine Auswahl – sie ähneln sich, und doch besitzen sie individuellen Geschmack und unverwechselbares Aussehen. Wir wollen Ihnen damit nicht so sehr eine Anleitung geben, sondern vielmehr Ihre Phantasie anregen – denn es gibt unendlich viele köstliche Variationsmöglichkeiten.

Tomaten

Die beste Zeit für Tomaten ist Spätsommer und Frühherbst, wenn es sie in allen Sorten, Geschmacksrichtungen und Farben gibt. Zur Tomatenzeit verwenden wir die Früchte in allen nur erdenklichen Speisen, denn wir wissen, daß die Saison nicht lange währt.

Wir servieren unsere Lieblingssorten in Antipasti und Sommersalaten. Wir schichten abwechselnd gelbe oder goldene und rote Tomatenscheiben auf Pizzas oder marinieren die bunte Pracht für Nudelgerichte in Olivenöl und frischen Kräutern. Rote Tomaten gibt es in einer schier unendlichen Vielfalt. Erkundigen Sie sich deshalb in Ihrem Gartencenter nach den Sorten, die in Ihrer Gegend am besten gedeihen. Alle Tomaten schmecken köstlich auf einem Sandwich oder mit etwas Olivenöl beträufelt auf einer dicken Scheibe knusprigem Brot.

Ein sonniger Südhang ist der ideale Standort für Tomatenpflanzen. Sie brauchen Wärme und pralle Sonne sowie einen feuchten, gut entwässerten, humusreichen Boden. Sie können die Tomaten in Saatkisten aus Samen ziehen. Beginnen Sie 6–7 Wochen vor dem letzten Frost und bewahren Sie die Pflänzchen in einem warmen Raum auf. Nach dem letzten Frost und wenn die Nachttemperaturen über 12 Grad Celsius liegen, können Sie die Pflänzchen ins Freie setzen. Während des Wachstums die Pflanzen locker an Stangen binden, in einem Drahtkorb oder an einem Spalier erziehen. Die Tomaten müssen gleichmäßig feucht gehalten werden, vor allem dann, wenn sich die Früchte ausbilden; jedoch niemals von oben gießen. Die letzten grünen Tomaten vor dem ersten Frost abernten.

Tomatensalat mit Avocado und Zitrus-Chili-Vinaigrette

Scheiben von cremiger Avocado wechseln sich ab mit roten Tomatenspalten. Sie werden angerichtet auf zarten Mizunablättern, mit Cocktailtomaten garniert und mit einer leicht scharfen Zitrusvinaigrette beträufelt.

Zutaten für vier Portionen
50 g Mizuna, rote Senfblätter oder Rucola
500 g süße Strauchtomaten
150 g süße Cocktailtomaten (gelbe oder rote Früchte) oder Eiertomaten
Zitrus-Chili-Vinaigrette (Rezept folgt)
1 Avocado
Salz

Die Stengel von den Mizunablättern abknipsen, Salat waschen und in einer Salatschleuder trocknen, dann in ein feuchtes Küchentuch einschlagen und in den Kühlschrank stellen. Die Tomaten putzen und in Spalten schneiden. Die Cocktailtomaten von ihren Stielen befreien und je nach Größe halbieren. Die Vinaigrette anrühren. Die Avocado halbieren; schälen und in dicke, angeschrägte Scheiben schneiden. Die Mizunablätter mit etwas Vinaigrette anmachen und auf einem Teller anrichten. Abwechselnd Tomatenspalten und Avocadoscheiben auf den Salat betten und leicht salzen. Mit den Cocktailtomaten garnieren und mit der restlichen Vinaigrette überziehen.

Zitrus-Chili-Vinaigrette (ca. 75 ml)
2 Eßlöffel frisch gepreßter Orangensaft
1 Eßlöffel frisch gepreßter Limettensaft
1 Jalapeño-Chili, entkernt und grob gehackt
4 Eßlöffel leichtes Olivenöl
1/4 Teelöffel Salz

Alle Zutaten in der Küchenmaschine glattmixen. Die Vinaigrette muß intensiv und scharf schmecken. Wenn Ihnen die Schärfe nicht genügt, geben Sie noch eine zweite Chilischote dazu.

Strauchtomaten mit Ziegenkäse und Basilikumvinaigrette

Die Tomaten werden mit einer Vinaigrette aus fruchtigem Olivenöl, Champagneressig und püriertem Basilikum angemacht und auf einem Bett aus scharfer Brunnenkresse angerichtet. Zum Garnieren verwenden wir leuchtendrote Cocktailtomaten, schwarze Oliven und Ziegenkäse.

Zutaten für vier Portionen
500 g Strauchtomaten
150 g Cocktailtomaten oder Eiertomaten
Basilikumvinaigrette (Rezept folgt)
1 Büschel Brunnenkresse
Salz und Pfeffer
60 g milder, cremiger Ziegenkäse (z. B. Montrachet)
12 schwarze Oliven (vorzugsweise die Sorten Niçoise oder Gaeta)

Die Tomaten putzen und in Spalten oder dicke Scheiben schneiden. Die Stiele von den Cocktailtomaten entfernen. Die kleinen Cocktailtomaten ganz lassen, die größeren halbieren. Die Vinaigrette zubereiten. Die Brunnenkresse putzen, lange Stengel wegwerfen. Waschen und in einer Salatschleuder trocknen.
Brunnenkresse auf einem großen Teller ausbreiten und die Tomaten darauf anrichten. Mit Salz und Pfeffer aus der Mühle würzen, dann die Vinaigrette darüberträufeln. Cocktailtomaten dekorativ darauf verteilen, den Ziegenkäse darüberkrümeln. Abschließend mit den Oliven garnieren.

Basilikumvinaigrette (ca. 75 ml)
1 Eßlöffel Champagneressig
4 Eßlöffel natives Olivenöl extra
1 Handvoll frische Basilikumblätter
1/4 Teelöffel Salz

Alle Zutaten in der Küchenmaschine glattmixen.

Griechischer Tomatensalat mit frischer Minze

Knackige Gurkenscheibchen und saftige Tomaten, zerkrümelter Schafskäse und würzige griechische Oliven, Oregano und Minze werden mit einer erfrischenden Zitronenvinaigrette angemacht, die das fruchtige Aroma der Tomaten und die Frische der Gurken betont.

Zutaten für vier Portionen
2 Handvoll gemischte Blattsalate: Brunnenkresse, Mizuna
und rote Senfblätter
500 g süße Strauchtomaten
1/2 kleine Gurke
Zitronenvinaigrette (Rezept folgt)
Salz und Pfeffer
60 g frischer Schafskäse, zerkrümelt
1/2 Teelöffel frisch gehackter Oregano
1/2 Teelöffel frisch gehackte Minze
12 schwarze Oliven (vorzugsweise die würzigen Kalamata-Oliven)

Salate waschen, putzen und in einer Salatschleuder trocknen. In ein feuchtes Küchentuch schlagen und bis zur weiteren Verwendung kalt stellen. Die Tomaten putzen, in dicke Scheiben oder Spalten schneiden. Die Gurke schälen und entkernen, dann schräg in 6–7 Millimeter dünne Scheiben schneiden. Die Vinaigrette anrühren.
Die Blattsalate auf einem großen Teller ausbreiten. Abwechselnd Tomaten- und Gurkenscheiben schuppenartig darauf anrichten. Mit Salz und frisch gemahlenem Pfeffer würzen, dann mit der Vinaigrette beträufeln. Den Schafskäse über den Salat krümeln, Oregano und Minze darüberstreuen. Mit den Oliven garnieren.

Zitronenvinaigrette (ca. 75 ml)
1/2 Teelöffel abgeriebene Zitronenschale
1 Eßlöffel frischer Zitronensaft
1/2 Eßlöffel Champagneressig
1/4 Teelöffel Salz
4 Eßlöffel natives Olivenöl extra

Alle Zutaten bis auf das Öl in einem Schälchen vermischen. Dann mit einem kleinen Schneebesen das Olivenöl unterrühren.

Baba Ghanouj (Auberginensalat)

Das traditionelle Gericht aus gebratenen Auberginen, Zitronen und Tahini (Sesampaste) gehört zu den Klassikern unter den orientalischen Salaten. Die frische Note unseres Gurkendips (Seite 456) ergänzt diesen üppigen und hocharomatischen Salat besonders gut. Servieren Sie zu Baba Ghanouj gegrilltes oder ofenwarmes Pitabrot und würzige schwarze Oliven.

Zutaten für vier Portionen
2 runde Auberginen, ca. 1 kg
3 Eßlöffel natives Olivenöl extra
2 Eßlöffel geröstete Sesampaste (Tahini)
1 Knoblauchzehe, fein gehackt
1/2 Teelöffel Kreuzkümmel, geröstet und gemahlen (Seite 116)
Saft einer Zitrone (ca. 2 1/2 Eßlöffel)
3/4 Teelöffel Salz
Cayennepfeffer
1 Eßlöffel gehacktes Koriandergrün

Backrohr auf 190 Grad vorheizen. Die Auberginen der Länge nach halbieren, die Schnittflächen mit etwas Olivenöl einpinseln. Auberginen mit der Schnittfläche nach unten auf ein Backblech legen und sehr weich garen (ca. 45 Minuten). Auberginen in ein Sieb geben und 15 Minuten abkühlen lassen, dann das Fruchtfleisch herausschaben.

Zubereitung in der Küchenmaschine: Auberginenfleisch, das restliche Olivenöl, Tahini, Knoblauch, Kreuzkümmel, 2 Eßlöffel Zitronensaft, Salz und einige Prisen Cayennepfeffer in die Rührschüssel der Küchenmaschine füllen. Mixen, bis eine glatte Creme mit einigen festen Stückchen entsteht.

Zubereitung von Hand: Alle Zutaten bis auf die Auberginen und das Koriandergrün vermischen und glattrühren. Das Auberginenfleisch hacken und unterziehen.

Das Gericht eine Stunde bei Zimmertemperatur durchziehen lassen, dann mit dem restlichen Zitronensaft, Salz und Cayennepfeffer abschmecken. Mit Koriandergrün verfeinern und servieren.

Artischockensalat

Die würzigen eingelegten Artischocken findet man oft auf unseren Platten mit Vorspeisen oder orientalischen Salaten. Legen Sie das Gemüse einen oder zwei Tage im voraus ein und würzen Sie vor dem Servieren noch einmal nach. Das frische Zitronenaroma schmeckt man deutlich heraus, ebenso die Minze, die erst unmittelbar vor dem Servieren in den Salat gegeben wird und den Artischocken herrliche Frische verleiht. Sie können auch frischen Majoran oder Oregano an den Salat geben – oder aber die Kräuter ganz weglassen. Sie haben hier unendlich viele Gestaltungsmöglichkeiten: Geben Sie die Artischocken unter unsere Ofenkartoffeln (Seite 300) oder reichen Sie sie als elegante Beilage zu Päckchen aus Filloteig, gebratenem Paprika und würzigen schwarzen Oliven.

Zutaten für vier bis sechs Portionen
3/4 l Wasser
1/8 l frisch gepreßter Zitronensaft
3 Eßlöffel Champagneressig
4 Eßlöffel leichtes Olivenöl
1 Teelöffel Salz
1 Lorbeerblatt
1/2 Teelöffel ganze Pfeffer- oder Korianderkörner
4 mittelgroße Artischocken
1 Teelöffel frisch gehackte Minze

Alle Zutaten bis auf die Artischocken und die gehackte Minze in einen großen Edelstahltopf füllen. Die Spitzen und Stielenden der Artischocken abtrennen, die harten äußeren Blätter abziehen, bis nur noch die hellgrünen inneren Blätter zu sehen sind. Artischocken vierteln und den haarigen Teil ausschaben. Die fertig geputzten Artischockenstücke sofort in den Topf geben.

Die Flüssigkeit einmal aufwallen lassen, dann ca. 7–8 Minuten sanft simmern. Die Artischocken sollten dann weich sein, aber nicht zerkochen, denn auch beim Abkühlen garen die Artischocken noch ein wenig nach. (Wenn die Artischocken sich schon weich anfühlen, wenn Sie sie aus dem Topf nehmen, auf einem Brett ausbreiten und im Kühlschrank auskühlen lassen.)

Artischocken und Sud durch ein Sieb gießen (die Marinade läßt sich wiederverwenden und hält sich im Kühlschrank eine Woche). Die Artischocken abkühlen lassen und unmittelbar vor dem Servieren mit der Minze aromatisieren.

S izilianischer Salat

Die Aromen entfalten sich zu ihrer vollen Pracht, wenn Sie den Salat eine Weile durchziehen lassen. Schlanke Auberginen, dicke Streifen von gebratenem rotem und gelbem Paprika und ganze gebratene Knoblauchzehen werden in ihrem eigenen Saft mariniert, mit Balsamessig verfeinert und auf einem Bett aus herzhafter Brunnenkresse angerichtet. Servieren Sie feine Parmesanraspel, Croûtons und in Öl eingelegte Oliven dazu.

Zutaten für vier bis sechs Portionen
2 rote oder gelbe Paprikaschoten
5 Eßlöffel natives Olivenöl extra
16 Knoblauchzehen, ungeschält
1 kg Auberginen (vorzugsweise kleine und längliche Früchte)
2 zusätzliche Knoblauchzehen, fein gehackt
Salz und Pfeffer
2 Eßlöffel Balsamessig
Champagneressig
1 kleinerer Bund Brunnenkresse
8–12 in Öl eingelegte, schwarze Oliven (vorzugsweise die Sorte Gaeta)

Backrohr auf 250 Grad vorheizen. Paprikaschoten halbieren, von Stielen, Kernen und Häutchen befreien. Mit der Schnittfläche nach unten auf ein leicht geöltes Backblech legen und mit etwas Öl benetzen. Im heißen Rohr rösten, bis die Haut bräunt und Blasen wirft (ca. 15 Minuten), dann aus dem Rohr nehmen, in eine Schüssel legen, abdecken und nachdämpfen lassen.
Die Herdtemperatur auf 190 Grad senken und nun Knoblauch und Auberginen garen. Knoblauchzehen in etwas Olivenöl wenden, das Backblech mit etwas Öl einpinseln. Die Auberginen schräg in 1 1/2–2 Zentimeter dicke Scheiben schneiden und mit dem restlichen Olivenöl, dem gehackten Knoblauch, einer Prise Salz und etwas Pfeffer würzen. Auberginenscheiben und Knoblauch auf das Backblech legen und 12–15 Minuten backen, bis die Knoblauchzehen und die Auberginen weich sind. (Große Knoblauchzehen brauchen unter Umständen länger als die Auberginen. Die Zehen sollten weich, aber noch so fest sein, daß man sie schälen kann.) Gemüse aus dem Ofen holen und abkühlen lassen.
Die abgekühlten Paprikaschoten häuten und längs in 1 Zentimeter breite Streifen schneiden. Den Saft für den Salat auffangen. Die Knoblauchzehen vom Stielende

befreien, dann schälen. Die Auberginen ebenfalls in etwa 1 Zentimeter breite Streifen schneiden.

Auberginen, Paprika und Knoblauch vermischen und mit Balsamessig beträufeln. Einen oder zwei Spritzer Champagneressig hinzufügen und mit Salz und Pfeffer würzen. Den Salat eine Stunde bei Zimmertemperatur durchziehen lassen. Die Brunnenkresse auf einer Servierplatte anrichten, das Gemüse daraufbetten und mit 2–3 Oliven pro Portion garnieren. Zimmerwarm servieren.

Tip: Legen Sie das Backblech, auf dem Sie die Paprikaschoten rösten, mit Backtrennpapier oder Alufolie aus, statt es einzuölen. Sie brauchen dann weniger Öl, und der Paprika bäckt nicht am Blech fest. Wenn Sie Alufolie verwenden, können Sie die Schoten zum Nachdämpfen gleich darin einwickeln.

Variante: Frisches Basilikum ergänzt diesen Salat wunderbar. Schneiden Sie ein Büschel grünes oder dunkles Basilikum in feine Streifen und geben Sie es unter das Gemüse. Der Salat erhält ein köstliches Aroma, wenn Sie ihn über Nacht mit ganzen Basilikumblättern durchziehen lassen.

Paprika braten

Hat man einmal die harte Haut entfernt, sind gebratene Paprikaschoten weich und süß. Sie schmecken köstlich in einem zarten Gratin mit Olivenöl und ganzen Basilikumblättern oder auf dem knusprigen Endstück eines Sauerteigbrots. Das Braten und Enthäuten von Paprika scheint sehr aufwendig zu sein, ist tatsächlich aber überraschend einfach. Paprika schmecken wunderbar, wenn man sie auf der Gasflamme des Haushaltsherds oder, besser noch, auf dem Holzkohlengrill röstet, bis sie braun werden und Blasen werfen. Am einfachsten jedoch geht das Rösten im Backofen. Die gebratenen und gehäuteten Schoten halten sich 2–3 Tage lang im Kühlschrank frisch.

Backofen auf 250 Grad vorheizen. Ein Backblech leicht einölen oder mit Alufolie bzw. Backtrennpapier auslegen. Die Paprikaschoten längs halbieren und von Stielenden, Kernen und Zwischenhäutchen befreien. Die Paprikahälften mit der Schnittseite nach unten auf das Backblech legen, leicht mit Öl bepinseln und etwa 15 Minuten braten, bis die Haut bräunt und Blasen wirft. (Sie müssen die Schoten nicht unbedingt einölen, aber sie braten dann gleichmäßiger durch.) Paprika aus dem Ofen nehmen und in eine Schüssel geben. Abdecken und nachdämpfen lassen. Nach ca. 10 Minuten die Haut abziehen; tauchen Sie nach Bedarf Ihre Finger kurz in kaltes Wasser. (Tauchen Sie nicht die Schoten ins Wasser, weil ihr satter Geschmack sonst verwässert.) Paprika je nach Rezept in Streifen schneiden oder pürieren und mit ihrem süßen Saft verarbeiten.

R ote-Bete-Salat

Servieren Sie diesen erfrischenden Salat pur oder zusammen mit dem aromatischen Auberginensalat von Seite 74 und dem Gurkendip von Seite 456. Orangensaft und Champagneressig peppen die roten Beten auf, und da der Salat ganz ohne Öl auskommt, schmeckt er besonders leicht. Wir nehmen meist nur rote Beten, aber auch Chioggia- oder Goldrübchen oder andere Sorten sind geeignet.

Zutaten für vier bis sechs Portionen
500 g rote Beten oder andere Rübensorten, ca. 5 cm im Durchmesser
3 Eßlöffel frisch gepreßter Orangensaft
1 Eßlöffel Champagneressig
1 Messerspitze Salz
Pfeffer
1 Bund Brunnenkresse

Backrohr auf 200 Grad vorheizen. Das Kraut der Beten abtrennen und für ein anderes Gericht aufheben. Die Beten unter kaltem Wasser abspülen und in eine ofenfeste Form setzen. Fingerbreit Wasser hineingießen. Abdecken und weich garen (je nach Größe 35–40 Minuten). Prüfen Sie den Garzustand der Beten mit einem Spießchen oder einem spitzen Messer. Beten abkühlen lassen, pellen und in runde, 6–7 Millimeter dicke Scheiben oder Spalten schneiden.
Den Orangensaft mit Essig, Salz und etwas Pfeffer verrühren und über die zurechtgeschnittenen Beten gießen. Da die roten Beten stark abfärben, sollten Sie sie von anderen Rübensorten getrennt marinieren.
Die Brunnenkresse verlesen, die langen Stengel und unschönen Blätter wegwerfen. Waschen und in einer Salatschleuder trocknen.
Brunnenkresse auf eine Servierplatte häufen, die Beten obenauflegen. Wenn Sie mehrere Sorten verwenden, abwechselnd nebeneinanderschichten. Mit Pfeffer aus der Mühle würzen.

Tip: Die Beten lassen sich leichter pellen, wenn Sie sie immer wieder in eine Schale mit kaltem Wasser tauchen. (Wenn sich die Haut gar nicht lösen läßt, ist das ein sicheres Zeichen dafür, daß die Beten noch nicht gar sind.) Tauchen Sie die Beten ein letztes Mal ins Wasser, um wirklich alle Schalenreste zu entfernen, und lassen Sie sie dann abtropfen. Wenn Sie verschiedene Rübensorten verwenden, schälen Sie die roten Beten zuletzt, weil sie sonst die anderen Rübchen färben.

Sommerbohnen mit Cocktailtomaten und Estragon

Während der Saison ernten wir jede Menge frische Bohnen. Wir verwenden drei oder vier verschiedene Sorten – grün- und gelbhülsige Bohnen, blauhülsige Bohnen und gelbe Wachsbohnen – und kombinieren sie mit Cocktail- oder Eiertomaten.

Die einzelnen Bohnensorten haben unterschiedliche Garzeiten; wenn Sie also mehrere Sorten verwenden wollen, müssen Sie sie nach Sorten getrennt kochen. Sie können die Bohnen eine oder zwei Stunden vor dem Servieren vorbereiten und ziehen lassen. Geben Sie dann aber keinen Essig an die Marinade, weil die Bohnen sonst ihre knackige Farbe verlieren. Anstatt Estragon können Sie auch grünes oder dunkles Basilikum an diesen großartigen Sommersalat geben.

Zutaten für vier bis sechs Portionen
2 Schalotten, in dünne Ringe geschnitten
Champagneressig
Salz
500 g frische Bohnen in einer beliebigen Kombination aus blau-,
grün- und gelbhülsigen Buschbohnen und gelben Wachsbohnen
3 Eßlöffel natives Olivenöl extra
1 Eßlöffel grob gehackter frischer Estragon oder 2 Eßlöffel
grob gehacktes frisches Basilikum
Pfeffer
2 Eßlöffel Sherryessig
150 g Cocktailtomaten (größere Tomaten halbieren)

Die Schalotten in eine mittelgroße Schüssel geben und mit einigen Spritzern Champagneressig benetzen, damit ihre kräftige Farbe schön zur Geltung kommt.

Einen Topf Wasser zum Kochen bringen und 1/2 Teelöffel Salz einstreuen. Die Bohnen hineingeben und gerade bißfest garen (junge grüne Bohnen 1–2 Minuten, die größeren Buschbohnen bis zu 6 Minuten). Mit einer Schöpfkelle aus dem Wasser heben und noch heiß mit Olivenöl, Schalotten, Estragon, 1/2 Teelöffel Salz und einer kleinen Prise Pfeffer anmachen. Während die Bohnen auf Zimmertemperatur abkühlen, nehmen sie diese Aromen besonders gut auf. Unmittelbar vor dem Servieren den Sherryessig und die Cocktailtomaten hinzufügen. Mit Salz und Pfeffer abschmecken.

Brokkoli mit getrockneten Tomaten und Pinienkernen

Dieser vielseitige Salat besticht durch seine Schlichtheit. Wir bieten ihn das ganze Jahr über an, doch uns schmeckt er im späten Frühjahr und Frühsommer am besten, wenn uns die Green Gulch Farm mit frischem Brokkoli beliefert. Dieser sorgfältig gezogene Brokkoli hat schmale Köpfe mit festen und schönen Röschen. Schneiden Sie die Röschen leicht schräg und nicht zu knapp von den Stengeln, damit ihre Formen schön zur Geltung kommen. Die kräftige Vinaigrette wird mit dem Schneebesen etwas dicklich angerührt und erst unmittelbar vor dem Servieren über den Salat gegeben.

Zutaten für vier bis sechs Portionen
1 Kopf Brokkoli, ca. 500 g
3 Eßlöffel Balsamessig
1 kleine Knoblauchzehe, fein gehackt
5 Eßlöffel natives Olivenöl extra
Salz und Pfeffer
2 getrocknete Tomaten in Öl (abtropfen lassen und in dünne Streifen schneiden)
1 Eßlöffel Pinienkerne, geröstet (Seite 312)
Champagneressig

Brokkoli in ca. 3 1/2 Zentimeter lange Röschen zerteilen. Die Brokkolistiele schälen, der Länge nach halbieren und dann schräg in 1 Zentimeter breite Scheibchen schneiden.

In einem Schälchen Balsamessig, Knoblauch, Öl, 1/2 Teelöffel Salz und etwas Pfeffer mit einem kleinen Schneebesen verrühren.

Einen Topf Wasser zum Kochen bringen und salzen (1/2 Teelöffel). Die Brokkolistengel hineinwerfen und 3 Minuten garen. Nach 2 Minuten die Röschen hinzufügen. Der Brokkoli sollte dann hellgrün leuchten und noch etwas knackig sein. Abgießen, unter kaltem Wasser abschrecken und gründlich abtropfen lassen.

Brokkoli mit den getrockneten Tomaten, den Pinienkernen und der Vinaigrette anmachen. Mit Salz und Pfeffer abschmecken und mit einem Schuß Champagneressig aromatisieren.

Champignons und gebratene Paprika auf Rucola

Der süßliche Saft der Paprikaschote ergänzt die säuerlich-salzigen Kapern und die würzige Knoblauchvinaigrette, während die Pilze den Hintergrund für die verschiedenen Aromen bilden. Nehmen Sie nur feste Pilze mit geschlossenen Köpfen. Servieren Sie dazu einen jungen cremigen Käse, Croûtons und schwarze Oliven.

Zutaten für vier bis sechs Portionen
1 rote oder gelbe Paprikaschote, gebraten, gehäutet und in dicke Streifen geschnitten (Seite 77)
500 g Champignons
Knoblauchvinaigrette (Rezept folgt)
1 Eßlöffel Kapern (abtropfen lassen und waschen)
2 Handvoll Rucola
Balsamessig
Salz und Pfeffer
8–12 schwarze Oliven (vorzugsweise die Sorten Niçoise oder Gaeta)

Während die Paprikaschote im Ofen brät, die Champignons kurz unter kaltem Wasser abbrausen und abtropfen lassen. Die Enden abschneiden und die Stiele auf eine Länge trimmen; die größeren Pilze halbieren.
Die Vinaigrette anrühren und 2 Eßlöffel davon für die Rucola beiseite stellen. Paprikastreifen mit Pilzen, Kapern und Vinaigrette durchmischen; auch den ausgetretenen Paprikasaft unterrühren. Salat 20–30 Minuten durchziehen lassen.
Rucola putzen. Grobe Stengel entfernen, Blätter waschen und trocknen. Unmittelbar vor dem Servieren mit den 2 Eßlöffeln Vinaigrette anmachen und auf einer Platte anrichten. Das Gemüse noch einmal abschmecken, nach Bedarf einen Spritzer Essig und etwas Salz und Pfeffer hinzufügen. Das Gemüse auf die Rucola betten. Den Salat pro Portion mit 2–3 Oliven garnieren.

Knoblauchvinaigrette (ca. 125 ml)
4 Eßlöffel Balsamessig
1 Knoblauchzehe, fein gehackt
1/4 Teelöffel Salz
1 Messerspitze Pfeffer
4 Eßlöffel natives Olivenöl extra

Paprikaröllchen mit Käse-Kräuter-Füllung

Eine köstliche Vorspeise für Gäste – Streifen von rotem und gelben Paprika mit frischen Kräutern und würzigem Käse. Wir schlagen Ihnen hier drei Varianten vor: zerkrümelter Schafskäse mit Oregano und Minze, geräucherter Mozzarella mit ganzen Basilikumblättern oder zerkrümelter Ziegenkäse mit frischen Kräutern. Sie können Käse und Kräuter beliebig variieren und kombinieren. Wichtig für diesen Salat ist nur, daß Sie die Paprikaschoten wirklich weich braten, damit Sie sie auch aufrollen können.

Zutaten für 12 Paprikaröllchen
2 große Paprikaschoten (rot und/oder gelb),
nach der Anleitung auf Seite 77 gebraten und gehäutet
Natives Olivenöl extra
Salz
Pfeffer
125 g geräucherter Mozzarella, Schafskäse oder milder,
cremiger Ziegenkäse
24–36 ganze frische Basilikumblätter oder je 1 1/2 Teelöffel
gehackter Oregano und Minze oder 1 Eßlöffel frische gehackte Kräuter
(Petersilie, Schnittlauch, Majoran und Thymian)

Die gebratenen Paprikaschoten in ungefähr 3 1/2 cm breite Streifen schneiden. Die Streifen auf einer Arbeitsfläche ausbreiten und auf der Innenseite mit Olivenöl bepinseln, salzen und pfeffern.

Den geräucherten Mozzarella in dünne Scheiben schneiden, die etwas schmaler als die Paprikastreifen ausfallen. Zwei oder drei Basilikumblätter längs auf jeden Paprikastreifen setzen. Eine Mozzarellascheibe an das Ende der Paprikastreifen setzen, dann die Paprikastreifen aufrollen. Mit einem Zahnstocher feststecken.

Wenn Sie zerkrümelten Schafs- oder Ziegenkäse verwenden, die Paprikastreifen mit Öl bepinseln, salzen und pfeffern. Leicht mit den gehackten Kräutern nach Wahl bestreuen, dann eine großzügige Portion Käsekrümel an das Ende der Paprikastreifen setzen. Aufrollen und feststecken. Da die Aromen von Paprika, Käse und Kräutern mit der Zeit schön durchziehen, können Sie die Häppchen auch im voraus zubereiten und im Kühlschrank aufbewahren. Vor dem Servieren auf Zimmertemperatur erwärmen.

Chinakohl in Zitronen-Ingwer-Dressing

Knackig und klar – so verleiht dieser erfrischende Salat Sandwiches oder gegrilltem Tofu mit Dip (Seite 399) den richtigen Pep. Der leicht süßliche Chinakohl eignet sich dafür besonders gut, denn auch nach dem Marinieren bleibt er frisch und knackig.

Zutaten für vier bis sechs Portionen
1 kleiner Kopf Chinakohl, ca. 500 g
1 Jalapeño-Chili, entkernt und in feine Streifen geschnitten
1 Frühlingszwiebel, schräg in feine Röllchen geschnitten
1 Eßlöffel grob gehacktes Koriandergrün
2 Eßlöffel frisch gepreßter Zitronensaft
1/2 Eßlöffel Reisessig
1 Teelöffel frisch geriebener Ingwer
2 Eßlöffel leichtes Olivenöl oder Erdnußöl
1/4 Teelöffel Salz

Chinakohl am unteren Ansatz quer durchschneiden, längs halbieren und den Strunk entfernen. Den Kohl nun quer in gut 1 Zentimeter dicke Streifen schneiden. Mit Chili, Schalotte und Koriandergrün vermischen. Die restlichen Zutaten mit einem Schneebesen verrühren. Den Kohl mit dem Dressing anmachen, mit Salz abschmecken und servieren.

Variante: Sie können anstelle der frischen Chilischote 1/2 Teelöffel scharfe Chiliflöckchen nehmen.

A uberginenmus

Dieses herrliche Auberginengericht schmeckt um so besser, je länger es durchziehen kann. Bereiten Sie es also schon ein paar Stunden vor dem Servieren zu. Sie können das Auberginenmus sogar einen oder zwei Tage im voraus machen, müssen dann aber noch einmal mit Essig und Salz nachwürzen. Der Salat schmeckt am besten bei Zimmertemperatur mit knusprigen Croûtons und aromatischen schwarzen Oliven.

Zutaten für vier Portionen
2 große runde Auberginen (insgesamt ca. 1 kg)
3 Eßlöffel natives Olivenöl extra
6 Knoblauchzehen, ungeschält
2 getrocknete Tomaten in Öl (abtropfen lassen und fein hacken)
2 Teelöffel Balsamessig
Salz und Pfeffer
Rotweinessig
1 Eßlöffel grob gehackte Petersilie

Backrohr auf 190 Grad vorheizen. Die Auberginen längs halbieren, die Schnittflächen leicht mit Olivenöl einpinseln und mit den Schnittflächen nach unten auf ein Backblech setzen. Den Knoblauch ebenfalls auf das Backblech setzen und mit etwas Olivenöl bestreichen. Im heißen Ofen garen, bis die Auberginen vollständig durch und die Knoblauchzehen weich sind (ca. 35 Minuten). Die Auberginen in einem Sieb auskühlen und abtropfen lassen, dann die Schale abziehen. Den gebratenen Knoblauch aus den Zehen pressen und fein hacken.
Die Auberginen von Hand oder in der Küchenmaschine zerkleinern. Mit dem restlichen Olivenöl, den getrockneten Tomaten, dem Knoblauch, dem Balsamessig, 3/4 Teelöffel Salz und etwas Pfeffer würzen. Das Aroma kommt richtig zum Tragen, wenn das Auberginenmus durchziehen kann, deshalb mindestens eine Stunde im voraus zubereiten. Vor dem Servieren nochmals abschmecken und mit Salz, Pfeffer und einem Schuß Rotweinessig nachwürzen. Mit der Petersilie bestreuen und zu Tisch bringen.

J icama-Orangen-Salat

Dieser Salat gehört zu unseren absoluten Klassikern. Er schmeckt kühl und knackig und paßt daher hervorragend zu Gewürzen aus Mexiko und dem Südwesten der USA. Die knackige Jicama nimmt das süße Zitrusaroma und die Schärfe des Cayennepfeffers auf. Sie können auch rosa Grapefruit oder sogar Blutorangen unter den Salat geben. Servieren Sie dazu unsere schwarzen Bohnen von Seite 53 und Tortillachips oder aber unsere roten und grünen Enchiladas (Seiten 291 und 293).

Zutaten für vier bis sechs Portionen
1 kleine Jicama, ca. 300 g
180 ml frisch gepreßter Orangensaft
1–2 Eßlöffel Reisessig
Salz und Cayennepfeffer
3 Navelorangen
3–4 große Radieschen, in dünne Scheiben geschnitten (nach Wunsch)
Ein paar Zweige Koriandergrün

Die Jicama schälen und in dünne Scheiben schneiden. Die Scheiben in feine Streifen schneiden, in eine kleine Schüssel geben und mit dem Orangensaft vermischen. Mit Essig, einer Messerspitze Salz und etwas Cayennepfeffer anmachen.
Mit einem scharfen Messer die Orangen oben und unten quer durchschneiden. Die Schale und die weiße Haut abziehen. Die einzelnen Spalten aus ihrer Haut lösen. Oder die Orange längs halbieren und in Halbmonde zerteilen. Die Orangen mit der Jicama vermischen und mit Salz und Cayennepfeffer abschmecken. Den Salat vor dem Servieren einige Minuten durchziehen lassen. Nach Wunsch mit den Radieschenscheiben und mit dem Koriandergrün garnieren.

Jicama

Jicama ist ein Wurzelgemüse mit brauner Schale und erinnert in seiner Form an Steckrüben. Sie besitzt einen kaum wahrnehmbaren, leicht süßlichen Geschmack und wird vor allem wegen ihrer herrlich knackigen Konsistenz geschätzt, die roh am besten zur Geltung kommt. Das Gemüse spielt in der mexikanischen Küche und in den Südweststaaten der USA eine bedeutende Rolle.

Jicama ist ein Wintergemüse, sollten Sie Jicama frisch bekommen, wählen Sie kleinere Früchte mit etwa 500 Gramm Gewicht, denn größere Jicamas sind meist holzig. Die harte braune Schale läßt sich mit einem Gemüsemesser abschälen. Das helle Fruchtfleisch wird gestiftet, gewürfelt oder in dünne Scheiben geschnitten und unter Salate gemischt. Das Fruchtfleisch läuft nicht braun an, so daß es problemlos bereits im voraus zurechtgeschnitten werden kann. Bis zur Verwendung kühl aufbewahren, damit es knackig bleibt. Sie können Jicama durch Wasserkastanien oder Kohlrabi ersetzen.

Frisch vom Grill

Grillen

Gerichte vom Holzkohlengrill bilden einen so wichtigen Bestandteil unserer Speisekarte, daß wir uns kaum eine Sommermahlzeit ohne gegrillte Kartoffeln oder einen klaren Herbsttag ohne den rauchigen Duft von Fenchel, saftigen Pilzen und zarten Süßkartoffeln vom Grill vorstellen können. Wir heizen unseren Grill täglich am späten Vormittag an und beginnen mit Gemüsen, die wir mittags bei Zimmertemperatur servieren. Dann kommt Tofu für unsere Sandwiches an die Reihe. Wenn ein sanfter Morgenwind vom Norden der Bay herüberweht, brauchen Sie nur dem Grillduft nachzugehen – er wird Ihnen schon das Wasser im Munde zusammenlaufen lassen, bevor Sie die Holztüren unseres Restaurants öffnen.

Es gibt vielerlei Möglichkeiten, einen Grill zu befeuern. Jeder Brennstoff entwickelt eine ganz eigene Hitze und ein besonderes Räucheraroma. Wir nehmen gerne Holzkohle aus Mesquite (ein Baum mit aromatischem Holz, der in Mexiko und in den Trockengebieten im Südwesten der USA gedeiht, d.Ü.), weil sich die schnelle und kräftige Hitze gut für das Grillen von Gemüse, Tofu, Polenta und Brot eignet. Eichenholz ergibt herrliche Holzkohlen, ist geschmacklich aber sehr intensiv. Wir raten Ihnen von Holzkohlenbriketts ab, doch Sie können auch damit grillen. Wenn Sie ein paar duftende Holzstückchen, Kräuter oder Fenchel ins Feuer geben, entwickelt sich ebenfalls ein schönes Aroma.

Planen Sie reichlich Zeit zum Anheizen des Grills ein, damit die Holzkohle etwas abkühlen kann, bevor Sie mit dem Grillen beginnen. Achten Sie darauf, daß das Feuer bzw. die Glut nicht erlischt – stellen Sie weitere Holzkohle oder Holzscheite bereit, die Sie nach Bedarf nachlegen können. Legen Sie die frischeren Kohlen auf eine Seite des Grills und schieben Sie sie, sobald sie heiß werden, nach und nach in die Mitte.

Bereiten Sie alles vor, bevor Sie mit dem Grillen beginnen. Wir pinseln unser Gemüse leicht mit Olivenöl ein, damit es nicht am Rost anbrennt, und bestreuen es mit Salz und Pfeffer. Eine lange Grillzange ist unerläßlich, denn damit können Sie das Gemüse auf dem Grill am besten wenden. Ein Metallspatel ist recht praktisch zum Wenden von Polenta und Zwiebelscheiben, die dann nicht zerfallen. Halten Sie eine Schale mit Olivenöl und einen Backpinsel bereit, damit Sie Pilze und Gemüse, die leicht austrocknen, immer wieder einölen können. Zum Servieren empfehlen wir eine große Platte – nichts sieht hübscher aus als eine rustikale Servierplatte aus Keramik, die mit gegrilltem Gemüse in allen Formen, Größen und Farben bestückt ist.

Bestreichen Sie das Gemüse kurz vor dem Servieren mit aromatisierter Butter oder reduziertem Balsamessig – damit erzielen Sie ein ganz besonders intensives Aroma. Auberginen und Zucchini nehmen den Balsamessig sehr gut auf und schmecken besonders köstlich, wenn sie nach dem Grillen noch einen Tag lang durchziehen können. Schichten Sie das Gemüse nach und nach in eine Schüssel und geben Sie nach Bedarf noch etwas reduzierten Balsamessig hinzu. Leicht salzen und pfeffern und jede Schicht mit frischen Kräutern oder ganzen Basilikumblättern bestreuen. Die Schüssel abdecken und das warme Gemüse durchziehen lassen. Über Nacht kalt stellen, vor dem Servieren jedoch wieder auf Raumtemperatur erwärmen.

Die meisten Sommergemüse braucht man nur in Scheiben zu schneiden und auf den Grill zu legen. Aber Kartoffeln, Süßkartoffeln, einige Kürbissorten, Lauch und Knoblauchschlotten müssen vorgekocht werden. Nutzen Sie die heißen Holzkohlen auch zum Vorgrillen von Zwiebeln, Paprika und Kartoffeln, die Sie erst einen Tag später beispielsweise mit Nudeln, auf einer Pizza oder mit einer kräftigen Vinaigrette als absolut phantastischen Salat servieren möchten.

Pilze

Pilze sind wunderbar vielseitig und unkompliziert. Sie sind deshalb ein fester Bestandteil unseres Speisezettels und kommen das ganze Jahr über, vor allem aber im Herbst und Winter, in unser Angebot. Wenn man sie noch auf dem Grill mit reduziertem Balsamessig (Seite 400) bestreicht, passen sie als Beilage zu einem schmackhaften Gebäckteilchen aus Filloteig oder geben zusammen mit anderen Gemüsesorten vom Grill – Fenchelscheiben, süßlichem Delicata-Kürbis und Lauch mit Portweinbutter (Seite 385) – eine elegante Vorspeise ab.

Egerlinge und Champignons
Die dunkelhäutigen Egerlinge schmecken intensiver als Champignons. Bei beiden Sorten gilt: Nehmen Sie zum Grillen nur feste und frische Pilze mit geschlossenen Köpfen.
Pilze kurz unter kaltem Wasser abbrausen und trockentupfen. Stielenden kürzen, den Stiel aber dranlassen. Pilze der Länge nach, d.h. durch den Stiel und die Kappe, dicht an dicht auf Bambus- oder Metallspießchen stecken. Großzügig mit Öl, das mit einer feingehackten Knoblauchzehe aromatisiert wurde, bepinseln, da sie auf dem Grill leicht austrocknen. Salzen und pfeffern.
Pilze grillen, bis sich das Muster des Grillrosts eingebrannt hat, dann wenden und die andere Seite garen. Die Pilze sind gar, sobald sie sich weich anfühlen und zu schrumpeln beginnen. Vor dem Servieren noch einmal leicht salzen und pfeffern.

Shiitakepilze
Frische Shiitakepilze (auch Tongku-Pilze genannt) werden zur Köstlichkeit, wenn man sie vor dem Grillen mit Balsamvinaigrette (Seite 33) bestreicht oder mit einer Honig-Miso-Sauce (Seite 397) serviert.
Nehmen Sie dickfleischige Pilze, deren Kappen einen geschlossenen, sauberen Rand aufweisen. Stiele direkt am Ansatz abknipsen und beispielsweise für eine Pilzconsommé aufheben. Sandige Kappen abbürsten, aber nicht waschen – sie saugen sonst das Wasser auf wie Schwämme. 3–4 Pilzkappen mit der Lamellenseite nach unten nebeneinander auf eine Arbeitsfläche legen. Die Kappen mit einer Hand festhalten und mit der anderen Hand vorsichtig ein Spießchen quer durch die Kappen schieben. Vorgang wiederholen, bis alle Kappen aufgebraucht sind. Die Kappen nun auf beiden Seiten mit Olivenöl bepinseln, salzen und pfeffern.

Spieße mit der Lamellenseite nach unten auf den Grill legen. Pilze etwa 5 Minuten garen, wenden und auch die Oberseite grillen.

Steinpilze
Frische Steinpilze gibt es im Spätsommer und Herbst – die Saison ist allzu kurz. Die Pilze sind sehr teuer, aber für ein Festessen lohnt sich der Aufwand. Steinpilze schmecken unbeschreiblich mild und gleichzeitig herzhaft nach Erde. Man serviert sie am besten ohne viel Drumherum, damit ihr Geschmack voll zur Geltung kommt. Nur die unschönen Stielenden abtrennen; die Pilze ansonsten mit einem feuchten Tuch abreiben und Verunreinigungen entfernen. Pilze einschließlich Stiel in dicke Scheiben schneiden. Hochwertiges Olivenöl mit einer kleinen Schalotte oder einer feingehackten Knoblauchzehe aromatisieren, dann die Pilze damit bepinseln, salzen und pfeffern.
Steinpilzscheiben auf beiden Seiten grillen, bis das zarte Fleisch durchgebraten ist. Zum Servieren mit Olivenöl beträufeln und nach Wunsch mit grob gehackter Petersilie bestreuen.

Auberginen

Auberginen vom Grill gehören zu unserem Lieblingsgemüse. Wir grillen die kleinen und schlanken und die kugelrunden Auberginen das ganze Jahr über. Das zarte und milde Fruchtfleisch läßt sich mit vielem kombinieren. Man kann sie beispielsweise noch warm mit reduziertem Balsamessig (Seite 400) einpinseln und mit Oregano und Basilikum bestreuen oder mit scharfer Erdnußsauce (Seite 398) zu chinesischen Nudeln servieren.
Wir halbieren die kleinen und schlanken Früchte der Länge nach, lassen den Stiel dran und ritzen das Fruchtfleisch kreuzweise ein, damit es schneller und gleichmäßiger durchbrät. Die kugelrunden Auberginen werden zunächst geschält und dann in dicke Scheiben geschnitten, die wir »Steaks« nennen. Beide Auberginensorten werden vor dem Grillen mit Olivenöl und gehacktem Knoblauch überzogen, dann großzügig mit Salz und Pfeffer bestreut. Dosieren Sie das Olivenöl vorsichtig, denn Auberginen saugen jeden Tropfen davon gierig auf.
Auberginen auf den heißen Grillrost legen und 2–3 Minuten grillen, bis sich das Muster des Grillrosts eingebrannt hat. Die Auberginen nun so verschieben, daß sich ein Rautenmuster bilden kann. Die Auberginen dann wenden und grillen, bis das Fleisch weich und durchgebraten ist. Noch heiß direkt vom Grill oder bei Zimmertemperatur servieren – beides schmeckt köstlich.

Kartoffeln

Knusprig und heiß vom Grill – sicher die beste Art, Kartoffeln zu essen. Im Frühsommer bekommen wir die ersten Kartoffeln von der Green Gulch Farm – die Sorten Rosefir, Yellow Finn, Bintje und die kleinen neuen roten Kartoffeln. Wir garen sie im Ofen vor und teilen sie dann in mundgerechte Stücke. Dann werden die Kartoffeln mit Olivenöl, Knoblauch, Salz und Pfeffer angemacht und kommen auf den Grill. Kartoffeln auf Spieße stecken und mit der Schnittseite nach unten auf den Rost legen. Die zarte Schnittseite der Kartoffeln bräunt wegen der heißen Kohlen schon in wenigen Minuten. Reichen Sie zu den Kartoffeln einen salzigen Kuchen oder eine Basilikum- bzw. Chipotle-Aïoli (Seiten 395 und 396). Zum Vorgaren der Kartoffeln siehe das Rezept für Ofenkartoffeln auf Seite 300.

Fenchel

Zur Erntezeit im Herbst schmeckt Fenchel mit seinem zarten, lakritzähnlichen Aroma einfach phantastisch. Obwohl die ersten Fenchelknollen bereits im Spätsommer eintreffen, grillen wir unseren Fenchel nur in der kühleren Jahreszeit. Für eine elegante Vorspeise, die gut ins zeitige Frühjahr paßt, empfehlen wir zum Fenchel kleine rote Kartoffeln, Lauch oder Frühlingszwiebeln vom Grill und Zitronenbutter (Seite 384). Fenchel schmeckt auch herrlich mit einer Kräuterbutter oder als Antipasto zu marinierten Cannellinibohnen und gegrilltem Paprika.
Das untere Ende der Knolle abtrennen, die harten äußeren Lagen ablösen und nur die zarten Teile der Knolle verwenden. Eine frische junge Fenchelknolle ist sehr schmal und ergibt 4–5 Scheiben. Die Knolle längs in 6–7 Millimeter dünne Scheiben schneiden; die Enden fallen dabei auseinander, aber die inneren Teile halten am Strunk zusammen.
Die Scheiben auf beiden Seiten mit Olivenöl bepinseln, salzen und pfeffern. Grillen, bis das Muster des Rosts erscheint, dann wenden und weitergrillen. Die Fenchelscheiben sind gar, sobald sie sich etwas weich anfühlen. Heiß oder bei Zimmertemperatur servieren.

Mais

Es gibt wohl kaum etwas Köstlicheres als zarten, süßen Mais, den man direkt vom Kolben ißt. Frischer Mais kommt ohne weitere Beigaben aus, wir empfehlen lediglich eine Zimt-Chipotle-Butter (Seite 387). Man kann die Maiskolben noch in den Blättern grillen, wir lösen den Mais aber lieber aus seiner Schale, kochen ihn in der Regel vor und grillen ihn erst danach. Der Mais ist dann schon schön zart und muß nur so lange grillen, bis er gut durchgewärmt ist und die Kohlen ihren Räuchergeschmack abgeben.

Maiskolben aus der Blatthülle lösen und die feinen Fädchen entfernen. In kochendem, ungesalzenem Wasser heiß werden lassen. Abgießen und unter kaltem Wasser abschrecken. Bis zur weiteren Verwendung beiseite stellen. Maiskolben grillen, bis das Muster des Grillrosts sichtbar wird, und immer wieder wenden, bis sie gut durchwärmt sind. Sofort servieren.

Paprika

Dicke Scheiben vom gegrillten Paprika schmecken köstlich zu Kartoffeln und einer scharfen Chili-Vinaigrette oder zu gegrillten Auberginen und Zwiebelscheiben mit Korianderpesto (Seite 393). Wenn Sie Paprika direkt auf den Grill legen, müssen die Schoten nicht eigens enthäutet werden. Die Haut wird zwar schwarz und wirft Blasen, aber dafür behält die Schote ihre Form. Wir nehmen meistens rote und gelbe Paprikaschoten, außer zu Beginn des Herbstes, wenn auch exotischere Sorten angeboten werden.
Paprikaschoten längs halbieren, Stiel, Kerne und Membranen entfernen. Längs in 2 1/2 Zentimeter breite Streifen schneiden und mit Olivenöl, Salz und Pfeffer anmachen. 1–2 Minuten grillen, bis das Muster des Grillrosts zu sehen ist und die Schoten beginnen, weich zu werden. Heiß oder bei Zimmertemperatur servieren.

Rote Zwiebeln

Wir grillen diese Zwiebeln zu jeder Jahreszeit, denn sie verleihen allen Gerichten einen unglaublich milden und abgerundeten Geschmack. Sie können die Zwiebeln mit Zimt-Chipotle-Butter (Seite 387) bepinseln und als Beilage zu Polentagratin (Seite 253) servieren oder bereits im voraus grillen und unter Nudeln geben oder als Pizzabelag verwenden.
Eine ganze Zwiebel läßt sich nur schwer häuten. Die Zwiebeln deshalb zunächst in dicke Scheiben schneiden und dann die äußerste Haut ablösen. Zwiebel gut festhalten und in gut 1 Zentimeter breite Scheiben schneiden; die einzelnen Ringe dabei nicht auseinanderziehen. Die Haut abstreifen, dann die Zwiebelscheiben mit Olivenöl bepinseln, salzen und pfeffern. Auf den Grillrost legen. Mit einem Spatel wenden und weich garen. Die Zwiebeln bereits auf dem Grill über den heißen Kohlen mit aromatisierter Butter bestreichen, damit sie die herrlichen Geschmacksnuancen besser aufnehmen können.

Lauch

Beim Grillen entfaltet Lauch sein Aroma am besten. Er schmeckt köstlich zu neuen Kartoffeln und frühem grünen Spargel oder aber als Salat mit einer kräftigen Senfvinaigrette. Wir erhalten im Herbst und zeitigen Frühjahr Lieferungen von jungem und zartem Lauch, im Winter bekommen wir die voll ausgereiften Lauchstangen. Lauch muß vor dem Grillen vorgekocht werden, doch dieser Mehraufwand lohnt sich.

Die Wurzeln abtrennen. Die Stangen im dunkleren grünen Teil schräg durchschneiden. Lauchstangen in kaltem Wasser einweichen, dann sorgfältig ausspülen. Lauchstangen in einen weiten Topf mit sanft sprudelndem Salzwasser geben und weich garen. Die Garzeit hängt von der Stärke der Lauchstangen ab, den Garzustand deshalb mit einem Messer prüfen. Sobald das Messer mühelos in den Lauch eindringt, Lauch abgießen und unter kaltem Wasser abschrecken. Bis zur weiteren Verwendung beiseite stellen.

Dicke Lauchstangen vor dem Grillen der Länge nach halbieren. Mit Olivenöl einpinseln, salzen und pfeffern. Grillen, bis das Muster des Grillrosts zu erkennen ist, wenden und die andere Seite grillen. Heiß vom Grill oder bei Zimmertemperatur servieren.

Frühlingszwiebeln

Frühlingszwiebeln sind einfach in der Zubereitung und schnell gegrillt. Sie verleihen dünn geschnittenem Tofu mit Dip (Seite 399) oder chinesischen Nudeln mit gegrillten Auberginen einen Hauch von schlichter Eleganz. Wurzelende entfernen und das obere, feste Grün schräg abschneiden, jedoch noch etwas von dem Grün stehen lassen. Mit leichtem Öl bepinseln, salzen und pfeffern. Grillen, bis das Grillmuster erscheint, wenden und die andere Seite fertiggrillen.

Knoblauchschlotten

Knoblauchschlotten sehen ähnlich aus wie junger Lauch. Die Halme der Knoblauchknolle werden geerntet, bevor sich die Knolle ausbildet. Der kräftige und frische Knoblauchgeschmack wird auch vom Grillaroma nicht übertönt (und paßt auch ganz hervorragend in eine Frühlingssuppe). Wie Lauch zubereiten, die oberen Enden für eine Gemüsebrühe (Seite 105) aufheben. Die Schlotten sind manchmal etwas faserig, weshalb sie unbedingt vorgekocht werden müssen, bis sie ganz durch sind.

Zucchini und Sommerkürbisse

Goldgelbe und grüne Zucchini, gelber Muskatkürbis, die Bischofsmützen oder sogenannten »Ufos« mit ihrem gewellten Rand kommen bei uns im Sommer auf den Grill. Mit ihrem milden und unkomplizierten Geschmack ergänzen sie die komplexen Aromen von Kräuterbutter oder reduziertem Balsamessig (Seite 400), wenn sie noch heiß auf dem Grill damit bestrichen werden.

Zucchini und Kürbisse sind einfach und mühelos in der Zubereitung. Zucchini längs halbieren, Stielansatz dranlassen. Das Fruchtfleisch kreuzweise einritzen, damit es schneller und gleichmäßiger durchbrät. Runde Kürbisse durch den Stielansatz längs in dicke Spalten schneiden. Früchte mit Olivenöl und gehacktem Knoblauch würzen, großzügig mit Salz und Pfeffer bestreuen. Die Spalten auf Metall- oder Bambusspießchen stecken. Kürbisse grillen, bis das Fleisch weich wird und das Grillmuster zu sehen ist. Dann wenden und die andere Seite garen. Vor dem Servieren nach Bedarf noch einmal nachsalzen und pfeffern.

Chicorée

Während frischer Chicorée eher herb schmeckt, haben die gegrillten Kolben ein rundes, sanftes Aroma. Den Strunk knapp abschneiden und unschöne Blätter ablösen. Kolben längs halbieren, mit aromatischem Olivenöl einpinseln, salzen und pfeffern. An eine kühlere Stelle auf dem Grillrost legen und durchbraten. Zum Servieren mit etwas Zitronensaft und Olivenöl benetzen und mit glatter Petersilie bestreuen.

Radicchio

Der tiefe Rotton geht beim Grillen verloren, doch gegrillter Radicchio schmeckt so köstlich, daß Sie leicht darüber hinwegsehen können. Unschöne Blätter entfernen und die Köpfe mit Strunk halbieren oder vierteln. Mit nativem Olivenöl extra bepinseln, salzen und pfeffern. An eine kühlere Stelle auf dem Grillrost setzen und immer wieder wenden, damit die Stücke von allen Seiten garen können. Vom Rost nehmen, großzügig mit Olivenöl übergießen und mit aromatischem Rotweinessig verfeinern. Salzen und pfeffern und servieren.

Delicata-Kürbis

Dieser Winterkürbis besitzt ein zartes und außergewöhnlich süßes Aroma sowie eine zarte, eßbare Schale. Die gestreifte Frucht ist klein und schlank und wird zum Grillen in dicke Ringe geschnitten.

Vor dem Grillen muß der Kürbis vorgebraten werden, was Sie bereits einige Stunden im voraus erledigen können. Backrohr auf 190 Grad vorheizen. Kürbis in leicht angeschrägte, gut 1 Zentimeter dicke Scheiben schneiden und entkernen. Mit Olivenöl (und nach Wunsch etwas Knoblauch) bestreichen, salzen und pfeffern. Auf ein Backblech legen und weich garen (ca. 15 Minuten).

Scheiben auf beiden Seiten leicht mit Olivenöl einpinseln und grillen, bis das Muster des Grillrosts zu sehen ist. Diese Kürbisse schmecken bereits pur köstlich, aber auch Thymian- oder Salbeibutter passen gut dazu. Servieren Sie Delicata-Kürbis zusammen mit Fenchel, roten Zwiebeln, Shiitakepilzen und einer Portweinbutter (Seite 385) als elegante Vorspeise.

Süßkartoffeln

Der unwiderstehlich süße und volle Geschmack macht aus Süßkartoffeln ein ideales Grillgemüse. Wir bevorzugen die rotfleischigen Sorten und grillen sie im Herbst und Winter auf Spießchen, die wir zusammen mit gegrillten Pilzen und Fenchel als Vorspeise anbieten. Süßkartoffeln müssen vor dem Grillen vorgegart werden. Backrohr auf 190 Grad vorheizen. Süßkartoffeln schräg in etwa ein Zentimeter dicke Scheiben schneiden. Mit leichtem Olivenöl und gehacktem Knoblauch vermischen, salzen und pfeffern. Im heißen Rohr garen (ca. 15 Minuten), bis sie zwar weich sind, aber noch ihre Form behalten (sonst kann man sie nicht mehr grillen).

Mit etwas Olivenöl einpinseln und auf den Grillrost legen. Sobald das Grillmuster zu sehen ist, wenden und die andere Seite ebenfalls grillen.

Tofu

Seit der Eröffnung unseres Restaurants hat gegrillter Tofu einen festen Platz auf unserer Speisekarte. Der Tofu wird eingelegt, dann in Würfel geschnitten und zusammen mit Saisongemüse als Spießchen gegrillt oder aber in Scheiben geschnitten und in einem Sandwich serviert. Gegrillter Tofu schmeckt auch pur oder in dünnen Scheiben mit scharfer Erdnußsauce (Seite 398) oder Honig-Miso-Sauce (Seite 397) serviert. Gegrillte Shiitakepilze und Frühlingszwiebeln mit gerösteten Sesamkernen passen auch gut dazu.

Tofu einlegen (Seite 322), damit er nicht am Grillrost anbrennt. Dicken Tofu halbieren. Grillen, bis das Muster vom Rost zu sehen ist, wenden und die andere Seite durchwärmen. Heiß oder bei Zimmertemperatur servieren.

Polenta

Gegrillte Polenta schmeckt köstlich direkt vom Grill mit Salsa roja (Seite 381) oder mit Zimt-Chipotle-Butter (Seite 387). Durch die Hitze des Grillfeuers bewahrt die Polenta ihre Aromen und erhält eine wunderbare Konsistenz: knusprig am Rand, zart und saftig in der Mitte. Die Polenta, die wir zum Grillen verwenden, ist etwas fester als unsere gewöhnliche Polenta (Seite 253).

Polenta in Quadrate oder Dreiecke schneiden und auf beiden Seiten mit etwas Olivenöl bepinseln. Auf den Grillrost legen, bis sich das Muster deutlich eingebrannt hat. Mit einem Spatel wenden und die andere Seite genauso grillen. Die Polenta schmeckt am besten frisch vom Grill, kann aber auch einige Zeit im Backrohr warm gehalten werden.

Brot

Brot, das über Holzkohle gegrillt wird, erhält einen kräftigen Geschmack und wird herrlich knusprig (was kein Ofen schafft). Einen Grill nur für Brot anzuheizen ist in der Tat etwas zu aufwendig, planen Sie deshalb gleich noch ein paar andere Speisen ein, die Sie ebenfalls grillen möchten. Beträufeln Sie das Brot nur mit hocharomatischem nativem Olivenöl extra – Sie werden den Unterschied schmecken. Legen Sie das Brot zuletzt, nach allen anderen Speisen, auf den Grill. Denn dann können Sie es servieren, solange es noch warm und saftig ist.

Pitabrot

Gegrilltes Pitabrot schmeckt vorzüglich zu Auberginensalat (Baba Ghanouj, Seite 74) oder einem Trio aus orientalischen Salaten. Leicht mit Olivenöl beträufeln und an eine kühlere Stelle auf dem Grillrost legen. Auf beiden Seiten grillen, bis das Brot einen leichten Glanz erhält. Darauf achten, daß es nicht verkohlt. Gegrillte Pitabrote aufeinanderschichten, in Spalten teilen und servieren.

Weißbrot aus Sauerteig

Wir reichen zu diesem Brot frischen Mozzarella oder einen Schnittkäse wie Asiago und bereichern damit unsere Vorspeisenteller. Das Brot beliebig dick aufschneiden und mit Olivenöl einpinseln (gehackter Knoblauch paßt auch sehr gut dazu). Die Brotscheiben auf beiden Seiten grillen, nach Bedarf zurechtschneiden und servieren.

Suppen

Brühen

Brühe nennt man die aromatische Flüssigkeit, die die verschiedenen Elemente einer Suppe eint und zu einem Ganzen verbindet. Wir stellen Ihnen hier drei Grundrezepte vor, die jeweils rund zwei Liter Brühe ergeben und für die Suppen in diesem Kapitel ausreichen. Sie können unsere Rezepte problemlos variieren – zum Beispiel eine Zwiebel statt dem oberen Teil einer Lauchstange oder zwei kleine Kartoffeln anstelle einer großen. Machen Sie jedoch einen großen Bogen um Gemüse aus der Kohlfamilie wie Brokkoli oder Rosenkohl, denn der starke Kohlgeschmack übertönt alle anderen Aromen der Suppe. Verkochen Sie auch die Samenkörner und Schnittabfälle von Winterkürbissen, wenn Sie unsere Winterkürbissuppe nachkochen. Frische oder Dosentomaten ergänzen die Brühe für eine leichte Tomatensuppe. Die Spitzen und äußeren Blätter einer Fenchelknolle, Fenchelsamen oder Anis verleihen der Brühe einen leichten Lakritzgeschmack – einfach köstlich in der Tomaten-Fenchel-Suppe.

Gemüse vorbereiten: Die Brühe schmeckt genau nach den Zutaten, die Sie verwenden. Nehmen Sie also nur aromatisches und frisches Gemüse. Gemüse, das nicht geschält wird, wird vor dem Zurechtschneiden gewaschen. Lauch ist oft sandig, weshalb wir geschnittenen Lauch gründlich wässern. Mohrrüben immer schälen; nur bei sehr frischen oder Bio-Mohrrüben kann man die Schalen verwenden. Zwiebeln schälen, denn die Schale kann man nicht mitkochen, sie macht die Brühe bitter. Die dünne Knoblauchhaut kann man dagegen dranlassen; die ganzen Zehen werden mit der Breitseite einer Messerklinge zerstoßen und in die Suppe gegeben. Frische Kräuter kommen mit Stengel in die Suppe (nur sandige und verunreinigte Kräuter waschen). Suppengemüse sollte soviel Schnittfläche wie möglich aufweisen, daher am besten schräg aufschneiden.

Brühe kochen: Für eine aromatische Brühe zunächst Zwiebeln, Lauch und Knoblauch in wenig Wasser dämpfen. Sie können das Gemüse aber auch in etwas Öl andünsten; das Öl trübt allerdings die Brühe. Salz bringt die Aromen gut zur Geltung. Sobald das Gemüse weich wird und kräftig duftet, die restlichen Zutaten hinzufügen und mit kaltem Wasser bedecken. Wenn Sie in Zeitnot sind, können Sie diesen ersten Schritt überspringen und alle Zutaten auf einmal mit Wasser aufsetzen. Die Brühe zum Kochen bringen, dann bei sanfter Hitze und ohne Deckel eine Stunde lang simmern.

Schätze aus dem Garten: Frische Kräuter sorgen für Aroma und geschmackliche Tiefe. Wir haben in unseren Rezepten auf eher ungewöhnliche Küchenkräuter verzichtet, doch hier wollen wir sie kurz einmal erwähnen. Sie können allerdings recht auffallend schmecken – verwenden Sie sie also sparsam, bis Sie ihre Eigenheiten genau kennen.
Ein oder zwei Blätter Beinwell sorgen für einen vollen und intensiven Geschmack – das Gewürzkraut ist in Asien und Europa zu Hause und für seine heilende Wirkung

bekannt. Ein oder zwei Stengel Borretsch sind immer willkommen. Liebstöckel sieht ungefähr so aus wie zu groß geratene Petersilie und schmeckt leicht nach Sellerie (paßt gut zu Kartoffeln). Ein paar kleine Stengel genügen. Brennesseln runden die Brühe ab und können sogar pur ausgekocht werden. Die wild wachsenden Brennesseln faßt man am besten nur mit Handschuhen an, um Hautreizungen zu vermeiden; einmal unter Wasser, verlieren die Brennesseln jedoch ihre unangenehme Eigenschaft und brennen nicht mehr.

Brühe reduzieren: Reduzierte Brühe besitzt einen intensiveren Geschmack und verleiht Gerichten mehr Tiefe und Fülle. Das kräftige Aroma trägt wesentlich zum Gelingen einer Pilzsauce oder eines Gemüserisottos bei. Wir kochen eine Brühe manchmal bis um die Hälfte ihrer ursprünglichen Menge ein.

Brühe aufbewahren: Brühe hält sich im Kühlschrank einen oder zwei Tage, dann wird sie sauer. Brühe läßt sich jedoch hervorragend einfrieren. Machen Sie gleich die doppelte Menge und frieren Sie die Hälfte für später ein. Übriggebliebene Brühe können Sie einfrieren oder zum Verdünnen einer Suppe oder eines Eintopfgerichts verwenden. Tiefgefrorene Brühe vor dem Verwenden auftauen lassen und erhitzen, denn eine kalte Brühe verlangsamt den Garprozeß Ihrer Speisen.

Suppen

Die Bereitung einer Suppe gilt in unserer Küche als Ritual. Wer eine gute Suppe kochen kann, kann auch eine gute Sauce, einen guten Eintopf und fast alle Gerichte auf unserer Speisekarte zubereiten. Die meisten Suppen bestehen aus einfachen Grundstoffen – die Frische und Qualität der Zutaten machen die Suppe dann zu einem Erlebnis.
In unseren Rezepten verwenden wir einige Grundtechniken, die wir Ihnen hier kurz vorstellen. Wenn Sie sich damit vertraut gemacht haben, werden Ihnen Ihre Intuition und Ihre Erfahrung weiterhelfen. Und dann wird Suppekochen zum Vergnügen. Durch Wiederholung lernt man am besten. Suchen Sie sich Ihre Lieblingssuppe aus und machen Sie sie ein paarmal, bis Sie sie wirklich beherrschen. Variieren Sie dann die Kräuter oder Gemüsesorten nach Belieben, nehmen Sie beispielsweise einmal Bohnen statt Kichererbsen – nur Ihre Speisekammer setzt den Variationsmöglichkeiten Grenzen.

Grundgeschmack: Wir beginnen meist mit Zwiebeln oder Lauch, die in etwas Öl und gehacktem Knoblauch angedünstet werden. Dann wird gesalzen, damit das Gemüse Saft zieht und der Garprozeß beschleunigt wird. Wenn der Topf feucht wird, Knoblauch, getrocknete Kräuter oder Gewürze hinzufügen. Wenn man die Gewürze zu bald in den Topf gibt, brennen Sie an. Etwas Wasser oder Brühe angießen und den Saft loskochen. Zwiebeln und Lauch müssen absolut weich sein, bevor Sie Wein oder Tomaten in den Topf geben – die Säure verhindert nämlich, daß sie weitergaren. Lassen Sie sich in dieser Phase Zeit, denn sonst bleibt das Gemüse unangenehm hart.

Würzen: Würzen Sie die Suppe während des Kochens, warten Sie nicht bis zum letzten Augenblick. Getrocknete Kräuter und die meisten Gewürze brauchen Zeit, bevor sie sich mit den anderen Aromen verbinden. Wir geben sie meistens schon mit den Zwiebeln in den Topf. Wir salzen mehrmals während des Kochens und schmecken am Schluß ab (oder überlassen dies unseren Gästen). Bei Pfeffer und scharfen Chillies sind wir vorsichtig – wenn man einmal zuviel erwischt hat, läßt sich ihre feurige Schärfe kaum mehr neutralisieren. Safran besitzt einen exotischen Duft und Geschmack – schon eine kleine Prise färbt eine Tomatensuppe mit einem tiefen Orangeton. Safran schmeckt sehr kräftig – vor dem Nachwürzen also unbedingt erst einmal probieren. Gehackte frische Kräuter kommen erst unmittelbar vor dem Servieren in die Suppe oder werden als Garnitur über die Suppe gestreut. Manchmal – zum Beispiel in Bohnensuppen mit langer Garzeit – verwenden wir frische und getrocknete Kräuter zusammen.

Gute Geister: Wein, Sherry und Portwein verleihen einer Suppe geschmackliche Tiefe und Komplexität. Weißwein, den wir am häufigsten verwenden, sorgt für frische Säure, während Rotwein einen tiefgründigeren Geschmack besitzt, der gut zu Tomatensuppen paßt. Sherry und Portwein sind sanfter und süßer, wobei Portwein noch üppiger ausfällt als Sherry. Als Kochwein genügt ein ordentlicher Durchschnittswein. Meist brauchen Sie höchstens 100 Milliliter, die Sie von der Flasche, die Sie zum Essen trinken werden, abmessen können.

Brühe hinzugießen: Die Grundregel lautet: Brühe portionsweise hinzugießen. Sie können immer noch etwas nachgießen, aber wenn Sie einmal zuviel dazugegossen haben, schmeckt die Suppe dünn und kann kaum mehr nachgewürzt werden. Gießen Sie die letzte Portion Brühe erst am Schluß dazu, wenn die Suppe bereits fertig ist. Probieren Sie die Suppe vorher – voller Geschmack ist wichtiger als die richtige Konsistenz. Stärkehaltige Suppen dicken im Lauf der Zeit ein; Brühereste eignen sich hier hervorragend zum Verdünnen.

Pilze richtig zubereiten: Schlichte Champignons schmecken absolut hervorragend, wenn sie mit reichlich Gewürzen scharf angebraten werden. Niemals zu viele Pilze auf einmal in die Pfanne geben, sie schmoren sonst im eigenen Saft und können ihr Aroma nicht entfalten. Den Satz mit etwas Wein, Brühe oder dem Einweichwasser von getrockneten Pilzen loskochen. Wenn Sie die Pilze (wie wir) portionsweise sautieren, darauf achten, daß Sie den ganzen Satz loskochen, bevor Sie die nächste Portion hineinsetzen, sonst brennt er am Pfannenboden an.

Hülsenfrüchte, Brühe und Kräutersträuße: Je nach Würze und Menge schmecken Bohnensuppen entweder herzhaft oder wunderbar leicht. Bohnen in ungesalzenem

Wasser sehr weich kochen oder sogar zerfallen lassen. Wenn eine flüssigere Bohnensuppe etwas dünn schmeckt, eine Kelle Bohnen pürieren und die Suppe mit dem Bohnenpüree andicken. Ein oder zwei Lorbeerblätter und frische Kräuter machen aus der Garflüssigkeit eine köstliche Bohnenbrühe. Wir verwenden Sie wie Gemüsebrühe – heben Sie sie also auf. Sie können die Kräuter zu einem Sträußchen binden oder einfach in den Topf werfen – der glückliche Finder wird sich freuen.

Getreide: Nudeln, Reis und Graupen sorgen für herzhaftes Aroma und kräftige Konsistenz. Wir kochen Nudeln vor, Sie können sie aber auch in der Brühe mitkochen. Nehmen Sie nicht zu viele Nudeln. Packungsreste lassen sich gut in Suppen unterbringen. Reis und Graupen während des Garens in die Suppe geben. Die Stärke verleiht der Suppe dann eine schön sämige Konsistenz. Wie bei den Nudeln genügen auch geringe Mengen Reis oder Graupen, um die Brühe aufzusaugen – gehen Sie also sparsam damit um.

Butter und Sahne: Meistens dünsten wir unser Gemüse in Olivenöl oder leichtem Pflanzenöl an, doch manchmal verlangt eine Kartoffel-, Karotten- oder Winterkürbissuppe nach üppiger Butter. Bereits eine kleine Portion Butter macht hier einen gewaltigen Unterschied, aber Sie können statt dessen immer Öl verwenden. Wir verwenden in unseren Suppen nur wenig Sahne, doch ein oder zwei Eßlöffel wirken Wunder und verleihen einer Karoffelsuppe oder einer Winterkürbissuppe eine seidige, cremige Konsistenz. Crème fraîche bringt zudem eine leichte Säure mit – und sieht sehr dekorativ aus.

Ein paar praktische Utensilien: Ein großer Suppentopf mit 7–8 Liter Fassungsvermögen eignet sich hervorragend zum Kochen von doppelten Mengen. Schaffen Sie sich einen guten Topf an, denn Sie werden jahrelang Freude daran haben. Achten Sie auf einen dicken Boden und dicke Wände. Kochen Sie Ihre Suppe niemals in dünnwandigen Töpfen mit dünnen Boden – Anbrennen ist dann vorprogrammiert. Eine große Pfanne mit einem gut schließenden Deckel ist unerläßlich, ebenso ein Topf mit gut 3 Litern Fassungsvermögen. Eine Gemüsemühle bzw. ein Passieraufsatz scheint vielleicht etwas extravagant zu sein, unsere ist jedoch ständig im Einsatz. Durch das Passieren erhält die Suppe eine wunderschön glatte Konsistenz; der Passieraufsatz ist eine herrliche Alternative zu Mixer und Küchenmaschine.

Gemüsebrühe

Sie können die Gemüsesorten nach Belieben variieren und mehr frische Kräuter hinzugeben. Achten Sie nur darauf, daß die Zutaten aromatisch und frisch sind, und vermeiden Sie Kohlgemüse, denn mit seinem kräftigen Geschmack übertönt es alle anderen Aromen.

Zutaten für gut 1 1/2 Liter
1 Zwiebel, in dünne Ringe geschnitten
Die grünen Enden einer Lauchstange (zerkleinern und waschen)
4 ungeschälte Knoblauchzehen, grob zerstoßen (geht am besten
 mit der Breitseite einer Messerklinge)
1 Teelöffel Salz
2 mittelgroße Mohrrüben, gehackt
1 große Kartoffel, in dünne Scheiben geschnitten
125 g Champignons, blättrig aufgeschnitten
2 Selleriestengel, in Streifen geschnitten
6 Petersilienstengel, grob gehackt
6 frische Thymianzweige
2 frische Majoran- oder Oreganozweige
3 frische Salbeiblätter
2 Lorbeerblätter
1/2 Teelöffel Pfefferkörner
2 l kaltes Wasser

Ein wenig Wasser in einen Topf gießen. Zwiebelringe, Lauchenden, Knoblauch und Salz hineingeben. Gemüse umrühren, Topf abdecken und 15 Minuten sanft bei mittlerer Hitze dämpfen. Die restlichen Zutaten hinzufügen und mit zwei Litern kaltem Wasser aufgießen. 1 Stunde ohne Deckel langsam köcheln. Durch ein Sieb gießen, das Gemüse gut ausdrücken und wegwerfen.

Variante – Leichte Gemüsebrühe: Diese Brühe besitzt ein leichteres Aroma und eine zartere Farbe. Wir verwenden sie für Kartoffelsuppe, die dadurch schön hell bleibt. Folgen Sie unserem Grundrezept und geben Sie statt der Mohrrüben und Champignons die ganze Lauchstange und eine Kartoffel mehr in die Brühe. Die Spitzen und äußeren Blätter einer Fenchelknolle ergänzen die Brühe hervorragend.

Pilzbrühe

Wir machen diese kräftige und vollaromatische Brühe für unsere Pilzsuppen, -saucen und -ragouts. Die getrockneten Shiitakepilze verleihen der Brühe geschmackliche Tiefe und ein unglaubliches Aroma. Sie bekommen die getrockneten Pilze in allen Asienläden und in gut sortierten Supermärkten. Ersatzweise können Sie auch andere Trockenpilze verwenden – nur frische Pilze schmecken für eine Brühe nicht intensiv genug. Diese Brühe läßt sich gut einfrieren.

Zutaten für 1 1/2–2 Liter
1 Zwiebel, in dünne Ringe geschnitten
Die grünen Enden einer Lauchstange (zerkleinern und waschen)
4 ungeschälte Knoblauchzehen, grob zerstoßen (geht am besten mit der Breitseite einer Messerklinge)
30 g getrocknete Shiitakepilze
1 Teelöffel Salz
1/2 Teelöffel Pfefferkörner
250 g Champignons, blättrig aufgeschnitten
2 kleine Mohrrüben, gehackt
6 Petersilienstengel, grob gehackt
3 frische Thymianzweige
2 frische Majoran- oder Oreganozweige
2 frische Salbeiblätter
2 Lorbeerblätter
2 l kaltes Wasser

Ein wenig Wasser in einen Topf gießen, um die Gemüse vorzudämpfen. Zwiebelringe, Lauchenden, Knoblauch, Shiitakepilze und Salz hineingeben. Umrühren, Topf abdecken und 15 Minuten über mittlerer Flamme sanft vorgaren. Die restlichen Zutaten hinzufügen und mit Wasser aufgießen. Brühe zum Kochen bringen, dann ohne Deckel eine Stunde simmern. Die Brühe durch ein Sieb gießen, das Gemüse fest ausdrücken und wegwerfen.

Maisbrühe

Für Maissuppe braucht man eine leichte und helle Brühe, die die Suppe nicht verfärbt und den zarten süßlichen Geschmack von Zuckermais nicht übertönt. Kochen Sie für diese Brühe die abgeschabten Maiskolben aus. Da wir mehrere Rezepte für Maissuppe anführen, nehmen Sie jeweils so viele Maiskolben, wie das entsprechende Rezept verlangt. Wenn Sie jede Menge Mais übrig haben, können Sie natürlich auch die ganzen Kolben auskochen.

Zutaten für gut 1 1/2 Liter
Abgeschabte Maiskolben, halbiert oder gedrittelt
1 Zwiebel, in dünne Ringe geschnitten
1 mittelgroße Kartoffel, in dünne Scheiben geschnitten
1 Selleriestengel, in Streifen geschnitten
5 Petersilienstengel, grob gehackt
5 ungeschälte Knoblauchzehen, grob zerstoßen (geht am besten mit der Breitseite einer Messerklinge)
1 Teelöffel Salz
1/2 Teelöffel Pfefferkörner
2 l kaltes Wasser

Alle Zutaten in einen Suppentopf geben. Die Brühe zum Kochen bringen, dann auf kleiner Flamme im offenen Topf eine Stunde simmern. Die Brühe durch ein Sieb gießen, das Gemüse so fest wie möglich auspressen und wegwerfen.

Bohnensuppe mit Tomaten und Sauerampfer

Der Sauerampfer verliert beim Erhitzen seine leuchtend grüne Farbe, doch hier kommt es ohnehin eher auf den säuerlichen Geschmack an.

Zutaten für ca. 2 Liter
175 g getrocknete weiße Bohnenkerne, verlesen und
über Nacht eingeweicht
1 1/2 l kaltes Wasser
1 Lorbeerblatt
1 frischer Majoranzweig
2 frische Salbeiblätter
2 frische Thymianzweige
1 Eßlöffel leichtes Olivenöl
1 Zwiebel, gewürfelt
Salz und Pfeffer
1/4 Teelöffel getrockneter Thymian
1 mittelgroße Mohrrübe, gewürfelt
6 Knoblauchzehen, fein gehackt
125 ml trockener Sherry
1 kg frische Tomaten, gehäutet, entkernt und püriert (Seite 124) oder
1 große Dose Tomaten mit Saft püriert
30 frische Sauerampferblätter (Stengel entfernen, zu einem Bündel
zusammenfassen und feinstreifig aufschneiden)
Zucker
2 Eßlöffel frisch gehackte Kräuter: Petersilie, Majoran, Thymian
Geriebener Parmesan, Gruyère oder Asiago

Bohnen abgießen, abspülen und abtropfen lassen. Mit dem Wasser, dem Lorbeerblatt und den frischen Kräutern aufsetzen. Zum Kochen bringen, dann im offenen Topf bei mittlerer Hitze simmern, bis die Bohnen weich sind (25–30 Minuten). Die Bohnen dürfen ruhig zerkochen. Die gekochten Bohnen bis zur weiteren Verwendung in der Brühe abkühlen lassen.

Während die Bohnen kochen, das Olivenöl in einem Suppentopf erhitzen. Die Zwiebel, 1/2 Teelöffel Salz, eine Prise Pfeffer und den getrockneten Thymian hinzufügen. Bei mittlerer Hitze 5–7 Minuten dünsten, bis die Zwiebel weich wird. Mohrrüben hinzufügen und weich dünsten (ca. 5 Minuten). Dann den Knoblauch hineingeben und in 1–2 Minuten mitdünsten. Sherry angießen und in 1–2 Minuten fast vollständig einkochen lassen.

Die Tomaten mit 1/2 Teelöffel Salz in den Topf geben und 10 Minuten köcheln lassen. Die Bohnen mit ihrem Kochsud hinzugießen, den Sauerampfer und wieder 1/2 Teelöffel Salz hineingeben. Deckel aufsetzen und auf kleiner Flamme 30 Minuten durchköcheln. Wenn die Suppe zu dünn aussieht, 1/2 Kelle Bohnen in etwas Brühe pürieren und wieder in die Suppe rühren. Ist die Suppe zu dick, mit etwas Wasser oder Brühe verdünnen. Mit Salz und Pfeffer abschmecken und mit etwas Zucker abrunden, wenn die Suppe zuviel Säure aufweist. Die frischen Kräuter erst unmittelbar vor dem Servieren einrühren. Jede Portion mit einem gehäuften Eßlöffel geriebenem Käse garnieren.

Spargelsuppe mit Orangen-Crème-fraîche

Die ebenso schlichte wie delikate Suppe paßt gut in das zeitige Frühjahr. Setzen Sie hübsche Akzente und garnieren Sie jede Portion mit Schnittlauchblüten.

Zutaten für ca. 2 Liter
1 1/4 l leichte Gemüsebrühe (Seite 105); die holzigen Enden
der Spargelstangen mitkochen
1,5 kg grüner Spargel (holzige Enden entfernen und
in der Brühe mitkochen)
1 Eßlöffel leichtes Olivenöl
1 Gemüsezwiebel, in dünne Ringe geschnitten
Salz und weißer Pfeffer
1 mittelgroße Kartoffel, in Scheiben geschnitten
4 Eßlöffel frisch gepreßter Orangensaft
Orangen-Crème-fraîche (Rezept folgt)

Die Brühe vorbereiten und warm halten. Spargel in 5 Zentimeter lange Stücke schneiden. Etwa eine Handvoll Spargelspitzen zum Garnieren beiseite stellen. Olivenöl in einem Suppentopf erhitzen. Zwiebelringe, 1/2 Teelöffel Salz und eine Prise Pfeffer hinzufügen. Bei mittlerer Hitze weich dünsten (ca. 5 Minuten). Kartoffelscheiben und einen Viertelliter Brühe hinzugießen, Topf abdecken und die Kartoffeln weich kochen (ca. 10 Minuten). Nun den Spargel, 1/2 Teelöffel Salz und 1 Liter Brühe hineingeben. Den Spargel im offenen Topf in ca. 15 Minuten weich kochen. Die Suppe in einem Mixer oder in der Küchenmaschine pürieren und wieder in den Topf gießen; den Orangensaft einrühren. Mit Salz und Pfeffer abschmecken.
Die Spargelspitzen in leicht gesalzenes, sprudelndes Wasser werfen und 90 Sekunden blanchieren. Wenn Sie die Suppe sofort servieren, die Spargelspitzen gleich in die Suppe geben, ansonsten unter kaltem Wasser abschrecken. Jede Portion mit ein paar Spargelspitzen und einem Klecks Orangen-Crème-fraîche servieren.

Orangen-Crème-fraîche
125 ml Crème fraîche (Seite 414)
2 Eßlöffel frisch gepreßter Orangensaft
1/4 Teelöffel abgeriebene Orangenschale

Sämtliche Zutaten verrühren.

Lauchsuppe mit Basmatireis

Kochen Sie diese elegante und leichte Suppe im Winter, wenn es viel frischen Lauch gibt. Das Gemüse wird in Weißwein gedünstet, dann mit einem frischen Kräutersträußchen und duftigem Basmatireis in Lauchbrühe gegart. Der Reis gibt gerade so viel Stärke ab, um die Suppe zu binden, und verleiht der Suppe einen kernigen Biß.

Zutaten für ca. 2 Liter Brühe
1 Zwiebel, in Ringe geschnitten
10 ungeschälte Knoblauchzehen, grob zerstoßen (geht am besten
mit der Breitseite einer Messerklinge)
Salz
Die dunkelgrünen Enden von 3 Lauchstangen
(grob zerkleinern und waschen)
2 mittelgroße Mohrrüben, in grobe Stücke geschnitten
1 Selleriestengel, in grobe Stücke geschnitten
1 große Kartoffel, in Scheiben geschnitten
1 Lorbeerblatt
2 frische Salbeiblätter
5 Petersilienstengel
5 frische Thymianzweige
2 frische Majoran- oder Oreganozweige
2 l kaltes Wasser

Zwiebel und Knoblauch mit einem Teelöffel Salz in einen Suppentopf geben, einen halben Zentimeter hoch Wasser angießen, abdecken und 15 Minuten bei mittlerer Hitze dämpfen. Die restlichen Zutaten hinzufügen, zum Kochen bringen, dann im offenen Topf bei milder Hitze 40–45 Minuten simmern. Durch ein Sieb gießen, das ausgekochte Gemüse wegwerfen.

Zutaten für ca. 2 Liter Suppe
1 Eßlöffel leichtes Olivenöl
1 Eßlöffel Butter
Der weiße Teil von 4–5 dicken Lauchstangen (längs halbieren,
quer dazu in dünne Streifen schneiden und waschen)
Salz und weißer Pfeffer
6 Knoblauchzehen, fein gehackt

125 ml trockener Weißwein
1 Mohrrübe, gewürfelt
2 Selleriestengel, gewürfelt
50 g Basmatireis
1 Gazesäckchen oder Sträußchen mit frischen Kräutern:
1 Lorbeerblatt, 4 Thymianzweige, 5 Petersilienstengel,
2 Majoranzweige, 1 Salbeiblatt
1 Eßlöffel frisch gehackte Kräuter: Petersilie, Schnittlauch und Majoran
Geriebener Parmesan

Olivenöl und Butter in einem Suppentopf erwärmen. Lauch, einen Teelöffel Salz und etwas Pfeffer hineingeben. Den Lauch im heißen Fett schwenken, dann den Topf abdecken und den Lauch auf kleiner Flamme 10 Minuten weich dünsten. Knoblauch hinzufügen und 1–2 Minuten mitdünsten. Den Wein angießen und einkochen lassen. Mohrrübe, Sellerie, Reis, 1/2 Teelöffel Salz, das Kräuterbündel und einen Liter Brühe in den Topf geben. Die Suppe zum Kochen bringen, dann die Wärmezufuhr reduzieren und zugedeckt 15 Minuten köcheln. Mit 3/4 Liter Brühe auffüllen und die Suppe mit Salz und Pfeffer abschmecken. Das Kräuterbündel entfernen. Vor dem Servieren die gehackten Kräuter einrühren. Jede Portion mit geriebenem Parmesan garnieren.

Lauch

Das beliebte Zwiebelgemüse landet in verschiedenen Größen in unserer Küche. Wir wissen im voraus nie, was uns erwartet. Wir wissen allerdings, daß der milde und fruchtige Geschmack der Lauchstangen salzige Kuchen, Teigtaschen, viele Suppen und Kartoffelgratins veredelt. Sanft gedünstet, verleiht Lauch vielen Gerichten jene schmelzende Konsistenz, die so wichtig für sie ist. Im Frühling grillen wir jungen Lauch auch gerne.
Lauch braucht einen stickstoffhaltigen Boden und viel Feuchtigkeit. Da Lauch keine pralle Sonne verträgt, sollten Sie ihn im Schatten pflanzen oder ein Erbsenspalier südlich oder östlich davon einsetzen. Der Trick beim Anbau von Lauch besteht im Anhäufen von Erde. Die Aussaat beginnt im zeitigen Frühjahr im Gewächshaus (oder im Frühsommer für die Herbsternte und im November für die Überwinterung). Im fortgeschrittenen Frühjahr werden die Pflänzchen in eine 15 Zentimeter tiefen Furche gesetzt. Wenn Sie nur wenig Platz haben und auch mit kleineren Lauchstangen zufrieden sind, genügen bereits geringe Pflanzabstände. Die Wurzeln zwei Finger breit mit Erde bedecken und mit zunehmendem Wachstum der Pflanzen entsprechend mehr Erde anhäufen. Auf diese Weise entwickeln die Stangen einen größeren weißen Teil, sind zarter und weniger anfällig gegen Parasiten. Halten Sie die Pflanzen unbedingt gleichmäßig feucht, damit sie ebenso gleichmäßig wachsen können. Nach sechs Monaten sind die Lauchstangen voll ausgereift, doch sie können praktisch in jedem beliebigen Stadium geerntet werden. Zur Zeit ist gerade junger und zarter Lauch besonders »in«.

Tomaten-Fenchel-Suppe mit Knoblauchcroûtons und Parmesan

Im Frühherbst, wenn es die letzten Tomaten und den ersten Fenchel der Saison gibt, schmeckt diese Suppe besonders köstlich. Die Säure der Tomaten verlängert die Garzeit des Gemüses, garen Sie das Gemüse also schön weich, bevor Sie die Tomaten in die Suppe rühren. Kochen Sie die Fenchelabfälle in der Brühe aus, denn sie machen die Suppe herrlich würzig.

Zutaten für ca. 2 Liter
1 l Gemüsebrühe (Seite 105); 1 kleine Dose Tomaten,
1/2 Teelöffel Fenchelsamen und 1/2 Teelöffel Anis dazugeben
1 Eßlöffel natives Olivenöl extra
1 große Zwiebel, gewürfelt
Salz
1 Teelöffel gemahlener Anis
1 Teelöffel gemahlene Fenchelsamen
4 Knoblauchzehen, fein gehackt
2 Mohrrüben, gewürfelt
2 Fenchelknollen (längs vierteln, putzen und in feine Streifen schneiden)
125 ml trockener Sherry
1 kg frische Tomaten, gehäutet, entkernt und püriert (Seite 124), oder
1 große Dose pürierte Tomaten mit Saft
Pfeffer
Zucker
Knoblauchcroûtons (Rezept folgt)
Geriebener Parmesan

Die Brühe nach dem Rezept auf Seite 105 vorbereiten und warm halten.
Das Olivenöl in einem Suppentopf erhitzen. Die Zwiebel mit 3/4 Teelöffel Salz, Anis und Fenchelsamen hinzufügen und bei mittlerer Hitze weich dünsten. Dann Knoblauch, Mohrrüben und Fenchel hineingeben. Das Gemüse im geschlossenen Topf 5 Minuten sehr weich dünsten. Danach den Sherry angießen und in 1–2 Minuten fast vollständig einkochen lassen. Mit Tomatenpüree und 1 Liter Brühe auffüllen. Salzen, abdecken und 30 Minuten sanft durchköcheln lassen. Mit Salz und Pfeffer abrunden; falls die Suppe recht sauer schmeckt, mit ein wenig Zucker süßen. Mit den Knoblauchcroûtons und frisch geriebenem Parmesan servieren.

1–2 Eßlöffel natives Olivenöl extra
2 Knoblauchzehen, fein gehackt
1/4 Baguette, in dünne Scheiben geschnitten

Backrohr auf 190 Grad vorheizen. Olivenöl und Knoblauch verrühren. Die Baguettescheiben auf ein Backblech legen und mit dem Knoblauchöl einpinseln. In 8 Minuten knusprig und goldbraun backen.

Roter und grüner Knoblauch

Roter Knoblauch ist mild und aromatisch und wird von uns jeden Sommer sehnsüchtig erwartet. Fein gehackt, verleiht er unseren würzigen Speisen die richtige Substanz, ohne streng zu schmecken. Wir braten die ganzen Knollen und streichen das weiche Mark auf Croûtons oder heben die gerösteten Knoblauchzehen unter Nudeln. Als nette Überraschung können Sie ein paar Knoblauchzehen zusammen mit frischen Kräuterzweigen in Kartoffelpäckchen stecken.

Grüner Knoblauch ist der frühe Schößling einer Knoblauchpflanze. Die Schlotten sehen aus wie Frühlingszwiebeln, schmecken aber unverwechselbar nach jungem Knoblauch. Im Ganzen gegrillt, verleihen sie einem Antipasto eine frische Schärfe; auch zu gegrillten neuen Kartoffeln, die in Aïoli gestippt werden, schmecken sie köstlich.

Eine Knoblauchknolle wächst aus einer einzelnen Knoblauchzehe heran. Wir empfehlen Ihnen, die Saatzehen im Fachhandel zu kaufen. In milden Klimazonen können Sie die Zehen im November in die Erde stecken, dann haben Sie bereits im Mai den ersten frischen Knoblauch, während die restlichen Knollen im Juni geerntet und zum Trocknen aufgehängt werden. In kühleren Regionen pflanzt man den Knoblauch im zeitigen Frühjahr und erntet im Herbst. Arbeiten Sie reichlich Kompost oder Stallmist in den Boden und stecken Sie die Knoblauchzehen an einem sonnigen Fleckchen im Abstand von 5–7 Zentimeter 5 Zentimeter tief in die Erde. In den ersten 4–5 Monaten benötigt Knoblauch reichlich Wasser, dann muß der Boden nur noch feucht gehalten werden. Nicht von oben gießen. Wenn die Knollen zuviel Feuchtigkeit abbekommen, bilden sie keine Zehen. Knoblauch ist erntereif, wenn das Kraut braun wird. Binden Sie mehrere Knollen zu einem Zopf und lassen Sie sie in einem kühlen, trockenen und luftigen Ort trocknen. Oder hängen Sie den Knoblauchzopf als Erinnerung an den vergangenen Sommer in Ihrer Küche auf.

Scharfe Maissuppe

Kochen Sie diese herrliche mexikanische Suppe aus weißem Mais und saftigen, vollreifen Tomaten im Sommer. Die Chipotle-Chillies bilden den geschmacklichen Höhepunkt der Suppe – verwenden Sie sie jedoch sparsam, denn ihre Schärfe übertönt schnell alle anderen Aromen.

Zutaten für ca. 2 1/2 Liter
100 g getrocknete Kichererbsen, verlesen und über Nacht eingeweicht
2 l kaltes Wasser
1 Lorbeerblatt
2 frische Salbeiblätter
1 frischer Majoranzweig
1 Eßlöffel leichtes Olivenöl
1 große gelbe Zwiebel, gewürfelt
Salz
1 1/2 Teelöffel Kreuzkümmel, geröstet und gemahlen (Seite 116)
1/2 Teelöffel getrockneter Oregano, geröstet
Cayennepfeffer
6 Knoblauchzehen, fein gehackt
1 große rote oder gelbe Paprikaschote, gewürfelt
Maiskörner von 2 Kolben
125 ml Maisbrei aus der Dose
1 kg frische Tomaten, gehäutet, entkernt und zerkleinert (Seite 124), oder
1 große Dose Tomatenstückchen mit Saft
1/2 Teelöffel Chipotle-Püree (Seite 387)
2 grüne Jalapeño-Chillies, entkernt, grob gehackt und
in 125 ml Wasser püriert
2 Teelöffel frisch gepreßter Limettensaft
1 Eßlöffel frisch gehackter Salbei
Zucker (nach Wunsch)
3 Eßlöffel gehacktes Koriandergrün

Kichererbsen abgießen und abbrausen. In einem großen Topf mit Wasser, Lorbeer, Salbei und Majoran aufsetzen. Zum Kochen bringen, dann ohne Deckel bei sanfter Hitze sehr weich garen (40–45 Minuten). Die Kräuter herausfischen und wegwerfen. Kichererbsen in der Brühe ruhen lassen.

Das Öl in einem Topf erhitzen und die Zwiebel mit 1/2 Teelöffel Salz, dem gerösteten Kreuzkümmel und Oregano sowie einer Prise Cayennepfeffer weich dünsten (7–8 Minuten). Dann Knoblauch, Paprika, Maiskörner und Maisbrei hinzufügen. 5 Minuten schmoren, dann die Tomaten mit einem Teelöffel Salz und dem Chipotle-Püree einrühren. Kichererbsen mit ihrer Kochflüssigkeit hinzugießen.

Die Suppe mit den pürierten Jalapeños nach Geschmack würzen. Wenn Ihnen die Chillies zu mild erscheinen, mit etwas Chipotle-Püree aufpeppen. Achten Sie jedoch darauf, daß die Suppe nicht zu scharf gerät. Limettensaft, Salbei und 1/2 Teelöffel Salz einrühren, nach Wunsch mit etwas Zucker abrunden. Abdecken und auf kleiner Flamme 30 Minuten durchkochen. Mit Salz abschmecken. Vor dem Servieren das Koriandergrün einrühren.

Kreuzkümmel, Koriander und Oregano rösten

Getrocknete Kräuter und Samenkörner entfalten beim Rösten ihr einzigartiges und verführerisches Aroma. Gerösteter Kreuzkümmel und Oregano spielen in unserer Küche eine wichtige Rolle, denn sie verfeinern unsere Saucen, Eintöpfe und Schmorgemüse. Unser schwarzes Bohnenchili wäre ohne sie längst nicht so berühmt. Die gerösteten Gewürze halten sich in einem kleinen, luftdicht verschlossenen Behälter frisch. Machen Sie also gleich eine größere Menge. Sie brauchen jedoch unbedingt eine kleine Pfanne mit schwerem Boden.

Zum Rösten von Kreuzkümmel und Koriander die ganzen Samenkörner ohne Fett in eine kleine Pfanne streuen und sanft erhitzen. Umrühren und schütteln, bis die Körner ihr Aroma entfalten und leicht bräunen (1–2 Minuten). In eine Schüssel füllen oder weiterverarbeiten und mahlen. Nicht in der Pfanne lassen, weil sie dort weiterrösten. In einer Gewürzmühle oder im Mörser zerkleinern.

Oregano wird genauso geröstet. Da Oregano leichter verbrennt, sehr sorgfältig rösten und sofort vom Feuer nehmen. Oregano muß nicht gemahlen werden.

Palak Shorva (Spinatsuppe mit gerösteten Kokosraspeln)

Kokosmilch und Basmatireis verleihen dieser Spinatsuppe samtige Fülle. Wenn der Reis langsam mit den Zwiebeln und Gewürzen kocht, zerfällt seine Stärke und nimmt die exotischen Aromen auf. Die richtige Menge Spinat ist hier wichtig. Nehmen Sie im Zweifelsfall lieber etwas mehr. Rösten Sie die (ungesüßten!) Kokosraspeln, bis sie goldgelb werden und kräftig duften, und streuen Sie sie dann über die Suppe.

Zutaten für ca. 2 Liter
Gut 1 l Gemüsebrühe (Seite 105)
1 Eßlöffel leichtes Olivenöl
1 Zwiebel, in dünne Ringe geschnitten
Salz und Pfeffer
4 Knoblauchzehen, fein gehackt
2 Teelöffel Kreuzkümmelsamen, geröstet und gemahlen (Seite 116)
2 gehäufte Teelöffel Korianderkörner, geröstet und gemahlen (Seite 116)
1 gehäufter Teelöffel gemahlener Bockshornklee
100 g Basmatireis oder weißer Langkornreis
500 g Wurzelspinat (Stengel abknipsen und Blätter waschen)
1/4 l Kokosmilch aus der Dose
1 Eßlöffel frisch gepreßter Zitronensaft
4 Eßlöffel ungesüßte Kokosraspel

Die Brühe vorbereiten und auf dem Herd warm halten.
Das Öl in einem Suppentopf erhitzen. Die Zwiebel mit 1/2 Teelöffel Salz und etwas Pfeffer bei mittlerer Hitze darin weich dünsten (7–8 Minuten). Dann Knoblauch und Gewürze hinzufügen und 2 Minuten mitdünsten. Reis einrühren und mit 3/4 Liter Brühe auffüllen. Topf verschließen und den Reis bei mittlerer Hitze in rund 20 Minuten (Basmatireis ca. 10 Minuten) weich kochen.
Spinat, 1/2 Teelöffel Salz und 1/2 Liter Brühe hinzufügen. Den Spinat im geöffneten Topf zusammenfallen lassen. Die Suppe im Mixer oder in der Küchenmaschine pürieren und wieder in den Topf zurückgießen. Auf kleiner Flamme weiterköcheln. Die Kokosmilch hineingießen und die Suppe nach Bedarf mit etwas Brühe auf die gewünschte Konsistenz verdünnen. Mit Zitronensaft und Salz und Pfeffer abschmecken. Die Suppe 20 Minuten durchkochen lassen.
Die Kokosraspeln ohne Fett über mäßiger Hitze goldbraun rösten (ca. 2 Minuten). Jede Portion mit einigen Kokosraspeln garnieren.

Kartoffel-Mais-Chowder

Diese ebenso herzhafte wie vielseitige Suppe hat einen festen Platz auf unserer sommerlichen Speisekarte und wird – im Gegensatz zu üblichen Chowders – ohne Milch und Sahne zubereitet. Wir kochen statt dessen den Zuckermais und die neuen Kartoffeln in Maisbrühe und pürieren sie dann. Maiskörner, Kartoffelwürfel und Sellerie sorgen für Biß. Die vollaromatische Suppe schmeckt am nächsten Tag sogar noch besser. Frische Kräuter passen sehr gut dazu: Streuen Sie gehacktes Basilikum, Petersilie, Majoran oder Schnittlauch hinein. Wenn Sie eine üppigere Suppe bevorzugen, garnieren Sie die einzelnen Portionen mit geriebenem Cheddarkäse und bestreuen sie mit Petersilie oder Schnittlauch.

Zutaten für ca. 2 Liter
Gut 1 1/2 l Maisbrühe (Seite 107)
Die Körner von 5 Maiskolben
500 g neue Kartoffeln, fein gewürfelt
Salz und weißer Pfeffer
2 Lorbeerblätter
1 Eßlöffel Butter
1/2 Eßlöffel leichtes Olivenöl
1 große Zwiebel, gewürfelt
1/4 Teelöffel getrocknetes Basilikum
1/4 Teelöffel getrockneter Thymian
4 Knoblauchzehen, fein gehackt
1 Selleriestengel, gewürfelt
1/2 Glas trockener Weißwein
2 Eßlöffel frisch gehacktes Basilikum

Die Brühe nach dem Rezept auf Seite 107 vorbereiten und warm halten.
Knapp die Hälfte der Maiskörner beiseite stellen. Die restlichen Maiskörner mit der Hälfte der Kartoffelwürfel, 1/2 Liter Brühe, 1/2 Teelöffel Salz und etwas weißem Pfeffer in einen Suppentopf geben. Zum Kochen bringen, dann im verschlossenen Topf simmern, bis die Kartoffeln auseinanderfallen (20–25 Minuten). Gegarten Mais und Kartoffeln mit 1/4–1/2 Liter Brühe im Mixer oder in der Küchenmaschine pürieren, dann das Püree durch eine Gemüsemühle passieren. Das Püree wieder in den Suppentopf gießen, mit 3/4 Liter Brühe auffüllen, Lorbeerblätter hinzufügen und auf kleiner Flamme köcheln lassen.

Butter und Olivenöl in einer Pfanne erhitzen. Die Zwiebel mit den getrockneten Kräutern, 1/2 Teelöffel Salz und einer Prise weißem Pfeffer hineingeben und weich dünsten (5–7 Minuten). Knoblauch, Sellerie, die restlichen Kartoffelwürfel und die restlichen Maiskörner hinzufügen und weich dünsten (7–8 Minuten). Mit Weißwein ablöschen.

Das gedünstete Gemüse in das Mais-Kartoffel-Püree rühren und mit Salz und Pfeffer abschmecken. Die Suppe auf kleiner Flamme 20 Minuten durchkochen. Vor dem Servieren das Basilikum einrühren.

Grüne Maissuppe

Die herzhafte Suppe gehört zu unseren liebsten Sommergerichten, denn sie kombiniert viele verschiedene Aromen: Die Säure der Tomatillos, die Schärfe der Chillies und die Frische des Korianders ergänzen trefflich die Süße von Zuckermais. Die cremige Suppe aus püriertem Mais, Tomatillos und Chillies besitzt einen leichten Grünton und erhält durch ganze Maiskörner etwas Biß. Nehmen Sie deshalb Maisbrühe (heben Sie die Kolben dafür auf), denn dann behält die Suppe ihre helle Farbe. Reichen Sie Quesadillas (Seite 295) und unseren Salat aus Romanaherzen, Avocado, Jicama und Orangen (Seite 41) dazu.

Zutaten für knapp 2 Liter
Gut 1 l Maisbrühe (Seite 107)
1 Eßlöffel leichtes Olivenöl
1 große Zwiebel, gewürfelt
3 Knoblauchzehen, gehackt
Salz
Maiskörner von 6 Kolben
Cayennepfeffer
375 g Tomatillos (aus der papierartigen Hülle lösen und
grob zerkleinern)
2–3 grüne Jalapeño-Chillies, entkernt und grob gehackt
5 Stengel Koriandergrün
2 Eßlöffel gehacktes Koriandergrün

Die Brühe nach dem Rezept auf Seite 107 vorbereiten und auf dem Herd warm halten.

Das Olivenöl in einem Suppentopf erhitzen. Zwiebel und Knoblauch mit 1/2 Teelöffel Salz auf mittlerer Flamme weich dünsten (5–7 Minuten). Die Maiskörner und etwas Cayennepfeffer sowie einen Teelöffel Salz hinzufügen. Den Mais heiß werden lassen, dann mit 1/2 Liter Brühe auffüllen. Topf verschließen und 20–25 Minuten simmern, bis der Mais gar ist. 2 Kellen gedünsteten Mais abmessen und beiseite stellen. Nun die Tomatillos und eine Chilischote hinzufügen. Weiterkochen, bis die Tomatillos weich sind (ca. 5 Minuten). Die restlichen Chillies mit 4 Eßlöffel Brühe pürieren und beiseite stellen.

Die Korianderzweige in die Suppe geben. Mit einem Viertelliter Brühe verdünnen und im Mixer oder in der Küchenmaschine pürieren. Das Püree durch eine Gemüsemühle passieren, damit es eine schön glatte Konsistenz erhält, und wieder in den Topf gießen. Nun die beiseite gestellten Maiskörner hineingeben und die Suppe mit 1/4–1/2 Liter Brühe zur gewünschten Konsistenz verdünnen. Mit Salz und dem Chillipüree abschmecken. Auf kleiner Flamme 25 Minuten durchkochen. Vor dem Servieren das gehackte Koriandergrün in die Suppe rühren oder die einzelnen Portionen damit bestreuen.

Tip: Es lohnt sich wirklich, den pürierten Mais eigens durch eine Gemüsemühle zu passieren – die Suppe erhält dadurch eine wunderbar samtige Konsistenz.

Variante: Garnieren Sie jede Portion mit einem Klecks Crème fraîche (Seite 414) und streuen Sie dann erst das gehackte Koriandergrün darüber.

Tomatillos

Tomatillos gehören wie Tomaten zu den Nachtschattengewächsen, sind aber enger mit den sogenannten Lampionfrüchten verwandt. Wie diese sitzen sie in einer bräunlichen, papierartigen Hülle, die vor dem Verzehr entfernt werden muß. Die hellgrünen Beeren erreichen die Größe und Form von kleinen Tomaten (daher der Name!) und haben eine leicht klebrige Haut.
Achten Sie beim Einkauf auf feste und leuchtend grüne Früchte. Gelbe Tomatillos sind bereits voll ausgereift und für kulinarische Zwecke unbrauchbar.
Tomatillos besitzen einen säuerlichen, vollaromatischen Geschmack, der vielen Spezialitäten Mexikos, Arizonas und Texas ihr unverwechselbares Aroma verleiht. Die Früchte werden wie Tomaten roh in Salaten und Salsas gegessen oder aber gegart und zu Saucen püriert. Fein gehackt verfeinern sie Suppen und Eintöpfe. Für Tomatillos gibt es keinen Ersatz.

P aprika-Mais-Suppe mit Basilikum

Rote Paprikastückchen und Maiskörner bringen Farbe und Biß in das cremige Püree aus Mais, Lauch und Paprika. Statt Lauch können Sie auch Gemüsezwiebeln verwenden. Auf den Geschmack der Paprikaschoten kommt es hier ganz besonders an: Kombinieren Sie nach Belieben rote und gelbe Schoten, aber meiden Sie grünen Paprika, der mit seinem kräftigen Aroma den süßen Mais übertönen würde.

Zutaten für knapp 2 Liter
Gut 1 l Maisbrühe (Seite 107)
1 Eßlöffel Butter
1 Eßlöffel leichtes Olivenöl
Der weiße Teil einer dicken Lauchstange (längs halbieren, quer dazu in feine Streifen schneiden und waschen)
Salz und Cayennepfeffer
Die Körner von 7 Maiskolben
3 rote Paprika (ca. 1/2 Schote fein würfeln, den Rest grob zerkleinern)
4 Knoblauchzehen, fein gehackt
2 Eßlöffel frisch gehacktes Basilikum

Die Brühe nach dem Rezept auf Seite 107 vorbereiten und warm halten.
Butter und 1/2 Eßlöffel Olivenöl in einem Suppentopf erhitzen. Lauch, 1/2 Teelöffel Salz und etwas Cayennepfeffer einrühren und 2 Minuten bei mittlerer Hitze andünsten. Topf verschließen und den Lauch 5–6 Minuten weich dünsten. Eine Kelle Maiskörner abmessen und beiseite stellen. Den fein gewürfelten Teil der Paprikaschoten ebenfalls für später aufheben. Den restlichen Mais und den grob zerkleinerten Paprika, den Knoblauch, 1/2 Teelöffel Salz und eine Prise Cayennepfeffer in den Topf geben und 2–3 Minuten dünsten. 1/2 Liter Brühe hinzugießen, abdecken und 25–30 Minuten bei mittlerer Hitze weich dünsten. Die Suppe nun mit 1/4 Liter Brühe verdünnen und im Mixer oder in der Küchenmaschine pürieren, dann durch eine Gemüsemühle passieren. Das Püree wieder in den Topf gießen und auf kleiner Flamme weiterköcheln lassen.
1/2 Eßlöffel Olivenöl erhitzen. Die restlichen Maiskörner und die Paprikawürfelchen mit 1/2 Teelöffel Salz und einer Prise Cayennepfeffer 5–7 Minuten weich dünsten. In die Suppe rühren. Die Suppe mit knapp 1/2 Liter Brühe zur gewünschten Konsistenz auffüllen. Mit Salz und Cayennepfeffer abschmecken und 10–15 Minuten auf kleiner Flamme durchkochen. Vor dem Servieren mit Basilikum bestreuen.

S ommerminestrone

Frische, vollreife Tomaten schmecken in dieser Suppe wirklich am besten. Der fruchtig-süßliche Saft ergibt zusammen mit der kräftigen Bohnenbrühe und den stärkehaltigen Nudeln die richtige Grundlage für eine sommerliche Gemüsesuppe. Garen Sie die Bohnen mit einem Oreganozweig und Salbei- und Lorbeerblättern. Während des Garvorgangs bauen die Bohnen ihre Stärke ab und nehmen die Kräuteraromen auf. Das Rezept läßt sich auch zu einer herzhaften Wintersuppe abwandeln. Geben Sie dann weiße Bohnen oder Kichererbsen dazu und ersetzen Sie den Spinat durch Mangold- oder Grünkohlstreifen. Die Aromen entfalten sich erst im Laufe der Zeit, das heißt, die Suppe schmeckt am zweiten Tag noch besser.

Zutaten für gut 2 Liter
100 g getrocknete rote Bohnen, verlesen und über Nacht eingeweicht
1 1/2 l kaltes Wasser
2 Lorbeerblätter
2 frische Salbeiblätter
1 frischer Oreganozweig
1 Eßlöffel natives Olivenöl extra
1 rote Zwiebel, gewürfelt
Salz und Pfeffer
1/4 Teelöffel getrocknetes Basilikum
1/4 Teelöffel getrockneter Oregano
6 Knoblauchzehen, fein gehackt
1 kleine Mohrrübe, gewürfelt
1 kleine rote Paprikaschote, gewürfelt
1 kleine Zucchini, gewürfelt
1/2 Glas trockener Rotwein
1 kg frische Tomaten, gehäutet, entkernt und grob zerkleinert
(Seite 124), oder 1 große Dose Tomatenstückchen mit Saft
50 g kleinformatige Nudeln (al dente kochen und abbrausen)
1–2 Handvoll Blattspinat oder Mangold (in dünne Streifen schneiden
und waschen)
2 Eßlöffel frisch gehacktes Basilikum
Geriebener Parmesan

Bohnen abgießen und abbrausen. Mit dem Wasser, einem Lorbeerblatt, den beiden Salbeiblättern und dem Oregano aufsetzen. Zum Kochen bringen, dann im offenen Topf leise köcheln, bis die Bohnen weich sind (ca. 30 Minuten). Kräuter herausfischen und wegwerfen.

Während die Bohnen garen, das Olivenöl in einem Suppentopf erhitzen. Die Zwiebel mit 1/2 Teelöffel Salz, den getrockneten Kräutern und etwas Pfeffer darin weich dünsten (5–7 Minuten). Knoblauch, Mohrrübe, Paprika und Zucchini hinzufügen und 7–8 Minuten mitdünsten. Den Wein hineingießen und in 1–2 Minuten fast vollständig einkochen lassen. Die Tomaten, einen Teelöffel Salz, eine Messerspitze Pfeffer und das zweite Lorbeerblatt hineinrühren. 15 Minuten köcheln lassen, dann die Nudeln, den Spinat oder Mangold und die Bohnen mit ihrem Sud hinzufügen. Mit Salz und Pfeffer abschmecken. Das Basilikum erst vor dem Servieren unter die Suppe rühren. Jede Portion mit einem gehäuften Eßlöffel Parmesan garnieren.

Frische Tomaten vorbereiten

Wir verwenden nach Möglichkeit für unsere Nudelgerichte, Saucen, Suppen und Eintöpfe stets fruchtige und pralle Strauchtomaten. Wenn man Tomaten länger kocht, muß man sie zuvor häuten und entkernen, was recht schnell und einfach geht und im voraus erledigt werden kann (das macht die aufwendige Zubereitung einer Lasagne oder eines Gratins gleich viel einfacher).

Einen großen Topf Wasser zum Kochen bringen. Eine Schüssel Eiswasser und ein hitzebeständiges Sieb zum Abgießen der Tomaten bereitstellen. Zwei oder drei Tomaten gleichzeitig zehn Sekunden ins kochende Wasser tauchen, danach herausschöpfen und sofort ins Eiswasser setzen. Die Haut sollte nun schon etwas gelockert sein; ansonsten die Tomaten etwas länger im kochenden Wasser ziehen lassen.

Den Stiel entfernen, die Haut abziehen und die Tomaten quer halbieren. Wenn Sie viele Tomaten entkernen, das Sieb auf eine Schüssel stellen und den Saft auffangen (den Sie dann zu den gehäuteten Tomaten geben oder für ein anderes Gericht verwenden können). Tomaten sanft ausdrücken und die Kerne mit den Fingern herauskratzen. Das Fruchtfleisch nun nach Rezept hacken oder in der Küchenmaschine zermusen.

Gazpacho

Diese köstliche Suppe verdient es, an einem heißen Sommertag mit den süßesten und saftigsten Tomaten zubereitet zu werden, die Sie auftreiben können – denn dann werden Sie den kühlen und erfrischenden Geschmack erst richtig schätzen. Wenn Sie auch gelbe Tomaten bekommen können, geben Sie ein paar davon in die Suppe, weil sie einen schönen Farbkontrast schaffen. Die Gewürzmengen hängen stark vom Aroma der Tomaten ab. Geben Sie deshalb nicht gleich den ganzen Essig und Limettensaft in die Suppe. Lassen Sie die Suppe mindestens eine Stunde durchkühlen, und schmecken Sie sie vor dem Servieren noch einmal ab.

Zutaten für ca. 2 1/2 Liter
1/2 Salatgurke
2–2 1/2 kg Strauchtomaten
1/2 rote Zwiebel, gewürfelt
1–2 Jalapeño- oder Serrano-Chillies, entkernt und
in feine Streifen geschnitten
4 Eßlöffel frisch gehacktes Basilikum
Salz und Pfeffer
2–3 Eßlöffel Champagneressig
2–3 Teelöffel frisch gepreßter Limettensaft

Die Gurke schälen, längs halbieren und die Kerne ausschaben; in kleine Würfel schneiden und beiseite stellen.
Einen mittelgroßen Topf Wasser zum Kochen bringen. Die Tomaten portionsweise ca. 10 Sekunden in das heiße Wasser tauchen, bis die Haut aufplatzt. Unter kaltem Wasser abschrecken, die Haut abziehen. In ein Sieb setzen und über einer Schüssel abtropfen lassen. Die Tomaten quer halbieren und über dem Sieb Saft und Kerne herauspressen. Den Saft auffangen (später in die Suppe geben), die Kerne wegwerfen. Die Hälfte der Tomaten im Mixer pürieren, den Rest grob zerkleinern. Alle Tomaten, die Zwiebel, die Gurkenwürfel, die Chillies und das Basilikum in eine große Schüssel geben. Mit 2 Teelöffel Salz, 1/4 Teelöffel Pfeffer, 2 Eßlöffel Essig und 2 Teelöffel Limettensaft anmachen. Die Suppe kalt stellen und mindestens eine Stunde durchziehen lassen. Nach Bedarf nachwürzen. Kalt servieren.

Tip: Wenn die Suppe zu säuerlich geraten ist, vor dem Servieren mit etwas Zucker abrunden.

Geeiste Betensuppe

Die kühlen Sommer in San Francisco bescheren uns nur wenige sonnige und windstille Tage; in der übrigen Zeit liegt die Küste grau und nebelverhangen da. Wenn wir schnell genug sind, servieren wir an den wenigen heißen Tagen, bevor der Nebel wieder durch das Golden Gate hereinzieht, eine geeiste Suppe.

Diese erfrischende Suppe ist leicht gemacht und kann einen Tag im voraus zubereitet werden. Würzen Sie dann vor dem Servieren noch einmal nach. Die genaue Menge Orangen- und Zitronensaft hängt vom Aroma und der Süße der roten Beten ab. Kühlen Sie die Suppe vor dem Servieren gut durch und garnieren Sie sie mit einem Klecks Orangen-Crème-fraîche und ein paar frischen Dillblättchen. Die Suppe schmeckt auch hervorragend mit klassischer Crème fraîche und Gurkenwürfelchen mit Dill.

Zutaten für knapp 2 Liter
1,5 kg rote Beten
1 Eßlöffel leichtes Olivenöl
1/2 Zwiebel, grob gehackt
Salz und Pfeffer
3 Knoblauchzehen, fein gehackt
125 ml frisch gepreßter Orangensaft
2–3 Teelöffel frisch gepreßter Zitronensaft
Reis- oder Champagneressig
Orangen-Crème-fraîche (Seite 110)
2 Teelöffel frisch gehackter Dill

Das Kraut am Knollenansatz der Beten abtrennen (zarte Blätter zum Sautieren oder für ein Nudelgericht aufheben). Einen großen Topf Wasser zum Kochen bringen und die roten Beten hineinsetzen. Bei milder Hitze sanft garen (30–40 Minuten). Den Garzustand der Beten mit einem spitzen Messer oder einem Spießchen prüfen. Wenn Sie mühelos in das Fleisch eindringen können, sind die Beten gar. Abgießen und abkühlen lassen oder unter kaltem Wasser abschrecken. Beten pellen, grob zerkleinern und beiseite stellen.

Das Olivenöl in einem kleinen Pfännchen erhitzen. Die Zwiebel mit 1/4 Teelöffel Salz darin weich dünsten (ca. 7 Minuten). Den Knoblauch hinzufügen und 2 Minuten mitdünsten. Zwiebelmischung und Beten in einen Mixer oder in die Küchenmaschine geben. 1/4–1/2 Liter Wasser hinzugießen und glattpürieren. Mit 1/2–3/4 Liter Wasser zur gewünschten Konsistenz auffüllen; die Suppe sollte allerdings nicht zu dünn werden. Orangensaft und 2 Teelöffel Zitronensaft, 2 Teelöffel Essig, einen Teelöffel Salz und etwas Pfeffer unterrühren. Nach Bedarf mit Zitronensaft, Essig, Salz und Pfeffer nachwürzen.

Die Suppe gut durchkühlen, dann auf Suppenschalen verteilen. Jede Portion mit einem Klecks Orangen-Crème-fraîche und einigen Dillblättchen garnieren.

Butternuß-Kürbis-Suppe mit Apfelmus

Herbst und Winter sind die richtigen Jahreszeiten für diese schmackhafte Suppe. Wenn es draußen kühl und feucht ist, wärmt dieses aromatische Gericht Leib und Seele. Das Kürbispüree bildet die Grundlage für die Suppe, Apfelstückchen sorgen für Biß. Calavados verleiht dem Ganzen einen ungewöhnlichen Geschmack. Wir karamelisieren die Zwiebeln und dünsten die Äpfel darin. Das schmelzend zarte und doch säuerliche Mus verleiht der Suppe eine frische Note – Sie können das Confit auch als Beilage zu einem Kartoffel- oder winterlichen Kürbisgratin servieren. Kochen Sie die Kerne und Abfälle der Kürbisse in der Suppe aus.

Zutaten für ca. 2 Liter
3/4 l leichte Gemüsebrühe (Seite 105)
1 Eßlöffel leichtes Olivenöl
1 Zwiebel, in dünne Ringe gehobelt
Salz
Fünf-Pfeffer-Mischung oder weißer Pfeffer
3 Eßlöffel Calvados
1–2 Butternuß-Kürbis (insgesamt knapp 2 kg),
geschält, entkernt und grob gewürfelt
1 Eßlöffel Butter
2 herzhafte, aber nicht zu saure Äpfel, geschält, entkernt
und in Spalten geschnitten
125 ml Apfelsaft
125 g Crème fraîche (nach Wunsch)

Die Brühe nach dem Rezept auf Seite 105 vorbereiten und auf dem Herd warm halten.

Das Olivenöl in einem Suppentopf erhitzen und die Zwiebel mit 1/2 Teelöffel Salz und einer Prise Pfeffer hineingeben. Bei mittlerer Hitze 15 Minuten dünsten, bis die Zwiebeln leicht karamelisieren. Dabei etwas Brühe angießen und die Zwiebeln mit einem Holzlöffel vom Topfboden lösen, damit sie nicht anbrennen. Mit 2 Eßlöffel Calvados ablöschen und die Flüssigkeit in 1–2 Minuten fast vollständig einkochen lassen.

Die Kürbiswürfel und einen Teelöffel Salz hinzufügen. Das Gemüse knapp mit Brühe (ca. 1/2 Liter) bedecken. Das Fruchtfleisch zerkocht schnell und wird sehr flüssig. Topf verschließen und Kürbis 20–30 Minuten sehr weich garen. Die Suppe im Mixer oder in der Küchenmaschine pürieren und mit Brühe zur gewünschten Konsistenz auffüllen. Die Suppe in den Topf zurückgießen, abdecken und 30 Minuten leise durchköcheln.

In der Zwischenzeit das Apfelmus zubereiten. Die Butter in einer Pfanne zerlassen und die Äpfel darin schwenken, bis sie gut mit Butter überzogen sind. Den restlichen Calvados hinzufügen und in 1–2 Minuten fast vollständig einkochen lassen. Apfelsaft angießen, Pfanne abdecken und die Äpfel 15–20 Minuten weich garen. Deckel abnehmen und die Flüssigkeit einkochen lassen (8–10 Minuten). Die Äpfel so stampfen, daß noch ein paar ganze Apfelstückchen übrigbleiben.

Die Hälfte des Apfelmuses in die Suppe rühren, den Rest zum Servieren aufheben. Suppe mit Salz und Pfeffer abschmecken. Jede Portion mit einem Klecks Apfelmus und Crème fraîche garnieren.

Serviervorschlag: Die Suppe wird zum Mittelpunkt einer herrlichen Mahlzeit, wenn Sie knuspriges, gesäuertes Weißbrot sowie nussigen, schön gereiften Gruyère und Blattsalate mit Walnüssen und Walnußvinaigrette dazu reichen.

Borretsch

Borretsch ist ein altes Hausmittel gegen Trübsinn: Das Kraut kräftigt angeblich das Herz und vermittelt Lebensfreude. Die Farbe der winzigen sternförmigen Blüten reicht von einem zarten Lavendelton bis zu einem wunderbar intensiven Blau. Wir dekorieren damit oft saftiges, gegrilltes Sommergemüse. Pflücken Sie die seidigen Blüten von den stacheligen Stielen und geben Sie sie in einen Salat, und verwenden Sie Stiele und Blätter für eine Gemüsebrühe.

Borretsch ist das Herzstück unserer Farm. Die Pflanzen säen sich jedes Jahr selbst aus und ziehen viele Bienen an. Die einjährigen Pflanzen werden rund einen Meter hoch und sehen im hinteren Teil eines Kräutergartens einfach wunderhübsch aus. Borretsch braucht viel Sonne und einen guten Boden.

Tomatensuppe mit Safran und geröstetem Knoblauch

Safran verleiht dieser ungewöhnlichen Suppe einen wunderschönen, warmen Farbton und anregenden Duft. Der geröstete Knoblauch sorgt für geschmackliche Tiefe.

Zutaten für ca. 2 Liter
Gut 1 l Gemüsebrühe (Seite 105); 1 kleine Dose gewürfelte Tomaten dazugeben
1 Knoblauchknolle, mit Olivenöl bepinselt
1 kg frische Tomaten, gehäutet und entkernt (Seite 124), oder
1 große Dose Tomaten mit ihrem Saft
1 Eßlöffel natives Olivenöl extra
1 Zwiebel, gehackt
1/4 Teelöffel getrockneter Thymian
Salz und Pfeffer
1 Mohrrübe und 1 Selleriestengel, gewürfelt
1 gelbe oder rote Paprikaschote, gewürfelt
5 Knoblauchzehen, fein gehackt
125 ml trockener Sherry
2–3 Prisen Safranfäden (nach Geschmack)
1 Lorbeerblatt, 3 Eßlöffel gehackte Petersilie
Geriebener Parmesan

Die Gemüsebrühe vorbereiten und auf dem Herd warm halten.
Backrohr auf 180 Grad vorheizen. Die Knoblauchknolle in eine kleine ofenfeste Form setzen und sehr weich garen (30 Minuten). Knolle abkühlen lassen, dann oben quer durchschneiden. Das Knoblauchmark aus den Zehen pressen und zusammen mit den Tomaten im Mixer oder in der Küchenmaschine pürieren.
Das Olivenöl in einer Pfanne erhitzen. Die Zwiebel mit dem getrockneten Thymian, 1/2 Teelöffel Salz und einer Prise Pfeffer hinzufügen und bei mittlerer Hitze 5 Minuten dünsten. Dann Mohrrübe, Sellerie, Paprika und feingehackten Knoblauch hineingeben. Das Gemüse nun weich dünsten, mit Sherry ablöschen und die Flüssigkeit fast vollständig einkochen lassen. Das Tomaten-Knoblauch-Püree, 1/2 Teelöffel Salz, eine Prise Pfeffer, Safran sowie das Lorbeerblatt einrühren und mit der Brühe auffüllen. Abdecken und ca. 30 Minuten köcheln lassen. Mit Salz und Pfeffer abschmecken. Jede Portion mit gehackter Petersilie und Parmesan garnieren.

Tip: Wenn die Suppe zu säuerlich ausfällt, mit etwas Zucker abmildern.

Mexikanische Linsensuppe

Gerösteter Knoblauch ergänzt die rauchige Schärfe der Chipotle-Chillies und die intensiven Ancho-Chillies durch seine milde Cremigkeit. Die herzhafte Suppe schmeckt am besten, wenn ihre Aromen einen oder zwei Tage lang durchziehen können.

Zutaten für ca. 2 Liter
175 g Linsen
1 1/2 l kaltes Wasser
1 Lorbeerblatt
2 frische Salbeiblätter
1 frischer Oregano- oder Majoranzweig
1 Knoblauchknolle
2 Eßlöffel leichtes Olivenöl
500 g frische Tomaten, gehäutet und entkernt (Seite 124), oder
1 kleine Dose Tomaten mit ihrem Saft
1 rote Zwiebel, gewürfelt
Salz
1 Teelöffel Kreuzkümmelsamen, geröstet und gemahlen (Seite 116)
1/2 Teelöffel getrockneter Oregano, geröstet (Seite 116)
1 kleine Mohrrübe, gewürfelt
1 kleine rote oder gelbe Paprikaschote, gewürfelt
2 Eßlöffel Ancho-Chili-Püree (Seite 236)
1/2 Teelöffel Chipotle-Püree (Seite 387)
1 Eßlöffel gehacktes Koriandergrün
1 Eßlöffel frisch gehackter Oregano

Die Linsen verlesen und mit Wasser, Lorbeerblatt, Salbei und Oreganozweig aufsetzen. Zum Kochen bringen. Wärmezufuhr reduzieren und im offenen Topf 15–20 Minuten weich garen. Kräuter herausheben und wegwerfen.

Während die Linsen garen, den Backherd auf 180 Grad vorheizen. Die Knoblauchknolle mit etwas Olivenöl bepinseln, auf ein Backblech setzen und 30 Minuten weich garen. Knolle abkühlen lassen, oben quer durchschneiden und das Knoblauchmark aus den Zehen pressen. Mit den Tomaten im Mixer oder in der Küchenmaschine zermusen und beiseite stellen.

Das restliche Öl in einem weiten Topf erhitzen. Zwiebel, 1/2 Teelöffel Salz,

Kreuzkümmel und den getrockneten Oregano hinzufügen. Die Zwiebel auf mittlerer Flamme weich dünsten (7–8 Minuten). Mohrrübe und Paprika hineingeben und 5 Minuten mitdünsten. Die beiden Chili-Pürees, die zermusten Tomaten und einen Teelöffel Salz einrühren. 10 Minuten schmoren.

Die Linsen mit ihrem Kochsud zum Gemüse gießen. Abdecken und auf kleiner Flamme 30 Minuten simmern. Mit Salz abschmecken. Wenn Sie's gern schärfer haben, noch etwas Ancho- oder Chipotle-Püree unterrühren. Vor dem Servieren mit frischem Koriandergrün und Oregano bestreuen.

Kartoffelsuppe mit Pesto

Das hellgelbe Fruchtfleisch neuer Kartoffeln verleiht der Suppe eine helle Farbe und einen vollen, würzigen Geschmack. Achten Sie beim Einkauf auf besonders aromatische Kartoffelsorten. Fein gewürfelte Kartoffeln, Mohrrüben und Zwiebeln geben der Suppe Biß, während die glatte Kartoffelcreme einen wunderbaren Hintergrund für den Pesto bildet. Nehmen Sie unbedingt die leichte und helle Gemüsebrühe, damit die Suppe sich nicht verfärbt.

Zutaten für ca. 2 Liter
1 1/2 l leichte Gemüsebrühe (Seite 105)
1 kg neue Kartoffeln, geschält und in dünne Scheiben geschnitten
Salz und weißer Pfeffer
1 Eßlöffel Butter
1 Eßlöffel natives Olivenöl extra
1 große Zwiebel, gewürfelt
4 Knoblauchzehen, fein gehackt
1 kleine Mohrrübe, gewürfelt
1 mittelgroße Kartoffel, gewürfelt
1 knappes Glas trockener Weißwein
125 ml Pesto (Seite 392)

Die Gemüsebrühe vorbereiten und auf dem Herd warm halten.
Die Kartoffelscheiben mit 3/4 Liter Brühe, 1/2 Teelöffel Salz und etwas weißem Pfeffer aufsetzen und weich kochen (ca. 15 Minuten).
In der Zwischenzeit die Butter und das Olivenöl in einer weiten Pfanne erhitzen. Die Zwiebel mit 1/2 Teelöffel Salz und einer Prise Pfeffer hineingeben und bei mittlerer Hitze weich dünsten (7–8 Minuten). Knoblauch, Mohrrübe und Kartoffelwürfel hinzufügen und ebenfalls weich dünsten. Den Wein angießen und in 1–2 Minuten fast vollständig einkochen lassen.
Die Kartoffeln mit ihrem Kochwasser durch eine Gemüsemühle passieren oder rasch im Mixer oder in der Küchenmaschine pürieren. Mit dem gewürfelten Gemüse verrühren und mit 1/2 Liter Brühe verdünnen. Topf verschließen und auf kleiner Flamme 15 Minuten durchköcheln, dabei mit etwas mehr Brühe zur gewünschten Konsistenz auffüllen, da die Suppe beim Kochen eindickt. Mit Salz und Pfeffer abschmecken. Jede Portion mit einem Eßlöffel Pesto garnieren.

S uppe von winterlichem Blattgemüse

Eine herzhafte und kräftige Wintersuppe voller Geschmack und Samtigkeit. Grünkohl hat eine längere Garzeit als Spinat oder Mangold, vor dem Pürieren also unbedingt probieren.

Zutaten für 2 1/2 Liter
1 l Gemüsebrühe (Seite 105); die Mangold- und Grünkohlrispen
gleich mitkochen
1 Eßlöffel leichtes Olivenöl
1 große Zwiebel, in dünne Ringe gehobelt
Salz und Pfeffer
4 Knoblauchzehen, fein gehackt
2 Handvoll Mangoldrispen, in feine Streifen geschnitten
1 mittelgroße Kartoffel, in dünne Scheiben geschnitten
1 große Mohrrübe, in dünne Scheiben geschnitten
1/4 Glas trockener Weißwein
250 g Grünkohlblätter (von den Rispen streifen und waschen)
250 g Mangoldblätter (von den Rispen streiten und waschen)
250 g Wurzelspinat (Stengel entfernen und Blätter waschen)
1 Eßlöffel frisch gepreßter Zitronensaft
Knoblauchcroûtons (Seite 114)
Geriebener Parmesan

Die Gemüsebrühe vorbereiten (Mangold- und Grünkohlrispen mitkochen) und warm halten.
Olivenöl in einem Suppentopf erhitzen. Zwiebel mit 1/2 Teelöffel Salz und etwas Pfeffer weich dünsten (5–7 Minuten). Knoblauch, Mangoldrispen, Kartoffel und Mohrrübe hinzufügen und erhitzen (ca. 5 Minuten). 125 ml Brühe angießen, Topf verschließen und das Gemüse 10 Minuten weich garen. Weißwein hinzufügen und die gesamte Flüssigkeit fast vollständig einkochen lassen. Grünkohl- und Mangoldblätter mit 1 Teelöffel Salz und etwas Pfeffer in den Topf geben. Mit 3/4 Liter Brühe auffüllen. Topf verschließen und 10–15 Minuten kochen, bis das Gemüse weich ist. Den Spinat hinzufügen und zusammenfallen lassen (3–5 Minuten).
Die Suppe im Mixer oder in der Küchenmaschine glattpürieren. Nach Bedarf mit etwas Brühe verdünnen. Mit Zitronensaft, Salz und Pfeffer abschmecken. Jede Portion mit Knoblauchcroûtons und geriebenem Parmesan garnieren.

Kartoffelsuppe mit Lauch und Sellerie

Wir bieten diese herzhafte Suppe den ganzen Herbst und Winter über an. Die Creme aus Kartoffeln und Knollensellerie, die in einer hellen Gemüsebrühe gegart werden, bildet den Hintergrund für gedünsteten Lauch. Wir passieren die Suppe durch eine Gemüsemühle, weil sie dadurch besonders sämig wird. Wenn Sie jedoch eine rustikalere Suppe bevorzugen, können Sie Kartoffeln und Sellerie einfach zerkochen lassen und mit dem Kartoffelstampfer zermusen. Ein Schuß Sahne macht die Kartoffel- und Selleriestärke schön glatt. Ein Klecks von unserer Orangen-Crème-fraîche verleiht dem erdigen Geschmack des Wurzelgemüses eine elegante Frische.

Zutaten für ca. 2 Liter
1 1/2 l leichte Gemüsebrühe (Seite 105)
500 g Knollensellerie
1 kg große Kartoffeln, geschält und in dünne Scheiben geschnitten
Salz und weißer Pfeffer
1 Lorbeerblatt
4 Knoblauchzehen, fein gehackt
1 Eßlöffel leichtes Olivenöl
1 Eßlöffel Butter
2 mittelgroße Lauchstangen (längs halbieren, quer dazu in
dünne Streifen schneiden und waschen)
1/2 Glas trockener Weißwein
2 Eßlöffel Sahne
Orangen-Crème-fraîche (Seite 110)

Die Gemüsebrühe nach dem Rezept auf Seite 105 vorbereiten und auf dem Herd warm halten.
Den Sellerie schälen und in dünne Scheiben schneiden. Wenn der innere Teil weich und schwammig aussieht, diesen Teil wegwerfen.
Kartoffeln und Sellerie mit einem Liter Gemüsebrühe, einem Teelöffel Salz und etwas Pfeffer, dem Lorbeerblatt und dem Knoblauch in einen Topf geben. Zum Kochen bringen, dann bei sanfter Hitze im geschlossenen Topf 30 Minuten sehr weich garen. Das Lorbeerblatt entfernen, dann die Suppe durch eine Gemüsemühle passieren oder rasch mit einem Kartoffelstampfer zermusen. Das Püree wieder in den Topf füllen und bei milder Hitze durchköcheln.
Inzwischen Olivenöl und Butter in einer Pfanne erhitzen. Die Lauchstreifen mit 1/2

Teelöffel Salz und etwas Pfeffer bei mittlerer Hitze andünsten (3–4 Minuten). Pfanne abdecken und den Lauch ungefähr 10 Minuten dämpfen. Den Wein angießen und bei geöffnetem Deckel die gesamte Flüssigkeit fast vollständig einkochen lassen. Lauch in das Gemüsepüree geben und mit 1/4–1/2 Liter Brühe zur gewünschen Konsistenz auffüllen. Abdecken und 20–30 Minuten leise durchkochen. Mit Salz und Pfeffer abschmecken. Unmittelbar vor dem Servieren die Sahne einrühren. Jede Portion mit einem Klecks Orangen-Crème-fraîche garnieren.

Tip: Knollensellerie muß gesäuert werden, sonst verfärbt er sich im Lauf der Zeit. Wenn Sie die Suppe einige Zeit im voraus zubereiten möchten, die Selleriescheiben in eine Schale legen und mit Zitronenwasser säuern (eine Zitrone auf 1/2–3/4 Liter Wasser). Zum gewünschten Zeitpunkt abgießen und weiterverarbeiten.

Dill

Mit seinen fein gefiederten Blättchen und seinem feinen Aroma würzt das anmutige Doldengewächs Spinat, Gurken, rote Beten und Kartoffeln. Dill stammt ursprünglich aus Skandinavien und ist mit dem wilden Fenchel verwandt, den man zuweilen an Feldrändern sprießen sieht. Dillsamen verleihen eingemachtem Gemüse eine angenehme Frische. Da sie wie die gehackten Blätter recht intensiv schmecken, sollten sie nur sparsam verwendet werden.

Frischer Dill wirkt belebend und erfrischend. Wenn Sie einen traditionellen Kartoffelsalat einmal mit einer ungewöhnlichen Note servieren wollen, geben Sie gehackten Dill, feingewürfelten Sellerie und die außergewöhnlichen lilafarbenen peruanischen Kartoffeln hinein. Die lila Kartoffeln (sie werden beim Garen heller) sehen zum hellgrünen Stangensellerie und den dunklen Dillblättchen sehr dekorativ aus. Dill gedeiht in kühlerem Klima am besten, er braucht einen sonnigen Standort und einen Boden, in dem sich kein Nässestau entwickelt. Säen Sie die Samen dicht an dicht in einem vernachlässigten Winkel Ihres Gartens, denn Dill wächst wie Unkraut. Die zarten Blättchen, manchmal Dillkraut genannt, können jederzeit während der Wachstumsperiode abgeschnitten werden. Gegen Ende der Saison bildet der Dill eine schöne Doldenblüte. Lassen Sie die Pflanze Samen entwickeln, ernten Sie die Blüten, bevor sie braun werden, lassen Sie sie trocknen und holen Sie die Samen heraus.

Toskanische Bohnensuppe mit Rosmarincroûtons

Diesen Klassiker finden Sie das ganze Jahr über auf unserer Speisekarte. Das Aroma der Bohnen und ihres Suds gibt der Suppe einen außergewöhnlichen Touch. Wir empfehlen kleine weiße Bohnen, aber auch Cannellini- oder Limabohnen schmecken wunderbar. Kochen Sie die Bohnen mit frischen Kräutern und einem Lorbeerblatt weich. Diese bäuerliche Suppe schmeckt am zweiten Tag sogar noch besser.

Zutaten für ca. 2 Liter
250 g große weiße Bohnenkerne, verlesen und über Nacht eingeweicht
175 g kleine weiße Bohnenkerne, verlesen und über Nacht eingeweicht
2 l kaltes Wasser
1 frischer Rosmarinzweig
2 frische Salbeiblätter
2 Lorbeerblätter
1 Eßlöffel natives Olivenöl extra
1 Zwiebel, gehackt
1/2 Teelöffel getrocknetes Basilikum
Salz und Pfeffer
6 Knoblauchzehen, fein gehackt
1/2 Glas trockener Weißwein
250 g Tomaten, gehäutet, entkernt und grob zerkleinert (Seite 124), oder die entsprechende Menge Tomatenstückchen aus der Dose mit ihrem Saft
Geriebener Parmesan
Rosmarincroûtons (Rezept folgt)

Die beiden Bohnensorten abgießen und abbrausen. In einen Suppentopf füllen und mit Wasser, Rosmarin, Salbei und Lorbeerblatt zum Kochen bringen. 30–35 Minuten bei sanfter Hitze im offenen Topf sehr weich kochen (die Bohnen sollten bereits leicht zerfallen). Die Kräuter herausfischen und wegwerfen. Eine Kelle Bohnen abmessen und für später aufheben. Die restlichen Bohnen durch eine Gemüsemühle passieren, nach Bedarf Kochwasser oder frisches Wasser hinzugießen. Wieder in den Topf füllen und bei sanfter Hitze durchkochen.

In der Zwischenzeit das Olivenöl in einer Pfanne erhitzen. Die Zwiebel mit Basilikum, 1/2 Teelöffel Salz und etwas Pfeffer darin weich dünsten (ca. 7 Minuten). Knoblauch hinzufügen und 2 Minuten andünsten. Dann den Wein angießen und 1–2 Minuten einkochen lassen. Die Tomaten einrühren und 10 Minuten mitschmoren.

Nun das Bohnenpüree hinzugießen. Die ganzen Bohnen, 1/2 Teelöffel Salz und etwas Pfeffer einrühren. Abdecken und auf kleiner Flamme 30 Minuten durchkochen. Nach Bedarf mit etwas Wasser verdünnen und mit Salz und Pfeffer abschmecken. Jede Portion mit einem Eßlöffel geriebenem Parmesan und den Rosmarincroûtons garnieren.

Rosmarincroûtons
2 Eßlöffel Olivenöl
2 Knoblauchzehen, fein gehackt
1/4 Baguette, diagonal in dünne Scheiben geschnitten
1/4 Teelöffel frischer Rosmarin, fein gehackt

Backherd auf 190 Grad vorheizen. Olivenöl und Knoblauch verrühren und die Baguettescheiben damit bestreichen. Mit Rosmarin bestreuen. Auf ein Backblech setzen und 8–10 Minuten knusprig und goldbraun backen.

Rosmarin

Diese edle, mehrjährige und immergrüne Pflanze ist hocharomatisch. Wir geben ganze Rosmarinzweige unter Ofenkartoffeln und Knoblauch und mischen die fein gehackten Blättchen in unseren Focacciateig. Das Aroma, das an Holz und Pinien erinnert, wirkt immer belebend. Verwenden Sie Rosmarin sparsam – eine oder zwei Prisen genügen bereits, um eine toskanische Bohnensuppe, eine Pizza mit Spinat und Schafskäse oder eine Tomatensauce zu verfeinern. Die Pflanze sieht hübsch aus, besonders wenn sie blüht. Seit der Eröffnung unseres Restaurants garnieren wir unsere gegrillten Gemüsespießchen damit.
Rosmarinus officinalis ist ein außergewöhnlicher mehrjähriger Busch, der in Küstennähe besonders gut gedeiht. Rosmarin benötigt milde Winter, ist aber ein so hervorragendes Küchenkraut, daß es sich lohnt, die Pflanze im Topf zu ziehen und in der Wohnung überwintern zu lassen. Ziehen Sie Rosmarin aus abgeschnittenen Zweigen. Rosmarin stellt keine großen Ansprüche an die Bodenqualität, solange das Wasser gut abfließen kann. Ältere Pflanzen brauchen nicht sehr viel Wasser. Rosmarin darf nicht zu stark zurückgeschnitten werden, auch das alte Holz sollte man in Ruhe lassen. Der Busch entwickelt seinen Charakter langsam von Saison zu Saison.

S charfe Bohnensuppe

Die Suppe stellte ursprünglich eine Variante unseres beliebten Bohnenchilis dar und hat sich im Lauf der Zeit zu einem eigenständigen Rezept entwickelt. Die Suppe wird hier mit gewürfelten Tomaten und Koriandergrün garniert, doch es gibt noch viele andere Möglichkeiten, die ebenso köstlich schmecken: gebratene Streifen von Maistortillas, feine Avocadoscheibchen oder Crème fraîche mit Orangensaft, Kreuzkümmel und Cayennepfeffer.

Zutaten für ca. 2 Liter
350 g getrocknete schwarze Bohnen, verlesen
und über Nacht eingeweicht
1 1/2 l kaltes Wasser
1 frischer Oreganozweig
2 Lorbeerblätter
2 frische Salbeiblätter
1 Eßlöffel leichtes Olivenöl
1 große Zwiebel, in dünne Ringe gehobelt
Salz und Cayennepfeffer
1/2 Teelöffel getrockneter Oregano, geröstet (Seite 116)
8 Knoblauchzehen, gehackt
2 Teelöffel Chipotle-Püree (Seite 387)
1 gehäufter Teelöffel Ancho-Chili-Püree (Seite 236)
4 Eßlöffel trockener Sherry
250 g Tomaten, gehäutet, entkernt und gewürfelt (Seite 124), oder
die entsprechende Menge Tomatenstückchen aus der Dose mit ihrem Saft
125 ml frisch gepreßter Orangensaft
250 g Tomaten, entkernt und gewürfelt
1 Eßlöffel gehacktes Koriandergrün

Bohnen abgießen und abspülen. Mit kaltem Wasser, Oregano, Lorbeer und Salbei aufsetzen. Zum Kochen bringen, dann bei sanfter Hitze im offenen Topf weich garen (20–25 Minuten).
Das Olivenöl in einer Pfanne erhitzen. Die Zwiebel mit 1/2 Teelöffel Salz, einer Messerspitze Cayennepfeffer und dem gerösteten Oregano hineingeben und bei mittlerer Hitze weich dünsten (7–8 Minuten). Knoblauch und Chili-Pürees einrühren und 3–4 Minuten mitdünsten. Den Sherry angießen und leise auf die Hälfte ein-

köcheln lassen (1–2 Minuten). Die Tomaten mit 1/2 Teelöffel Salz dazugeben und 10 Minuten mitschmoren.

1 1/2 Kellen gekochte Bohnen abmessen und beiseite stellen. Die Kräuter aus dem Topf fischen und wegwerfen. Die restlichen Bohnen und ihr Kochwasser mit dem Schmorgemüse in einem Mixer oder in der Küchenmaschine pürieren. Durch eine Gemüsemühle passieren, die Bohnenschalen entfernen und das Püree wieder in den Suppentopf gießen. Die beiseite gestellten Bohnen, den Orangensaft und 1/2 Teelöffel Salz einrühren. Mit Salz und Cayennepfeffer abschmecken. Abdecken und bei sanfter Hitze 30 Minuten durchkochen.

Die Tomatenwürfel mit dem Koriandergrün vermischen und jede Portion mit einem Eßlöffel dieser Salsa gernieren.

Marokkanische Linsensuppe

Diese vollaromatische Suppe stellt alle Gaumen zufrieden. Die einzelnen Geschmacksnoten wirken besonders voll und abgerundet, da der Ingwer, die scharfen Gewürze und das Gemüse sanft mit den Linsen verkocht werden. Das Koriandergrün sorgt für einen leichten und frischen Touch.

Zutaten für ca. 2 Liter
175 g Linsen
1 1/2 l kaltes Wasser
1 Eßlöffel natives Olivenöl extra
1 Zwiebel, gewürfelt
Salz
Cayennepfeffer
1 kleine Mohrrübe, gewürfelt
1 Selleriestengel, gewürfelt
1 kleine rote oder gelbe Paprikaschote, gewürfelt
1 Teelöffel Kreuzkümmelsamen, geröstet und gemahlen (Seite 116)
1/2 Teelöffel Korianderpulver
1 Messerspitze Gelbwurzpulver
4 Knoblauchzehen, fein gehackt
1 Eßlöffel frisch geriebener Ingwer
250 g Tomaten, gehäutet, entkernt und gewürfelt (Seite 124), oder
die entsprechende Menge Tomatenstückchen aus der Dose mit ihrem Saft
2 Eßlöffel gehacktes Koriandergrün

Die Linsen verlesen und abbrausen, dann mit dem kalten Wasser aufsetzen. Zum Kochen bringen und im offenen Topf sanft garen (ca. 20 Minuten).
Inzwischen das Olivenöl in einer Pfanne erhitzen. Die Zwiebel mit 1/2 Teelöffel Salz und etwas Cayennepfeffer darin weich dünsten (7–8 Minuten). Nun das Gemüse mit 1/2 Teelöffel Salz und den Gewürzen hinzufügen. 5 Minuten schmoren lassen, dann den Knoblauch und den Ingwer einrühren und 1–2 Minuten mitdünsten. Das Schmorgemüse und die Tomaten zu den Linsen ins Kochwasser geben. Suppentopf verschließen und 30 Minuten durchkochen, damit sich die einzelnen Aromen schön durchdringen. Mit Salz und Cayennepfeffer abschmecken. Jede Portion mit gehacktem Koriandergrün garnieren.

Pilzsuppe mit karamelisierten Zwiebeln

Karamelisierte Zwiebeln und getrocknete Steinpilze sind für den komplexen und vollen Geschmack dieser erdigen Suppe verantwortlich. Für die Pilzessenz braten wir die Pilze bei kräftiger Hitze mit Knoblauch, Sherry und einem Hauch Sojasauce scharf an. Die Aromen entfalten sich dann gemeinsam in der reichhaltigen Pilzbrühe, die mit einem Schuß Zitronensaft apart gewürzt wird.

Zutaten für 2 Liter
Knapp 1 1/2 l Pilzbrühe (Seite 106)
15 g getrocknete Steinpilze, 10 Minuten in 125 ml warmem Wasser eingeweicht
2 Eßlöffel natives Olivenöl extra
2 Zwiebeln, in dünne Ringe geschnitten
Salz und Pfeffer
6 Knoblauchzehen, fein gehackt
500 g Champignons, in dicke Scheiben geschnitten
125 g Shiitakepilze (die Kappen in 6–7 mm dicke Scheiben schneiden; die Stiele abtrennen und die Brühe damit zubereiten)
125 ml trockener Sherry
Sojasauce
1 Kartoffel, geschält und in dünne Scheiben geschnitten
1 Eßlöffel frisch gehackte Kräuter: Petersilie, Thymian und Majoran
Frisch gepreßter Zitronensaft

Die Brühe nach dem Rezept auf Seite 106 vorbereiten und auf dem Herd warm halten.
Die Steinpilze durch ein feinmaschiges Sieb abgießen, das Einweichwasser für später aufheben. (Sollte das Wasser sandig sein, den Sand setzen lassen und das Einweichwasser dann erst abgießen.) Die Steinpilze fein hacken, dabei harte und unschöne Stellen entfernen. Beiseite stellen.
Einen Eßlöffel Olivenöl in einem Suppentopf erhitzen und die Zwiebeln mit 1/2 Teelöffel Salz und etwas Pfeffer darin andünsten, bis sie etwas Saft ziehen und weich zu werden beginnen (ca. 5 Minuten). Die Steinpilze und die Hälfte des Knoblauchs hinzufügen, auf mittlerer Hitze mitdünsten und immer wieder mit einem Holzlöffel wenden, damit die Zwiebeln nicht am Topfboden anbrennen (ggf. mit etwas Brühe loskochen). Nach ca. 25 Minuten sind die Zwiebeln schön goldbraun gebraten.

Während die Zwiebeln karamelisieren, die Shiitakepilze und Champignons anbraten. Dafür 1/2 Eßlöffel Olivenöl in einer Pfanne erhitzen. Die Hälfte der Champignons mit 1/4 Teelöffel Salz und etwas Pfeffer bei kräftiger Hitze scharf anbraten. Dabei ziehen die Pilze Saft, der dann einkocht und die Pilze bräunen läßt. Auch wenn die Pilze am Pfannenboden anbrennen, nicht umrühren. Bei starker Hitze braten, bis sie goldbraun sind, dann einmal wenden und 1–2 Minuten weiterbraten. Die Hälfte der Shiitakepilze, die Hälfte des verbliebenen Knoblauchs, 2 Eßlöffel Sherry und einen Spritzer Sojasauce einrühren. Eine Minute unter gelegentlichem Wenden rösten, bis die Pilze weich sind. Die Pilze werden dabei sehr dunkel und aromatisch. Nach Bedarf mit etwas Brühe vom Pfannenboden loskochen und in eine Schüssel füllen. Die zweite Hälfte der Pilze genauso anbraten und den aromatischen Bratenfond aufheben.

Die Zwiebeln mit dem restlichen Sherry und dem Einweichwasser der Steinpilze ablöschen. Die Kartoffeln mit 1/4 Liter Brühe hinzufügen. Topf verschließen und bei mittlerer Hitze weich garen (ca. 15 Minuten). Im Mixer oder in der Küchenmaschine pürieren, dann wieder in den Topf füllen. (Das Püree bildet die cremige Grundlage für die Suppe.) Die Pilze und die restliche Brühe hinzufügen und alles zusammen 20–30 Minuten durchkochen.

Vor dem Servieren die frischen Kräuter einrühren. Mit Salz und Pfeffer sowie einem Spritzer Zitronensaft abschmecken.

Graupensuppe mit Pilzen

Für diese herrliche Wintersuppe brauchen Sie eine vollaromatische, dunkle Pilzbrühe. Die Pilze werden bei kräftiger Hitze mit Rotwein und Knoblauch angebraten, während die Graupen langsam in der würzigen Brühe kochen. Sie können statt der getrockneten Steinpilze auch getrocknete Shiitakepilze verwenden oder ganz darauf verzichten. Natürlich schmeckt die Suppe mit den Trockenpilzen besser, doch auch ohne sie besticht sie durch die geschmackliche Fülle ihrer Zutaten.

Zutaten für ca. 2 Liter
1 1/2 l Pilzbrühe(Seite 80)
15 g getrocknete Steinpilze, 10 Minuten in 125 ml warmem Wasser
eingeweicht
1 Eßlöffel Butter
1 Zwiebel, gehackt
Salz und Pfeffer
6 Knoblauchzehen, fein gehackt
125 ml trockener Rotwein
1 kleine Mohrrübe, gewürfelt
1 großer Selleriestengel, gewürfelt
75 g Perlgraupen
1 Lorbeerblatt
750 g Champignons, blättrig aufgeschnitten
1 1/2 Eßlöffel natives Olivenöl extra
Sojasauce
1 Eßlöffel frisch gehackte Kräuter: Petersilie, Majoran,
Thymian und Salbei

Die Brühe nach dem Rezept auf Seite 80 vorbereiten und auf dem Herd warm halten. Die Steinpilze durch ein feinmaschiges Sieb abgießen, das Einweichwasser für später aufheben. (Sollte das Wasser sandig sein, den Sand setzen lassen und das Einweichwasser dann vorsichtig abgießen.) Die Steinpilze fein hacken, dabei harte und unschöne Stellen entfernen. Beiseite stellen.
Die Butter in einem Suppentopf erhitzen. Die Zwiebel, 1/2 Teelöffel Salz und eine Prise Pfeffer hineingeben und bei mittlerer Hitze dünsten, bis die Zwiebel weich wird und Saft zieht (5–7 Minuten). Die Steinpilze und die Hälfte des Knoblauchs einrühren und 2 Minuten mitdünsten. Dann die Hälfte des Weins und das Einweichwasser der

Steinpilze angießen. 1–2 Minuten einkochen lassen, bis der Topfboden wieder fast vollständig trocken ist. Mohrrübe, Sellerie, Graupen, Lorbeerblatt hinzufügen und mit einem Liter Brühe auffüllen. Topf verschließen, zum Kochen bringen und die Graupen bei mittlerer Hitze 30–40 Minuten weich garen.

In der Zwischenzeit die Pilze in zwei Portionen scharf anbraten. Dazu jede Portion mit 1/2 Eßlöffel Öl, 1/4 Teelöffel Salz und etwas Pfeffer bei kräftiger Hitze anrösten. Dabei ziehen die Pilze Saft, der dann einkocht und die Pilze bräunen läßt. Wenn die Pilze am Pfannenboden anliegen, zunächst nicht wenden. Bei kräftiger Hitze goldbraun rösten, dann unter stetigem Wenden 1–2 Minuten weiterbraten. Die Hälfte des verbliebenen Knoblauchs unterrühren und mitbraten. Mit einem Spritzer Sojasauce, 2 Eßlöffeln Rotwein und Brühe loskochen. Die erste Portion Pilze in die Suppe geben und die zweite Portion genauso braten. Unbedingt den Pilzsaft in die Suppe rühren, denn er macht die Suppe besonders aromatisch.

Mit der zweiten Portion Pilze zusätzlich 1/2 Liter Brühe sowie die frischen Kräuter in die Suppe geben. Mit Salz und Pfeffer abschmecken.

Nordafrikanische Karottensuppe

Kreuzkümmel und Koriander bilden den Hintergrund für frischen Ingwer, Orangen-saft und einen Hauch Cayennepfeffer, die die Suppe so interessant machen. Die Kartoffeln sorgen für cremige Konsistenz. Probieren Sie statt der Karotten (die wirklich süß schmecken müssen) auch einmal Süßkartoffeln.

Zutaten für ca. 2 1/2 Liter
1 1/4 l leichte Gemüsebrühe (Seite 105);
10 dünne Ingwerscheibchen dazugeben
1 Eßlöffel leichtes Olivenöl
1 Zwiebel, in dünne Ringe geschnitten
Salz
2 Knoblauchzehen, fein gehackt
1 1/2 Teelöffel Kreuzkümmelsamen, geröstet und gemahlen (Seite 116)
1 Teelöffel Korianderkörner, geröstet und gemahlen (Seite 116)
2 Teelöffel frisch geriebener Ingwer
Cayennepfeffer
1 kg Karotten, in dünne Scheibchen geschnitten
1 mittelgroße Kartoffel mit weißlichem Fruchtfleisch (oder 1 Süßkartoffel),
geschält und in dünne Scheiben geschnitten
125 ml frisch gepreßter Orangensaft
125 g Crème fraîche (Seite 414)
2 Eßlöffel grob gehacktes Koriandergrün

Die Brühe nach dem Rezept auf Seite 105 vorbereiten und warm halten.
Das Olivenöl in einem Suppentopf erhitzen. Die Zwiebel mit 1/2 Teelöffel Salz bei mittlerer Hitze andünsten. Dann Knoblauch, Kreuzkümmel, Koriander, Ingwer und etwas Cayennepfeffer hinzufügen und mitdünsten, bis die Zwiebel sehr weich ist. Nach Bedarf mit etwas Brühe vom Topfboden loskochen.
Die Karotten mit der (Süß-)Kartoffel, einem Teelöffel Salz und einem Liter Brühe in den Topf geben. Zum Kochen bringen, dann bei sanfter Hitze im geschlossenen Topf weich garen (ca. 15 Minuten). Die Suppe im Mixer oder in der Küchenmaschine glattpürieren und nach Bedarf mit etwas Brühe verdünnen. Wieder in den Topf gießen und mit Orangensaft verfeinern. Mit Brühe zur gewünschten Konsistenz auffüllen. Mit Salz und etwas Cayennepfeffer scharf abschmecken. Jede Portion mit einem Klecks Crème fraîche und gehacktem Koriandergrün garnieren.

Karotten-Lauch-Suppe

Kochen Sie diese glatte und leichte Suppe im Frühjahr, wenn es süße Karotten und zarten Lauch gibt. Die Suppe steht und fällt mit der Qualität der Karotten.

Zutaten für ca. 2 1/2 Liter
1 1/2 l Gemüsebrühe (Seite 105)
2 Eßlöffel leichtes Olivenöl
1 Eßlöffel Butter
750 g Karotten, in 6–7 mm dicke Scheiben geschnitten
Salz und weißer Pfeffer
250 g Kartoffeln, geschält und in dünne Scheiben geschnitten
Der weiße Teil einer dicken Lauchstange (längs halbieren
 in dünne Streifen schneiden und waschen)
2 Knoblauchzehen, fein gehackt
1/2 Teelöffel getrockneter Thymian
2 Eßlöffel Sahne (nach Wunsch)
Geriebener Gruyère
1 Eßlöffel frisch gehackter Thymian

Die Brühe vorbereiten und auf dem Herd warm halten.
Einen Eßlöffel Olivenöl und die Butter in einem Suppentopf erhitzen. Die Karotten mit 1/2 Teelöffel Salz und einer Prise Pfeffer bei mittlerer Hitze darin dünsten, bis sie glänzen und Saft ziehen (ca. 10 Minuten). Mit 1/4 Liter Brühe ablöschen und den Fond loskochen. Nun 3/4 Liter Brühe hinzugießen und die Kartoffelscheiben dazugeben. Die Suppe zum Kochen bringen und auf kleiner Flamme rund 30 Minuten sanft köcheln lassen, bis die Karotten sehr weich sind. 1/2 Liter Brühe hinzugießen und die Suppe glattpürieren. Wieder in den Topf füllen und durchkochen.
Inzwischen einen Eßlöffel Olivenöl in einer Pfanne erhitzen und die Lauchstreifen mit dem Knoblauch, 1/2 Teelöffel Salz, dem getrockneten Thymian und einer Prise Pfeffer weich dünsten (5–7 Minuten).
Den Lauch in das Karottenpüree geben und 30 Minuten im offenen Topf leise durchkochen. Nach Wunsch den Rahm unterrühren und abschließend mit Salz und etwas Pfeffer würzen. Jede Portion mit Gruyère und frischem Thymian garnieren.

Tip: Wenn die Karotten nicht sehr aromatisch ausfallen, die Suppe mit dem süßen und kräftigen Geschmack einer Süßkartoffel verfeinern.

R ömische Linsensuppe

Diese einfache Suppe erhält durch die Minze, die in der römischen Küche häufig verwendet wird, ein besonderes Aroma. Wir bieten die Suppe zu jeder Jahreszeit an, doch im Sommer, wenn es vollreife Tomaten gibt, schmeckt sie am besten.

Zutaten für ca. 2 Liter
175 g Linsen
1 Lorbeerblatt
2 frische Oregano- oder Majoranzweige
2 frische Salbeiblätter
1 1/2 l kaltes Wasser
1 Eßlöffel leichtes Olivenöl
1 Zwiebel, gehackt
1 1/2 Teelöffel Salz
1 Messerspitze Pfeffer
1/2 Teelöffel getrockneter Oregano
1 Mohrrübe, gewürfelt
1 rote oder gelbe Paprikaschote, gewürfelt
4 Knoblauchzehen, fein gehackt
4 Eßlöffel trockener Sherry
500 g frische Tomaten, gehäutet, entkernt und püriert (Seite 124), oder
1 kleine Dose pürierte Tomaten mit ihrem Saft
2 Eßlöffel frisch gehackte Minze

Die Linsen verlesen und unter fließendem Wasser abbrausen. Mit dem Lorbeerblatt, dem Oregano, Salbei und dem kalten Wasser aufsetzen. Zum Kochen bringen, dann im offenen Topf bei sanfter Hitze weich garen (ca. 20 Minuten).
Inzwischen Olivenöl in einem Suppentopf erhitzen. Die Zwiebel mit 1/2 Teelöffel Salz, Pfeffer und getrocknetem Oregano weich dünsten. Mohrrübe, Paprika und Knoblauch hineingeben und ungefähr 10 Minuten weich dünsten. Den Sherry angießen und fast vollständig einkochen lassen (1–2 Minuten). Die Kräuter aus den Linsen fischen und wegwerfen. Die Linsen mit ihrem Kochwasser in den Topf gießen. Die Tomaten und einen Teelöffel Salz einrühren. Abdecken und auf kleiner Flamme 30 Minuten durchkochen. Die frische Minze einstreuen und servieren.

Tip: Wenn die Suppe etwas säuerlich ist, mit etwas Zucker abrunden.

Nudeln
und Risotto

Nudeln

Unsere Nudelgerichte wurden im Lauf der Zeit immer leichter und bekömmlicher. Heute sorgen hauptsächlich Olivenöl und frische Kräuter für Geschmack, aber wir bieten nach wie vor auch ein paar ganz besondere Saucen mit Butter, Sahne oder Crème fraîche und Käse an.

Wir verwenden relativ wenig Öl, doch wenn Sie strikt Diät halten müssen, können Sie statt Olivenöl auch Pilz- oder Gemüsebrühe an die Nudelsauce geben oder das Öl zumindest teilweise dadurch ersetzen, bis Sie sich an den feineren Geschmack gewöhnt haben. Frische Kräuter, Zwiebeln, Knoblauch und Schalotten machen die Saucen aromatisch.

Seit ein paar Jahren machen wir unsere Nudeln nicht mehr selbst. Ein guter Nudelhersteller in der Gegend versorgt uns mit frischen Bandnudeln aller Stärken, von den feinen Linguine über Fettuccine und Tagliatelle bis zu den ganz breiten Bandnudeln, den sogenannten Pappardelle. Er liefert auch die Nudelblätter für Lasagne, Ravioli und Cannelloni. Hausgemachte Nudeln schmecken natürlich ganz phantastisch, doch da das sehr aufwendig ist, lohnt es sich durchaus, ein gutes Nudelgeschäft ausfindig zu machen.

Getrocknete Nudeln haben einen ganz eigenen Geschmack und eine andere Konsistenz – sie sind aromatisch und schön bißfest oder eben »al dente«. Getrocknete Nudeln vergeben kleinere Fehler, solange Sie sie nicht allzu weich kochen. Sie können die Nudeln sogar im voraus kochen und dann erst in letzter Minute anrichten (rühren Sie etwas Olivenöl unter die gekochten Nudeln, damit sie nicht verkleben, und schwenken Sie sie vor dem Servieren kurz in der Pfanne). Getrocknete Nudeln gibt es in einer bemerkenswerten Vielfalt von Formen und Größen. Wir verwenden gerne Penne und Fusilli (Spiralnudeln), weil sie die Sauce so gut aufnehmen. Die kleinen Orecchiette (Öhrchen) und muschelförmige Nudeln eigenen sich hervorragend für Suppen und Eintöpfe. Suchen Sie sich einen guten Nudelhersteller und probieren Sie einmal alle verschiedenen Sorten aus! Wir verwenden Nudeln von De Cecco, die es in italienischen Feinkostgeschäften und in manchen Supermärkten gibt.

Hier in San Francisco kaufen wir die chinesischen Nudeln frisch direkt in Chinatown, Sie können statt dessen auf Engelshaar oder andere ganz feine Nudeln ausweichen. Japanische Sobanudeln aus Buchweizenmehl passen gut zu brauner Butter und asiatischen Nudelgerichten. Sie bekommen sie in Asienläden.

Welche Nudelsorte Sie auch verwenden, kochen Sie sie immer sprudelnd in reichlich Salzwasser. Wenn die Nudeln weich werden, regelmäßig probieren und abgießen, sobald sie den gewünschten Garzustand erreicht haben – sie sollten noch bißfest sein. Mit der Sauce anrichten und sofort servieren.

Lasagne

Lasagne ist wunderbar vielseitig und eignet sich besonders gut für ein Essen mit Gästen, weil man sie im voraus zubereiten kann. Den Nudelauflauf in einer Steingutform backen und vor dem Servieren einige Minuten ruhen lassen – den verführerischen Aromen und dem herzhaften Geschmack werden auch die überzeugtesten Schnitzelesser nicht widerstehen können.

Unsere Lasagnerezepte sind etwas aufwendig, doch wenn Sie die Vorbereitungsarbeiten bereits am Vortag erledigen, ist der Auflauf letztlich schnell gemacht. Machen Sie die Sauce bereits vorab und bewahren Sie sie im Kühlschrank oder im Gefrierfach auf. Auch die Béchamelsauce können Sie im voraus zubereiten. Geben Sie während des Kochens ein Kräutersträußchen in die Béchamelsauce – die überraschend leichte Sauce wird dadurch besonders würzig. Schneiden Sie das Gemüse im voraus zu, reiben Sie den Käse ebenfalls im voraus und bewahren Sie die Zutaten in gut verschlossenen Behältern auf. Sie können die ganze Lasagne einen Tag im voraus vorbereiten und kalt stellen. Vor dem Backen dann auf Zimmertemperatur erwärmen – sonst braucht Ihr Auflauf mehrere Stunden.

Sie können statt der frischen Lasagneblätter auch getrocknete Nudeln nehmen. Kochen Sie diese Nudelblätter unbedingt vor, denn die trockenen Nudeln saugen sonst die ganze Sauce auf. Ein gut gereifter Provolone, frisch geriebener Parmesan oder frischer Mozarella bringen die Aromen besonders schön zur Geltung. Wenn Sie guten frischen Ricotta bekommen können, sollten Sie zugreifen. Frischer Ricotta ist mild und leicht und sehr bekömmlich. Würzen Sie jede Lasagneschicht großzügig, damit die Aromen nicht in den Nudelblättern verschwinden.

Risotto

Das cremige italienische Reisgericht schmeckt herrlich – mit wilden Pilzen und Lauch oder saftigen, milden Tomaten ist es einfach phantastisch. Für ein gutes Gelingen ist die richtige Reissorte ausschlaggebend. Nehmen Sie Arborio, denn mit den anderen Sorten erhalten Sie einen Pilaw oder einen edlen Reisbrei – aber kein Risotto. Diese italienische Rundkornsorte gibt eine eigene, köstliche Sauce ab, wenn sie sanft in etwas Brühe gegart wird.

Ganz wichtig für ein schmackhaftes Risotto ist schließlich auch die Verwendung einer würzigen Brühe. Wir nehmen reduzierte Tomaten-Pilz-Brühe aus getrockneten Shiitakepilzen. Die ebenso würzige wie ausgewogene Brühe paßt gut zu allen unseren Risotto-Rezepten. Pilzbrühe eignet sich natürlich gut für ein herzhaftes Pilzrisotto. Etwas Butter macht das Risotto geschmeidig, denn das Fett überzieht die klebrigen Reiskörner und verleiht der Sauce eine seidige Konsistenz.

Für einen Risotto brauchen Sie jede Menge Geduld. Nehmen Sie Ihren Lieblingskochlöffel und gönnen Sie sich ab und zu ein Schlückchen Wein, während Sie Ihr Risotto hingebungsvoll umrühren. Der Reis gart in etwa 20–25 Minuten. Kochen

Sie den Reis langsam auf kleiner Flamme und gießen Sie die Brühe portionsweise dazu, damit die runden Reiskörner die Flüssigkeit langsam aufsaugen und ihre Stärke an die Sauce abgeben können. Das Risotto ist fertig, wenn die Reiskörner weich sind, in der Mitte aber noch etwas Biß haben. Sie können nach Belieben immer noch etwas Brühe nachgießen und den Reis etwas länger garen. Wenn das Risotto etwas dünn schmeckt, rühren Sie vor dem Servieren einen Eßlöffel Crème fraîche oder etwas geriebenen Parmesan unter. Uns schmeckt das Risotto am besten, wenn es relativ flüssig ist. Wenn Sie es lieber trocken mögen, gießen Sie gegen Ende der Garzeit etwas weniger Brühe hinzu. Servieren Sie das Risotto unverzüglich – er verträgt kein Warten.

Risotto für Eilige: Wenn Sie nicht die nötige Geduld mitbringen, um Ihr Risotto die ganze Zeit umzurühren, hier die bombensichere Alternative für Risotto aus dem Rohr. Das Kochgenie Jim Nassikas, der in der Gegend von San Francisco wirkte, verriet dieses Rezept Marion Cunningham, die es wiederum an uns weitergegeben hat:
Backrohr auf 190 Grad vorheizen. Zwiebeln oder Lauch und Reis wie im Rezept beschrieben in einer ofenfesten Form andünsten, dann 1/2 Liter Brühe einrühren. Die Form (ohne Deckel) 15 Minuten ins heiße Backrohr geben. Herausnehmen, den Reis umrühren und wieder 1/2 Liter Brühe einrühren. Weitere 15 Minuten ins heiße Rohr stellen. Herausnehmen und umrühren. Wenn das Risotto etwas trocken wirkt, mit bis zu 1/4 Liter Brühe auffüllen und wieder 5 Minuten ins Backrohr schieben. Parmesan oder Crème fraîche erst unmittelbar vor dem Servieren unter das Risotto rühren.

Anmerkung: Wir haben Ihnen hier nur die erste Phase des Reiskochens mit Zwiebeln oder Lauch beschrieben. Die Kochzeiten für die übrigen Zutaten fallen bei jedem Rezept unterschiedlich aus. Folgen Sie unseren Risotto-Rezepten so genau wie möglich und stimmen Sie die hier beschriebene Methode mit den restlichen Zutaten ab.

F ettuccine mit Tomaten, Fenchel, Oliven und Walnüssen

Im Frühherbst gibt es vollreife Strauchtomaten und solche Köstlichkeiten wie erntefrische Walnüsse. In diesem Rezept werden die frischen Nüsse und würzigen schwarzen Oliven mit Tomaten und Fenchel kombiniert. Wenn Sie auch gelbe Tomaten bekommen können, geben Sie wegen der hübschen Farbe ein paar davon unter die Nudeln.

Zutaten für zwei bis vier Portionen
30 g zerstoßene Walnußkerne, geröstet (Seite 312)
750 g Tomaten, geputzt und entkernt
10 schwarze Oliven (vorzugsweise die Sorten Niçoise oder Gaeta), entsteint und grob gehackt
3 Eßlöffel natives Olivenöl extra
Salz und Pfeffer
1 mittelgroße oder 2 kleine Fenchelknollen (längs vierteln, putzen und in Streifen schneiden)
3/4 Teelöffel gemahlene Fenchelsamen
3 Knoblauchzehen, fein gehackt
250 g frische Bandnudeln (Fettuccine)
2 Eßlöffel gehackte Petersilie
Geriebener Parmesan

Die gerösteten Walnußkerne zerstoßen. Einen großen Topf Wasser zum Kochen bringen.

Die Tomaten grob zerkleinern und mit den Oliven, 2 Eßlöffeln Olivenöl, 1/2 Teelöffel Salz und etwas Pfeffer vermischen. Beiseite stellen und durchziehen lassen.

Das restliche Olivenöl in einer weiten Pfanne erhitzen und den Fenchel zusammen mit den Fenchelsamen, 1/4 Teelöffel Salz und etwas Pfeffer weich dünsten (ca. 7 Minuten). Den Knoblauch und die Tomatenmischung hinzufügen. Die Tomaten auf sehr kleiner Flamme sanft erwärmen, aber nicht kochen, weil sonst die Haut abspringt.

Sobald das Wasser kocht, einen Teelöffel Salz hineingeben, wieder aufkochen lassen und die Nudeln hineinwerfen. Al dente kochen und durch ein Nudelsieb abgießen. Das Wasser gut abtropfen lassen, dann die Fettuccine zusammen mit den Walnüssen und der Petersilie in der Gemüsepfanne schwenken. Mit Salz und Pfeffer abschmecken und mit frisch geriebenem Parmesan servieren.

Linguine mit Frühjahrsgemüse und Safranbutter

Mit frischen Erbsen und zartem Spargel werden diese Nudeln zu einem wahren Frühjahrsfest. Damit die Butter nicht zerläuft, erst unmittelbar vor dem Servieren über die Nudeln geben, damit eine duftende Sauce entsteht. Die Schnittlauchblüten sehen hübsch aus – nehmen Sie aber nicht zu viele, denn sie schmecken recht intensiv.

Zutaten für zwei bis vier Portionen
4 Eßlöffel weiche Butter
1 großzügige Prise Safranfäden, in 1 Eßlöffel heißem Wasser eingeweicht
Salz und Pfeffer
250 g grüner Spargel (die holzigen Enden abtrennen)
250 g Zuckererbsen, geschält
1 Eßlöffel leichtes Olivenöl
2 Schalotten, in dünne Ringe geschnitten
1/2 rote oder gelbe Paprikaschote, in feine Streifen geschnitten
1/2 Glas trockener Weißwein
Schale und Saft (ca. 6 Eßlöffel) einer Orange
250 g frische Bandnudeln (Linguine)
Schnittlauchblüten zum Garnieren (nach Wunsch)
Geriebener Parmesan

Einen großen Topf Wasser zum Kochen bringen. Die Butter mit dem Safran, einer Messerspitze Salz und etwas Pfeffer verrühren und beiseite stellen.

Spargel schräg in 5 Zentimeter lange Stücke schneiden. Sobald das Wasser kocht, einen Teelöffel Salz hinzufügen. Die Erbsen ins kochende Wasser werfen und 90 Sekunden blanchieren. Aus dem Wasser schöpfen und kalt abschrecken. Den Spargel ins kochende Wasser geben und 2–3 Minuten garen. Unter kaltem Wasser abschrecken. Erbsen und Spargel beiseite stellen. Das Wasser weiterkochen lassen.

Das Olivenöl in einer großen Pfanne erhitzen. Schalotten und Paprika mit 1/4 Teelöffel Salz und etwas Pfeffer weich dünsten (4–5 Minuten). Wein und Orangensaft angießen und bei mittlerer Hitze auf die Hälfte einkochen lassen.

Die Nudeln bißfest kochen. Vor dem Abgießen der Nudeln die Hitzezufuhr für die Gemüsepfanne reduzieren und Spargel, Erbsen, 1/4 Teelöffel Salz und die Orangenschale einrühren. Die Nudeln abgießen, gut abtropfen lassen und in die Gemüsepfanne geben. Gemüse und Nudeln rasch vermischen, dann die Safranbutter hinzugeben. Die Butter ergibt zusammen mit dem Fond eine leichte Sauce. Die Schnittlauchblüten darüberstreuen. Mit frisch geriebenem Parmesan servieren.

Linguine mit Pilzen, roten Zwiebeln, Kapern und Oliven

Sie können dieses Nudelgericht je nach Jahreszeit ein wenig abwandeln. Wir verwenden hier frische Petersilie, aber auch Thymian, Majoran, Basilikum oder Kerbel passen wunderbar dazu. Achten Sie beim Kauf auf frische Pilze mit geschlossenen Köpfen.

Zutaten für zwei bis vier Portionen
3 Eßlöffel natives Olivenöl extra
250 g Champignons oder Egerlinge (kurz abbrausen und
dick aufschneiden)
Salz und Pfeffer
4 Eßlöffel trockener Sherry oder trockener Weißwein
1/2 rote Zwiebel, in dünne Ringe geschnitten
3 Knoblauchzehen, fein gehackt
250 g frische Linguine
6 schwarze Oliven (vorzugsweise die Sorten Niçoise oder Gaeta),
entsteint und grob gehackt
2 Teelöffel Kapern (abtropfen lassen und abspülen)
2 Eßlöffel gehackte Petersilie
Geriebener Parmesan oder Pecorino

Einen großen Topf Wasser zum Kochen bringen. In der Zwischenzeit 1 Eßlöffel Olivenöl in einer großen Pfanne erhitzen. Die Pilze mit 1/4 Teelöffel Salz und etwas Pfeffer andünsten. Wenn die Pilze leicht gebräunt sind und fast schon knusprige Ränder aufweisen, die Hälfte des Sherrys darüberträufeln und einkochen lassen. Diese kleine Menge Flüssigkeit genügt, um den Bratfond loszukochen. Die Pilze in eine Schüssel umfüllen.
Die restlichen 2 Eßlöffel Öl in derselben Pfanne erhitzen. Die Zwiebel mit 1/4 Teelöffel Salz und etwas Pfeffer 3–4 Minuten darin andünsten, dann den Knoblauch und den restlichen Sherry hineinrühren. 1–2 Minuten einköcheln lassen.
Einen Teelöffel Salz in das kochende Nudelwasser geben. Die Nudeln al dente kochen. Vor dem Abgießen 4 Eßlöffel Nudelwasser und die Pilze, Oliven und Kapern zu den Zwiebelringen geben. Die Pasta abgießen und abtropfen lassen. In die Pfanne geben und rasch mit dem Gemüse vermengen. Mit Petersilie bestreuen. Mit frisch geriebenem Parmesan oder Pecorino servieren.

Variante: Sie können außerdem frische oder getrocknete Shiitakepilze und/oder getrocknete Steinpilze unter die Nudeln geben. 30 Gramm getrocknete Shiitake oder 15 Gramm getrocknete Steinpilze 10 Minuten in 1/8 Liter warmem Wasser einweichen. Die Pilze durch ein Sieb gießen und das Einweichwasser auffangen. Wenn nötig, den Sand setzen lassen und das Wasser abschöpfen. Von den Shiitakepilzen den Stiel entfernen (für einen Pilzfond verwenden) und die Kappen feinblättrig aufschneiden. Die Steinpilze von harten und unschönen Stellen befreien und fein hacken. Die eingeweichten Pilze zusammen mit der Zwiebel andünsten. Mit Einweichwasser und Sherry den Satz loskochen.

Petersilie

Die vielseitige glattblättrige Petersilie findet in unserer Küche immer irgendeine Verwendung. Sie gedeiht im reichhaltigen, gut kompostierten Boden der Green Gulch Farm und schmeckt unglaublich aromatisch. Ganze Blätter oder kleine Zweiglein erfrischen einen Salat aus feingeschnittenem Fenchel, Zitronensaft und Oliven. Petersilie paßt hervorragend zu Kartoffeln, Eiern und Nudeln oder jedem anderen Gericht, das frisch und sauber schmecken soll. Ein paar Petersilienblätter sind eine einfache, eßbare Verzierung und der erfrischende Abschluß einer Mahlzeit. Heben Sie die knackigen grünen Stengel für Gemüsebrühe auf, denn sie enthalten viel Eisen und Vitamin C.

Petersilie ist eine zweijährige Pflanze, die im ersten Jahr wächst und im zweiten Jahr blüht. Sie können die Blätter die ganze Zeit über ernten; schneiden Sie die äußeren Zweige ab und lassen Sie die kleineren Zweige fürs nächste Mal dran. Petersilie hat eine lange Wachstumsperiode und übersteht auch mäßig kalte Winter. Petersilie benötigt reichhaltigen und feuchten Boden und fühlt sich im Halbschatten oder im gefilterten Sonnenlicht am wohlsten. In der prallen Sonne wird Petersilie leicht bitter. Beginnen Sie bereits im zeitigen Frühjahr im Treibhaus mit der Aussaat; zuvor die Samen einen Tag lang in warmem Wasser einweichen. Die jungen Pflänzchen können dann vier Wochen vor dem letzten zu erwartenden Frost ins Freie gesetzt werden. Holen Sie sich im Herbst eine Pflanze auf eine sonnige Fensterbank, damit Sie den ganzen Winter über versorgt sind.

N udeleintopf mit weißen Bohnen und Sommergemüse

Wir kochen unsere Version des italienischen Klassikers »Pasta e fagioli« (Nudeln mit dicken Bohnen) mit frischem Sommergemüse, Tomaten und Basilikum. Beim Garen lösen sich die Cannellinibohnen auf. Ihr stärkehaltiges Kochwasser ergibt zusammen mit dem süßlich-fruchtigen Saft der Tomaten eine herrliche Sauce. Der Eintopf ist so deftig, daß er allein schon eine ganze Mahlzeit abgibt, und schmeckt auch noch am nächsten und übernächsten Tag.

Zutaten für sechs großzügige Portionen
175 g getrocknete weiße Bohnenkerne (vorzugsweise Cannellinibohnen),
verlesen und über Nacht eingeweicht
1 1/2 l kaltes Wasser
1 Lorbeerblatt
2 frische Salbeiblätter
1 frischer Majoran- oder Oreganozweig
2 frische Zweige Bohnenkraut oder Thymian
Salz und Pfeffer
125 g grüne Bohnen, geputzt und in 7–8 cm lange Stücke gebrochen
1250 g frische Tomaten, gehäutet und entkernt (Seite 124),
mit ihrem Saft oder 2 kleine Dosen Tomaten mit ihrem Saft
125 g kurze Nudeln (z. B. Fusilli oder Penne)
3 Eßlöffel natives Olivenöl extra
1 Zwiebel, gehackt
1/2 Teelöffel getrocknetes Basilikum
1/4 Teelöffel getrockneter Oregano oder Majoran
5 Knoblauchzehen, fein gehackt
1 rote oder gelbe Paprikaschote, in feine Streifen geschnitten
250 g Pâtissonkürbisse oder Zucchini, in 1 cm dicke Spalten oder
schräg in 1 cm dicke Scheiben geschnitten
20 Basilikumblätter, grob gehackt
Geriebener Parmesan

Die eingeweichten Bohnen abgießen und abbrausen. Mit kaltem Wasser, Lorbeerblatt und frischen Kräutern aufsetzen. Zum Kochen bringen, dann im offenen Topf sanft garen, bis sie weich sind, aber noch ihre Form behalten (30–35 Minuten). Den Garzustand der Bohnen prüfen; wenn die Schale noch etwas hart ist, noch ein paar

Minuten weiterkochen. Die Bohnen in ihrem Kochwasser abkühlen lassen. Dann die Kräuter herausfischen und wegwerfen.

Während die Bohnen garen, einen großen Topf Wasser zum Kochen bringen. 1/2 Teelöffel Salz und die grünen Bohnen hineingeben. 2–3 Minuten garen, bis sie zwar weich, aber noch knackig grün sind. Mit einem Sieb aus dem Wasser schöpfen, kalt abschrecken, abgießen und beiseite stellen. Das Wasser für die Nudeln weiterkochen lassen.

Die Tomaten grob zerkleinern und den Saft auffangen.

Die Nudeln 7–8 Minuten knapp bißfest garen (sie kochen mit dem Gemüse später noch weiter). Nudeln abgießen, kalt abschrecken und abtropfen lassen. Mit einem Eßlöffel Olivenöl verrühren, damit sie nicht verkleben.

Die restlichen 2 Eßlöffel Olivenöl in einer weiten Pfanne erhitzen. Die Zwiebel mit 1/2 Teelöffel Salz, etwas Pfeffer und den getrockneten Kräutern darin dünsten, bis sie Saft zu ziehen beginnt. Knoblauch und Paprika hinzufügen und 5–6 Minuten weich dünsten. Die Kürbisspalten oder Zucchinischeiben dazugeben und heiß werden lassen. Nun die Tomaten, die Bohnen mit ihrem Kochwasser, die Nudeln und das Basilikum einrühren. Mit bis zu einem Teelöffel Salz würzen, dann mit Pfeffer abrunden. Im offenen Topf bei mäßiger Hitze 20 Minuten durchköcheln. Der Eintopf sollte relativ flüssig sein. Vielleicht müssen Sie noch etwas Wasser oder Brühe nachgießen. Die grünen Bohnen erst unmittelbar vor dem Servieren in den Eintopf geben. In vorgewärmten Suppenschüsseln auftragen und geriebenen Parmesan dazu reichen.

Tip: Der Eintopf ist nicht ganz so aufwendig, wenn Sie die Nudeln und die Bohnen bereits am Vortag kochen und über Nacht kalt stellen. Die Bohnen abkühlen lassen, abdecken und mit den Kräutern in ihrem Kochwasser aufheben. Die Nudeln mit etwas Olivenöl benetzen, damit sie nicht verkleben. In einem gut verschlossenen Behälter aufbewahren.

Spinatnudeln mit Artischocken, getrockneten Tomaten und Kapern

Das herzhafte Nudelgericht schmeckt im Herbst und Winter besonders gut. Es sieht überdies noch sehr hübsch aus, denn die appetitlich grünen Bandnudeln kontrastieren schön mit den Erdtönen der Artischocken und getrockneten Tomaten.

Zutaten für zwei bis vier Portionen
3 Artischocken, geputzt und in Scheiben geschnitten (Seite 288)
3 Eßlöffel natives Olivenöl extra
1/2 rote Zwiebel, in dünne Ringe gehobelt
Salz und Pfeffer
2 Knoblauchzehen, fein gehackt
1 Teelöffel frisch gepreßter Zitronensaft
1/2 Glas trockener Weißwein
250 g frische Spinatnudeln (Fettuccine)
4 getrocknete Tomaten in Öl (abtropfen lassen und in Streifen schneiden)
1 Eßlöffel Kapern (abtropfen lassen und abspülen)
2 Teelöffel frisch gehackter Thymian
50 g Knoblauchbrotkrümel (Seite 174)
Geriebener Parmesan oder Pecorino

Einen großen Topf Wasser zum Kochen bringen. Inzwischen 2 Eßlöffel Olivenöl in einer weiten Pfanne erhitzen. Die Zwiebelringe mit 1/4 Teelöffel Salz und etwas Pfeffer 2–3 Minuten bei mittlerer Hitze darin weich dünsten. Die Artischocken abgießen und zusammen mit Knoblauch, Zitronensaft, 1/4 Teelöffel Salz und etwas Pfeffer 7–8 Minuten weich dünsten, dann mit Weißwein ablöschen.
Einen Teelöffel Salz in das kochende Wasser geben und die Nudeln darin al dente kochen. 4 Eßlöffel Nudelwasser abmessen und mit den getrockneten Tomaten und Kapern, dem restlichen Öl und dem Thymian unter die Artischocken rühren. Nudeln abgießen und abtropfen lassen und mit dem Gemüse vermischen. Mit Salz und Pfeffer abschmecken, mit den Brotkrümeln bestreuen und mit frisch geriebenem Käse servieren.

Fettuccine mit Brokkoli, gebratenem Paprika und Oliven

Wir bieten dieses einfache Nudelgericht das ganze Jahr über an. Der einzig zeitaufwendige Teil der Zubereitung ist das Rösten der Paprikaschote, doch das können Sie bereits einen oder zwei Tage im voraus erledigen.

Zutaten für zwei bis vier Portionen
1 rote oder gelbe Paprikaschote, gebraten und gehäutet (Seite 77)
1 kleiner Kopf Brokkoli
3 Eßlöffel natives Olivenöl extra
3 Knoblauchzehen, fein gehackt
8 schwarze Oliven (vorzugsweise die Sorten Niçoise oder Gaeta),
entsteint und grob gehackt
1 Eßlöffel frisch gepreßter Zitronensaft
Salz und Pfeffer
250 g frische Bandnudeln (Fettuccine)
2 Eßlöffel frisch gehackte Kräuter: Majoran, Petersilie und Thymian
Geriebener Parmesan oder Pecorino

Einen großen Topf Wasser zum Kochen bringen. Inzwischen den gebratenen Paprika in dicke Streifen schneiden; den Saft auffangen und den Paprika darin ziehen lassen. Brokkoli in Röschen zerteilen, dabei schräg in 2 1/2 Zentimeter lange Stücke schneiden. Den Brokkolistrunk abschälen und schräg in dünne Scheiben schneiden. 2 Eßlöffel Olivenöl in einer weiten Pfanne erhitzen, den Knoblauch 2 Minuten darin andünsten, aber nicht bräunen. Die Wärmezufuhr drosseln und die Paprikastreifen mit den Oliven, dem Zitronensaft und 1/4 Teelöffel Salz hinzufügen.
Das kochende Wasser salzen (1 Teelöffel), die Nudeln hineinwerfen und 30–60 Sekunden kochen. Brokkoli dazugeben und 1 Minute mitkochen. Kurz bevor die Nudeln abgegossen werden 1/4 Liter Kochwasser abmessen und in die Gemüsepfanne rühren. Nudeln und Brokkoli abgießen. Mit dem restlichen Olivenöl, 1/4 Teelöffel Salz, den frischen Kräutern in die Pfanne geben und mit den übrigen Zutaten vermischen. Abschmecken und mit frisch geriebenem Käse servieren.

Tip: Nach Wunsch Brokkoli und Nudeln getrennt garen. Den Brokkoli 45–60 Sekunden ins kochende Wasser tauchen, kalt abschrecken und abtropfen lassen. Den Brokkoli erst unmittelbar vor den Nudeln in die Gemüsepfanne geben, sonst verliert er wegen des Zitronensafts seine knackig grüne Farbe.

Spinatnudeln mit Tomaten, Crème fraîche und Basilikum

Kochen Sie diese Nudeln im Spätsommer, wenn die Tomaten vollreif sind. Die leicht säuerliche Crème fraîche paßt gut zum vollen und fruchtig-süßen Aroma von Tomaten und Basilikum. Die Sauce ist cremig und leicht. Ihre zartrosa Farbe bildet einen hübschen Kontrast zu den grünen Nudeln und den roten Tomatenstückchen. Geben Sie nach Möglichkeit kurz vor dem Servieren (damit sie nicht zerkochen) auch ein paar aromatische Cocktailtomaten unter die Nudelsauce.

Zutaten für zwei bis vier Portionen
750 g Tomaten, gehäutet und entkernt (Seite 124)
2 Eßlöffel natives Olivenöl extra
3 Knoblauchzehen, fein gehackt
20–25 Basilikumblätter, grob gehackt
1 1/2 Teelöffel Salz, Pfeffer
250 ml Crème fraîche (Seite 414)
250 g frische Spinatnudeln (Fettuccine)
60 g geriebener Parmesankäse
Geriebener Parmesan zum Servieren

Die Tomaten grob zerkleinern und mit Olivenöl, Knoblauch, Basilikum, 1/4 Teelöffel Salz und einer kleinen Prise Pfeffer durchziehen lassen. Einen großen Topf Wasser zum Kochen bringen und einen Teelöffel Salz einstreuen.
Die Crème fraîche in einer großen Pfanne erwärmen und verflüssigen. Die Tomaten einrühren und 3–4 Minuten durchkochen. Die Nudeln ins kochende Wasser werfen und al dente garen. Abgießen und abtropfen lassen. Die Nudeln mit 1/4 Teelöffel Salz und etwas Pfeffer in die Pfanne geben und mit den Tomaten vermischen. Die Pfanne vom Herd ziehen, den geriebenen Parmesan unterrühren und nochmals gut vermischen. Auf vorgewärmte Teller verteilen und nach Belieben mit etwas mehr geriebenem Parmesan servieren.

Variante: Nach diesem Rezept können Sie auch herrlich cremige Gorgonzola-Nudeln zubereiten. Ersetzen Sie die Crème fraîche durch Sahne und 75 g Gorgonzolakrümel. Den Rahm in einer Pfanne erwärmen und auf die Hälfte einkochen. Die Wärmezufuhr drosseln, Tomaten einrühren und 3–4 Minuten durchkochen. Die Nudeln abgießen und zusammen mit dem zerkrümelten Gorgonzola und dem geriebenen Parmesan in die Pfanne geben. Gut vermischen und servieren.

Buchweizennudeln mit Shiitakepilzen

Wenn man am frühen Morgen mit dem Fahrrad durch San Franciscos Chinatown streift, herrscht auf dem Markt bereits geschäftiges Treiben. In den Kisten thronen wunderschön aufgeschichtet Pak choi, frischer Ingwer, Frühlingszwiebeln und Koriandergrün, und es wimmelt nur so von Menschen, die ihre morgendlichen Einkäufe erledigen wollen. Dieses lebhafte Szenario inspirierte uns zu dieser asiatischen Nudelspezialität. Die leichte und knackige Konsistenz des Pak choi kontrastiert mit dem erdigen Geschmack der Pilze und Buchweizennudeln. Wir verwenden hier japanische Sobanudeln, die Sie in Asienläden und in den gut sortierten Lebensmittelabteilungen der Kaufhäuser sowie in manchen Bioläden und Reformhäusern bekommen.

Zutaten für zwei bis vier Portionen
125 g frische Shiitakepilze
1/2 großer oder 2 kleine Köpfe Pak choi
Salz
175 g getrocknete Buchweizen- oder Sobanudeln
2 Eßlöffel leichtes Pflanzen- oder Erdnußöl
3 Knoblauchzehen, fein gehackt
1 Eßlöffel frisch geriebener Ingwer
1–2 Jalapeño-Chillies, längs halbiert und in feine Streifen geschnitten
1 Frühlingszwiebel, schräg in dünne Röllchen geschnitten
1 Eßlöffel dunkles Sesamöl
2 Eßlöffel Mirin (süßer Sake zum Kochen)
2 Eßlöffel Sojasauce
2 Teelöffel grob gehacktes Koriandergrün
1 Teelöffel geröstete Sesamsaat (Seite 312)

Einen großen Topf Wasser zum Kochen bringen. Inzwischen die Stiele der Pilze abtrennen und die Kappen in 1 Zentimeter breite Streifen schneiden (Stiele in einer Pilzbrühe auskochen). Wenn Sie einen kleinen Pak choi verwenden, die Stiele längs aufschneiden, Blätter und Stiele zusammenlassen. Bei einem großen Kopf die Stiele schräg in knapp 2 Zentimeter breite Streifen, die Blätter in 5 Zentimeter breite Stücke schneiden.
Einen Teelöffel Salz in das kochende Wasser geben. Die Nudeln hineinwerfen und nach Packungsanleitung garen (ca. 8–10 Minuten). Inzwischen das Öl in einer großen

Pfanne erhitzen. Die Shiitakepilze mit 1/4 Teelöffel Salz hineingeben und 3–4 Minuten bei mittlerer Hitze andünsten. Knoblauch, Ingwer, Chillies und Pak choi hinzufügen und 2 Minuten mitdünsten.

Die Nudeln abgießen, sobald sie bißfest sind. Nun bei sanfter Hitze die Frühlingszwiebel, das Sesamöl, Mirin und Sojasauce in die Pfanne rühren. Die Nudeln rasch untermengen, dabei aufpassen, daß der Pak choi nicht zerkocht. Vom Herd ziehen, alles gut durchmischen und mit Salz abschmecken. Mit der Sesamsaat bestreuen.

Fettuccine mit Mangold und Trockenobst

Dieses herzhafte Rezept mit dem kräftigen Mangold, den knackigen Walnüssen und dem süßlichen Trockenobst paßt besonders gut in die Wintermonate. Die braune Butter, mit der die Nudeln überzogen werden, gibt dem ganzen einen warmen und nussigen Geschmack.

Wir verwenden frische Fettuccine, aber auch mit Penne schmeckt das Gericht ausgezeichnet. Sie können die Nudeln im voraus zubereiten, mit etwas Olivenöl überziehen und dann mit der Sauce erwärmen – hier funktioniert diese zeitsparende Methode besonders gut.

Zutaten für zwei bis vier Portionen
6 Eßlöffel braune Butter (Seite 386)
1 Eßlöffel Korinthen
2 Eßlöffel Sultaninen
200–250 g rot- oder weißstielige Mangoldblätter
1 Eßlöffel leichtes Olivenöl
1/2 rote Zwiebel, in dünne Ringe geschnitten
Salz
Pfeffer
2 Knoblauchzehen, fein gehackt
250 g frische Bandnudeln (Fettuccine)
6 Eßlöffel Walnußkerne, geröstet (Seite 312)
Geriebener Parmesan

Die Butter nach Anleitung bräunen und auf sehr kleiner Flamme warm halten. Einen großen Topf Wasser zum Kochen bringen. Die Korinthen und Sultaninen mit 4 Eßlöffel heißem Wasser überbrühen und quellen lassen. Die Mangoldstiele abtrennen, die Blätter in 5 Zentimeter breite Streifen schneiden.

Das Olivenöl in einer großen Pfanne erhitzen. Die Zwiebel mit 1/4 Teelöffel Salz und etwas Pfeffer darin dünsten, bis sie weich wird und Saft zieht (ca. 5 Minuten). Knoblauch, Mangold und 1/4 Teelöffel Salz hinzufügen und 4–5 Minuten mitdünsten. Wärmezufuhr drosseln.

Einen Teelöffel Salz in das kochende Wasser geben. Die Nudeln zeitlich so abstimmen, daß sie gleichzeitig mit dem Mangold fertig werden (der Mangold sollte zart sein, aber nicht zerkochen). Die bißfesten Nudeln abgießen, abtropfen lassen und zusammen mit den eingeweichten Beeren, den Walnüssen und der braunen Butter in die Pfanne rühren. Gut durchmischen, salzen und pfeffern. Mit frisch geriebenem Parmesan auftragen.

Variante: Hier können Sie auch verschiedene winterliche Blattgemüse mischen: Spinat, Mangold und Grünkohl passen besonders gut zusammen. Grünkohl braucht am längsten, geben Sie Ihn deshalb schon einige Minuten vor dem Mangold zu den Zwiebeln. Der Spinat fällt rasch zusammen; also erst unmittelbar vor den Nudeln in die Pfanne geben.

Grünkohl

Grünkohl ist ein Winterkohl, der herzhaft und kräftig schmeckt und jede Menge Nährstoffe besitzt. Zusammen mit Rosenkohl und Kastanien in brauner Butter gedünstet schmeckt Grünkohl besonders gut, weil dann der nussige, fast süßliche Geschmack schön zur Geltung kommt. Zusammen mit weißen Bohnen ergibt er eine herrliche Suppe – streuen Sie Gruyère darüber und reichen Sie rustikale Croûtons dazu.

Grünkohl ist im kalten Klima Rußlands zu Hause. Er verträgt daher auch einige Grade Frost, ja er schmeckt nach dem ersten Frost sogar noch besser. Grünkohl kann man im zeitigen Frühjahr oder im Herbst leicht aus Samen ziehen. Die Pflanzen brauchen jedoch einen Boden mit viel organischem Dünger, arbeiten Sie also Kompost oder Stallmist ein. Bei Aussaat nach der Sommersonnenwende erhalten Sie Grünkohl für den Herbst und Winter. Eine einzige Pflanze ist bereits recht ertragreich, und sorgfältiges Entfernen der Blätter tut der Pflanze gut. Die Blätter sollten nicht größer als 20–25 Zentimeter werden, denn sonst sind sie hart und zäh.

L inguine mit Zwiebelconfit, Ziegenkäse und Walnüssen

Dieses Gericht wirkt auch mit wenig Öl und Käse recht üppig. Die süßlichen Zwiebeln passen gut zum cremigen Ziegenkäse und zu den knusprigen Walnüssen. Gorgonzola statt Ziegenkäse schmeckt ebenfalls köstlich.

Zutaten für zwei bis vier Portionen
1 Eßlöffel natives Olivenöl extra
2 Zwiebeln, in dünne Ringe geschnitten
Salz und Pfeffer
2 Knoblauchzehen, fein gehackt
1/2 Glas trockener Weißwein
250 g frische Bandnudeln (Linguine)
20 Basilikumblätter, gehackt
3 Eßlöffel Walnußkerne, geröstet (Seite 312)
30 g cremiger Ziegenkäse oder Gorgonzola

Das Olivenöl in einer großen Pfanne erhitzen. Die Zwiebeln mit 1/2 Teelöffel Salz rund 10 Minuten bei mittlerer Hitze dünsten, bis sie weich werden und Saft ziehen. Knoblauch hinzufügen und bei mittlerer Hitze mitdünsten. Dabei mit einem Holzlöffel immer wieder den Bratfond abschaben, damit die Zwiebeln nicht anbrennen. Nach 40 Minuten haben die Zwiebeln eine sattgoldene Farbe und duften sehr süß. Nun mit dem Weißwein ablöschen und auf kleiner Flamme simmern lassen.
Einen großen Topf Wasser zum Kochen bringen. Die gerösteten Walnüsse mit den Händen zerkrümeln. Einen Teelöffel Salz und die Nudeln ins kochende Wasser geben und al dente garen (bei frischen Nudeln dauert das 1 Minute). Vor dem Abgießen 4 Eßlöffel Nudelwasser unter das Confit rühren (es wird dadurch saftiger und kommt ohne zusätzliches Öl aus). Die Nudeln unverzüglich abgießen und mit den Walnüssen und dem Basilikum unter das Zwiebelconfit heben. Mit 1/2 Teelöffel Salz und etwas Pfeffer abschmecken. Den Käse hineinkrümeln und servieren.

L inguine mit Lauch und Pfifferlingen

Das elegante Nudelgericht, das durch die fein abgestimmten Aromen besticht, ist leicht gemacht. Wenn Sie keine Pfifferlinge bekommen können, nehmen Sie statt dessen Egerlinge oder Champignons – die schmecken dann allerdings nicht so mild und erdig nach Waldpilzen.

Zutaten für zwei bis vier Portionen
250 g Pfifferlinge
Der weiße Teil einer Lauchstange (längs halbieren, quer dazu
in dünne Streifen schneiden und waschen)
2 Eßlöffel Butter
Salz und Pfeffer
3 Knoblauchzehen, fein gehackt
75 ml trockener Weißwein
250 g frische Linguine
2 Teelöffel frisch gehackter Thymian
Geriebener Parmesan

Die Pfifferlinge vorsichtig mit einer kleinen Bürste oder einem feuchten Tuch abreiben. Die Pilze von Verunreinigungen befreien, aber nicht waschen, weil sie sich sonst mit Wasser vollsaugen und ihr zartes Aroma verlieren. Besonders stark verschmutzte Stielenden abtrennen. Pilze in grobe Stücke oder dicke Scheiben schneiden, Stiele ebenfalls verwenden. Einen großen Topf Wasser aufsetzen.
Die Butter in einer weiten Pfanne erhitzen. Die Lauchstreifen mit 1/2 Teelöffel Salz und etwas Pfeffer 3–4 Minuten bei mittlerer Hitze darin andünsten. Knoblauch hinzufügen, Pfanne zudecken und den Lauch weich dünsten (ca. 5 Minuten). Pfifferlinge und Weißwein hinzufügen und in der offenen Pfanne 10 Minuten leise köcheln.
Kurz bevor die Pilze gar sind, einen Teelöffel Salz und die Nudeln ins kochende Wasser geben und al dente kochen. Abgießen und abtropfen lassen. Mit 1/4 Teelöffel Salz, etwas Pfeffer und dem Thymian zu den Pilzen in die Pfanne geben. Gut durchmischen und mit geriebenem Parmesan servieren.

F
ettuccine mit Frühjahrsgemüsen

Wir bieten dieses herrliche Nudelgericht an, wenn es frischen Spargel, frische Erbsen und Puffbohnen gibt. Sie können die verschiedensten Frühjahrsgemüse kombinieren – nur aromatisch und frisch müssen sie sein. Meyer-Zitronen sind eine seltene Delikatesse; ihr leicht süßlicher Saft und ihre intensiv duftende Schale geben diesen Nudeln einen ganz besonderen Touch. Ganz normale Zitronen tun's aber auch.

Die Puffbohnen sind etwas umständlich in der Zubereitung, aber ihr butterzarter Geschmack lohnt diesen Mehraufwand. Die dicke Hülse sieht zunächst einmal recht unnahbar aus, doch sie läßt sich relativ leicht lösen. Die geschälten Bohnenkerne eine Minute lang blanchieren, dann aus ihrer Haut streifen. Die Haut schmeckt sehr bitter und ist nur bei sehr kleinen Bohnen genießbar.

Zutaten für zwei bis vier Portionen
125 g grüner Spargel
125 g Zuckerschoten (Fäden entfernen)
250 g frische Puffbohnen
Salz und Pfeffer
3 Eßlöffel natives Olivenöl extra
3 Schalotten, längs halbiert und in dünne Scheiben geschnitten
1/2 rote oder gelbe Paprikaschote, in feine Streifen geschnitten
1 Knoblauchzehe, fein gehackt
4 Eßlöffel Weißwein
250 g frische Bandnudeln (Fettuccine)
Saft und Schale einer (Meyer-)Zitrone
2 Eßlöffel grob gehackte Petersilie
Einige Schnittlauchblüten zum Garnieren
Geriebener Parmesan

Einen großen Topf Wasser zum Kochen bringen. Die holzigen Enden der Spargelstangen abtrennen und wegwerfen. Die Spargelstangen schräg in 5 Zentimeter lange Stücke schneiden. Die Zuckerschoten je nach Größe halbieren oder ganz lassen. Die Puffbohnen enthülsen.

1 Teelöffel Salz in das kochende Wasser geben. Die Puffbohnen 60 Sekunden blanchieren. Aus dem Wasser schöpfen und kalt abschrecken, dann aus ihrer dünnen Haut drücken. Das restliche Gemüse ins sprudelnde Wasser werfen und blanchieren (darauf achten, daß es seine frische Farbe und knackige Konsistenz nicht verliert).

Für den Spargel 1–2 und für die Zuckerschoten 3–4 Minuten veranschlagen. Das Gemüse unter kaltem Wasser abschrecken. Das Wasser im Topf weiterhin leise wallen lassen.

2 Eßlöffel Olivenöl in einer großen Pfanne erhitzen. Die Schalotten eine Minute bei mittlerer Hitze darin dünsten, dann Paprika, Knoblauch, Wein, 1/4 Teelöffel Salz und etwas Pfeffer hinzufügen.

Die Nudeln ins sprudelnde Salzwasser werfen und al dente kochen. Kurz bevor die Nudeln fertig sind, das Gemüse, Zitronensaft und -schale sowie den dritten Eßlöffel Olivenöl in die Pfanne rühren. Nudeln abgießen, abtropfen lassen und in die Pfanne geben. Mit 1/4 Teelöffel Salz, einer kleinen Prise Pfeffer und der gehackten Petersilie abrunden. Mit den Schnittlauchblüten bestreuen und mit frisch geriebenem Parmesan servieren.

Schnittlauch

Schnittlauch gehört zur Zwiebelfamilie und ist neben Estragon, Kerbel und Petersilie wesentlicher Bestandteil der sogenannten *fines herbes*. Das Küchenkraut belebt Frittatas und Kartoffelgratins oder cremigen Ziegenkäse. Die hübschen blaßlilafarbenen Blüten besitzen eine deutliche Schärfe und sehen auf einer Frühlingspasta oder einem warmen Gemüsesalat sehr dekorativ aus.

Schnittlauch braucht einen feuchten Boden. Die Pflanzen sind winterhart, sie verlangsamen im Winter ihr Wachstum und sprießen im Frühjahr von neuem. Sie eignen sich als Begleitpflanzen für Rosen, weil sie Schädlingsbefall vermeiden helfen. Pflanzen Sie jungen Schnittlauch erst dann, wenn der ärgste Frost vorüber ist. Nach dem ersten Jahr können Sie die Pflanze teilen und neu einsetzen.

Spinatnudeln mit Shiitakepilzen, Spinat und getrockneten Tomaten

Spinatnudeln passen gut zu den kräftigen Zutaten. Der volle, erdige Geschmack der Shiitake-Pilze wird durch die getrockneten Tomaten noch gesteigert. Die gerösteten Pinienkerne schmecken süß und nussig, und der gedünstete Spinat gibt allen Aromen noch den letzten Schliff.

Zutaten für zwei bis vier Portionen
250 g frische Shiitakepilze
3 Eßlöffel natives Olivenöl extra
Salz und Pfeffer
3 Knoblauchzehen, fein gehackt
1/2 Glas trockener Weißwein
250 g Spinatnudeln (Fettuccine)
100–150 g Blattspinat (Stengel abknipsen und Blätter waschen)
3 getrocknete Tomaten in Öl (abtropfen lassen und in schmale Streifen schneiden)
1 Eßlöffel geröstete Pinienkerne (Seite 312)
2 Eßlöffel frisch gehackte Kräuter: Majoran, Schnittlauch und Thymian
Geriebener Parmesan

Einen großen Topf Wasser zum Kochen bringen. Inzwischen die Stiele der Pilze entfernen und die Kappen in 1 Zentimeter breite Streifen schneiden.
2 Eßlöffel Olivenöl in einer großen Pfanne erhitzen. Die Pilze mit 1/2 Teelöffel Salz und etwas Pfeffer hineingeben und 3–4 Minuten bei mittlerer Hitze andünsten. Knoblauch und Weißwein hinzufügen und 1–2 Minuten nur leicht einkochen lassen, damit die Pilze nicht anbrennen.
1 Teelöffel Salz in das sprudelnde Wasser geben. Die Nudeln hineinwerfen und al dente kochen. Den Spinat mit 1/4 Teelöffel Salz und etwas Pfeffer unter die Pilze rühren. Bei mittlerer Hitze kurz zusammenfallen lassen, dann die Wärmezufuhr drosseln. Die getrockneten Tomaten, das restliche Olivenöl und 4 Eßlöffel Nudelwasser dazugeben und damit den Bratfond loskochen.
Die nun bißfest gekochten Nudeln abgießen und mit den Pinienkernen und Kräutern in die Pfanne geben. Alles gut durchmischen und mit Salz und Pfeffer abschmecken. Mit frisch geriebenem Parmesan servieren.

Tagliarini mit geschmortem Sommergemüse

Geschmorte Tomaten und ihr Saft machen das sommerliche Nudelgericht fruchtig-süß und aromatisch. Wir verwenden für dieses Rezept besonders gern Eiertomaten, die ihre Form behalten. Sie können sie deshalb schon einen Tag im voraus zubereiten. Lassen Sie sich dabei aber unbedingt Zeit. Nehmen Sie ansonsten lieber getrocknete Tomaten. Unsere Knoblauchbrotkrümel geben den Nudeln einen raffinierten Touch.

Zutaten für zwei bis vier Portionen
250 g goldgelbe Zucchini oder Sommerkürbisse
500 g geschmorte Tomaten (Seite 307)
3 Eßlöffel natives Olivenöl extra
3 Knoblauchzehen, fein gehackt
Salz und Pfeffer
1/2 Glas trockener Weißwein
1/2 Teelöffel getrocknete Chiliflocken
250 g frische und feine Schnittnudeln (Tagliarini)
2 Eßlöffel geröstete Pinienkerne (Seite 312)
15–20 Basilikumblätter, in schmale Streifen geschnitten
Geriebener Parmesan
50 g Knoblauchbrotkrümel (Seite 174)

Einen großen Topf Wasser zum Kochen bringen.
Die Zucchini längs halbieren, dann schräg in 1 Zentimeter dicke Scheiben schneiden. (Falls Sie runde Sommerkürbisse verwenden, längs durch das Stielende halbieren und in 1 Zentimeter breite Spalten schneiden.) Die geschmorten Tomaten vierteln oder grob zerkleinern, den Saft für die Sauce aufheben.
2 Eßlöffel Olivenöl in einer großen Pfanne erhitzen. Zucchini oder Kürbisse, Knoblauch, 1/4 Teelöffel Salz und etwas Pfeffer hineingeben und 2–3 Minuten durchwärmen. Den Wein angießen und einkochen lassen. Das restliche Olivenöl, die Tomaten mit Saft, 1/4 Teelöffel Salz und die Chiliflocken einrühren.
1 Teelöffel Salz in das kochende Wasser geben. Die Nudeln hineinwerfen und al dente kochen. 4 Eßlöffel Nudelwasser in die Sauce rühren. Die Nudeln abgießen und mit den Pinienkernen und den Basilikumstreifen in die Pfanne geben. Auf kleiner Flamme gut durchmischen und mit Salz und Pfeffer abschmecken. Mit Parmesan und Knoblauchbrotkrümeln bestreuen und sofort zu Tisch bringen.

Penne mit marinierten Tomaten und Basilikum

Penne passen zu diesem Rezept für den Hochsommer, wenn Tomaten und Basilikum vollreif sind, am besten. Die Röhrennudeln nehmen das Olivenöl und den Saft der Tomaten besonders gut auf, und die knusprigen Knoblauchbrotkrümel sorgen für den rechten Biß. Frische Bandnudeln wie Linguine oder Fettuccine schmecken ebenfalls köstlich. Lassen Sie die Tomaten mindestens 30 Minunten durchziehen, damit sich die einzelnen Aromen voll entfalten können.

Zutaten für zwei bis vier Portionen
750 g Strauchtomaten, entstielen, quer halbieren und entkernen
4 Eßlöffel natives Olivenöl extra
3–4 Knoblauchzehen, fein gehackt
20–25 grob gehackte Basilikumblätter
Salz und Pfeffer
250 g kurze Nudeln (Penne)
50 g Knoblauchbrotkrümel (Rezept folgt)
Geriebener Parmesan

Einen großen Topf Wasser zum Kochen bringen. Inzwischen die Tomaten grob zerkleinern und mit Olivenöl, Knoblauch, Basilikum, 1/2 Teelöffel Salz und einer kleinen Prise Pfeffer vermischen. Beiseite stellen und 30 Minuten durchziehen lassen. (Sie müssen die Tomaten nicht eigens häuten, da sie für dieses Rezept nur sanft erwärmt werden und die Haut dann nicht abspringt.)

1 Teelöffel Salz ins sprudelnde Wasser geben. Die Penne darin al dente kochen (8–10 Minuten). In der Zwischenzeit die Tomaten in eine große Pfanne geben und bei mittlerer Hitze rasch erwärmen, aber keinesfalls kochen, weil sich sonst die Haut ablöst.

Die Nudeln abgießen und abtropfen lassen. Zu den Tomaten in die Pfanne geben und gut durchmischen. Großzügig mit Knoblauchbrotkrümeln bestreuen und mit frisch geriebenem Parmesan servieren.

Unsere knusprig gerösteten Semmelbrösel verleihen vielen Nudelgerichten unerwarteten Biß und ein herrliches Knoblaucharoma. Wir bereiten sie aus französischer Baguette oder gesäuertem Weißbrot zu, aber fast jede andere Weißbrotsorte eignet sich genauso gut. Wir veranschlagen ca. 50 Gramm Semmelbrösel für vier Nudelportionen oder ein Gratin. Bei diesem einfachen Rezept können Sie die Knoblauchmenge nach eigenem Gusto bestimmen. Diese Krümel halten sich im Gefrierschrank lange frisch, müssen vor dem Verwenden dann aber frisch geröstet werden.

Knoblauchbrotkrümel
Knoblauch
Natives Olivenöl extra
Gesäuertes Weißbrot oder Baguette

Ofen auf 170 Grad vorheizen. Knoblauch abschälen und fein hacken, dann mit dem Olivenöl verrühren. Das Brot dünn aufschneiden und auf ein Backblech setzen. Mit dem Knoblauchöl bepinseln. 10 Minuten im heißen Ofen knusprig und goldbraun backen. Herausnehmen und abkühlen lassen. Die Brotscheiben mit den bloßen Händen grob zerkrümeln, dann in der Küchenmaschine grob vermahlen.

Dunkles Basilikum

Die dunkle Basilikumart mit ihren gewellten, lilafarbenen Blättern und zartrosa Blüten sieht sehr eigenwillig aus. Die stark duftenden Blätter machen einen warmen Salat aus Wurzelspinat so richtig würzig und sehen in einem gemischten Blattsalat gut aus. Dunkles Basilikum macht beliebte Sommergerichte wunderbar aromatisch: Auberginen, Paprika und saftige, vollreife Tomaten. Zusammen mit hellem Basilikum in feine Streifen geschnitten und mit fruchtigem Olivenöl und feingehacktem Knoblauch angemacht setzt es in Nudelgerichten oder auf Tomatensandwiches die richtigen Akzente.

Basilikum stammt aus den trockenen Küstengebieten des Mittelmeers und benötigt daher viel Sonne, Wärme und einen leichten Boden. Kräftige Düngung bewirkt üppiges Wachstum, aber nur wenig Geschmack. Damit die Pflanzen saftige Blätter herausbilden, brauchen sie viel Wasser; ansonsten schmecken sie holzig und fast bitter. Die Blütenknospen werden abgeknipst, damit die Pflanzen nicht aussamen.

Chinesischer Nudelsalat

Der chinesische Nudelsalat war bei unseren Gästen schon immer sehr beliebt. In dieser neuen Version würzen wir den Salat frisch und kräftig mit Ingwer, Orange und Reisessig. Die Aromen entfalten sich erst nach einiger Zeit, weshalb Sie den Salat vor dem Servieren rund 30 Minuten durchziehen lassen sollten. Das feingeschnittene Gemüse sieht zusammen mit dem Ingwer und den Orangenfäden wirklich hübsch aus.

Die Marinade schmeckt intensiv und kräftig, wobei zwei verschiedene Essigsorten das Aroma des Sesamöls auffangen. Da selbst Chilischoten einer einzelnen Sorte oft sehr unterschiedlich in ihrer Schärfe ausfallen, vorher unbedingt ein kleines Stückchen probieren und entsprechend dosieren. Die angegebenen Zutaten reichen für vier bis sechs Portionen.

Marinade
Die Schale einer unbehandelten Orange
125 ml frisch gepreßter Orangensaft (ca. 1 1/2 Orangen)
2 1/2 Eßlöffel frisch geriebener Ingwer
3 Eßlöffel Reisessig
5 Eßlöffel Sojasauce
3 Eßlöffel Sherryessig
125 ml dunkles Sesamöl
1 1/2 Eßlöffel Zucker
1/4 Teelöffel Salz
1-2 Jalapeño- oder Serrano-Chillies, entstielt und entkernt

Mit einem Zitrusschäler die Schale einer Orange in langen Fäden abziehen. Ersatzweise mit einem Gemüseschäler lange Streifen der Orangenschale abziehen und in feine Streifen schneiden. Darauf achten, daß nichts von der bitteren weißen Haut in die Marinade gelangt. Orangenschale beiseite stellen. Die restlichen Zutaten im Mixer glattpürieren. 4 Eßlöffel von der Marinade abmessen und beiseite stellen.

Salat
Zutaten für vier bis sechs Portionen
100 g scharfe Erdnüsse (Seite 462)
5 cm Ingwerwurzel

Salz
1 Mohrrübe, in streichholzfeine Streifen geschnitten
60 g Zuckerschoten ohne Fädchen, in streichholzfeine Streifen geschnitten
400–500 g frische, hauchfeine chinesische Nudeln (thin mein – ersatzweise Engelshaar-Nudeln)
2 Frühlingszwiebeln, weiße und grüne Teile schräg in Röllchen geschnitten
1–2 Handvoll streichholzfeine Streifen Daikon (japanischer Rettich)
3 Eßlöffel grob gehacktes Koriandergrün
1 Teelöffel scharfe Chiliflocken
Koriandergrün zum Garnieren

Einen großen Topf Wasser zum Kochen bringen. Inzwischen die Erdnüsse vorbereiten und abkühlen lassen. Die Ingwerwurzel schälen und in hauchfeine Scheiben, dann in sehr feine Fäden schneiden. Sobald das Wasser kocht, einen Teelöffel Salz hinzugeben. Die Mohrrübe und die Zuckerschoten 30 Sekunden blanchieren. Mit einem Sieb abschöpfen und kalt abbrausen, dann abtropfen lassen. Das Wasser weiterkochen lassen.

Die Nudeln auseinanderziehen und mit einer Gabel auflockern, damit sie beim Garen nicht verkleben. Ins sprudelnde Wasser geben, kurz umrühren und 3–4 Minuten garen. Die Nudeln garen in der säurehaltigen Marinade noch weiter, deshalb die Nudeln jetzt nicht zu weich kochen. Abgießen und unter kaltem Wasser abschrecken. Abtropfen lassen und in eine Schüssel füllen.

Zuckerschoten, Mohrrübe, Frühlingszwiebeln und Daikon in einem Schälchen vermischen. Die Hälfte des Gemüses zu den Nudeln geben. Mit Marinade, Ingwer, Orangenschale, Koriandergrün und Chiliflocken anmachen. Das restliche Gemüse mit der beiseite gestellten Marinade verrühren und auf die Nudeln setzen. Mit Koriander und den scharfen Erdnüssen garnieren.

Chinesische Nudeln mit grünem Curry

Die Aromen dieses südostasiatischen Nudelsalats sind einfach einzigartig – die zart angemachten Nudeln werden mit frischem grünen Curry übergossen und mit Gemüse und gerösteten Cashewkernen bestreut. Das Rezept erscheint zunächst aufwendiger, als es in Wirklichkeit ist. Wenn Sie die Zutaten einmal vorbereitet haben, ist der Salat schnell gemacht. Probieren Sie die Chillies und dosieren Sie sie dann nach ihrer Schärfe. Seien Sie anfangs vorsichtig – Sie können ja immer noch ein paar nachlegen.

Curry
175 ml Kokosmilch aus der Dose
3 Frühlingszwiebeln, weiße und grüne Teile in 2 1/2 cm lange Stücke geschnitten
2–3 grüne Jalapeño-Chillies, entstielt und entkernt
2 Knoblauchzehen, grob gehackt
2 Prisen Cayennepfeffer
1 Teelöffel Kreuzkümmelsamen, leicht geröstet und gemahlen (Seite 116)
3 Eßlöffel frisch gepreßter Zitronensaft (1–2 Zitronen)
2 Eßlöffel Erdnußöl
1/2 Teelöffel Salz
2 Eßlöffel frisch geriebener Ingwer
1 kleiner Büschel Brunnenkresse ohne grobe Stengel
1/2 Bund Koriandergrün ohne grobe Stengel
1/2 Bund frische Minze ohne Blattstiele

Die Kokosmilch in einen Mixer oder in eine Küchenmaschine gießen. Die restlichen Zutaten mit Ausnahme von Brunnenkresse, Koriandergrün und Minze hinzufügen und glattmixen. Die frischen Kräuter hinzufügen und pürieren. Curry wenn nötig mit etwas Wasser verdünnen. Nicht zu stark pürieren. Beiseite stellen.

Gemüse und Nudeln für vier bis sechs Portionen
Salz
60 g Zuckerschoten ohne Fädchen, in feine Streifen geschnitten
2 Frühlingszwiebeln, weiße und grüne Teile schräg in dünne Röllchen geschnitten
1–2 Handvoll streichholzfeine Streifen Daikon (japanischer Rettich)
2 Jalapeño-Chillies, entkernt und in feine Streifen geschnitten

5 cm Ingwerwurzel
400–500 g frische feine chinesische Nudeln (thin mein)
oder Engelshaar-Nudeln
2 Eßlöffel Erdnußöl
Brunnenkresse- oder Korianderstengel zum Dekorieren
1 Eßlöffel gehacktes Koriandergrün
50 g geröstete Cashewkerne (Seite 312)

Einen großen Topf Wasser zum Kochen bringen und einen Teelöffel Salz einstreuen. Die Zuckerschoten 30 Sekunden darin blanchieren, damit sie knackig grün aussehen. Aus dem Wasser schöpfen, kalt abschrecken und abtropfen lassen. In einem Schälchen mit Frühlingszwiebeln, Daikon und Chillies vermischen. Das Wasser weiterkochen lassen.

Den Ingwer in dünne Scheiben und diese in hauchfeine Streifen schneiden. Die Nudeln auseinanderziehen und mit einer Gabel auflockern, damit sie beim Garen nicht verkleben. Ins sprudelnde Wasser geben, kurz umrühren und 3–4 Minuten knapp bißfest garen. Abgießen und unter kaltem Wasser abschrecken. Abtropfen lassen und mit Erdnußöl, Ingwerfäden und 1/2 Teelöffel Salz würzen.

Den Curry über die Nudeln geben und das Gemüse dekorativ obenaufsetzen. Wenn Sie die Nudeln auf einer Platte anrichten, dann locker mit Brunnenkresse oder Koriandergrün garnieren. Wenn Sie die Nudeln in eine Schüssel geben, dann die Kräuter an den Schüsselwänden verteilen. Mit gehacktem Koriandergrün und gerösteten Cashews bestreuen. Sofort servieren, sonst saugen sich die Nudeln mit Curry voll.

Cannelloni mit Spinat und Ziegenkäse in Knoblauch-Tomaten-Sauce

Wir bieten diese Cannelloni das ganze Jahr über an; besonders gut schmecken sie jedoch im Sommer, wenn wir die Sauce mit saftigen, vollreifen Tomaten und erntefrischem rotem Knoblauch zubereiten können. Der Spinat und der milde Ziegenkäse ergeben eine zartcremige Füllung, die durch die Zitronenschale einen leichten Hauch von Frische erhält.

Knoblauch-Tomaten-Sauce

1 Knoblauchknolle
1 1/2 Eßlöffel natives Olivenöl extra
1 kg Tomaten, gehäutet und entkernt (Seite 124), oder
1 große Dose Tomaten mit ihrem Saft
1/2 kleine Zwiebel, gehackt
Salz und Pfeffer
4 Eßlöffel trockener Sherry
1 Lorbeerblatt

Backofen auf 190 Grad vorheizen. Die Knoblauchknolle mit etwas Olivenöl benetzen, auf ein Backblech setzen und sehr weich garen (30–35 Minuten). Die Knolle abkühlen lassen und oben quer durchschneiden. Die Zehen aus ihrer Haut drücken und zusammen mit den Tomaten in einem Mixer oder in der Küchenmaschine pürieren.

Das restliche Olivenöl in einem Topf erhitzen. Die Zwiebel mit 1/2 Teelöffel Salz und etwas Pfeffer hineingeben und bei mittlerer Hitze 5 Minuten dünsten. Wenn die Zwiebel weich wird, Sherry angießen, Lorbeerblatt hinzufügen und die Flüssigkeit fast vollständig einkochen lassen. Das Tomaten-Knoblauch-Püree sowie 1/4 Teelöffel Salz einrühren. Alle Zutaten im offenen Topf 30 Minuten bei sanfter Hitze schmoren.

Füllung für 12 Cannelloni, 6 Portionen

1 1/2 Eßlöffel natives Olivenöl extra
1/2 rote Zwiebel, gehackt
Salz und Pfeffer
4 Knoblauchzehen, fein gehackt
400–500 g Blattspinat, verlesen, gewaschen und entstielt
3/4 Teelöffel abgeriebene Zitronenschale

40 g Walnußkerne, geröstet und zerstoßen (Seite 312)
4 Eßlöffel frisch gehackte Kräuter: Majoran, Thymian, Schnittlauch
und Petersilie
250 g Ricotta
1 verquirltes Ei
75 g geriebener Parmesan
50 g milder, cremiger Ziegenkäse (Montrachet)

Einen Eßlöffel Olivenöl in einer großen Pfanne erhitzen. Die Zwiebel mit 1/2 Teelöffel Salz und etwas Pfeffer 5 Minuten bei mittlerer Hitze darin andünsten, bis sie Saft zu ziehen beginnt. Die Hälfte des Knoblauchs hinzufügen und mitdünsten, bis die Zwiebel weich wird (2–3 Minuten). In eine Schüssel umfüllen.
Das restliche Olivenöl in einer großen Pfanne erhitzen und den Spinat bei mittlerer Hitze rasch zusammenfallen lassen. Den restlichen Knoblauch mitdünsten, salzen und pfeffern. Den Spinat vom Herd ziehen, abtropfen und abkühlen lassen. Blattspinat portionsweise auswringen und grob hacken.
Spinat zusammen mit der Zitronenschale und den Walnußkernen zu den Zwiebeln geben. Die Hälfte der Kräuter unterheben, den Rest zum Garnieren beiseite stellen. Ricotta in eine Schüssel füllen und mit dem Ei verrühren. Die Hälfte des Parmesans mit 1/4 Teelöffel Salz und einer kleinen Prise Pfeffer untermengen, den Rest beiseite stellen. Spinatmischung mit der Ricottamasse verrühren, dann den Ziegenkäse hineinkrümeln. Mit Salz und Pfeffer würzen.

Cannelloni füllen
2 frische Nudelblätter, insgesamt ca. 300 g

Die Nudelblätter in 12 Quadrate von 10 Zentimeter Kantenlänge schneiden (oder entsprechend dem Format der Nudelblätter portionieren).
Backofen auf 180 Grad vorheizen. Die Teigquadrate auf einer Arbeitsfläche ausbreiten und jeweils 4 Eßlöffel von der Füllung an den Rand eines jeden Quadrats setzen. Die Teigflecken locker aufrollen, denn die Füllung gewinnt während des Backens an Volumen.
Den Boden einer Auflaufform mit 1–2 Kellen Tomatensauce bedecken. Die Cannelloni dicht an dicht mit der Nahtstelle nach unten in die Form setzen und mit der restlichen Sauce überziehen. Die Sauce mit einem Backpinsel gleichmäßig verteilen und darauf achten, daß die Cannelloni und vor allem die Enden gut von der Sauce bedeckt werden.
Abdecken und 20–25 Minuten backen. Die Cannelloni vor dem Servieren mit dem restlichen Parmesan und den frischen Kräutern bestreuen.

Tip: Wenn die Knoblauch-Tomaten-Sauce zu säuerlich schmeckt, mit bis zu einem Teelöffel Zucker verfeinern.

C annelloni mit Pilzen und Fenchel

Die beste Jahreszeit für diese Cannelloni ist der Frühherbst, wenn es die letzten frischen Tomaten und den ersten frischen Fenchel gibt. Geröstete Pinienkerne und Parmesan machen die Füllung, die durch die Tomaten-Fenchel-Sauce ergänzt wird, besonders aromatisch.

Tomaten-Fenchel-Sauce
1 Eßlöffel natives Olivenöl extra
1/2 Zwiebel, gehackt
Salz und Pfeffer
3/4 Teelöffel Fenchelsamen, gemahlen
4 Knoblauchzehen, fein gehackt
1/2 Glas trockener Rotwein
1 kg frische Tomaten, gehäutet, entkernt und püriert (Seite 124), oder
1 große Dose pürierte Tomaten mit ihrem Saft
1 Lorbeerblatt

Das Olivenöl in einem Topf erhitzen. Die Zwiebel, 1/2 Teelöffel Salz, etwas Pfeffer und die gemahlenen Fenchelsamen 5 Minuten bei mittlerer Hitze darin andünsten. Dann den Knoblauch und Rotwein hinzufügen und die Flüssigkeit fast vollständig einkochen lassen (1–2 Minuten). Die Wärmezufuhr drosseln und die Tomaten mit 1/4 Teelöffel Salz und dem Lorbeerblatt hinzufügen. 30 Minuten leise durchköcheln. Mit Salz und Pfeffer abschmecken.

Füllung für 12 Cannelloni, 6 Portionen
2 Eßlöffel natives Olivenöl extra
1/2 Zwiebel, gehackt
Salz und Pfeffer
1/2 Teelöffel Fenchelsamen, gemahlen
1 mittelgroße Fenchelknolle (längs vierteln, putzen und in dünne Streifen schneiden)
4 Knoblauchzehen, fein gehackt
125 ml trockener Weißwein
375 g Champignons, in dicke Scheiben geschnitten
1 Eßlöffel Pinienkerne, geröstet (Seite 263)
4 Eßlöffel frisch gehackte Kräuter: Petersilie, Majoran und Thymian

100 g geriebener Parmesan
250 g Ricotta

1 Eßlöffel Olivenöl in einer großen Pfanne erhitzen. Die Zwiebeln, 1/2 Teelöffel Salz, etwas Pfeffer und die Fenchelsamen hineingeben. 5 Minuten bei mittlerer Hitze dünsten, bis die Zwiebel weich zu werden beginnt. Den Fenchel und die Hälfte des Knoblauchs hinzufügen und weich dünsten (4–5 Minuten). Die Hälfte des Weins angießen und fast vollständig einkochen lassen. Das Gemüse in eine Schüssel füllen. Das restliche Olivenöl in der Pfanne erhitzen und die Champignons mit 1/2 Teelöffel Salz und etwas Pfeffer bei großer Hitze anrösten. Dabei ziehen die Pilze Saft, der einkocht und die Pilze stark bräunen läßt. Auch wenn die Pilze nun am Pfannenboden anlegen, nicht umrühren. Bei starker Hitze goldbraun rösten, dann einmal wenden und 1–2 Minuten weiterbraten. Den restlichen Knoblauch unterheben. Den restlichen Wein angießen und einkochen lassen (1–2 Minuten).
Champignons zur Fenchel-Zwiebel-Mischung geben. Pinienkerne untermengen. Die Hälfte der Kräuter zum Garnieren beiseite stellen, den Rest unter das Gemüse mischen.
Die Hälfte des Parmesans zum Garnieren aufheben, die andere Hälfte zusammen mit der Ricotta in die Füllmasse rühren. Mit Salz und Pfeffer würzen.

Cannelloni füllen
2 frische Nudelblätter, insgesamt ca. 300 g

Die Nudelblätter in 12 Quadrate von 10 Zentimeter Kantenlänge schneiden (oder entsprechend dem Format der Nudelblätter portionieren).
Backofen auf 180 Grad vorheizen. Die Teigquadrate auf einer Arbeitsfläche ausbreiten und jeweils 4 Eßlöffel von der Füllung an den Rand eines jeden Quadrats setzen. Die Teigflecken locker aufrollen, weil die Füllung während des Backens an Volumen gewinnt.
Den Boden einer Auflaufform mit 1–2 Kellen Tomatensauce bedecken. Die Cannelloni dicht an dicht mit der Nahtstelle nach unten in die Form setzen und mit der restlichen Sauce überziehen. Mit einem Backpinsel die Sauce gleichmäßig verteilen und darauf achten, daß die Cannelloni und vor allem die Enden gut von der Sauce bedeckt werden.
Abdecken und 20–25 Minuten backen. Die Cannelloni vor dem Servieren mit dem restlichen Parmesan und den frischen Kräutern bestreuen.

Tip: Wenn die Tomaten-Fenchel-Sauce zu säuerlich schmeckt, mit bis zu einem Teelöffel Zucker süßen.

Ravioli mit Auberginenfüllung

Gebratene Auberginen und Knoblauch werden mit gerösteten Pinienkernen, Pecorino, Basilikum und Oregano zu einer herzhaften Füllung verarbeitet, die wunderbar zur frischen und leichten Tomatensauce paßt. Der würzige Pecorino paßt hervorragend zu den Röstaromen, aber auch Parmesan schmeckt gut.

Ravioli sind recht mühsam in der Zubereitung. Damit Sie auch ein wenig Freude daran haben, sollten Sie sich genügend Zeit lassen. Damit in letzter Minute nicht noch Streß aufkommt, können Sie die Auberginen und den Knoblauch bereits im voraus braten.

Zutaten für 20–24 Ravioli mit 8 cm Kantenlänge; vier Portionen
2 Auberginen (vorzugsweise die runden Sorten), insgesamt ca. 1 kg
4 1/2 Eßlöffel natives Olivenöl extra
15 ungeschälte Knoblauchzehen
1/2 Zwiebel, gehackt
Salz und Pfeffer
5 Knoblauchzehen, fein gehackt
1/2 Glas trockener Weißwein
2 Eßlöffel Pinienkerne, geröstet und grob gehackt (Seite 312)
2 Eßlöffel frisch gehacktes Basilikum
1 Eßlöffel frisch gehackter Oregano oder Majoran
100 g geriebener Pecorino für die Füllung + etwas Käse zum Servieren
500 g frischer Nudelteig, zu möglichst dünnen Blättern ausgerollt
1 kg Tomaten, gehäutet und entkernt (Seite 124)
10 Basilikumblätter, in schmale Streifen geschnitten

Backherd auf 180 Grad vorheizen. Die Auberginen längs halbieren. Die Schnittseite mit einem Eßlöffel Olivenöl einpinseln. Auberginen mit der Schnittseite nach unten auf ein leicht geöltes Backblech legen. Die Knoblauchzehen leicht mit Olivenöl bepinseln und ebenfalls auf das Blech setzen. Im heißen Rohr backen, bis Auberginen und Knoblauch weich sind (25–30 Minuten). Die Auberginen in einem Sieb abtropfen lassen, den Knoblauch abkühlen lassen und häuten. Auberginen und Knoblauch grob zerkleinern und beiseite stellen.

Während das Gemüse im Ofen brät, einen Eßlöffel Olivenöl in einer Pfanne erhitzen. Die Zwiebel mit 1/2 Teelöffel Salz und etwas Pfeffer bei mittlerer Hitze darin dünsten, bis sie Saft zu ziehen beginnt (ca. 5 Minuten). Dann die Hälfte des gehackten

Knoblauchs hinzufügen und 5 Minuten mitdünsten. Wenn die Zwiebel weich ist, den Wein angießen und fast vollständig einkochen lassen. In eine Schüssel füllen und abkühlen lassen.

Auberginen und gerösteten Knoblauch, Pinienkerne, gehacktes Basilikum, Oregano, 3/4 Teelöffel Salz, etwas Pfeffer und Pecorino mit der Zwiebel vermischen. Die Füllung muß jetzt sehr kräftig schmecken.

Eine Arbeitsfläche leicht bemehlen. Die Nudelblätter je nach Größe längs in 8–10 Zentimeter breite Streifen schneiden. Einen Teigstreifen auf die Arbeitsfläche legen, den restlichen Teig mit einem feuchten Tuch abdecken, damit er nicht austrocknet. Im Abstand von jeweils 5 Zentimetern teelöffelgroße Portionen Füllmasse in die Mitte des Teigstreifens setzen. Den Teigstreifen leicht mit Wasser besprühen, einen zweiten Streifen obenauflegen und festdrücken. Dabei vorsichtig um die Füllung herumarbeiten, damit sich keine Luftbläschen bilden können. Mit einem Teigrädchen die einzelnen Ravioli ausrädeln und die Ränder noch einmal sorgfältig zusammendrücken. Weiterarbeiten, bis Teig und Füllung aufgebraucht sind. Ravioli auf ein bemehltes Backblech setzen.

Einen weiten Topf Wasser zum Kochen bringen und einen Teelöffel Salz einstreuen. Die Tomaten in grobe Stücke teilen und mit dem restlichen Olivenöl und gehackten Knoblauch sowie mit 1/4 Teelöffel Salz und etwas Pfeffer und der Hälfte der Basilikumstreifen vermischen.

Die Tomatenmischung in eine große Pfanne geben und 3 Minuten durchwärmen. Inzwischen die Ravioli ins kochende Wasser geben und sanft gar ziehen lassen (je nach Stärke des Nudelteigs 2–6 Minuten). Die Ravioli mit einer Schaumkelle vorsichtig aus dem Topf heben, kurz abtropfen lassen und unverzüglich in die Tomatensauce legen. Die Ravioli mit einem großen Löffel vorsichtig mit Sauce überziehen. Mit Salz und Pfeffer würzen. Die Ravioli in vorgewärmte Teller setzen und mit Basilikumstreifen und Pecorino servieren.

A uberginenlasagne

Machen Sie diese Lasagne im Sommer, wenn es auf den Märkten die wunderschönen, tiefvioletten Auberginen, hocharomatisches Basilikum und frische Strauchtomaten zu kaufen gibt. Nehmen Sie lieber Dosentomaten, wenn die frischen Tomaten fade schmecken. Der Geschmack und die Konsistenz der Auberginen sind hier besonders wichtig, würzen Sie das Gemüse daher großzügig und braten Sie es so lange, bis es auch in der Mitte weich und zart ist. Sie können die Sauce bereits einen Tag im voraus vorbereiten.

Tomatensauce
1 Eßlöffel natives Olivenöl extra
1/2 Zwiebel, fein gehackt
Salz und Pfeffer
1/2 Teelöffel getrocknetes Basilikum
6 Knoblauchzehen, fein gehackt
1/2 Glas trockener Rotwein
Gut 1 kg Tomaten, gehäutet, entkernt und püriert (Seite 124), oder
1 große Dose pürierte Tomaten mit ihrem Saft
1 Lorbeerblatt

Olivenöl in einem Topf erhitzen. Die Zwiebel mit 1/2 Teelöffel Salz, einer Prise Pfeffer und dem Basilikum hinzufügen und bei mittlerer Hitze weich dünsten (5–7 Minuten). Den Knoblauch hineingeben und 5 Minuten mitdünsten, dann den Wein angießen und in 1–2 Minuten fast vollständig einkochen lassen. Die Tomaten mit 1/4 Teelöffel Salz und dem Lorbeerblatt einrühren und 30 Minuten im offenen Topf sanft durchschmoren. Mit Salz und Pfeffer abschmecken.

Auberginen
Gut 1 kg Auberginen (vorzugsweise kleine längliche Früchte), schräg
in 1 Zentimeter breite Scheiben geschnitten
3 Eßlöffel natives Olivenöl extra
2 Knoblauchzehen, fein gehackt
Salz und Pfeffer

Backofen auf 190 Grad vorheizen. Die Auberginen mit Olivenöl, Knoblauch, 1/2 Teelöffel Salz und etwas Pfeffer würzen. Die Scheiben auf ein Backblech legen und

15–20 Minuten garen, bis sie in der Mitte weich sind. Abkühlen lassen und in dicke Streifen schneiden. Noch einmal mit Salz und Pfeffer nachwürzen, denn die Auberginen sollten sehr kräftig schmecken.

Ricottacreme
500 g Ricotta
2 verquirlte Eier
30 g geriebener Parmesan
3 Prisen frisch geriebene Muskatnuß
1/2 Teelöffel Salz
1 Messerspitze Pfeffer

Ricotta in eine Rührschüssel füllen und mit den Eiern verrühren. Die restlichen Zutaten hinzufügen und gut durchmischen.

Kräuterbéchamel
600 ml Milch
2 Eßlöffel Butter
3 Eßlöffel Mehl
1 Kräutersträußchen aus Petersilie, Salbei, Thymian und Majoran
1/4 Teelöffel Salz
1 Messerspitze Pfeffer

Die Milch in einem Topf erhitzen. Die Butter in einem zweiten Topf zerlassen und das Mehl unter ständigem Rühren 2–3 Minuten darin anschwitzen. Die heiße Milch portionsweise in die Mehlschwitze rühren. Das Kräutersträußchen, Salz und Pfeffer hinzufügen. Auf kleiner Flamme 10 Minuten köcheln lassen. Die Kräuter erst unmittelbar vor der Verwendung der Béchamelsauce herausfischen.

Lasagne zubereiten, sechs bis acht Portionen
60 g geriebener Parmesan
60 g geriebener Provolone
60 g Mozzarella, gehackt
2 Handvoll Basilikumblätter, gehackt
500 g frische Nudelblätter

Die Käsesorten vermischen. 6 Eßlöffel abmessen und zum Backen aufheben. Einen Eßlöffel Basilikum zum Garnieren beiseite stellen.
Backherd auf 180 Grad vorheizen. Gut eine Kelle Tomatensauce in eine Auflaufform gießen und eine Schicht Nudelblätter darauflegen. Mit einer Kelle Tomatensauce bedecken, dann die Hälfte des Auberginengemüses einfüllen. Mit der Hälfte der Käsemischung und der Hälfte Basilikum bestreuen. Mit einer Schicht Nudeln abdecken. Die Ricottacreme gleichmäßig auf den Nudeln verstreichen und mit einer

Schicht Nudeln abdecken. Mit der restlichen Tomatensauce überziehen, dann die Auberginen und das Basilikum darübergeben. Mit dem restlichen Käse bestreuen und mit einer Nudelschicht abdecken. Mit der Béchamelsauce überziehen.

Abdecken und 20 Minuten backen. Deckel abnehmen, mit dem beiseite gestellten Käse bestreuen und weiterbacken, bis die Béchamelschicht fest wird (10–15 Minuten). Aus dem Ofen nehmen und mit dem restlichen Basilikum garnieren.

Variante: Wenn Sie einen intensiveren Basilikumgeschmack wünschen, nehmen Sie statt frischem Basilikum Pesto (Seite 392). Den Pesto über die Auberginen streichen und mit Käse bestreuen.

Sie können die Lasagne auch ohne Béchamel und dafür nur mit Tomatensauce zubereiten. Nehmen Sie dann die doppelte Menge Tomatensauce, weil Sie auch die oberste Schicht Nudeln damit überziehen müssen. Die restliche Sauce können Sie einfrieren, für eine Pizza verwenden oder Spaghetti damit anrichten.

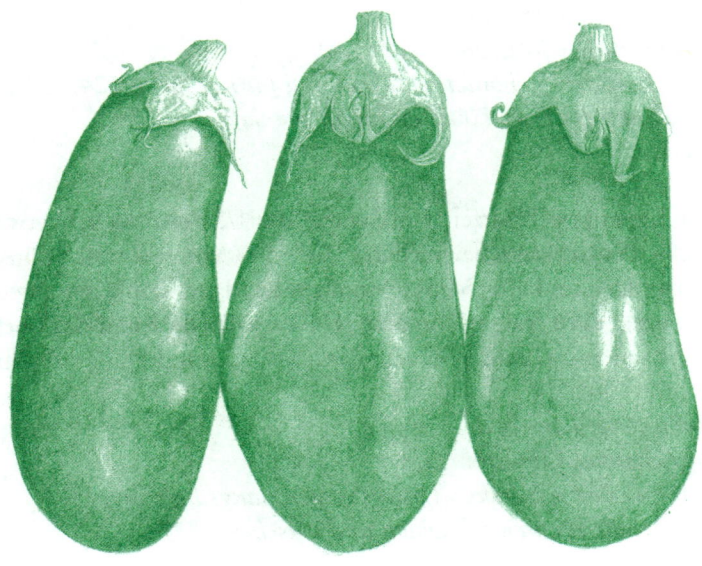

A rtischocken-Lauch-Lasagne

Die lebhafte Tomatensauce, kräftiger Parmesan und Provolone ergänzen die zarten Aromen des gedünsteten Gemüses. Die nussigen Artischocken, der intensiv-üppige Lauch und die frischen Kräuter ergeben eine ganz außergewöhnliche Lasagne.

Tomatensauce
1 Eßlöffel natives Olivenöl extra
1/2 Zwiebel, gehackt
Salz und Pfeffer
1/4 Teelöffel getrockneter Majoran
1/4 Teelöffel getrockneter Thymian
6 Knoblauchzehen, fein gehackt
1/2 Glas trockener Rotwein
Gut 1 kg Tomaten, gehäutet, entkernt und püriert (Seite 124), oder
2 kleine Dosen pürierte Tomaten mit ihrem Saft
1 Lorbeerblatt

Das Olivenöl in einem Topf erhitzen. Die Zwiebel mit 1/2 Teelöffel Salz, etwas Pfeffer und den getrockneten Kräutern bei mittlerer Hitze 5–7 Minuten weich dünsten. Den Knoblauch hinzufügen und eine Minute mitdünsten, dann den Wein angießen und fast vollständig einkochen lassen. Tomaten, 1/4 Teelöffel Salz und das Lorbeerblatt hinzufügen. 30 Minuten schmoren lassen, dann mit Salz und Pfeffer abschmecken.

Gemüsefüllung
2 Eßlöffel natives Olivenöl extra
Der weiße Teil von 2 dicken Lauchstangen (längs halbieren,
quer in schmale Streifen schneiden und waschen)
Salz und Pfeffer
1/2 Teelöffel getrockneter Thymian
4 mittelgroße Artischocken, geputzt und zurechtgeschnitten (Seite 288)
4 Knoblauchzehen, fein gehackt
1/2 Eßlöffel frisch gepreßter Zitronensaft
1/2 Glas trockener Weißwein
3 Eßlöffel frisch gehackte Kräuter: Majoran, Thymian und Petersilie

Das Olivenöl in einer großen Pfanne erhitzen. Die Lauchstreifen mit 1/2 Teelöffel Salz, etwas Pfeffer und dem getrockneten Thymian 3 Minuten andünsten. Die Artischocken abgießen und zusammen mit dem Knoblauch zu den Lauchstreifen geben. Pfanne abdecken und das Gemüse 7–8 Minuten weich dämpfen. Das Gemüse mit Zitronensaft und Wein ablöschen. Die Kräuter vermischen. Einen Eßlöffel abmessen und zum Garnieren aufheben. Den Rest in die Pfanne rühren. Mit Salz und Pfeffer abschmecken.

Lasagne zubereiten, sechs bis acht Portionen
100 g geriebener Parmesan
100 g geriebener Provolone
500 g frische Nudelblätter
Ricottacreme (Seite 186)
Kräuterbéchamel (Seite 186)

6 Eßlöffel Parmesan zum Backen aufheben, den Rest mit dem Provolone vermischen. Backherd auf 180 Grad vorheizen. 300 Milliliter Tomatensauce in eine Auflaufform gießen und eine Schicht Nudelblätter darauflegen. Mit Tomatensauce bedecken, dann das Gemüse daraufbetten. Mit der Hälfte der Käsemischung bestreuen. Mit einer Schicht Nudeln abdecken. Die Ricottacreme gleichmäßig auf den Nudeln verstreichen und mit einer Schicht Nudeln abdecken. Mit der restlichen Tomatensauce überziehen. Mit dem übrigen Käse bestreuen und mit einer Nudelschicht abdecken. Mit der Béchamelsauce überziehen.
Abdecken und 20 Minuten backen. Deckel abnehmen, mit den 6 Eßlöffeln Parmesan bestreuen und weiterbacken, bis die Béchamelschicht fest wird (10–15 Minuten). Aus dem Ofen nehmen und mit den frischen Kräutern garnieren.

Tip: Wenn die Tomatensauce zu säuerlich geraten ist, mit bis zu einem Teelöffel Zucker süßen.

Lasagne mit Portweinsauce

Diese elegante winterliche Lasagne verlangt viel Zeit und Mühe, so daß wir sie nur zu ganz besonderen Gelegenheiten servieren. Die Zubereitung ist aufwendig, doch Ihr Einsatz wird mit einer absoluten Köstlichkeit belohnt.

Der Portwein verleiht der Sauce eine Fülle und Komplexität, die mit Sherry oder Rotwein nicht erreicht werden kann. Die Sauce wird zusammen mit Pilzen, Lauch und Gruyère über die Nudeln gegeben. Eine cremige Ricottaschicht füllt die Mitte, während eine Kräuterbéchamelsauce den Abschluß bildet.

Portweinsauce
Pilzbrühe (Seite 106)
15 g getrocknete Steinpilze, 10 Minuten in warmem Wasser eingeweicht
1 Eßlöffel leichtes Olivenöl
1/2 Zwiebel, gehackt
1/2 Teelöffel Salz
Pfeffer
5 Knoblauchzehen, fein gehackt
125 ml guter Portwein
3 Eßlöffel Butter
4 Eßlöffel Mehl

Nach dem Rezept auf Seite 106 eine Pilzbrühe zubereiten und bei kräftiger Hitze auf 3/4 Liter einkochen lassen. Dann auf dem Herd warm halten.

Die eingeweichten Steinpilze durch ein feines Sieb gießen, das Einweichwasser auffangen. (Sollte das Einweichwasser sandig sein, durch ein Küchentuch gießen oder den Sand setzen lassen und dann erst das Wasser vorsichtig abgießen.) Die Steinpilze fein hacken, dabei unschöne und harte Stellen entfernen.

Das Olivenöl in einer Pfanne erhitzen. Die Zwiebel mit Salz und Pfeffer bei mittlerer Hitze darin dünsten, bis sie Saft zu ziehen beginnt (5–7 Minuten). Knoblauch und Steinpilze hinzufügen und 2–3 Minuten mitdünsten. Portwein und Einweichwasser hineingießen und fast vollständig einkochen lassen. In eine Schüssel füllen und ruhen lassen.

In derselben Pfanne nun aus Butter und Mehl eine Mehlschwitze bereiten. Das Mehl 2–3 Minuten unter ständigem Rühren in der heißen Butter anschwitzen. Mit 125 Milliliter Pilzbrühe auffüllen, zu einer Creme einkochen lassen und dann wieder mit 125 Milliliter Brühe verdünnen. Nach und nach die restliche Brühe hinzugießen.

Danach die Zwiebelmischung mit ihrem Bratfond einrühren. Die Sauce bei mittlerer Hitze leicht einkochen lassen (8–10 Minuten). Die Sauce sollte konzentriert und aromatisch schmecken.

Pilze und Lauch
2 Eßlöffel leichtes Olivenöl
Der weiße Teil von 2 dicken Lauchstangen (längs halbieren,
quer dazu in dünne Streifen schneiden und waschen)
1/2 Teelöffel Salz
Pfeffer
1/2 Teelöffel getrockneter Thymian
5 Knoblauchzehen, fein gehackt
500 g Champignons, in dicke Scheiben geschnitten
4 Eßlöffel Portwein
4 Eßlöffel frisch gehackte Kräuter: Thymian, Majoran und Petersilie

1 Eßlöffel Olivenöl in einer großen Pfanne erhitzen. Die Lauchstreifen mit 1/2 Teelöffel Salz, etwas Pfeffer und dem getrockneten Thymian 2 Minuten andünsten. Dann die Hälfte des Knoblauchs hinzufügen, die Pfanne abdecken und den Lauch weich dämpfen (7–8 Minuten). In eine Schüssel füllen.
Die Champignons in zwei Portionen teilen und jeweils mit 1/2 Eßlöffel Olivenöl, 1/4 Teelöffel Salz und etwas Pfeffer anbraten. Beim Braten ziehen die Pilze Saft, der dann einkocht und die Pilze bräunen läßt. Nicht umrühren, auch wenn die Pilze am Pfannenboden anliegen. Bei kräftiger Hitze bräunen, dann einmal wenden und 1–2 Minuten weiterbraten. Die Hälfte des restlichen Knoblauchs hinzufügen, umrühren und mit 2 Eßlöffeln Portwein ablöschen. Die Pilze zum Lauch geben. Die zweite Portion Champignons genauso anrösten.
Einen Eßlöffel gehackte Kräuter zum Garnieren aufheben, den Rest unter das Gemüse streuen.

Lasagne zubereiten, sechs bis acht Portionen
100 g geriebener Parmesan
125 g geriebener Gruyère
500 g frische Nudelblätter
Ricottacreme (Seite 186)
Kräuterbéchamel (Seite 186)

6 Eßlöffel Parmesan zum Garnieren beiseite stellen, den Rest mit dem Gruyère vermischen.
Backherd auf 180 Grad vorheizen. Den Boden einer Auflaufform mit einer Kelle Pilzsauce bedecken. Eine Schicht Nudelblätter darauflegen. Mit 1/4 Liter Sauce überziehen, dann die gesamte Lauch-Champignon-Mischung einfüllen. Mit der Hälfte der Käsemischung bestreuen und mit einer Schicht Nudeln abdecken. Die

Ricottacreme gleichmäßig auf den Nudeln verstreichen und mit einer Schicht Nudeln abdecken. Mit der restlichen Pilzsauce überziehen, dann den Käse darüberstreuen und mit einer Nudelschicht abdecken. Mit der Béchamelsauce überziehen und darauf achten, daß die Ränder und Ecken gut bedeckt sind.

Abdecken und 20 Minuten backen. Deckel abnehmen, mit dem beiseite gestellten Käse bestreuen. Weiterbacken, bis die Béchamelschicht fest wird (10–15 Minuten). Aus dem Ofen nehmen und mit den restlichen Kräutern garnieren.

Serviervorschlag: Diese Lasagne zeichnet sich durch ein sehr komplexes Aroma aus, weshalb wir sie nur mit einfachen Beilagen kombinieren. Im Winter passen dazu gebratene Schalotten und sautiertes Wintergemüse, das Sie zubereiten können, während die Lasagne im Ofen bäckt.

Tip: Die reduzierte Pilzbrühe läßt sich gut einen oder zwei Tage im voraus zubereiten oder sogar einfrieren. Sie können auch die Sauce schon am Vortag kochen; sie muß dann aber noch einmal abgeschmeckt werden. Die Sauce schmeckt zwar sehr kräftig, ist aber leicht in der Konsistenz (sie wird mit gerade soviel Butter und Mehl gebunden wie unbedingt nötig) – seien Sie also nicht überrascht, wenn sie Ihnen eher dünn erscheint.

Tomaten-Pilz-Brühe für Risotto

Tomaten sind die Hauptzutat in dieser Brühe, die durch die getrockneten Shiitake-pilze geschmackliche Tiefe erhält. Im Sommer verwenden wir frische Tomaten, ansonsten greifen wir auf Dosentomaten zurück. Frische Tomaten ergeben eine süß-fruchtige und leichte Brühe, während Dosentomaten kräftiger schmecken. In beiden Fällen erhalten Sie die schmackhafte Brühe, die Sie für ein Risotto brauchen.

Zutaten für ca. 1 3/4 Liter
2 l kaltes Wasser
1 Zwiebel, in dünne Ringe geschnitten
Die grünen Enden einer Lauchstange (in Streifen schneiden und waschen)
8 ungeschälte Knoblauchzehen, zerstoßen
(geht am besten mit der Breitseite einer Messerklinge)
1 Teelöffel Salz
30 g getrocknete Shiitakepilze
2 mittelgroße Karotten, in Scheiben geschnitten
1 große Kartoffel, ungeschält in Scheiben geschnitten
125 g Champignons, blättrig aufgeschnitten
2 Selleriestengel, in Streifen geschnitten
1 große Dose Tomaten mit ihrem Saft oder 1 kg frische Tomaten,
grob gehackt
6 Petersilienzweige, grob gehackt
6 frische Thymianzweige
3 frische Salbeiblätter
2 frische Majoran- oder Oreganozweige
1/2 Teelöffel Pfefferkörner

1/8 Liter Wasser in einen Suppentopf gießen. Zwiebel, Lauch, Knoblauch und Salz hineinrühren, abdecken und 15 Minuten bei mittlerer Hitze sanft dämpfen. Die übrigen Zutaten hinzufügen, mit dem restlichen Wasser auffüllen und diese Brühe zum Kochen bringen. Wärmezufuhr drosseln und im offenen Topf eine Stunde simmern. Die Brühe durch ein Sieb gießen, das Gemüse kräftig auspressen und wegwerfen. Die Brühe sofort verwenden oder abkühlen lassen und kalt stellen bzw. einfrieren. Die Brühe hält sich im Kühlschrank zwei Tage, in der Gefriertruhe mehrere Monate.

Frühlingsrisotto mit Spargel und Erbsen

Zarter Spargel, Zuckerschoten und Zuckererbsen machen das Risotto zu einem leichten und frischen Frühlingsgericht. Die reduzierte Tomaten-Pilz-Brühe bildet einen schönen Hintergrund für das Gemüse. Eine köstliche Variante: Rühren Sie beim Andünsten etwas Safran unter den Reis, denn er verleiht dem Risotto ein faszinierendes Aroma.

Zutaten für vier bis sechs Portionen
Tomaten-Pilz-Brühe für Risotto (Seite 193)
Salz und Pfeffer
125 g Zuckerschoten (Fäden abziehen)
250 g feine Erbsen, geschält
125 g grüner Spargel (holzige Enden entfernen und
Stangen schräg in 5 cm lange Stücke schneiden)
1 Eßlöffel natives Olivenöl extra
2 Eßlöffel Butter
1/2 Zwiebel, in 1 cm große Würfel geschnitten
3 Knoblauchzehen, fein gehackt
300–350 g Risottoreis (vorzugsweise die Sorte Arborio)
1 mittelgroße Mohrrübe, gewürfelt
1 großzügige Prise Safranfäden, in 1 Eßlöffel heißem Wasser
eingeweicht (nach Wunsch)
125 ml trockener Weißwein
30 g geriebener Parmesan für das Risotto und
etwas Käse zum Servieren
2 Eßlöffel grob gehackte Petersilie

Die Brühe in einen Topf gießen, zum Kochen bringen und auf 1 1/2 Liter einkochen lassen. Auf dem Herd warm halten.

Einen großen Topf Wasser zum Kochen bringen. 1/4 Teelöffel Salz einstreuen. Die Zuckerschoten 3 Minuten im sprudelnden Wasser garen. Mit einer Schaumkelle herausheben und kalt abschrecken. Abtropfen lassen und beiseite stellen. Nach derselben Methode die Erbsen (2 Minuten) und den Spargel (1 1/2–2 Minuten) garen. Dabei aufpassen, daß das Gemüse seine knackig grüne Farbe behält und nicht zerkocht.

Olivenöl und Butter in einer weiten Pfanne erhitzen. Die Zwiebel mit 1/4 Teelöffel

Salz und etwas Pfeffer bei mittlerer Hitze andünsten (3–4 Minuten). Knoblauch hinzufügen und 1–2 Minuten mitdünsten.

Reis und Mohrrübe in den Topf rühren und 2–3 Minuten unter ständigem Wenden anrösten. (Nach Wunsch jetzt auch den Safran einrühren.) Die Brühe viertelliterweise angießen und einkochen lassen. Regelmäßig umrühren.

Wenn der Reis 3/4 Liter Brühe aufgesogen hat, Wein und 1/4 Teelöffel Salz einrühren. Wieder Brühe angießen, bis Sie insgesamt 1 1/4 Liter verbraucht haben. Mit dem letzten Viertelliter Brühe auch die Zuckerschoten, die Erbsen und den Spargel sowie 1/4 Teelöffel Salz und etwas Pfeffer in das Risotto geben. Die Reiskörner sollten jetzt gut bißfest sein, das Risotto etwas flüssig und servierbereit. Das Risotto mit 6 Eßlöffeln geriebenem Parmesan verfeinern. Mit Petersilie bestreuen und servieren. Geriebenen Parmesan extra dazu reichen.

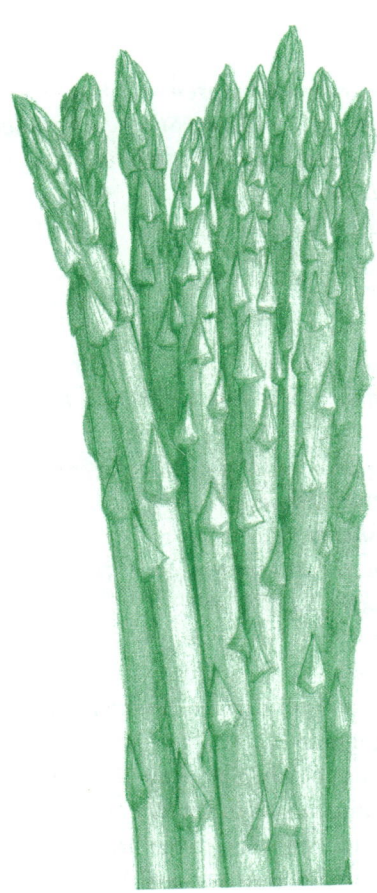

R isotto mit Sommergemüse

Hier schmeckt man den Sommer: zarte grüne Bohnen, saftige Strauchtomaten und würziges Basilikum. Wenn Sie auch die Brühe mit frischen Tomaten zubereiten, erhält das Risotto ein wunderbares Aroma. Eine Prise Safran sorgt für noch mehr Geschmack und Farbe und erfüllt bereits beim Kochen Ihre Küche mit seinem verführerischen Duft.

Zutaten für vier bis sechs Portionen
Tomaten-Pilz-Brühe für Risotto (Seite 193)
Salz
125 g grüne Bohnen (Enden abknipsen und Bohnen je nach Größe
ganz lassen oder schräg in 5 cm lange Stücke schneiden)
60 g gelbe Wachsbohnen (je nach Größe schräg in 5 cm lange Stücke
schneiden oder ganz lassen)
1 Eßlöffel natives Olivenöl extra
2 Eßlöffel Butter
1/2 Zwiebel, gehackt
Pfeffer
2 Knoblauchzehen, fein gehackt
1 großzügige Prise Safranfäden, in 1 Eßlöffel heißem Wasser eingeweicht
(nach Wunsch)
300–350 g Risottoreis (vorzugsweise die Sorte Arborio)
1 gelbe oder rote Paprikaschote, gewürfelt
4 Eßlöffel trockener Sherry
250 g Tomaten, geputzt, entkernt und grob zerkleinert
6 Eßlöffel grob gehacktes Basilikum
Geriebener Parmesan

Die Brühe in einen Topf gießen, zum Kochen bringen und auf 1 1/2 Liter einkochen lassen. Auf dem Herd warm halten.
Einen großen Topf Wasser zum Kochen bringen. 1/4 Teelöffel Salz einstreuen. Die grünen Bohnen 2–4 Minuten im sprudelnden Wasser garen. Mit einer Schaumkelle herausheben und kalt abschrecken. Abtropfen lassen und beiseite stellen. Nach derselben Methode die Wachsbohnen garen (3–4 Minuten); aus dem Wasser schöpfen, abbrausen und abtropfen lassen, dann unter die grünen Bohnen mischen. Die genaue Garzeit der Bohnen hängt stark von der verwendeten Sorte und dem

Alter ab. Achten Sie darauf, daß sie ihre knackige Farbe behalten und nicht zerkochen.

Olivenöl und Butter in einer großen Pfanne erhitzen. Die Zwiebel mit 1/4 Teelöffel Salz und etwas Pfeffer bei mittlerer Hitze andünsten (3–4 Minuten). Knoblauch hinzufügen und 1–2 Minuten mitdünsten. (Nach Wunsch jetzt den Safran einrühren.) Reis in den Topf rühren und 2–3 Minuten unter ständigem Wenden anrösten. Die Brühe viertelliterweise angießen und vollständig einkochen lassen. Dann erst wieder nachgießen. Regelmäßig umrühren.

Wenn der Reis 3/4 Liter Brühe aufgesogen hat, Paprika und Sherry hinzufügen. Den Reis nach der beschriebenen Methode garen, bis Sie 1 1/4 Liter Brühe verbraucht haben. Mit dem letzten Viertelliter die Bohnen, Tomaten, Basilikum und 1/4 Teelöffel Salz hinzufügen. Das Risotto ist nun fertig. Der Reis ist noch gut bißfest, das Risotto selbst relativ flüssig. Sofort auf vorgewärmte Teller verteilen und mit Parmesan servieren.

Herbstliches Risotto mit Pfifferlingen und Tomaten

Frühherbst ist die beste Jahreszeit für dieses Risotto, wenn es die letzten Tomaten und den ersten Lauch und Herbstpilze gibt. Die Pfifferlinge werden sanft in Butter und Weißwein gedünstet, während die cremigen Reiskörner ihren Duft nach Wald und Erde aufnehmen. Wenn Sie keine frischen Pfifferlinge bekommen, nehmen Sie Champignons und/oder Egerlinge.

Zutaten für vier bis sechs Portionen
Tomaten-Pilz-Brühe für Risotto (Seite 193)
250 g frische Pfifferlinge
3 Eßlöffel Butter
Salz und Pfeffer
Der weiße Teil von 2 mittelgroßen Lauchstangen (längs halbieren, quer in schmale Streifen schneiden und waschen)
4 Knoblauchzehen, fein gehackt
300–350 g Risottoreis (vorzugsweise die Sorte Arborio)
125 ml trockener Weißwein
250 g Tomaten, geputzt, entkernt und zerkleinert
2 Eßlöffel grob gehackte Petersilie
Geriebener Parmesan

Die Brühe in einen Topf gießen, zum Kochen bringen und auf 1 1/2 Liter reduzieren. Dann auf dem Herd warm halten.

Mit einer Bürste oder einem feuchten Lappen die Pfifferlinge sorgfältig putzen. Erde und Verunreinigungen entfernen. Pilze nicht waschen, weil sie sich sonst mit Wasser vollsaugen und ihr delikates Aroma verlieren. Besonders schmutzige Stielenden abtrennen. Die Pilze einschließlich Stiele in große Stücke oder dicke Scheiben schneiden.

Einen Eßlöffel Butter in einer großen Pfanne erhitzen. Die Pfifferlinge mit 1/4 Teelöffel Salz, etwas Pfeffer und ca. 60 ml Brühe sanft weich dünsten. (Die Garzeit hängt vom Feuchtigkeitsgehalt der Pilze ab.) In eine Schüssel füllen und beiseite stellen.

Die restlichen 2 Eßlöffel Butter in derselben Pfanne zerlassen. Lauch, 1/2 Teelöffel Salz und etwas Pfeffer hineingeben und bei lebhafter Hitze andünsten (ca. 3 Minuten). Die Pfanne zudecken und den Lauch 5 Minuten weich dämpfen. Den Knoblauch hinzufügen und 2 Minuten mitdünsten.

Den Reis unter den Lauch rühren und 2–3 Minuten unter ständigem Wenden anrösten. Die Brühe nun viertelliterweise angießen und jeweils vollständig einkochen lassen. Dabei stets umrühren.

Wenn der Reis 3/4 Liter Brühe aufgesogen hat, die Pfifferlinge und den Wein hinzufügen. Weiterhin Brühe angießen, bis insgesamt 1 1/4 Liter verbraucht sind. Die Tomaten, 1/4 Teelöffel Salz, etwas Pfeffer und nach Bedarf noch etwas Brühe dazugeben. Der Reis sollte gut bißfest und das Risotto relativ flüssig sein. Die Hälfte der Petersilie einrühren. Sofort auf vorgewärmte Teller verteilen. Mit Parmesan und der restlichen Petersilie servieren.

P ilzrisotto

Wir bieten dieses herzhafte Risotto im Spätherbst und Winter an, wenn es viel frischen Lauch und Fenchel gibt. Getrocknete Steinpilze sorgen für ein noch intensiveres Aroma. Sie können das Risotto nach Belieben variieren, indem Sie noch frische Pilze hineingeben oder statt Petersilie frischen Thymian verwenden.

Zutaten für vier bis sechs Portionen
Tomaten-Pilz-Brühe für Risotto (Seite 193)
7 g getrocknete Steinpilze, 10 Minuten in 125 ml warmem Wasser
eingeweicht
2 Eßlöffel natives Olivenöl extra
250 g Champignons (putzen und in dicke Scheiben schneiden)
Salz und Pfeffer
4 Knoblauchzehen, fein gehackt
2 Eßlöffel Butter
Der weiße Teil einer mittleren Lauchstange (längs halbieren,
quer in dünne Streifen schneiden und waschen)
1 mittelgroße Fenchelknolle (längs vierteln, putzen und in feine Streifen
schneiden)
300–350 g Risottoreis (vorzugsweise die Sorte Arborio)
125 ml trockener Weißwein
2 Eßlöffel grob gehackte Petersilie
Geriebener Parmesan

Die Brühe in einen Topf gießen und zum Kochen bringen. Auf 1 1/2 Liter reduzieren und auf dem Herd warm halten.
Die Steinpilze abgießen, Einweichwasser auffangen und später unter das Risotto rühren. (Sollte das Einweichwasser sandig sein, den Sand setzen lassen und das Wasser dann erst vorsichtig abgießen.) Die Steinpilze fein hacken, harte und unschöne Stellen entfernen. Beiseite stellen.
Einen Eßlöffel Olivenöl in einer großen Pfanne erhitzen. Champignons mit 1/4 Teelöffel Salz und etwas Pfeffer bei kräftiger Hitze anbraten. Die Hälfte des Knoblauchs einrühren. Den Bratfond mit dem Einweichwasser der Steinpilze loskochen. Pilze in eine Schüssel füllen.
Butter und das restliche Öl in der Pfanne erhitzen. Den Lauch mit 1/4 Teelöffel Salz und etwas Pfeffer 3–4 Minuten bei mittlerer Hitze andünsten. Fenchel, Steinpilze

und den restlichen Knoblauch hinzufügen und 1–2 Minuten mitdünsten. Den Reis einrühren und unter ständigem Wenden 2–3 Minuten anrösten. Nun viertelliterweise die Brühe angießen. Jeweils vollständig einkochen lassen und dann erst wieder nachgießen. Den Reis unter ständigem Rühren bei mittlerer Hitze garen.

Sobald der Reis 3/4 Liter Brühe aufgesogen hat, die gedünsteten Pilze und den Wein einrühren. Nach und nach Brühe hinzugießen, bis 1 1/4 Liter aufgebraucht sind. Mit dem letzten Viertelliter Brühe 1/4 Teelöffel Salz und etwas Pfeffer hinzufügen. Das Risotto ist nun fertig. Der Reis ist bißfest, das Risotto eher saftig. Die Hälfte der Petersilie einrühren. Risotto unverzüglich auf vorgewärmte Suppenschalen verteilen. Mit Parmesan und der restlichen Petersilie bestreuen.

Getrocknete Pilze

Wir verwenden getrocknete Pilze zu jeder Jahreszeit, weil sie in unseren Gerichten für einen vollen und erdigen Geschmack sorgen. Die beiden Sorten, die in unserer Küche zum Einsatz kommen, haben einen recht unterschiedlichen Charakter.

Milde, getrocknete Shiitakepilze (auch Tongkupilze genannt) sind ein wesentlicher Bestandteil unserer Pilzbrühe und vieler asiatisch inspirierter Gerichte. Diese Zuchtpilze bekommen Sie in guten Gemüsegeschäften und asiatischen Lebensmittelläden; sie sind häufiger zu finden als frische Shiitakepilze, die Sie durch kleine Mengen getrockneter Pilze ersetzen können. Die getrockneten oder frischen Stiele der Shiitakepilze sind zum Essen zu hart, haben aber einen ganz kräftigen Pilzgeschmack. Heben Sie sie auf und kochen Sie sie in einer Brühe aus.

Mit ihrem feinen und zugleich intensiven Aroma veredeln Steinpilze Nudelgerichte, Risottos, Suppen und Eintöpfe. Verwenden Sie diese teuren Pilze nur sparsam, denn bereits eine kleine Menge wirkt Wunder. Sie können die getrockneten Pilze zerstoßen und dann in einer Gewürzmühle zu einem kräftigen Pulver zermahlen.

Steinpilze sind wilde Pilze aus dem Wald. Wenn man sie in warmem Wasser einweicht, entdeckt man am Stielende oft jede Menge organischer Substanz. Trennen Sie diese unverwertbaren Teile vorsichtig ab und versuchen Sie, möglichst viel vom genießbaren Stiel zu retten. Grünliche Stellen an der Unterseite des Huts herausschneiden und wegwerfen.

Die getrockneten Shiitake- oder Steinpilze mit warmem Wasser bedecken und rund 10 Minuten einweichen. Pilze abgießen, aber das aromatische Einweichwasser auffangen und später in das Gericht rühren. Wenn das Steinpilzwasser sandig ist, durch ein feinmaschiges Sieb gießen und den Sand herausfiltern. Die Shiitakekappen in dünne Scheiben schneiden, die Steinpilze fein hacken und nach Rezept verarbeiten.

Artischockenrisotto

Der zarte, fast nussige Geschmack der Artischocken paßt gut zum frischen Thymian und den säuerlichen Tomaten. Geben Sie die Tomaten erst in letzter Minute zum Anwärmen unter den Reis, sonst zerkochen sie, und die Haut löst sich ab.

Zutaten für vier bis sechs Portionen
Tomaten-Pilz-Brühe für Risotto (Seite 193)
100 g Blattspinat
2 Eßlöffel Butter
1 Eßlöffel natives Olivenöl extra
1/2 rote Zwiebel, gehackt
Salz und Pfeffer
3 Artischocken, geputzt und in Scheiben geschnitten (Seite 288)
3 Knoblauchzehen, fein gehackt
2–3 Teelöffel frisch gehackter Thymian
300–350 g Risottoreis (vorzugsweise die Sorte Arborio)
125 ml trockener Weißwein
250 g Tomaten, geputzt, entkernt und grob zerkleinert
30 g geriebener Parmesan für den Risotto und etwas Käse zum Servieren
2 Eßlöffel grob gehackte Petersilie

Die Brühe zum Kochen bringen. Auf 1 1/2 Liter reduzieren und warm halten.
Die Spinatblätter in 2 1/2 Zentimeter breite Streifen schneiden und beiseite stellen. Butter und Olivenöl in einer großen Pfanne erhitzen. Die Zwiebel mit 1/4 Teelöffel Salz und etwas Pfeffer 2–3 Minuten darin andünsten. Die Artischocken abgießen und mit 1/4 Teelöffel Salz, Knoblauch und 2 Teelöffel Thymian in die Pfanne rühren. 7–8 Minuten dünsten, bis die Artischocken weich sind.
Reis in die Pfanne geben und 2–3 Minuten unter ständigem Wenden anrösten. Nun viertelliterweise die Brühe angießen. Jeweils vollständig einkochen lassen und dann erst wieder nachgießen. Unter ständigem Rühren bei mittlerer Hitze garen.
Sobald der Reis 3/4 Liter Brühe aufgesogen hat, den Wein angießen. Nach und nach Brühe hinzugießen, bis 1 1/4 Liter aufgebraucht sind. Tomaten und Spinat unterheben und den letzten Viertelliter Brühe hineingießen. Wenn die Tomaten gut durchwärmt sind und der Spinat zusammenfällt, das Risotto mit dem restlichen Thymian abschmecken. Mit Parmesan verfeinern. Die Petersilie einrühren und das Risotto sofort auf vorgewärmte Suppenschalen verteilen. Etwas Parmesan dazu reichen.

Pizza

Pizza

Die einfachsten Pizzas sind oft die besten, vorausgesetzt, sie werden mit frischen und aromatischen Zutaten zubereitet. Man kann eigentlich keine festen Regeln für diesen so beliebten Klassiker aufstellen, doch eines sollten Sie beachten: Würzen Sie herzhaft. Scharfer Ziegenkäse oder geriebener Parmesan beleben milden Mozzarella, während ein Spritzer Zitronensaft den gedünsteten Spinat oder Mangold auf einer »griechischen« Pizza verfeinert. Oliven, getrocknete Tomaten, Kapern und frische Kräuter kontrastieren wunderbar mit feineren Aromen.

Unser Rezept für den Grundteig reicht für zwei runde Pizzas mit jeweils 23 Zentimetern Durchmesser oder für eine große viereckige oder runde Pizza mit 38 Zentimetern Durchmesser. Wenn Sie Ihren Pizzateig lieber ohne Milch zubereiten, sehen Sie sich die Variante zu unserem Grundteig an. Obwohl wir bei allen Pizzarezepten Käse verwenden, können Sie gerade bei den Pizzas, zu denen wir eine Sauce vorschlagen, auch einmal ohne Käse arbeiten.

Und nun zum Backen: Wir holen täglich köstlich knusprige Pizzas aus unserem selbstgebastelten »Pizzaofen«. Wir haben zwei Öfen, die eine temperamentvolle Hitze entwickeln, übereinandergestellt und backen und braten darin nun alles mögliche. Da diese Konstruktion für vieles herhalten muß, haben wir keine Backsteine installiert. Damit wollen wir sagen, daß Sie auch in Ihrem gewöhnlichen Haushaltsherd ohne viel Aufwand knusprige Pizzas backen können. Ein Backstein und eine Pizzaschaufel sind jedoch nützliche Utensilien. Der Stein eignet sich auch hervorragend zum Backen von knusprigem Sauerteigbrot und Fladenbroten wie Focaccia. Legen Sie den Stein in das kalte Backrohr und beginnen Sie dann erst mit dem Vorheizen auf 250 Grad. Auf diese Weise hat auch der Backstein genügend Zeit zum Aufwärmen. Wenn Sie keine Erfahrung im Umgang mit den Pizzaschaufeln haben, sollten Sie sich zunächst einmal mit Geduld wappnen – es ist gar nicht so einfach, den rohen Teig von der Schaufel auf den Stein zu hieven. (Bestreuen Sie die Schaufel mit etwas Mehl oder Grieß oder gröberem Maismehl, damit der Teig nicht anklebt.) Wenn Sie ein wenig Übung haben, wird der Teig wie von selbst von der Schaufel auf den Backstein gleiten.

Pizzateig – Grundrezept

Das Grundrezept kommt mit ganz normalem, haushaltsüblichem Weizenmehl aus. Wir ersetzen aber einen kleinen Teil Weizenmehl durch etwas Mais- oder Roggenmehl, denn so schmeckt der Teig intensiver. Weichen Sie das Maismehl vor dem Backen in Milch ein, denn durch die Feuchtigkeit wird es schön geschmeidig. Die Milch macht den Pizzateig gehaltvoller, doch wenn Sie den Teig lieber ohne Milch zubereiten, folgen Sie der Variante am Ende dieses Rezepts.

Zutaten für 1 Pizza mit 38 cm oder
2 Pizzas mit je 23 cm Durchmesser
Trockenhefe für 300 g Mehl
6 Eßlöffel warmes Wasser
6 Eßlöffel Milch
2 Eßlöffel natives Olivenöl extra
1 Eßlöffel feingemahlenes Maismehl
1/2 Teelöffel Salz
1 Eßlöffel Roggenmehl
200–250 g Weizenmehl
1–3 Eßlöffel Mehl zum Ausrollen

Die Hefe in warmem Wasser auflösen und an einem warmen Ort 3–4 Minuten gehen lassen. Inzwischen Milch, Öl und Maismehl in einer Schüssel verrühren. Die Hefemischung in die Schüssel rühren, dann Salz und Roggenmehl dazugeben. Gut vermischen. Nach und nach das Weizenmehl einarbeiten und einen weichen, elastischen Teig herstellen. Auf eine leicht bemehlte Arbeitsfläche setzen und 5 Minuten durchkneten. Nach Bedarf immer wieder etwas Mehl auf die Arbeitsfläche streuen, damit der Teig nicht anklebt. Den Teig in eine geölte Schüssel legen und einmal wenden, damit er rundum mit Öl überzogen ist. Die Schüssel mit einem Küchentuch oder mit Haushaltsfolie abdecken und den Teig an einem warmen Ort auf die doppelte Größe aufgehen lassen (35–40 Minuten).
Den Belag nach Rezept vorbereiten.
Ofen auf 250 Grad vorheizen und den Pizzastein 20 Minuten anwärmen.
Für das Ausformen der Pizza den Teig zu einer oder zwei gleich großen Kugeln drehen. Auf einer bemehlten Arbeitsfläche ausrollen. Die Teigscheibe dabei immer wieder drehen, damit sie gleichmäßig rund wird. Ihre Pizza sollte in der Mitte ca. 3 Millimeter dünn und am Rand etwas dicker sein. Den Teig in eine geölte Pizzaform

oder auf eine gut bemehlte Backschaufel setzen. Mit einem Belag nach Wahl dekorieren. Die Pizza in der Form oder auf dem heißen Pizzastein backen.

Pizzateig ohne Milch
Trockenhefe für 300 g Mehl
10 Eßlöffel warmes Wasser
4 Eßlöffel natives Olivenöl extra
1 Eßlöffel feingemahlenes Maismehl
1/2 Teelöffel Salz
1 Eßlöffel Roggenmehl
200–250 g Weizenmehl
1–3 Eßlöffel Mehl zum Ausrollen

Wir ersetzen die Milch im Rezept oben durch mehr Wasser und die doppelte Menge Olivenöl, das das Mehl leicht aufsaugen kann. Durch das zusätzliche Öl wird der Teig sehr geschmeidig und ist leicht zu verarbeiten.
Den Teig wie oben beschrieben zubereiten und ausrollen.

Wenn Sie Pizzateig einfrieren möchten, gehen Sie wie folgt vor:
Den Teig zubereiten, aber nicht gehen lassen, sondern sofort zu einer oder zwei Kugeln formen und fest in zwei Lagen Haushaltsfolie wickeln und einfrieren. Bei Bedarf den Teig über Nacht im Kühlschrank oder 2–3 Stunden an einem warmen Ort auftauen lassen. Wie beschrieben ausrollen.

Knoblauchöl

Wir bepinseln den ausgerollten Pizzateig mit Knoblauchöl, bevor wir den Belag darauflegen. Das Knoblauchöl verleiht der Pizza zusätzliches Knoblaucharoma und wirkt wie eine Art Schutzschicht, die verhindert, daß der Teig bei einem feuchten Belag durchweicht.
Eine oder zwei Knoblauchzehen fein hacken und großzügig mit Olivenöl bedecken. Das so aromatisierte Öl in einem gut verschlossenen Behälter im Kühlschrank aufbewahren und auch zum Dünsten oder Würzen von anderen Speisen verwenden.

Pizza mit gebratenem Paprika, Lauch und Oliven

Unser Freund Mark führte diese Pizza vor einigen Jahren in unserem Restaurant ein, und seither hat sie einen festen Platz auf unserer Speisekarte. Sie ist leicht gemacht. Das zeitaufwendige Rösten und Häuten des Paprikas können Sie bereits einen oder zwei Tage im voraus erledigen. Die intensiv orangerote Farbe der Sauce bildet einen schönen Kontrast zum Lauch und den schwarzen Oliven.

Zutaten für 1 Pizza mit 38 cm oder
2 Pizzas mit je 23 cm Durchmesser
1 Eßlöffel natives Olivenöl extra
Der weiße Teil von 2 dicken Lauchstangen
(längs halbieren, in schmale Streifen schneiden und waschen)
1/4 Teelöffel Salz
Pfeffer
1 Knoblauchzehe, fein gehackt
Pizzateig (Seite 206)
Knoblauchöl (Seite 207)
Paprikasauce (Seite 383)
8 schwarze Oliven (vorzugsweise die Sorte Niçoise oder Gaeta),
entsteint und grob gehackt
100 g geriebener Fontina
50 g geriebener Provolone
3 Eßlöffel geriebener Parmesan
2 Teelöffel gehackte Petersilie

Das Olivenöl in einer Pfanne erhitzen und die Lauchstreifen mit 1/4 Teelöffel Salz, etwas Pfeffer und dem Knoblauch bei mittlerer Hitze weich dünsten (7–8 Minuten). Backherd auf 250 Grad vorheizen. Den Pizzateig ausrollen und auf ein leicht geöltes Backblech oder eine gut bemehlte Backschaufel legen. Mit dem Knoblauchöl bepinseln. Etwa zwei Drittel der Paprikasauce auf dem Teig verstreichen. Den Lauch darüberstreuen und die Oliven obenaufsetzen. Fontina und Provolone vermischen und über die Pizza streuen.
Die Pizza auf dem Blech oder einem vorgeheizten Backstein 8–12 Minuten backen, bis der Teig goldbraun und knusprig aussieht. Aus dem Ofen holen und mit geriebenem Parmesan und gehackter Petersilie bestreuen.

Pizza mit Lauch und Pilzen

Getrocknete Steinpilze verleihen dieser eleganten Winterpizza einen intensiven Geschmack nach Erde. Nachdem die Pilze bei kräftiger Hitze angebraten werden, wird der Bratfond mit dem Einweichwasser der Steinpilze losgekocht. So können Sie das intensive Pilzaroma bis zum letzten Tropfen auskosten.

Zutaten für 1 Pizza mit 38 cm oder
2 Pizzas mit je 23 cm Durchmesser
7 g getrocknete Steinpilze, 10 Minuten in 125 ml warmem Wasser
eingeweicht
2 Eßlöffel natives Olivenöl extra
250 g Champignons, in dicke Scheiben geschnitten
Salz und Pfeffer
Der weiße Teil von 2 dicken Lauchstangen (längs halbieren,
quer dazu in dünne Streifen schneiden und waschen)
2 Knoblauchzehen, fein gehackt
1/2 Glas trockener Weißwein
Pizzateig (Seite 206)
Knoblauchöl (Seite 207)
125 g geriebener Gruyère
6 Eßlöffel geriebener Parmesan

Die Steinpilze durch ein feines Sieb abgießen, das Einweichwasser für später aufheben. (Wenn das Wasser sehr sandig ist, den Sand setzen lassen und das Wasser dann erst vorsichtig abgießen.) Die Pilze fein hacken, dabei harte und unschöne Stellen entfernen. Beiseite stellen.

1 Eßlöffel Olivenöl in einer Pfanne erhitzen. Die Champignons mit 1/4 Teelöffel Salz und etwas Pfeffer bei starker Hitze darin anbraten. Dabei ziehen die Pilze Saft. Wenn die Flüssigkeit verkocht, beginnen die Pilze zu bräunen und am Pfannenboden anzuliegen. Nicht umrühren, sondern bei kräftiger Hitze goldbraun braten, dann einmal wenden und 1–2 Minuten weiterbraten. Das Einweichwasser der Steinpilze angießen und den Bratfond loskochen. 1–2 Minuten einkochen lassen, bis die Pfanne fast vollständig trocken ist. Pilze in eine Schüssel füllen.

Den zweiten Eßlöffel Olivenöl in der Pfanne erhitzen und den Lauch hineingeben. Bei mittlerer Hitze mit 1/4 Teelöffel Salz und etwas Pfeffer andünsten. Nach 3 Minuten Knoblauch und Steinpilze hinzufügen. Pfanne abdecken und den Lauch weich dünsten (5–6 Minuten). Den Fond mit Weißwein loskochen, dann die Flüssigkeit fast vollständig einkochen lassen. Lauch zu den Champignons geben und abkühlen lassen. Mit Salz und Pfeffer abschmecken.

Ofen auf 250 Grad vorheizen. Den Pizzateig ausrollen und auf ein leicht geöltes Backblech oder eine gut bemehlte Backschaufel legen. Mit dem Knoblauchöl bepinseln. Die Gemüsemischung darauf verteilen. Etwas Parmesan zum Garnieren beiseite stellen. Den restlichen Käse vermischen und über die Pizza streuen.

Die Pizza auf dem Blech oder dem vorgeheizten Backstein 8–12 Minuten backen, bis der Teig goldbraun und knusprig aussieht. Aus dem Rohr holen und mit geriebenem Parmesan bestreuen.

Tomaten-Fenchel-Pizza

Eine ganz klassische Winterpizza. Die Tomatensauce wird mit Fenchelsamen verfeinert.

Zutaten für 1 Pizza mit 38 cm oder
2 Pizzas mit je 23 cm Durchmesser
1 Eßlöffel natives Olivenöl extra
1/4 Zwiebel, gehackt
Salz und Pfeffer
1 Teelöffel gemahlene Fenchelsamen
2 Knoblauchzehen, fein gehackt
375 g Tomaten, gehäutet, entkernt (Seite 124) und püriert,
oder 1 kleine Dose pürierte Tomaten mit ihrem Saft
1 mittelgroße Fenchelknolle (längs vierteln, putzen und
in dünne Streifen schneiden)
Pizzateig (Seite 206)
Knoblauchöl (Seite 207)
60 g Mozzarella, fein gehackt
60 g geriebener Provolone
3 Eßlöffel geriebener Parmesan

1/2 Eßlöffel Olivenöl in einem Topf erhitzen. Die Zwiebel, 1/4 Teelöffel Salz, etwas Pfeffer und die Hälfte der Fenchelsamen hineingeben. Andünsten und dann den Knoblauch hinzufügen. Die Tomaten mit 1/4 Teelöffel Salz und etwas Pfeffer hineinrühren. 30 Minuten sanft schmoren, dann mit Salz und Pfeffer abschmecken. Das restliche Olivenöl in einer Pfanne erhitzen und den feingeschnittenen Fenchel mit den restlichen Fenchelsamen und Salz und Pfeffer andünsten (4–5 Minuten).
Ofen auf 250 Grad vorheizen. Den Pizzateig ausrollen und auf ein leicht geöltes Backblech oder eine gut bemehlte Backschaufel setzen. Mit dem Knoblauchöl bepinseln. Die Tomatensauce auf dem Teig verstreichen und den Fenchel darauf verteilen. Mozzarella und Provolone vermischen und über die Pizza streuen.
Die Pizza 8–12 Minuten backen, bis der Teig goldbraun und knusprig aussieht. Aus dem Ofen holen und mit geriebenem Parmesan bestreuen.

Variante: Geben Sie noch ein paar grob gehackte schwarze Oliven auf die Pizza, bevor Sie den Käse darüberstreuen.

P rovenzalische Kartoffelpizza

Knusprige, dünne Kartoffelscheiben verleihen der Pizza eine völlig neuartige Konsistenz. Aber erst das intensive Aroma von geräuchertem Käse, getrockneten Tomaten und Salbei machen die Pizza zu einem außergewöhnlichen Geschmackserlebnis. Sie können den Pizzateig statt mit Knoblauchöl auch mit dem hocharomatischen Öl der getrockneten Tomaten einpinseln.

Zutaten für 1 Pizza mit 38 cm oder
2 Pizzas mit je 23 cm Durchmesser
250 g neue Kartoffeln
Knoblauchöl (Seite 207)
Salz und Pfeffer
Pizzateig (Seite 206)
1/2 rote Zwiebel, in dünne Ringe geschnitten
4 getrocknete Tomaten in Öl (abtropfen lassen und
fein aufschneiden)
30 g geriebener Parmesan
175 g geräucherter Mozzarella, fein gehackt
1 Eßlöffel frisch gehackter Salbei

Backofen auf 180 Grad vorheizen. Die Kartoffeln in dünne Scheiben schneiden und mit dem Knoblauchöl anmachen. Großzügig salzen und pfeffern. Auf einem Backblech ausbreiten und 5–6 Minuten im heißen Ofen backen, bis sie durch und schon ein wenig knusprig sind.

Backtemperatur nun auf 250 Grad erhöhen. Den Pizzateig ausrollen und auf ein leicht geöltes Pizzablech oder auf eine gut bemehlte Backschaufel legen. Mit Knoblauchöl bepinseln. Die Zwiebelringe auf dem Teig verteilen, dann die Kartoffeln und schließlich die getrockneten Tomaten auf die Pizza setzen. Etwas Parmesan zum Servieren beiseite stellen, den Rest mit dem Mozzarella vermischen und über die Pizza streuen.

Die Pizza auf dem Blech oder dem vorgeheizten Backstein 8–12 Minuten backen, bis der Teig goldbraun und knusprig aussieht. Aus dem Ofen holen und mit geriebenem Parmesan bestreuen.

Griechische Pizza mit Spinat, Schafskäse und Rosmarin

Diese Pizza schmeckt voll und üppig, denn jede Zutat steuert ihre eigene, unverwechselbare Geschmacksnote bei. Der Spinat ist schnell gedünstet, dann kommen Schafskäse, griechische Oliven und frischer Rosmarin dazu; etwas feingeriebene Zitronenschale sorgt für Frische. Statt Blattspinat können Sie auch Mangold verwenden. Achten Sie nur darauf, daß das Blattgemüse zart in der Konsistenz und kräftig im Geschmack ist.

Zutaten für 1 Pizza mit 38 cm oder
2 Pizzas mit je 23 cm Durchmesser
3 Teelöffel natives Olivenöl extra
1/2 Zwiebel, in dünne Ringe geschnitten
Salz und Pfeffer
2 Knoblauchzehen, fein gehackt
200–250 g Blatt- oder Wurzelspinat (Stiele abtrennen,
Blätter verlesen und waschen)
1 Teelöffel abgeriebene Zitronenschale
Pizzateig (Seite 206)
Knoblauchöl (Seite 207)
6 schwarze Oliven (vorzugsweise die würzigen und
getrockneten Kalamata-Oliven)
100 g Schafskäse, zerkrümelt
125 g Mozzarella, gehackt
3 Eßlöffel geriebener Parmesan
1 Teelöffel frisch gehackter Rosmarin

2 Teelöffel Olivenöl in einer Pfanne erhitzen. Die Zwiebel mit 1/4 Teelöffel Salz und etwas Pfeffer hineingeben und bei mittlerer Hitze weich dünsten (4–5 Minuten). Die Hälfte des Knoblauchs hinzufügen und eine Minute mitdünsten. In eine Schüssel füllen.

Das restliche Öl in der Pfanne heiß werden lassen. Den Spinat mit 1/4 Teelöffel Salz, etwas Pfeffer und dem restlichen Knoblauch bei starker Hitze andünsten. Sobald der Spinat zusammenfällt, aber noch knackig grün aussieht, aus der Pfanne nehmen und in einem Sieb abkühlen und abtropfen lassen. Den Spinat gut ausdrücken, grob hacken und mit der Zitronenschale verfeinern.

Ofen auf 250 Grad vorheizen. Den Pizzateig ausrollen und auf ein leicht geöltes

Backblech oder eine gut bemehlte Backschaufel setzen. Mit Knoblauchöl bepinseln. Die Zwiebelringe auf dem Teig verteilen, dann den Spinat darübergeben. Nun Oliven und Schafskäse auf die Pizza setzen, dann erst den Mozzarella darüberstreuen.

Die Pizza auf dem Blech oder einem vorgeheizten Backstein 8–12 Minuten backen, bis der Teig goldbraun und knusprig aussieht. Aus dem Ofen holen und mit geriebenem Parmesan und gehacktem Rosmarin bestreuen.

A uberginenpizza

Wir backen diese köstliche Pizza das ganze Jahr über – im Sommer geben wir noch frisches Basilikum dazu. Würzen Sie die Auberginen großzügig und braten Sie sie gut durch – die Scheiben müssen auch in der Mitte weich sein, wenn Sie sie aus dem Ofen nehmen. Wenn Sie in Öl eingelegte getrocknete Tomaten kaufen, können Sie statt dem Knoblauchöl auch das Tomatenöl verwenden – der Pizzateig schmeckt dann ganz intensiv nach Tomaten. Sie können auch frische Tomaten verwenden und das Basilikum durch Majoran oder Oregano ersetzen.

Zutaten für 1 Pizza mit 38 cm oder
2 Pizzas mit je 23 cm Durchmesser
250 g Auberginen (vorzugsweise kleine, längliche Früchte),
schräg in 1 cm dicke Scheiben geschnitten
Knoblauchöl (Seite 207)
Salz und Pfeffer
Pizzateig (Seite 206)
4 getrocknete Tomaten in Öl (abtropfen lassen und
in schmale Streifen schneiden)
100 g geriebener Provolone
100 g Mozzarella, gehackt
3 Eßlöffel geriebener Parmesan
10 Basilikumblätter, in dünne Streifen geschnitten

Backofen auf 190 Grad vorheizen. Die Auberginenscheiben mit 2 Eßlöffel Knoblauchöl benetzen, salzen und pfeffern. Auf ein Backblech legen und 15–20 Minuten braten, bis die Scheiben in der Mitte weich sind. Abkühlen lassen und in dicke Streifen schneiden.
Backofen auf 250 Grad aufheizen. Den Pizzateig ausrollen und auf ein leicht geöltes Backblech oder eine gut bemehlte Backschaufel setzen. Mit dem Knoblauchöl bepinseln. Die Auberginenstreifen und die getrockneten Tomaten auf dem Teig verteilen. Mozzarella und Provolone vermischen und über die Pizza streuen.
Die Pizza auf dem Blech oder dem vorgeheizten Backstein 8–12 Minuten backen, bis der Teig goldbraun und knusprig aussieht. Aus dem Ofen holen und mit geriebenem Parmesan und den Basilikumstreifen bestreuen.

Artischockenpizza

Artischocken sind mühsam in der Zubereitung, belohnen aber mit einem feinen, fast unbeschreiblichen Geschmack, der besonders gut zu dieser Pizza paßt. Artischocken und Zwiebeln werden hier zusammen gedünstet, dann mit Kapern, frischem Thymian und Zitrone verfeinert. Würzen Sie die Artischocken großzügig und verwenden Sie nur hochwertigen Käse.

Zutaten für 1 Pizza mit 38 cm oder
2 Pizzas mit je 23 cm Durchmesser
1 Eßlöffel natives Olivenöl extra
1 rote Zwiebel, in dünne Ringe geschnitten
Salz und Pfeffer
3 mittelgroße Artischocken, geputzt und aufgeschnitten (Seite 288)
1/2 Glas trockener Weißwein
1 Teelöffel abgeriebene Zitronenschale
1 Teelöffel frisch gepreßter Zitronensaft
1 Eßlöffel frisch gehackter Thymian
Pizzateig (Seite 206)
Knoblauchöl (Seite 207)
1 Eßlöffel Kapern (abspülen und abtropfen lassen)
30 g geriebener Parmesan
150 g Fontina, in Würfelchen geschnitten

Olivenöl in einer Pfanne erhitzen. Zwiebelringe mit 1/2 Teelöffel Salz und etwas Pfeffer hineingeben. Bei mittlerer Hitze andünsten, bis die Zwiebel Saft zieht. Die Artischocken abgießen, mit 1/4 Teelöffel Salz und etwas Pfeffer in die Pfanne geben und weich dünsten (7–8 Minuten). Den Wein angießen und in 1–2 Minuten fast vollständig einkochen lassen. Mit Saft und Schale der Zitrone und dem Thymian würzen. Beiseite stellen und abkühlen lassen. Salzen und pfeffern.

Ofen auf 250 Grad vorheizen. Den Pizzateig ausrollen und auf ein leicht geöltes Backblech oder eine gut bemehlte Backschaufel setzen. Mit dem Knoblauchöl bepinseln. Die Artischocken und Zwiebeln auf dem Teig verteilen. Mit den Kapern bestreuen. Etwas Parmesan zum Garnieren aufheben. Den Rest mit Fontina vermischen und über die Pizza streuen.

Die Pizza auf dem Blech oder einem vorgeheizten Backstein 8–12 Minuten backen, bis der Teig goldbraun und knusprig aussieht. Mit geriebenem Parmesan bestreuen.

Pizza mit Zwiebelconfit, Walnüssen und Gorgonzola

Das volle und intensive Aroma des Zwiebelconfits wird ergänzt durch den cremigen Gorgonzola, die gerösteten Walnüsse und den erdigen Salbei. Sie können das Confit schon im voraus zubereiten, denn es dauert einige Zeit, bis die Zwiebeln zu dieser marmeladenähnlichen Konsistenz verkochen. Eine köstliche Variante: Nehmen Sie statt Salbei einmal Basilikum.

Zutaten für 1 Pizza mit 38 cm oder
2 Pizzas mit je 23 cm Durchmesser
1 Eßlöffel natives Olivenöl extra
2 Zwiebeln, in dünne Ringe gehobelt
Salz und Pfeffer
1 Knoblauchzehe, fein gehackt
1/2 Glas trockener Weißwein
Pizzateig (Seite 206)
Knoblauchöl (Seite 207)
6 Eßlöffel Walnußkerne, leicht geröstet und grob gehackt (Seite 312)
100 g Gorgonzola (mit einer Gabel zerpflücken)
125 g Mozzarella, in Würfelchen geschnitten
3 Eßlöffel geriebener Parmesan
2 Teelöffel frisch gehackter Salbei

Das Olivenöl in einer großen Pfanne erhitzen. Die Zwiebelringe, 1/2 Teelöffel Salz und etwas Pfeffer hineingeben. Bei mittlerer Hitze braten. Die Zwiebeln mit einem Holzlöffel immer wieder vom Pfannenboden lösen, damit sie nicht anbrennen. Nach ungefähr 35 Minuten sollten die Zwiebeln eine sattgoldene Farbe und ein ausgesprochen süßliches Aroma angenommen haben. Nun den Knoblauch hinzufügen und 5 Minuten mitdünsten. Mit Weißwein ablöschen. Das Confit vom Herd nehmen und abkühlen lassen.

Backofen auf 250 Grad vorheizen. Den Pizzateig ausrollen und auf ein leicht geöltes Backblech oder eine gut bemehlte Backschaufel setzen. Mit dem Knoblauchöl bepinseln. Das Confit auf dem Teig verstreichen. Die Walnüsse darüberstreuen, dann den Gorgonzola und danach den Mozzarella darauf verteilen.

Die Pizza auf dem Blech oder einem vorgeheizten Backstein 8–12 Minuten goldbraun und knusprig backen. Aus dem Ofen holen und mit geriebenem Parmesan und Salbei bestreuen.

Pizza mit Eskariol, gebratenem Paprika und Oliven

Eskariol ist ein leicht herber, winterlicher Blattsalat und die wichtigste Zutat für dieses Rezept. Ein Schuß Sherryessig bringt sein Aroma schön zur Geltung und macht ihn zur idealen Unterlage für saftigen Paprika, würzige Oliven und schön gereiften Provolone.

Zutaten für 1 Pizza mit 38 cm oder
2 Pizzas mit je 23 cm Durchmesser
1/2 Eßlöffel natives Olivenöl extra
1/2 Kopf Eskariol, geputzt und zurechtgeschnitten
Salz und Pfeffer
1 Spritzer Sherryessig
1 rote Paprikaschote (nach der Anleitung auf Seite 77 braten,
häuten und in dicke Streifen schneiden)
Knoblauchöl (Seite 207)
Pizzateig (Seite 206)
1/2 rote Zwiebel, in dünne Ringe geschnitten
8 schwarze Oliven (vorzugsweise die Sorten Niçoise oder Gaeta),
entsteint und grob gehackt
50 g Fontina, in Würfelchen geschnitten
100 g geriebener Provolone
3 Eßlöffel geriebener Parmesan
2 Teelöffel gehackte Petersilie

Das Olivenöl in einer Pfanne erhitzen. Den Eskariol mit einer kleinen Prise Salz und etwas Pfeffer hineingeben. Bei kräftiger Hitze zusammenfallen lassen (1–2 Minuten) und mit einem Spritzer Sherryessig würzen. Beiseite stellen und abkühlen lassen. Die Paprikastreifen mit etwas Knoblauchöl benetzen, salzen und pfeffern.
Backofen auf 250 Grad vorheizen. Den Pizzateig ausrollen und auf ein leicht geöltes Backblech oder eine gut bemehlte Backschaufel setzen. Mit Knoblauchöl bepinseln. Zunächst die Zwiebelringe, dann den Eskariol und schließlich die Paprikastreifen und Oliven auf dem Teig verteilen. Die beiden Käsesorten vermischen und über die Pizza streuen.
Die Pizza auf dem Blech oder einem vorgeheizten Backstein 8–12 Minuten goldbraun und knusprig backen. Aus dem Ofen holen und mit geriebenem Parmesan und gehackter Petersilie bestreuen.

Pizza mexicana

Wenn Sie die Salsa Roja bereits einen Tag im voraus zubereiten, ist diese scharfe Pizza schnell gemacht. Da Sie nur die Hälfte der Salsa brauchen, können Sie den Rest einfrieren und später einmal eine Polenta, gegrilltes Gemüse – oder wieder Pizza – damit garnieren. Der Pesto aus Koriandergrün geht leicht und schnell. Er mildert die Schärfe der Salsa Roja und kann auch neben dem kräftigen Käse bestehen.

Zutaten für 1 Pizza mit 38 cm oder
2 Pizzas mit je 23 cm Durchmesser
6 Tomatillos, aus der papierähnlichen Hülle gelöst
Salz und Pfeffer
Pizzateig (Seite 207)
Knoblauchöl (Seite 207)
Salsa Roja (Seite 381; die Variante mit Zimt)
100 g geräucherter Käse, gerieben
125 g geriebener Cheddar
Korianderpesto (Seite 393)

Die Tomatillos vierteln, salzen und pfeffern.
Ofen auf 250 Grad vorheizen. Den Pizzateig ausrollen und auf ein leicht geöltes Backblech oder eine gut bemehlte Backschaufel legen. Mit Knoblauchöl bepinseln. Die Salsa auf dem Teig verstreichen, die Tomatillos mit der Schale nach unten (damit sie nicht verbrennen) daraufsetzen. Die beiden Käsesorten vermischen und über die Pizza streuen.
Die Pizza auf dem Blech oder einem vorgeheizten Backstein 8–12 Minuten backen, bis der Teig goldbraun und knusprig aussieht. Aus dem Ofen holen und mit dem Korianderpesto bestreichen.

Variante: Diese Pizza ist einfacher, schmeckt aber mindestens genauso köstlich, wenn Sie statt der Tomatillos Anaheim-Chillies verwenden und den Korianderpesto ganz weglassen. Damit die Pizza dennoch erfrischend schmeckt, mit frisch gehacktem Koriandergrün und Salbei bestreuen.

Pizza mit Tomaten, Gorgonzola und Pinienkernen

Das fruchtig-süße Aroma von Strauchtomaten paßt gut zu Basilikum und sahnigem Gorgonzola, während die gerösteten Pinienkerne für nussigen Biß sorgen. Wenn Sie auch gelb- oder orangefarbene Tomaten bekommen können, mischen Sie sie unter die roten Tomaten - das ergibt ein besonders schönes und kontrastreiches Muster.

Zutaten für 1 Pizza mit 38 cm oder
2 Pizzas mit je 23 cm Durchmesser
Pizzateig (Seite 206)
Knoblauchöl (Seite 207)
1/2 rote Zwiebel, in dünne Ringe geschnitten
125 g geriebener Fontina
1 Eßlöffel Pinienkerne, geröstet (Seite 312)
60 g Gorgonzola (mit einer Gabel zerpflücken)
250 g Tomaten, in dünne Scheiben geschnitten
Salz und Pfeffer
3 Eßlöffel geriebener Parmesan
10 Basilikumblätter, in schmale Streifen geschnitten

Backofen auf 250 Grad vorheizen. Den Pizzateig ausrollen und auf ein leicht geöltes Backblech oder eine gut bemehlte Backschaufel legen. Mit Knoblauchöl bepinseln. Die Zwiebelringe auf dem Teig verteilen. Fontina, Pinienkerne und Gorgonzola darüberstreuen. Die Tomatenscheiben dekorativ auf der Pizza anordnen und leicht salzen und pfeffern.

Die Pizza auf dem Blech oder einem vorgeheizten Backstein 8–12 Minuten goldbraun und knusprig backen. Aus dem Ofen holen und mit geriebenem Parmesan und feingeschnittenem Basilikum bestreuen.

Schmorgerichte

Schmorgerichte

Ausgewogene Aromen, geschmackliche Tiefe und Vielschichtigkeit sind entscheidend für ein Curry oder einen Eintopf aus verschiedenen Gemüsen. Zwiebeln bilden die Grundlage für diese Gerichte; wir dünsten sie oft in Sherry, Wein oder Portwein. Knoblauch und getrocknete Kräuter, Chilischoten oder Gewürze und Ingwer kommen während des Kochens unter den Eintopf, wogegen wir frische Kräuter erst unmittelbar vor dem Servieren darüberstreuen. Ein Klecks Crème fraîche genügt oft schon, um einem herzhaften Eintopf aus Gemüse oder Pilzen samtigen Schmelz zu verleihen.

Es gibt viele wunderbare Gemüsekombinationen. Wir achten besonders darauf, wie Farben, Geschmack und Konsistenz der einzelnen Gemüsesorten zusammenpassen. Wir schneiden das Gemüse in große, gleichmäßige Stücke, die das Auge ansprechen und beim Kochen nicht zerfallen. Paprika, Mohrrüben, grüne Bohnen und frische Erbsen sind beliebte Zutaten, denn sie steuern nicht nur ihren Geschmack, sondern auch leuchtende Farben bei. Kartoffeln und Blumenkohl sind für Curries besonders geeignet. Perlzwiebeln schmecken so gut, daß sich das aufwendige Pellen lohnt. Artischocken sind einfach wunderbar. Nehmen Sie nach Möglichkeit kleine Artischocken, die geerntet werden, bevor sich die haarige Blüte in der Mitte bildet.

Gebratenes Gemüse schmeckt in Eintöpfen sehr köstlich. Auf diese Weise können Sie Steckrüben, Goldrüben etc. unterbringen, die zarten Frühjahrsrübchen können Sie aber auch mit Mohrrüben und Paprika dünsten. Butternuß-Kürbis und andere cremige Winterkürbisse werden meist gedünstet, doch wir braten sie lieber im Ofen, weil sie dann ihre Form behalten. Wenn es reichlich frische Tomaten gibt, schmoren wir die Früchte und rühren sie dann unter Eintöpfe, weil sie für einen kräftigen und abgerundeten Gesamteindruck sorgen.

Wir verwenden nach Möglichkeit frische, vollreife Tomaten, doch meistens müssen auch wir auf Dosentomaten zurückgreifen. Obwohl pürierte Tomaten sich gut für Suppen und Saucen eignen, nehmen wir für Eintöpfe und Curries lieber die leichteren Eiertomaten mit ihrem Saft. Bio-Dosentomaten schmecken besonders aromatisch. Dosentomaten aus Italien sind in der Regel von zuverlässiger Qualität.

Kokosmilch aus der Dose, die wir für unsere Curries benötigen, wird meist aus Thailand importiert. Je nach Marke ist die Milch sehr unterschiedlich gesüßt; achten Sie darauf, daß Sie die Kokosmilch nicht zu stark einkochen, sie wird sonst zu dick. Ein allgemeingültiges Rezept für Currypulver gibt es nicht. Jedes Curry-Rezept hat eine ganz eigene Mischung aus scharfen oder süßen Gewürzen, Chillies und frischem Ingwer. Die Schärfe der Chilischoten schwankt auch innerhalb einer Sorte und kann leicht die anderen Aromen dominieren. Probieren Sie deshalb immer ein Stückchen Chili, damit Sie die scharfen Schoten richtig dosieren können.

Zitronengrasbrühe für Curries

Die beißende Frische dieser außergewöhnlichen Brühe kontrastiert schön mit der üppigen Kokosmilch und macht unsere Curries besonders intensiv im Geschmack. Die Mengen in diesem einfachen Rezept reichen für zwei Curries. Verwenden Sie die eine Hälfte und frieren Sie die andere Hälfte ein.

Zutaten für ca. 1 l
4 Stengel Zitronengras, in 7–8 cm lange Stücke geschnitten
(die äußeren, vertrockneten Blätter entfernen)
1 Zwiebel, in dünne Ringe geschnitten
8 dünne Ingwerscheiben
10 Korianderstengel
1/2 Teelöffel Salz
1 Teelöffel Korianderkörner
1 1/2 l kaltes Wasser

Alle Zutaten in einen Topf geben. Zum Kochen bringen, Wärmezufuhr drosseln und ohne Deckel 40 Minuten leise simmern. Die Brühe durch ein Sieb gießen, das Gemüse fest auspressen und wegwerfen.

Frühlingscurry mit Sri-Lanka-Gewürzen

Süße und duftende Gewürze werden mit Kokosmilch, Tomaten und Ingwer zu einem warmen Curry von behutsamer Schärfe verkocht. Das Frühlings-Curry schmeckt köstlich mit Zuckerschoten und frischen Erbsen, die das Curry außerdem appetitlich frisch aussehen lassen.

Im Sommer können Sie die Erbsen durch zarte grüne Bohnen ersetzen und verschiedene Kürbisarten, z. B. grüne oder gelbe Zucchini, Bischofsmützen oder Pâtissons mitschmoren. Servieren Sie Basmatireis mit Cashews und ein Mango-Papaya-Chutney (Seite 454) dazu.

Gewürze
1 Teelöffel Kreuzkümmelsamen
2 Teelöffel Koriandersamen
1 Teelöffel Fenchelsamen
1/2 Teelöffel Bockshornklee
1/2 Teelöffel dunkle Senfkörner
1/2 Teelöffel Zimtpulver (vorzugsweise frisch gemahlen)
1/4 Teelöffel gemahlenes Kardamom
1/4 Teelöffel Nelkenpulver
1/4 Teelöffel Cayennepfeffer

Kreuzkümmel, Koriander, Fenchelsamen, Bockshornklee und dunkle Senfkörner ohne Fett in einer kleinen Pfanne sanft erhitzen. Unter ständigem Wenden 1–2 Minuten rösten, bis die Gewürze ihr volles Aroma entfalten. Dann in einer Gewürzmühle oder im Mörser zerkleinern und mit den übrigen Gewürzen vermischen.

Zutaten für vier bis sechs Portionen
500 g frische Tomaten, gehäutet, entkernt und gehackt (Seite 124), oder
1 kleine Dose Tomatenwürfel mit ihrem Saft
375 ml kaltes Wasser
Salz
3 Eßlöffel frisch geriebener Ingwer
125 g Zuckerschoten (Fädchen abziehen)
125 g geschälte feine Erbsen
1 Eßlöffel Erdnußöl
1 Zwiebel, gehackt

4 Knoblauchzehen, fein gehackt
2 Mohrrüben (längs halbieren und schräg in 1 cm dicke Scheiben schneiden)
500 g neue Kartoffeln, je nach Größe halbiert,
geviertelt oder grob gewürfelt
1/2 kleiner Kopf Blumenkohl, in Röschen zerteilt
1 Zucchini (längs halbieren und schräg in 1 cm dicke Scheiben schneiden)
375 ml Kokosmilch aus der Dose (aufrühren)
Cayennepfeffer

Die Tomaten mit kaltem Wasser, einem Teelöffel Salz, 2 Eßlöffel Ingwer und einem Eßlöffel von der Gewürzmischung aufsetzen. Im offenen Topf bei sanfter Hitze 15–20 Minuten schmoren. Inzwischen das Gemüse kochen.
Dazu einen kleinen Topf Wasser zum Kochen bringen. 1/4 Teelöffel Salz einstreuen. Die Zuckerschoten 2 Minuten im sprudelnden Wasser blanchieren. Abschöpfen, kalt abschrecken und beiseite stellen. Die Erbsen genauso blanchieren und beiseite stellen. Das Öl in einer großen Pfanne erhitzen. Die Zwiebel mit 1/2 Teelöffel Salz hineingeben und in 7–8 Minuten weich dünsten. Knoblauch, Mohrrüben und Kartoffeln hinzufügen. Bei mittlerer Hitze ungefähr 10 Minuten dünsten. Blumenkohlröschen, Zucchini, die restliche Gewürzmischung und den Ingwer sowie 1/4 Teelöffel Salz einrühren. Gut heiß werden lassen (5 Minuten). Die geschmorten Tomaten und die Kokosmilch hinzufügen. In der offenen Pfanne 30 Minuten durchkochen. Unmittelbar vor dem Servieren die Zuckerschoten und Erbsen unterrühren. Mit Salz und Cayennepfeffer abschmecken.

Zuckerschoten

In einer Frühlingspasta mit Spargel und Zitronenbutter, mit frischem Ingwer gedünstet oder frisch aus der Hand geknabbert schmecken die eßbaren Schoten einfach köstlich.
Zuckerschoten brauchen einen humusreichen Boden, Sonnenschein und kühleres Klima. Die Erbsen können bereits im zeitigen Frühjahr, sobald der Boden nicht mehr frosthart ist, ausgesät werden. Die Samen keimen schneller, wenn sie vor der Aussaat über Nacht in Wasser eingeweicht werden. Erbsen brauchen ein Spalier oder Stützen, an denen sie emporranken können. Das Beet täglich frühmorgens befeuchten, bis die Pflänzchen die Erde durchbrechen. Sobald die Pflanzen zu blühen beginnen, nur noch mäßig gießen. Von der Blüte bis zur letzten Ernte sollten die Erbsen nur einmal pro Woche intensiv gewässert werden. Rechtzeitige Ernte der reifen Schoten fördert weiteres Wachstum.

Sommergemüse mit rotem Curry

Rote Paprikaschoten werden mit Chillies, Kokosmilch und Zitronengrasbrühe gekocht und dann püriert, wodurch das Curry seine cremig-rote Farbe erhält. Das Gemüse wird mit frischem Ingwer, geröstetem Kümmel und Koriander geschmort, was dem Eintopf einen eigenwilligen und außergewöhnlichen Geschmack verleiht. Die Zitronengrasbrühe ist für das Aroma dieses Gerichts ganz entscheidend. Servieren Sie als Beilage Basmatireis mit Senfkörnern (Seite 323) und Aprikosenchutney (Seite 455).

Curry
1 Eßlöffel Erdnußöl oder leichtes Pflanzenöl
1 große rote Paprikaschote, in Streifen geschnitten
2–3 rote Jalapeño-Chillies, entkernt und in Streifen geschnitten
Salz
Cayennepfeffer
1/2 l Zitronengrasbrühe (Seite 224)
1 Eßlöffel frisch geriebener Ingwer
3 Knoblauchzehen, fein gehackt
1 Eßlöffel Korianderkörner, geröstet und gemahlen (Seite 116)
1 Teelöffel Kümmelkörner, geröstet und gemahlen (Seite 312)
1/4 l Kokosmilch aus der Dose (aufrühren)

Das Öl in einer Pfanne erhitzen. Paprika, Chillies, 1/2 Teelöffel Salz und eine Messerspitze Cayennepfeffer hineingeben und 10 Minuten bei mittlerer Hitze dünsten. Etwas Zitronengrasbrühe angießen, dann Ingwer, Knoblauch und Gewürze einrühren. 5 Minuten mitdünsten, dann mit der restlichen Brühe auffüllen und 10 Minuten durchkochen, bis die Paprikastreifen sehr weich sind. Im Mixer oder in der Küchenmaschine glattpürieren. (Wenn sich die harte Haut der Paprikaschoten ablöst, das Püree ggf. durch ein Sieb passieren.) Die Kokosmilch in das Curry rühren und beiseite stellen.

Zutaten für vier bis sechs Portionen
Salz
125 g grüne Bohnen (putzen und große Bohnen halbieren)
1 Eßlöffel Erdnußöl oder leichtes Pflanzenöl
1 Zwiebel, in 1 cm große Würfel geschnitten

1 Messerspitze Cayennepfeffer
3 Knoblauchzehen, fein gehackt
2 Mohrrüben (längs halbieren und schräg in 1 cm dicke Scheiben schneiden)
500 g neue Kartoffeln (je nach Größe halbieren, vierteln oder in 1 cm große Würfel schneiden)
1 gelbe oder rote Paprikaschote, in dreieckige Stücke geschnitten
2 Zucchini (längs halbieren und schräg in 1 cm dicke Scheiben schneiden)
2 Eßlöffel frisch geriebener Ingwer
1 Teelöffel Korianderkörner, geröstet und gemahlen (Seite 116)
1/2 Teelöffel Kümmelkörner, geröstet und gemahlen (Seite 312)
1 Stengel Zitronengras (in 7–8 cm lange Stücke schneiden und die vertrockneten äußeren Blätter entfernen)
2 Eßlöffel gehacktes Koriandergrün

Einen kleinen Topf Wasser zum Kochen bringen. 1/4 Teelöffel Salz einstreuen. Die Bohnen 2–3 Minuten im sprudelnden Wasser blanchieren. Unter kaltem Wasser abschrecken, abtropfen lassen und beiseite stellen.

Das Öl in einer großen Pfanne erhitzen. Die Zwiebel mit 1/2 Teelöffel Salz und einer Messerspitze Cayennepfeffer hineingeben und 5 Minuten bei mittlerer Hitze andünsten. Knoblauch, Mohrrüben, Kartoffeln und Paprika hinzufügen und 10 Minuten mitdünsten. Die Zucchini in die Pfanne geben und 2 Minuten dünsten. Nun auch das Curry, den Ingwer, die Gewürze und das Zitronengras einrühren. Das Gemüse 30 Minuten in der offenen Pfanne sanft durchschmoren.

Die Zitronengrasstengel entfernen. Mit Salz und Cayennepfeffer abschmecken. Vor dem Servieren die grünen Bohnen unterheben und mit Koriandergrün garnieren.

Winterliches Gemüsecurry

Wir bieten dieses Curry das ganze Jahr über an und stellen das Gemüse je nach Saison zusammen. In dieser winterlichen Version schmoren wir scharfe Gewürze mit Tomaten, Ingwer, Kokosmilch und erdigem Wurzelgemüse. Den frischen Fenchel schmeckt man besonders gut heraus; sein lakritzähnliches Aroma paßt gut zu den milden Mohrrüben und Kartoffeln. Sie können auch noch Knollensellerie oder weiße Rüben in das Curry geben oder statt der Kartoffeln vewenden. Servieren Sie duftenden Basmatireis und unser feuriges Ananaschutney (Seite 453) dazu.

Gewürze
2 Teelöffel helle Senfkörner
2 Teelöffel Kreuzkümmelsamen
2 Teelöffel Koriandersamen
1 Teelöffel Bockshornklee
1/2 Teelöffel Gelbwurz
1/4 Teelöffel Cayennepfeffer

Die Senfkörner wie auf Seite 230 beschrieben in einer kleinen Pfanne rösten. In eine Schüssel geben und beiseite stellen. In derselben Pfanne nun Kreuzkümmel und Koriander auf kleiner Flamme rösten, bis sie ihr volles Aroma entfalten (1–2 Minuten). Mit dem Bockshornklee vermischen und in einer Gewürzmühle oder im Mörser zerkleinern. Gelbwurz und Cayennepfeffer in die Gewürzmischung rühren.

Zutaten für vier bis sechs Portionen
500 g Tomaten, gehäutet, entkernt und zerkleinert (Seite 124), oder
1 kleine Dose Tomatenstückchen mit ihrem Saft
375 ml Wasser
Salz
3 Eßlöffel frisch geriebener Ingwer
1 mittelgroßer Stengel Brokkoli, in Röschen zerteilt
2 Eßlöffel Erdnußöl oder leichtes Pflanzenöl
375 g Champignons (je nach Größe halbieren oder ganz lassen)
1 Zwiebel, in 1 cm große Würfel geschnitten
4 Knoblauchzehen, fein gehackt
2 Mohrrüben (schälen, längs halbieren und schräg in 1 cm dicke Scheiben schneiden)

500 g neue Kartoffeln (je nach Größe halbieren, vierteln oder
in 2–3 cm große Würfel schneiden)
1 mittelgroße Fenchelknolle (Strunk und äußere Schicht entfernen,
den Rest in 2–3 cm große Stücke schneiden)
375 ml Kokosmilch aus der Dose
Cayennepfeffer
2 Eßlöffel gehacktes Koriandergrün

Tomaten, Wasser, einen Teelöffel Salz, einen Eßlöffel Gewürzmischung und 2 Eßlöffel Ingwer im offenen Topf 15–20 Minuten sanft durchschmoren. Inzwischen das übrige Gemüse vorbereiten.

Einen kleinen Topf Wasser zum Kochen bringen, 1/4 Teelöffel Salz hineingeben. Die Brokkoliröschen eine Minute im sprudelnden Wasser blanchieren, kalt abschrecken und abtropfen lassen. Beiseite stellen.

Einen Eßlöffel Öl in einer großen Pfanne stark erhitzen. Die Champignons mit 1/4 Teelöffel Salz 7 Minuten kräftig darin anrösten. Mit einem Spritzer Wasser ablöschen und in eine Schüssel füllen.

Das restliche Öl in der Pfanne erhitzen. Bei mittlerer Hitze die Zwiebel mit 1/4 Teelöffel Salz darin weich dünsten (ca. 5 Minuten). Knoblauch, Mohrrüben, Kartoffeln und Fenchel hinzufügen und 10 Minuten mitdünsten. Die Senfkörner, die übrigen Gewürze und den restlichen Ingwer unterrühren und heiß werden lassen (2 Minuten). Pilze, Tomaten und die Kokosmilch hinzufügen. Das Gemüse nun in der offenen Pfanne 30 Minuten durchschmoren, damit sich die Aromen schön entfalten können. Mit Salz und Cayennepfeffer abschmecken. Kurz vor dem Servieren die Brokkoliröschen und das Koriandergrün unterziehen.

Senfkörner rösten

Wenn Senfkörner geröstet werden und aufplatzen, können sie ihr kräftiges Aroma voll entfalten. Die gerösteten und gemahlenen Senfkörner schmecken stechend scharf und leicht bitter. Sie können die Senfsaat in Ghee (geklärte Butter, die in der indischen Küche verwendet wird) oder heißem Öl rösten und Currys und Reisgerichte damit würzen. Wir rösten sie jedoch meist trocken in einem Pfännchen.

Die Senfkörner in einem kleinen Pfännchen bei mittlerer Hitze rösten, bis sie zu platzen beginnen. Vom Herd nehmen und abdecken, bis sich die Körner wieder beruhigt haben. Die Körner können nun ganz oder gemahlen weiterverwendet werden.

Ein Wort zu dunklen und hellen Senfkörnern: Die Farbe der ganzen schwarzen Körner liegt genaugenommen zwischen Schwarz und einem rötlichen Braun. Die kleinen Samenkörner sind in der indischen Küche weit verbreitet, und wir geben sie in indische Currys, Suppen und Raitas. Helle Senfkörner sind in jedem Supermarkt erhältlich; wir verwenden sie auch in unserer Küche. Sie schmecken milder und nicht so bitter und dienen als Ersatz für dunkle Senfkörner.

Nordafrikanischer Gemüsetopf

Der würzige Eintopf hat bei uns das ganze Jahr über Saison und wird je nach Jahreszeit mit unterschiedlichen Gemüsen zubereitet. Während wir im Sommer Paprika, Zucchini und Strauchtomaten schmoren, kommen im Herbst und Winter gewürfelte Winterkürbisse, Rüben und Kartoffeln in den Topf. Zimt, Safran und Gelbwurz würzen die Tomaten-Kichererbsen-Brühe, die dem Eintopf ein volles Aroma und der Sauce eine tiefe, orangerote Farbe verleiht. Servieren Sie den Eintopf auf einem Bett aus Mandel-Rosinen-Kuskus (Seite 328), das eine wunderbare Unterlage für die köstliche Sauce bildet.

Kichererbsen

100 g getrocknete Kichererbsen, über Nacht in kaltem
Wasser eingeweicht
3 dünne Scheiben frischer Ingwer
1 großes Lorbeerblatt
1 kleine Zimtstange (2–3 cm lang)
1 l kaltes Wasser

Kichererbsen abgießen und abspülen. Mit dem Ingwer, dem Lorbeerblatt, der Zimtstange und einem Liter Wasser aufsetzen. Zum Kochen bringen, dann bei mittlerer Hitze im offenen Topf sehr weich kochen (50–60 Minuten). Kichererbsen beiseite stellen und mit den Gewürzen im Sud abkühlen lassen. Die Gewürze und das Lorbeerblatt erst entfernen, wenn Sie die Kichererbsen und den Sud unter den Eintopf rühren.

Gewürze

1 1/2 Teelöffel Zimtpulver (vorzugsweise frisch gemahlen)
3/4 Teelöffel Gelbwurz
1 Messerspitze Cayennepfeffer
1 großzügige Prise Safranfäden
1 Eßlöffel heißes Wasser

Zimt, Gelbwurz und Cayennepfeffer in einem Schälchen verrühren. Die Safranfäden in einem zweiten Schälchen in heißem Wasser einweichen. Gewürzmischung und Safranfäden beiseite stellen.

Zutaten für vier bis sechs Portionen

1250 g Tomaten, gehäutet, entkernt und zerkleinert (Seite 124), oder
2 Dosen Tomatenstückchen mit ihrem Saft
Salz
1 mittelgroßer Stengel Brokkoli, in Röschen zerteilt
1 Eßlöffel leichtes Olivenöl
1 Zwiebel, in 2 1/2 cm große Stücke gehackt
4 Knoblauchzehen, fein gehackt
2 Eßlöffel frisch geriebener Ingwer
500 g neue Kartoffeln
3 Mohrrüben (längs halbieren und schräg in 1 cm dicke Scheiben schneiden)
1 rote oder gelbe Paprikaschote, zuerst in Scheiben und
dann in Dreiecke schneiden
1/2 kleiner Kopf Blumenkohl, in Röschen zerteilt
Cayennepfeffer
1 Eßlöffel frisch gehackte Minze
2 Eßlöffel gehacktes Koriandergrün

Wenn Sie Dosentomaten verwenden, mit einem Teelöffel Salz in einem kleinen Topf sanft durchschmoren. (Dadurch verringern die Tomaten ihre Säure.)
In der Zwischenzeit einen kleinen Topf Wasser zum Kochen bringen. 1/4 Teelöffel Salz hineingeben. Den Brokkoli eine Minute lang darin blanchieren. Abgießen und kalt abschrecken. Beiseite stellen.
Das Olivenöl in einer großen Pfanne erhitzen. Die Zwiebel mit 1/2 Teelöffel Salz hineingeben und 7–8 Minuten bei mittlerer Hitze dünsten, bis sie Saft zu ziehen beginnt. Nun Knoblauch, Ingwer und Gewürze einrühren und eine Minute dünsten. 1/8 Liter Kichererbsensud, die Kartoffeln und Mohrrüben hinzufügen. Die Pfanne abdecken und das Gemüse ungefähr 10 Minuten schmoren. Dann den Paprika hinzufügen, abdecken und 5 Minuten weiterschmoren. Blumenkohl unterheben und in der offenen Pfanne kurz heiß werden lassen.
Die Tomaten, den Safran sowie die Kichererbsen mit ihrem Sud hinzufügen. In der offenen Pfanne bei mäßiger Hitze 20–25 Minuten leise durchköcheln. Mit Salz und Cayennepfeffer abschmecken. Den Brokkoli kurz vor dem Servieren hineingeben und erwärmen. Mit Minze und Koriandergrün garnieren und servieren.

Tip: Schmoren Sie die Dosentomaten mit etwas Zucker, wenn sie sehr säuerlich schmecken. Ist auch der Eintopf zu sauer, mit bis zu einem Teelöffel Zucker abrunden.

Kreolischer Eintopf

Dieser Eintopf schmeckt im Frühherbst am besten, wenn die Tomatensaison ihrem Ende zugeht und überall erntefrischer Paprika zu bekommen ist. Die erdigen Pilze und der Thymian kontrastieren mit dem bunten Paprika und dem fruchtigen Tomatensaft, während frische Chilischoten für eine gewisse Schärfe sorgen. Wenn Sie einen dickflüssigeren und intensiveren Eintopf bevorzugen, können Sie bereits geschmorte Tomaten verwenden. Servieren Sie den Eintopf auf einem Bett aus Basmatireis mit gerösteten Mandeln oder Pistazien.

Zutaten für vier bis sechs Portionen
1 kg Tomaten, gehäutet, entkernt und zerkleinert (Seite 124), oder
1 große Dose Tomatenwürfel mit Saft oder aber
1 1/2 kg geschmorte Tomaten (Seite 307)
2 Eßlöffel natives Olivenöl extra
500 g Champignons (je nach Größe halbieren oder ganz lassen)
Salz und Pfeffer
5 Knoblauchzehen, fein gehackt
1/2 Glas trockener Weißwein
1 rote Zwiebel, in 2 1/2 cm große Stücke gehackt
1/2 Teelöffel getrockneter Thymian
1 rote Paprikaschote, zunächst in Streifen, dann in Dreiecke schneiden
1 grüne Paprikaschote, zunächst in Streifen, dann in Dreiecke schneiden
1 gelbe Paprikaschote, zunächst in Streifen, dann in Dreiecke schneiden
1 mittelgroße Fenchelknolle (längs vierteln, vom Strunk befreien
und in 1 cm breite Streifen schneiden)
2 Lorbeerblätter
2–3 Jalapeño- oder Serrano-Chillies, entkernt und fein gewürfelt
Cayennepfeffer
2 Zucchini (längs halbieren und schräg in 1 cm dicke Scheiben schneiden)
2 Frühlingszwiebeln, schräg in feine Röllchen geschnitten
1 Eßlöffel frisch gehackter Thymian
1/2 Teelöffel frisch gepreßter Zitronensaft

Dosentomaten in einem Topf leise durchschmoren, damit sie ihre strenge Säure verlieren.

In der Zwischenzeit einen Eßlöffel Öl in einer großen Pfanne erhitzen. Die Pilze mit

1/2 Teelöffel Salz und etwas Pfeffer hineingeben und bei kräftiger Hitze anrösten. Nach ca. 7 Minuten die Hälfte des Knoblauchs hinzufügen und den Bratfond mit Wein loskochen. Die Flüssigkeit fast vollständig einkochen lassen. Pilze in eine Schüssel füllen.

Nun den zweiten Eßlöffel Olivenöl in derselben Pfanne erhitzen. Die Zwiebel, 1/2 Teelöffel Salz und den getrockneten Thymian einrühren. Bei mittlerer Hitze weich dünsten (7–8 Minuten). Den restlichen Knoblauch, die Paprikastückchen, den Fenchel, die Lorbeerblätter, Chillies und eine kleine Prise Cayennepfeffer hinzufügen. Bei mittlerer Hitze 10 Minuten dünsten, dann die Zucchini dazugeben und 5 Minuten mitdünsten.

Die Tomaten und die Pilze einrühren. Das Gemüse in der offenen Pfanne 20 Minuten durchschmoren. Mit etwas Salz und Cayennepfeffer abschmecken. Vor dem Servieren mit den Frühlingszwiebeln, dem frischen Thymian und dem Zitronensaft verfeinern.

Tip: Sollte der Eintopf wegen der Tomaten zu säuerlich schmecken, zum Schluß mit etwas Zucker süßen.

Rote Frühlingszwiebeln

Die schönen japanischen Frühlingszwiebeln haben eine tiefrote Außenhaut und sind mild im Geschmack; beim Grillen werden sie sogar ausgesprochen süß. Elegant in lange abgeschrägte Röllchen geschnitten und mit Zitronengras-Gurken gemischt, schmecken sie erfrischend, während sie, mit Mizuna und Tat soi zu einem asiatischen Blattsalat kombiniert, sehr dekorativ aussehen.

Frühlingszwiebeln sind nichts anderes als die unreifen Schößlinge von ganz gewöhnlichen Zwiebeln. Einige Sorten bringen sehr feine unreife Schößlinge hervor. Frühlingszwiebeln brauchen gleichmäßige Feuchtigkeit in einem durchlässigen Boden, etwas organische Düngung und Halbschatten. Beginnen Sie mit der Aussaat oder dem Anbau von Steckzwiebeln im Frühjahr, etwa vier Wochen vor dem letzten zu erwartenden Frost. (Steckzwiebeln sollten einen Durchmesser von etwa einem Zentimeter haben, damit sie nicht so schnell aussamen.) Die Ernte erfolgt gut zwei Monate nach dem Auspflanzen, wenn die grünen Stengel 25–30 Zentimeter lang sind.

R io-Eintopf

Dieser Eintopf aus dem Einzugsgebiet des Rio Grande im Südwesten der USA schmeckt angenehm voll und üppig. Butternuß-Kürbis wird gewürfelt und geröstet, dann zusammen mit Tomaten, Chillies, Pilzen, Paprika und Maisbrei geschmort. Da die Ancho-Chillies, die wir hier verwenden, sehr unterschiedlich in ihrer Schärfe ausfallen, sollten Sie sie unbedingt probieren und dann entsprechend dosieren. Servieren Sie zum Rio-Eintopf cremig-weiche Polenta oder Basmatireis mit gerösteten Kürbiskernen. Im Sommer können Sie statt Maisbrei auch frischen Mais verwenden.

Zutaten für vier bis sechs Portionen
1 kleiner Butternuß-Kürbis oder ein anderer süßlicher Winterkürbis
(ca. 500 g), in 1 cm kleine Würfel geschnitten
2 1/2 Eßlöffel leichtes Olivenöl oder Pflanzenöl
Salz und Pfeffer
1 kg Tomaten, gehäutet, entkernt und gehackt (Seite 124), oder
1 große Dose Tomatenwürfel mit ihrem Saft
1 Teelöffel Zimtpulver (vorzugsweise frisch gemahlen)
1 1/2 Teelöffel Kreuzkümmel, geröstet und gemahlen (Seite 116)
375 g Champignons (je nach Größe halbieren oder ganz lassen)
1 Zwiebel, in 1 cm große Stücke gehackt
5 Knoblauchzehen, fein gehackt
1 rote oder gelbe Paprikaschote, zuerst in Streifen, dann in
Dreiecke schneiden
2 Zucchini (längs halbieren und schräg in 1 cm dicke Scheiben schneiden)
250 ml Hominy (Maisbrei aus der Dose; abgießen und abspülen)
oder die Körner von einem Maiskolben
1/2 Teelöffel Chipotle-Püree (Seite 387)
1–2 Eßlöffel Ancho-Chili-Püree (Seite 236)
1 Eßlöffel Crème fraîche (nach Wunsch; Seite 414)
2 Eßlöffel grob gehacktes Koriandergrün
1 Eßlöffel frisch gehackte Minze

Backofen auf 200 Grad vorheizen. Die Kürbiswürfel mit 1/2 Eßlöffel Öl benetzen, salzen und pfeffern. In eine feuerfeste Form geben, abdecken und heißen Ofen weich garen (ca. 10 Minuten). Die Würfel sollten zwar durch sein, aber noch ihre Form behalten, damit sie im Eintopf nicht zerfallen. Dosentomaten 20 Minuten mit je 1/2 Teelöffel Zimt und Kreuzkümmel sanft schmoren, damit sie ihre strenge Säure verlieren.

Einen Eßlöffel Öl in einer großen Pfanne erhitzen. Die Pilze bei starker Hitze mit 1/4 Teelöffel Salz und etwas Pfeffer goldbraun rösten (5–7 Minuten). In eine Schüssel füllen und ruhen lassen.

Das restliche Öl in derselben Pfanne heiß werden lassen. Die Zwiebel mit 1/2 Teelöffel Salz, dem restlichen Zimt und Kreuzkümmel hineingeben und bei mittlerer Hitze weich dünsten (7–8 Minuten). Knoblauch und Paprika hinzufügen und 10 Minuten mitdünsten, bis die Paprikastücke weich werden. Dann die Zucchinischeiben mit 1/4 Teelöffel Salz in die Pfanne geben und heiß werden lassen. Dann die Tomaten einrühren. (Wenn Sie statt Dosentomaten frische Tomaten verwenden, Zimt und Kreuzkümmel jetzt erst hineinrühren.) Pilze, Kürbis, Maisbrei und Chilipüree unterziehen. Pfanne abdecken und das Gemüse unter gelegentlichem Umrühren 20–25 Minuten leise durchköcheln lassen. Mit Salz und Pfeffer abschmecken. Nach Wunsch jetzt die Crème fraîche unterziehen. Vor dem Servieren mit Koriandergrün und Minze bestreuen.

Tip: Schmoren Sie die Dosentomaten mit etwas Zucker, wenn sie sehr säuerlich schmecken. Ist auch der Eintopf zu sauer, mit ein paar Prisen Zucker abrunden.

Ancho-Chili-Püree

Ancho-Chillies sind getrocknete Poblano-Chillies und meist nur in gut sortierten Feinkosthandlungen oder mexikanischen Spezialitätengeschäften erhältlich. Die dunklen, runzligen Chillies sind rötlich braun bis nahezu schwarz. Ein Püree aus Ancho-Chillies schmeckt dunkel und fast ein bißchen modrig; es verleiht unseren Speisen Schärfe und aromatische Tiefe. Die Schärfe der einzelnen Chilischoten variiert beträchtlich. Sie sind in der Regel scharf, können bisweilen aber auch ziemlich mild ausfallen.

Für das Püree die Chillies am Stielende auseinanderziehen und entkernen. Chillies in ein Schälchen legen und mit heißem Wasser übergießen. 15–20 Minuten einweichen lassen. Im Mixer oder in der Küchenmaschine pürieren. Mit etwas Einweichwasser glattmixen und nach Bedarf mehr Flüssigkeit hinzugießen.

Anchos kann man vor dem Einweichen im 180 Grad heißen Backofen etwa 5 Minuten rösten, bis sie aufplatzen und kräftig duften – dann schmeckt das Püree noch intensiver. Die trocken gerösteten Chillies kann man auch entkernen und zu Chilipulver vermahlen.

Ratatouille

Kochen Sie diesen Klassiker im Hochsommer, wenn Auberginen, Paprika und Tomaten am besten schmecken. Während das Gemüse langsam durchschmort, nimmt es auch das Aroma der frischen Kräuter auf. Sie können statt Majoran auch griechischen Oregano verwenden. Probieren Sie das Kraut jedoch zunächst, denn sein strenger und scharfer Geschmack übertönt leicht das zarte Basilikum. Servieren Sie als Beilage cremig-weiche Polenta (Seite 329) mit geriebenem Parmesan. Ratatouille schmeckt am nächsten Tag fast noch besser – bei Zimmertemperatur mit knusprigem, gesäuertem Weißbrot und würzigen schwarzen Oliven.

Zutaten für vier Portionen
2 Eßlöffel natives Olivenöl extra
1 rote Zwiebel (vierteln und in dicke Scheiben schneiden)
Salz und Pfeffer
6 Knoblauchzehen, fein gehackt
3 kleinere, längliche Auberginen (längs halbieren, dann
schräg in knapp 2 cm dicke Scheiben schneiden)
2 Paprikaschoten, zuerst in Scheiben, dann in Dreiecke schneiden
500 g Sommerkürbisse oder Zucchini, in dicke Spalten oder
Scheiben geschnitten
1 kg Strauchtomaten, gehäutet, entkernt und gehackt (Seite 124)
1 Lorbeerblatt
3 Eßlöffel frisch gehacktes Basilikum
1/2 Eßlöffel frisch gehackter Majoran oder griechischer Oregano

Das Olivenöl in einer großen Pfanne erhitzen. Die Zwiebel mit 1/2 Teelöffel Salz und etwas Pfeffer hineingeben und bei mittlerer Hitze andünsten (ca. 5 Minuten). Knoblauch, Auberginen, Paprika, 1/4 Teelöffel Salz und etwas Pfeffer hinzufügen und 8–10 Minuten mitdünsten, bis Auberginenscheiben und Paprika beginnen, weich zu werden. Nun Sommerkürbisse, Tomaten, Lorbeerblatt, 1/2 Teelöffel Salz und etwas Pfeffer unterrühren. Das Gemüse 20 Minuten auf kleiner Flamme weich schmoren. Vor dem Servieren mit Basilikum und Majoran aromatisieren und mit Salz und Pfeffer abschmecken.

P ie mit geschmortem Wintergemüse

Diese Pie ist ein sinnliches Vergnügen. Das Wintergemüse schmort in der aromatischen Pilzsauce und verströmt sein erdiges Aroma sobald Sie die goldbraun gebackene Pie anschneiden.

Das Gericht ist sehr zeitaufwendig, lohnt aber die Mühe. Wenn Sie rechtzeitig planen, können Sie außerdem einige Schritte bereits im voraus erledigen. Der Teig kann vorbereitet und eingefroren oder über Nacht im Kühlschrank aufbewahrt werden. Der Pilzfond kann ebenfalls kühl gestellt oder tiefgefroren werden. Sie müssen dann nur den Fond wieder erhitzen und den Teig auf Zimmertemperatur erwärmen. Das Gericht ergibt allein schon eine vollständige Mahlzeit, doch ein Salat aus herbem Blattgemüse mit Birnen und gerösteten Walnüssen empfiehlt sich als elegante Beilage.

Zutaten für vier bis sechs Portionen
Pilzbrühe (Seite 80)
Teig für die Pie (Seite 262)

Die Brühe nach dem Rezept auf Seite 106 kochen. In der Zwischenzeit den Teig nach dem Rezept auf Seite 262 zubereiten. Die Brühe durch ein feines Sieb gießen und in einen Topf füllen. Auf 3/4 Liter einkochen lassen. Während der Teig im Kühlschrank ruht, die Sauce vorbereiten.

Sauce
3/4 l reduzierte Pilzbrühe
3 1/2 Eßlöffel Butter
5 Eßlöffel Mehl
1 Messerspitze Pfeffer
1 Eßlöffel Sojasauce

Da der Salzgeschmack der Pilzbrühe durch das Reduzieren kräftiger wird und die Sojasauce, ebenfalls salzig schmeckt, brauchen Sie für diese Sauce kein Salz mehr. Die Brühe auf dem Herd warm halten. Die Butter in einem kleinen Topf zerlassen. Das Mehl einrühren und 2–3 Minuten anschwitzen. Zunächst 1/8 Liter Brühe angießen, dann bei mittlerer Hitze die restliche Brühe mit einem Schneebesen einrühren. Die Sauce sollte schön glatt aussehen. Mit Pfeffer und Sojasauce abschmecken und 10 Minuten eindicken lassen. Unter gelegentlichem Rühren sanft weiterköcheln lassen und in der Zwischenzeit das Gemüse vorbereiten.

Gemüse

2 Eßlöffel frisch gepreßter Zitronensaft
1/2 l Wasser
500 g Knollensellerie
15 g getrocknete Steinpilze, 10 Minuten in 125 ml warmem Wasser
eingeweicht
2 Eßlöffel leichtes Olivenöl
375 g Champignons (je nach Größe ganz lassen oder halbieren)
Salz und Pfeffer
5 Knoblauchzehen, fein gehackt
125 ml trockener Sherry
1 Zwiebel, grob gehackt
2 Mohrrüben (schälen, längs halbieren und
schräg in 1 cm dicke Scheiben schneiden)
1 Fenchelknolle (längs vierteln, vom Strunk befreien und in
1 cm breite Streifen schneiden)
2 Eßlöffel frisch gehackte Kräuter: Majoran, Thymian, Petersilie
1 verquirltes Ei
1 Eßlöffel Wasser

Zitronensaft und Wasser in eine Schüssel geben. Den Sellerie schälen und in knapp 2 cm große Würfel schneiden. Sofort in das Zitronenwasser legen, damit sie sich nicht verfärben. Selleriewürfel erst abgießen, wenn Sie sie in den Eintopf rühren.

Die Steinpilze durch ein feines Sieb abgießen, das Einweichwasser auffangen. (Wenn das Wasser sehr sandig ist, den Sand setzen lassen und das Wasser dann erst vorsichtig abgießen.) Die Steinpilze fein hacken, dabei harte und unschöne Stellen entfernen. Den Teig aus dem Kühlschrank holen und auf Zimmertemperatur erwärmen lassen.

Einen Eßlöffel Olivenöl in einer großen Pfanne erhitzen. Die Champignons mit 1/4 Teelöffel Salz und etwas Pfeffer hineingeben und bei lebhafter Hitze 6–7 Minuten goldbraun rösten. Die Hälfte des Knoblauchs hinzufügen und mit der Hälfte des Sherrys ablöschen. Die Flüssigkeit fast vollständig einkochen lassen. Dann die Pilze in eine Schüssel füllen.

Das restliche Olivenöl in derselben Pfanne erhitzen und die Zwiebel mit 1/2 Teelöffel Salz und etwas Pfeffer 7–8 Minuten bei mittlerer Hitze darin dünsten. Den übrigen Knoblauch, die Steinpilze, Selleriewürfel, Mohrrüben und Fenchel hineingeben und 10 Minuten mitdünsten. Das Einweichwasser der Steinpilze hineingießen und 5 Minuten einkochen lassen.

Die Pilze, die Sauce und die frischen Kräuter einrühren. Mit Salz und Pfeffer abschmecken. In eine Pieform mit 22–24 Zentimeter Durchmesser füllen und abkühlen lassen.

Backofen auf 190 Grad vorheizen. Den Teig so ausrollen, so daß er ca. 2 1/2 Zentimeter größer als die Pieform ist, und auf das Gemüse legen. Den Rand umbiegen und mit einem dekorativen Wellenmuster festdrücken. Das Ei mit dem Wasser verquirlen und den Teig damit bestreichen. Eventuell Teigreste zu hübschen Mustern schneiden und mit der Eimischung auf dem Teigdeckel festkleben. Den Teig an drei Stellen 2 Zentimeter einritzen. Pie in 40 Minuten goldbraun backen.

Variante: Sie können auch noch ein paar Kartoffeln unter das Gemüse geben oder den Sellerie dadurch ersetzen. Mit ihrem weichen und milden Geschmack und ihrem hohen Stärkegehalt sind sie für diese Pie geradezu ideal. Weiße Rüben, Pastinaken und Steckrüben passen ebenfalls gut dazu.
Das Schmorgemüse können Sie statt unter einem Teigdeckel auch mit cremig-weicher Polenta als Beilage servieren. Dafür die Sauce und das Gemüse wie beschrieben zubereiten. Das Gemüse in der Pfanne lassen und mit der Sauce übergießen. Pfanne abdecken und das Gemüse in 30 Minuten sanft weich schmoren. Gelegentlich umrühren und die Sauce nach Bedarf mit etwas Wasser verdünnen.

Bohnenkraut

Das hübsche, immergrüne Winterbohnenkraut gilt als eines der ältesten Küchenkräuter und wurde schon immer wegen seiner verdauungsfördernden Wirkung geschätzt. Der würzige Geschmack belebt herzhafte Speisen, besonders aber Zubereitungen aus frischen und getrockneten Bohnen. Geben Sie das Kraut im Sommer unter einen zarten grünen Bohnensalat mit einer frischen Zitronenvinaigrette. Im Winter würzen wir einen deftigen Eintopf aus Wurzelgemüse mit Bohnenkraut, gehacktem Majoran und Thymian. Garen Sie Cannellinibohnen mit einem Büschel Bohnenkraut und ein oder zwei Lorbeerblättern – der stärkehaltige Sud schmeckt einfach köstlich.
Bohnenkraut ist eine mehrjährige Pflanze, die 30–45 Zentimeter hoch wächst. Mit ihren winzigen weißen Blüten und den duftenden Blättern macht sich diese hübsche Pflanze gut als Umrandung eines Kräutergartens und sieht in getrockneten Kräuterkränzen sehr dekorativ aus. Man vermehrt die Pflanze, die fruchtbaren und feuchten Boden liebt, am besten durch Teilung. Wenn man das Bohnenkraut nach der Blüte kräftig zurückschneidet, ist eine zweite Ernte der saftigen Blätter möglich.

Gratins

Gratins

Diese Gratins faszinieren weniger durch ihre Eleganz als durch ihren herzhaften Geschmack. Zutaten und Zeitaufwand bestimmen, ob ein Gratin einfach oder komplex ausfällt. Frische Kräuter und kräftiger Käse machen die Gratins, die wir das ganze Jahr über servieren, interessant: Nehmen Sie beispielsweise Gorgonzola, Parmesan, geräucherten Mozzarella oder nussigen Gruyère.

Wir verwenden jeweils frisches Saisongemüse, Kräuter und Käse, der zur Jahreszeit paßt. Wurzelgemüse wird dabei ganz fein aufgeschnitten, damit es gleichmäßig in einem Kartoffelgratin mitgart. Für Herbst und Winter empfehlen wir Knollensellerie, Süßkartoffeln, weiße Rüben oder Chicorée. Im Sommer schmecken Basilikum, schwarze Oliven und Tomatenwürfel besonders köstlich. Rucola mit ihrem nussigen Aroma paßt wunderbar dazu, wobei der etwas scharfe Geschmack der kräftigeren Blätter selbst die üppige Sahne-Käse-Masse übertönen kann. Kartoffelgratins brauchen eine ganze Stunde oder länger, bis sich oben eine knusprig-goldene Kruste gebildet hat und die Kartoffeln wirklich durch sind. Wenn Sie's gerne knusprig mögen, können Sie kurz vor dem Ende der Garzeit unsere Knoblauchbrotkrümel mit noch etwas Käse über das Gratin streuen.

Für unsere Kartoffelgratins verwenden wir eine Mischung aus Milch und Sahne, weil sie ausgewogen schmeckt und angenehm cremig wird. Wir haben versucht, ganz ohne Sahne auszukommen, aber dann gerät das Gratin etwas dünn. Außerdem gerinnt die Milch leicht, wenn sie über eine Stunde bei 190 Grad gegart wird. Wir weisen in unseren Rezepten zwar nicht eigens darauf hin, aber wenn Sie etwas Mehl zwischen die einzelnen Kartoffelschichten streuen, dann gerinnt die Milch nicht so leicht. Sahne ist sehr stabil und kann sogar zu gleichen Teilen mit Milch vermischt werden; außerdem verkocht Sahne wunderbar mit den Kartoffeln.

Polentagratins sind ebenfalls sehr beliebt – besonders wenn sie mit Tomaten, Oliven und cremigem Fontina oder aber mit Chillies zubereitet werden. Hier kommt es auf die richtigen Gewürze an. Diese Gratins wirken schwer und langweilig, wenn nicht alle Elemente – die Polenta, die Sauce und das Gemüse – ein lebhaftes Aroma besitzen.

Aufläufe aus Auberginen und gebratenem Gemüse sind zwar etwas üppig, ergeben aber eine hervorragende Hauptspeise. Zucchinischeiben zwischen den Auberginen machen den Auflauf leichter. Wir verwenden in unserem Rezept Käse; wenn Sie statt dessen auf das Aroma von Oliven, frischen Kräutern und geröstetem Knoblauch Wert legen, lassen Sie den Käse weg.

A *uberginengratin*

Planen Sie dieses Gratin für den Spätsommer ein, wenn es auf dem Markt schlanke Auberginen, bunten Paprika und frischen Knoblauch gibt. Das Gemüse wird gebraten und dann mit cremigem Fontinakäse und Parmesan in eine Form geschichtet und in einer schmackhaften Tomatensauce gegart. Als einfache Variante empfehlen wir Ihnen, noch eine Handvoll gehackte schwarze Oliven unter das Gratin zu geben. Es sieht besonders hübsch aus, wenn Sie es in Portionsförmchen garen und als Beilage Safran-Basmati-Reis (Seite 323) oder gegrillte Polentascheiben dazu reichen.

Zutaten für vier bis sechs Portionen
2 kg kleine, längliche Auberginen, schräg in
knapp 2 cm dicke Scheiben geschnitten
4 1/2 Eßlöffel natives Olivenöl extra
3 Knoblauchzehen, fein gehackt
1 Teelöffel Salz
Pfeffer
24 ungeschälte Knoblauchzehen
2 rote oder gelbe Paprikaschoten, gebraten, gehäutet und in
1 cm breite Streifen geschnitten (Seite 77)
2 Eßlöffel frisch gehackte Kräuter: Majoran, Petersilie und Thymian
Tomatensauce (Seite 380; Basilikum durch 1/2 Teelöffel
getrockneten Majoran ersetzen)
60 g Fontina, in Würfelchen geschnitten
60 g geriebener Parmesan

Backofen auf 180 Grad vorheizen. Die Auberginen mit 3 Eßlöffeln Olivenöl, dem gehackten Knoblauch, 1/2 Teelöffel Salz und etwas Pfeffer würzen. Auf ein Backblech setzen. Die ganzen, ungeschälten Knoblauchzehen mit Olivenöl benetzen und zwischen den Auberginen verteilen. Das Gemüse 20–25 Minuten im heißen Ofen weich garen. Die Auberginen sollten so weich sein, daß sie auf Fingerdruck nachgeben; der Knoblauch sollte zwar weich sein, aber noch seine Form behalten. Beiseite stellen und abkühlen lassen. Dann den Knoblauch sorgfältig schälen und mit den Paprikastreifen, dem restlichen Olivenöl und Salz sowie etwas Pfeffer und der Hälfte der getrockneten Kräuter vermischen.
Die Tomatensauce in eine Auflaufform (etwa 23 x 33 Zentimeter) gießen. Die Auberginenscheiben dicht an dicht entlang der Breitseite in die Form setzen. Dabei

die Scheiben dachziegelartig und nahezu aufrecht (nicht flach!) in die Form schichten, so daß sie sich ein wenig überlappen. Paprikastreifen und Knoblauchzehen zwischen den Auberginenscheiben verstecken. Mit Fontina bestreuen.

Abdecken und 20 Minuten backen, dann mit Parmesan bestreuen. Ohne Deckel 10 Minuten weitergaren, bis der Käse Blasen wirft. Die restlichen Kräuter vor dem Servieren über den Auflauf streuen.

Tip: Sie können die Paprikaschoten und die Tomatensauce bereits einen Tag im voraus zubereiten. Dann ist das Gratin im Handumdrehen zubereitet.

Selbst in einer Form von etwa 23 x 33 Zentimeter, die wir für dieses Gratin vorschlagen, haben alle Auberginenscheiben Platz, wenn Sie sie fast senkrecht einschichten.

Polentagratin mit Tomaten, Mais und Basilikum

Die zarten Sommeraromen von frischem Mais, Basilikum und Strauchtomaten passen gut zu Polenta. Der köstliche Gemüsesaft dringt in die Polenta ein, während frische Chillies für einen Hauch von Schärfe sorgen.

Zutaten für vier bis sechs Portionen
Polenta (Seite 329)
Tomatensauce (Seite 380)
1 Eßlöffel Butter
Maiskörner von 3 Kolben
Salz
375 g Tomaten, geputzt und entkernt
1 Eßlöffel natives Olivenöl extra
Pfeffer
2 Handvoll Basilikumblätter, gehackt
1–2 Jalapeño-Chillies, entkernt und in feine Streifen geschnitten
60 g geriebener Parmesan

Polenta vorbereiten und abkühlen lassen. Unterdessen die Tomatensauce kochen. Das Lorbeerblatt erst vor dem Weiterverwenden aus der Sauce fischen.
Butter erhitzen. Die Maiskörner 10 Minuten bei mittlerer Hitze weich dünsten. Mit 1/4 Teelöffel Salz würzen. Während der Mais gart, die Tomaten grob würfeln. Mit Olivenöl, 1/4 Teelöffel Salz und etwas Pfeffer anmachen. Die Maiskörner abkühlen lassen und mit den Tomaten, der Hälfte des Basilikums und der Hälfte der Chillies vermischen. Mit Salz, Pfeffer und Chillies abschmecken.
Backofen auf 190 Grad vorheizen. Die Sauce in eine Auflaufform (etwa 23 x 33 Zentimeter) gießen. Die Polentadreiecke entlang der Breitseite fast senkrecht hineinschichten und so anordnen, daß sie sich ein wenig überlappen. In Reihen arbeiten, bis die gesamte Polenta aufgebraucht ist. Das Gemüse zwischen die Polentascheiben füllen und dabei die Reihen voneinander trennen. Mit Käse bestreuen. Abdecken und 25 Minuten im heißen Ofen backen. Ohne Deckel 10 Minuten weiterbacken, bis das Gratin Blasen wirft. Mit dem restlichen Basilikum bestreuen und servieren.

Tip: Probieren Sie den Mais beim Dünsten. Wenn er nach 10 Minuten noch hart ist, etwas Wasser in die Pfanne gießen, abdecken und weich dämpfen. Wenn der Mais langweilig schmeckt, mit etwas Zucker süßen.

Polentagratin mit Artischocken, Tomaten und Oliven

Dieses herzhafte Gratin kombiniert gedünstete Artischocken mit Tomaten und fruchtigen schwarzen Oliven. Im Winter verwenden wir für das Gratin Eiertomaten, die zwar nicht sehr fruchtig schmecken, aber einen sehr schönen Hintergrund für die Oliven und die Kräutermarinade bilden. Würzen Sie die Artischocken recht großzügig, damit die Polenta ihr zartes Aroma nicht übertönt.

Zutaten für vier bis sechs Portionen
Polenta (Seite 329)
Tomatensauce (Seite 380)
4 mittelgroße Artischocken, geputzt und zurechtgeschnitten (Seite 288)
2 Eßlöffel natives Olivenöl extra
Salz und Pfeffer
1/2 Glas trockener Weißwein
1–2 Teelöffel frisch gepreßter Zitronensaft
4 Knoblauchzehen, fein gehackt
375 g Tomaten, geputzt, entkernt und grob zerkleinert
1 Teelöffel frisch gehackter Majoran
1 Teelöffel frisch gehackter Thymian
12 schwarze Oliven (vorzugsweise die Sorte Niçoise),
entsteint und grob gehackt
60 g Fontina, in Würfelchen geschnitten
30 g geriebener Parmesan

Die Polenta zubereiten und abkühlen lassen. In der Zwischenzeit die Tomatensauce kochen. Die Artischocken abgießen.

Einen Eßlöffel Olivenöl bei mittlerer Hitze in einer großen Pfanne erhitzen. Die Artischocken mit 1/4 Teelöffel Salz und etwas Pfeffer hineingeben und weich dünsten (ca. 10 Minuten). Wein, 1 Teelöffel Zitronensaft und die Hälfte des Knoblauchs hinzufügen und 2 Minuten mitdünsten. Mit Salz und Pfeffer und nach Bedarf mit etwas Zitronensaft abschmecken.

Während die Artischocken dünsten, die Tomaten mit dem restlichen Olivenöl, Knoblauch, den frischen Kräutern, 1/4 Teelöffel Salz und etwas Pfeffer anmachen. Dann die Artischocken mit den Tomaten und den Oliven vermischen.

Backofen auf 190 Grad vorheizen. Die Sauce in eine Auflaufform (etwa 23 x 33 Zentimeter) gießen. Die Polentadreiecke entlang der Breitseite fast senkrecht hineinschichten und so anordnen, daß sie sich ein wenig überlappen. In Reihen arbeiten, bis die gesamte Polenta aufgebraucht ist. Gemüse und Oliven zwischen die Polenta-scheiben füllen und die Reihen damit voneinander trennen. Die beiden Käsesorten vermischen und über das Gratin streuen. Abdecken und 25 Minuten im heißen Ofen backen. Ohne Deckel 10 Minuten weiterbacken, bis das Gratin Blasen wirft.

Kartoffelgratin mit Artischocken und geräuchertem Mozzarella

Artischocken werden mit Knoblauch und Zitronensaft verfeinert und mit dünnen Kartoffelscheiben und geräuchertem Mozzarella in eine Auflaufform geschichtet, dann wird heiße Sahne mit frischen Kräutern und Lorbeer angegossen. Beim Backen nehmen die Kartoffeln das Kräuteraroma der Sahne auf und verkochen mit dem geräucherten Käse. Servieren Sie zu diesem knusprig goldenen Gratin sautiertes Wintergemüse.

Zutaten für vier bis sechs Portionen
1 Eßlöffel natives Olivenöl extra
1 rote Zwiebel, in dünne Ringe geschnitten
Salz und Pfeffer
5 mittelgroße Artischocken, geputzt und zurechtgeschnitten (Seite 288)
6 Knoblauchzehen, fein gehackt
1 Eßlöffel frisch gepreßter Zitronensaft
2 Eßlöffel frisch gehackte Kräuter: Petersilie, Majoran und Thymian
250 ml Sahne
250 ml Milch
1 Lorbeerblatt
2 frische Salbeiblätter
2 frische Thymianzweige
2 frische Majoran- oder Oreganozweige
1/2 Teelöffel Pfefferkörner
750 g große Gratin-Kartoffeln
125 g geräucherter Mozzarella, in Würfelchen geschnitten

Das Olivenöl in einer großen Pfanne bei mittlerer Hitze heiß werden lassen. Die Zwiebel mit 1/2 Teelöffel Salz und etwas Pfeffer 5 Minuten darin andünsten. Die Artischocken abgießen und zusammen mit dem Knoblauch, 1/2 Teelöffel Salz und etwas Pfeffer hinzufügen und 10 Minuten weich dünsten. Mit Zitronensaft säuern. Abkühlen lassen, grob zerkleinern und mit der Hälfte der gehackten Kräuter würzen. Während die Artischocken und die Zwiebel dünsten, Sahne und Milch in einen Topf gießen. Lorbeer, Salbei und Kräuterzweige sowie die Pfefferkörner hineingeben. Auf kleiner Flamme 20 Minuten durchköcheln. Durch ein Sieb gießen und mit 1/4 Teelöffel Salz würzen.
Ofen auf 190 Grad vorheizen. Eine Auflaufform (etwa 23 x 33 Zentimeter) leicht

einölen. Die Kartoffeln fein hobeln. Mit einem Drittel der Kartoffelscheiben den Boden der Auflaufform auslegen. Die Scheiben dabei leicht übereinanderschichten. Großzügig mit Salz und Pfeffer bestreuen. Die Hälfte der Zwiebel-Artischocken-Mischung darüber verteilen. Mit einem Drittel Käse bestreuen. Eine zweite Schicht Kartoffeln einfüllen, salzen und pfeffern. Mit dem restlichen Gemüse bedecken und mit Käse bestreuen. Nun fein säuberlich wieder eine Lage Kartoffeln einschichten. Mit der heißen Sahne übergießen.

Abdecken und 40 Minuten im heißen Ofen garen. Den restlichen Käse darüberstreuen und 15 Minuten ohne Deckel überbacken, bis die Kartoffeln sehr weich sind. Das Gratin sollte jetzt eine knusprige, goldgelbe Kruste haben. Vor dem Servieren mit den restlichen Kräutern garnieren.

Mangold

Rotstieliger Mangold sieht mit seinen tiefgrünen Blättern und den leuchtendroten Rispen besonders elegant aus. Die knackigen Stiele schmecken köstlich, wenn sie in dünne Streifen geschnitten und zusammen mit den Blättern in Olivenöl, Zitronensaft und Knoblauch gedünstet werden. Mangold paßt gut zu Grünkohl und ist ideal für Wintercannelloni. In dicke Streifen geschnitten, verfeinert Mangold eine sommerliche Gemüsesuppe oder einen herzhaften Gemüseeintopf.

Weiß- und rotstieliger Mangold stellen dieselben Anforderungen an ihre Umgebung: Sie brauchen durchlässigen und stickstoffhaltigen Boden. Arbeiten Sie beim Einpflanzen etwas Kompost oder verrotteten Stallmist in den Boden. Säen Sie im zeitigen Frühjahr und im Spätherbst ein paar Samen. Sie können dann die äußeren Blätter portionsweise ernten und die Pflanze die ganze Saison weiterwachsen lassen. Gut abgedeckt, kann Ihr Mangold sogar überwintern und bringt Ihnen auch im zweiten Jahr noch gute Erträge. Einige Käfer fressen Löcher in die Mangoldblätter, aber die Pflanzen selbst nehmen davon keinen Schaden. Pflanzen Sie Mangold im Abstand von ca. 45 Zentimetern, und setzen Sie verschiedene Kopfsalatsorten dazwischen.

Kartoffelgratin mit Fenchel und Lauch

Das schmackhafte Wintergericht wird mit reichlich Lauch, aromatischem Fenchel und fruchtigen Oliven zubereitet. Wir servieren dieses Gratin oft auf einem Bett aus grünen Blattsalaten (Mizuna, Rucola oder Friséesalat) – die Salatblätter fallen durch die Hitze des Gratins zusammen und vereinen in sich all die phantastischen Aromen des Gerichts.

Zutaten für vier bis sechs Portionen
1 Eßlöffel natives Olivenöl extra
Der weiße Teil von 3 dicken Lauchstangen (längs halbieren,
quer dazu in dünne Streifen schneiden und waschen)
1 Teelöffel gemahlene Fenchelsamen
Salz und Pfeffer
2 große Fenchelknollen (längs vierteln, vom Strunk befreien und
in schmale Streifen schneiden)
5 Knoblauchzehen, fein gehackt
2 Eßlöffel frisch gehackte Kräuter: Petersilie, Thymian und Majoran
250 ml Sahne
250 ml Milch
1 Lorbeerblatt
1/2 Teelöffel Pfefferkörner
1/2 Teelöffel Fenchelsamen
3 frische Thymianzweige
3 Petersilienzweige
60 g geriebener Provolone
60 g geriebener Parmesan
750 g große Gratin-Kartoffeln
12 schwarze Oliven (vorzugsweise die Sorten Niçoise oder Gaeta),
entsteint und grob gehackt

Das Olivenöl in einer großen Pfanne erhitzen. Lauchstreifen, gemahlene Fenchelsamen, 1/2 Teelöffel Salz und etwas Pfeffer hineingeben. Den Lauch auf mittlerer Flamme erwärmen, abdecken und zusammenfallen lassen (ca. 5 Minuten). Fenchel, Knoblauch und 1/2 Teelöffel Salz hinzufügen und 5 Minuten mitdünsten. Das Gemüse in eine Schüssel füllen und mit der Hälfte der gehackten Kräuter vermischen. Während Lauch und Fenchel dünsten, Sahne und Milch in einen Topf gießen. Mit dem Lorbeerblatt, den Pfefferkörnern, den ganzen Fenchelsamen und den Kräuter-zweigen aromatisieren. 20 Minuten auf kleiner Flamme durchköcheln. Durch ein Sieb gießen und mit 1/4 Teelöffel Salz würzen.

Backofen auf 190 Grad vorheizen. Eine Auflaufform (etwa 23 x 33 Zentimeter) leicht einölen. Die beiden Käsesorten vermischen. Die Kartoffeln fein hobeln. Mit einem Drittel der Kartoffelscheiben den Boden der Auflaufform auslegen. Die Scheiben und Reihen dabei schindelartig übereinanderschichten. Großzügig salzen und pfeffern. Die Oliven und die Hälfte der Fenchel-Lauch-Mischung darüber verteilen. Mit einem Drittel Käse bestreuen. Eine zweite Schicht Kartoffeln einfüllen, salzen und pfeffern. Mit dem restlichen Gemüse bedecken und mit Käse bestreuen. Nun fein säuberlich wieder eine Lage Kartoffeln einschichten. Mit der heißen Sahnemischung übergießen. Abdecken und 40 Minuten im heißen Ofen garen. Den restlichen Käse darüberstreu-en und 15 Minuten ohne Deckel überbacken, bis die Kartoffeln sehr weich sind. Das Gratin sollte jetzt eine knusprige, goldgelbe Kruste haben. Vor dem Servieren mit den restlichen Kräutern garnieren.

Rucola

Die zarten Blätter schmecken nussig und werden von Tag zu Tag schärfer. Große Blätter sind stechend scharf und werden milder, sobald sie beispielsweise unter einem würzigen Kartoffelgratin gegart werden. Rucola wird auch Rauke oder Ölrauke genannt.

Die würzige Salatpflanze selbst zu ziehen ist ein Kinderspiel – sie wächst schnell und verlangt abgesehen von regelmäßigem Ernten und Ausdünnen wenig Aufmerk-samkeit. Rauke fühlt sich dicht gepflanzt in feuchtem Boden und bei gefiltertem Sonnenlicht am wohlsten. Ernten Sie die zarten Pflänzchen vor der heißen Jahres-zeit, denn dann werden die Blätter bitter. Sie können zwei- bis dreimal nur Blätter abschneiden, doch wir empfehlen Ihnen, die ganze Pflanze zu ernten. Unter Bela-stung samt Rauke sonst aus. Säen Sie Rucola jeden Monat aus, damit Sie ständig Nachschub haben. Die Blüten sehen im Salat sehr hübsch aus.

Polentagratin mit Salsa Roja

Das erdige und üppige Gericht schmeckt scharf-würzig und ist bei unseren Gästen das ganze Jahr über beliebt. Zucchini, Pilze und Paprika werden mit Polenta in eine Form geschichtet und mit geröstetem Kreuzkümmel und getrockneten Chillies gewürzt. Die Polenta saugt sich beim Backen mit den Aromen der Salsa Roja und des geräucherten Käses voll.

Zutaten für vier bis sechs Portionen
Polenta (Seite 329)
statt Parmesan 60 g geräucherten Käse verwenden und
etwas Cayennepfeffer hinzufügen
Salsa Roja (Seite 381)
2 Eßlöffel leichtes Olivenöl
375 g Champignons, dick aufgeschnitten
3/4 Teelöffel Salz
4 Knoblauchzehen, fein gehackt
1 Zucchino gewürfelt
1/2 rote Paprikaschote, gewürfelt
1 Teelöffel Kreuzkümmelsamen, geröstet und
gemahlen (Seite 116)
Cayennepfeffer
1 Eßlöffel gehacktes Koriandergrün
1 Eßlöffel frisch gehackter Majoran oder Oregano
125 g geräuchter Mozzarella, in Würfelchen geschnitten

Polenta kochen und abkühlen lassen. Inzwischen die Salsa Roja zubereiten.
Einen Eßlöffel Olivenöl in einer großen Pfanne anheizen. Die Pilze bei kräftiger Hitze mit 1/2 Teelöffel Salz goldbraun und knusprig braten (ca. 5 Minuten). Die Hälfte des Knoblauchs hinzufügen und eine Minute mitdünsten. Pilze in eine Schüssel füllen und beiseite stellen.
Den zweiten Eßlöffel Olivenöl in derselben Pfanne erhitzen. Zucchini-Würfel, Paprika, Kreuzkümmel, 1/4 Teelöffel Salz und etwas Cayennepfeffer 7–8 Minuten bei mittlerer Hitze darin dünsten. Den restlichen Knoblauch hinzufügen und 2 Minuten mitdünsten. Gemüse vom Herd ziehen und mit den Pilzen und der Hälfte der gehackten Kräuter vermischen.
Backofen auf 190 Grad vorheizen. Die Sauce in eine Auflaufform (etwa 23 x 33

Zentimeter) gießen. Die Polentadreiecke entlang der Breitseite der Form fast senkrecht hineinschichten und so anordnen, daß sich die Stücke ein wenig überlappen. In Reihen arbeiten, bis die gesamte Polenta aufgebraucht ist. Das Gemüse zwischen die Polenta füllen und die einzelnen Reihen abgrenzen. Den Käse über das Gratin streuen. Abdecken und 30–40 Minuten im heißen Ofen garen, bis das Gratin Blasen wirft und die Polenta heiß ist. Vor dem Servieren mit den restlichen Kräutern garnieren.

Salzige Kuchen und Gebäck

Salzige Kuchen

Salzige Kuchen können elegant oder rustikal sein, als Mittelpunkt einer Mahlzeit oder als nachmittäglicher Imbiß dienen, und sie eignen sich bestens für ein Picknick. In schmale Häppchen geschnitten, bieten sie sich als Vorspeise an – beispielsweise auf einem Bett aus würzigem Blattsalat und mit schwarzen Oliven oder schlicht auf einer dekorativen Platte. Sie können salzige Kuchen je nach Teig und Füllung heiß oder bei Zimmertemperatur servieren. Kuchen aus Hefeteig schmecken am besten heiß, wenn sie direkt aus dem Ofen kommen, während unser Mürbeteig warm und kalt serviert werden kann. Wir füllen unsere Kuchen mit interessanten Kombinationen aus Gemüse, Kräutern und Käse und backen sie mit einem leichten Guß. Verwenden Sie für Ihren Guß einmal sahnig-frische Crème fraîche und runden Sie damit die Aromen der Füllung ab.

Ausgebackenes Gemüse und würzige Kuchen schmecken herzhaft und sind problemlos in der Zubereitung. Zusammen mit einem frischen Salat ergeben sie eine leichte Mahlzeit. Wir backen unser Gemüse in einem einfachen Eierteig oder in einem besonders leichten Teig mit Eischnee aus. Wir verfeinern es mit Zitrusfrüchten, frischen Kräutern und Chillies. Diese Speisen haben überdies einen entscheidenden Vorteil: Man kann sie einige Zeit im Ofen warm halten.

H efeteig

Dieser Teig schmeckt nicht nur wunderbar, sondern läßt sich auch hervorragend verarbeiten. Sie müssen ihn nicht einmal ausrollen. Ähnlich wie Briocheteig, ist er saftig und schmeckt nach Butter; er ist aber nicht ganz so üppig. Damit der Teig leicht und zart wird, muß die Temperatur der Zutaten stimmen: Die Butter sollte sehr weich, aber noch nicht zerschmolzen sein, damit sie sich gut verarbeiten läßt. Auch das Ei sollte Zimmertemperatur haben – ein kaltes Ei verlangsamt den Gärprozeß im Hefeteig (das Ei notfalls in einer Schüssel mit warmem Wasser anwärmen).

Sie müssen den Teig nicht vorbacken. Sobald Sie eine Kuchenform mit dem Teig ausgekleidet haben, können Sie sie füllen und sofort backen.

Zutaten für eine Springform mit 22–24 cm Durchmesser
Trockenhefe für 150 g Mehl
1 Prise Zucker
4 Eßlöffel warmes Wasser (45 Grad)
150 g Mehl
1/2 Teelöffel Salz
1/2 Teelöffel abgeriebene Zitronenschale (nach Wunsch)
1 Ei, zimmerwarm
3 Eßlöffel weiche Butter
Mehl zum Kneten und Ausrollen

Die Hefe mit dem Zucker in warmem Wasser auflösen und gehen lassen. Inzwischen das Mehl mit dem Salz und der abgeriebenen Zitronenschale in einer Schüssel verrühren. Eine Vertiefung in die Mitte drücken und das Ei hineinschlagen. Butter hinzufügen und die nun schäumende Hefemischung hineingießen. Mit einem Holzlöffel zu einem weichen und glatten Teig verrühren. Mit Mehl bestäuben und zu einer Kugel rollen. In eine saubere Schüssel legen und mit Haushaltsfolie oder einem Küchentuch abdecken. Teig an einem warmen Ort auf die doppelte Größe aufgehen lassen (45–60 Minuten). Wenn Sie dann den Teig nicht gleich weiterverarbeiten können, noch einmal durchkneten und erneut gehen lassen.

Den Teig flachdrücken und in die Mitte einer Springform mit 22–24 Zentimeter Durchmesser setzen. Den Teig bemehlen, damit er nicht festklebt, und mit den Händen zum Rand hin ausbreiten. Wenn der Teig sich dabei wieder zusammenzieht, mit einem Tuch abdecken und 20 Minuten ruhen lassen und dann erst wieder ausziehen, bis er 6–7 Millimeter über den Rand der Form hinausragt. Der Teig sollte in der Mitte dünn und am Rand dicker sein. Sie können den Teig sofort füllen oder nach Bedarf kühl stellen. Den gefüllten Kuchen auf der mittleren Schiene im Ofen 35–45 Minuten bei 190 Grad abbacken.

Tip: Sie können den Teig einen Tag im voraus zubereiten und in den Kühlschrank stellen. Fest in Haushaltsfolie einschlagen und vor dem Ausformen auf Zimmertemperatur erwärmen. In Alufolie eingeschlagen läßt sich der Teig auch einfrieren.

M *ürbteig*

Unser klassischer Kuchenteig: Wir verwenden diesen butterzarten Teig für Pastetchen, für salzige Kuchen und Appetithappen. Sie können ihn im voraus zubereiten und über Nacht in den Kühlschrank stellen oder einfrieren. Dazu den Teig mit den Handballen zu einer flachen Scheibe drücken, den Rand festdrücken und in Haushaltsfolie einschlagen. Vor dem Ausrollen auf Zimmertemperatur erwärmen.

Zutaten für eine Kuchenform mit 22–24 cm Durchmesser
150 g Mehl
Knapp 1/2 Teelöffel Salz
4 Eßlöffel kalte Butter, in kleine Würfel geschnitten
1 1/2 Eßlöffel festes Pflanzenfett
2 1/2–3 Eßlöffel Eiswasser
Mehl zum Ausrollen

Teigbereitung in der Küchenmaschine: Die Zutaten mit dem Knethaken langsam vermischen. Mehl und Salz in die Rührschüssel geben. Die Hälfte der Butter dazugeben und einarbeiten. Dann das Pflanzenfett und die restliche Butter unterziehen. 2 1/2 Eßlöffel Eiswasser hinzufügen und weiterkneten, bis ein geschmeidiger Teig entsteht. Den letzten 1/2 Eßlöffel Eiswasser nur dann einrühren, wenn der Teig zu trocken ist und sich nicht formen läßt. Den Teig zu einer Scheibe formen, in Wachspapier oder Haushaltsfolie einwickeln und vor dem Weiterverarbeiten mindestens 30 Minuten im Kühlschrank ruhen lassen.

Teigbereitung von Hand: Mehl und Salz in einer Schüssel vermengen. Butter und Pflanzenfett hinzufügen und mit den Handinnenflächen oder mit Daumen und Fingerspitzen unter die trockenen Zutaten mischen. Wenn Butter und Fett gleichmäßig eingearbeitet sind, 2 1/2 Eßlöffel Eiswasser hinzufügen und mit einer Gabel oder den Fingern in den Teig rühren. Teig zu einer Kugel rollen, lose Mehlkrümel mit ein paar Wassertropfen besprühen und in den Teig arbeiten. Teig zu einer Scheibe formen, in Wachspapier oder Haushaltsfolie einschlagen und vor dem Weiterverarbeiten mindestens 30 Minuten im Kühlschrank ruhen lassen.

Teig ausrollen: Wenn der Teig kalt und steif ist, 20 Minuten bei Raumtemperatur erwärmen. Eine Arbeitsfläche und die Oberseite der Teigscheibe leicht bemehlen. Fest und gleichmäßig etwa 3 Millimeter dünn ausrollen, dabei wenden und nach

Bedarf bemehlen. Mit Hilfe des Nudelholzes aufheben oder auf ein Viertel zusammenfalten und in die Kuchenform legen. Den Teig darin ausbreiten, den Rand hochziehen und dekorativ einkerben.

Teig blindbacken: Gebutterte Alufolie oder Backtrennpapier auf den Teig legen und mit Gewichten oder getrockneten Bohnenkernen beschweren. Backherd auf 220 Grad vorheizen und den Kuchen 8–10 Minuten backen, bis sich der Rand gesetzt hat und hellbraun aussieht.

Pastetchen: Für 4 Pastetchen benötigen Sie die doppelte Teigmenge. Teig nach Anleitung zubereiten, in vier Portionen teilen und zu Scheiben formen. Mit Wachspapier oder Haushaltsfolie bedecken und vor dem Weiterverarbeiten mindestens 30 Minuten kühl stellen. Jede Scheibe etwa 3 Millimeter dünn ausrollen. Sie können die Teigscheiben vorbereiten, durch Wachspapier oder Haushaltsfolie trennen, gut in Folie einschlagen und im Kühlschrank aufbewahren.

M aiskuchen

Wenn wir diesen beliebten Kuchen aus dem Südwesten der USA auf unsere Speisekarte setzen, dann wissen wir, daß der Sommer endlich da ist. Einfache Zutaten wie
zarte Maiskörner, feingeschnittene frische Chillies und guter weißer Cheddar sind
die Grundlage dieses außergewöhnlichen Kuchens. Da die Chilischoten in ihrer
Schärfe sehr unterschiedlich ausfallen, sollten Sie sie unbedingt vorher probieren und
dann entsprechend dosieren. Wenn die Chillies sehr mild schmecken, geben Sie etwas
Cayennepfeffer dazu. Koriandergrün und Majoran ergänzen den Kuchen mit ihrer
leichten Frische.

Zutaten für eine Kuchenform mit 22–24 cm Durchmesser;
ergibt sechs Portionen
1 Portion Hefeteig nach dem Rezept auf Seite 258
1 Eßlöffel leichtes Olivenöl
1/2 kleine rote Zwiebel, gehackt
Salz
Maiskörner von 2 Kolben
Cayennepfeffer
2 Jalapeño-Chillies, entkernt und in schmale Streifen geschnitten
2 Eßlöffel gehacktes Koriandergrün
1 Eßlöffel frisch gehackter Majoran
3 Eier
375 ml Milch-Sahne-Mischung
(Milch und Sahne zu gleichen Teilen)
oder eine Mischung aus 125 ml Milch, 125 ml Sahne und
125 ml Crème fraîche (Seite 414)
30 g weißer Cheddar (oder ein anderer würziger halbfester Schnittkäse),
gerieben

Den Teig zubereiten und eine Kuchenform damit auskleiden.
Das Olivenöl in einer großen Pfanne erhitzen. Die Zwiebel mit 1/4 Teelöffel Salz bei
mittlerer Hitze weich dünsten (3–4 Minuten). Die Maiskörner, 1/4 Teelöffel Salz und
eine Messerspitze Cayennepfeffer hinzufügen und 5 Minuten mitdünsten. In eine
Schüssel umfüllen und mit den Chillies und den Kräutern vermischen. Beiseite stellen
und abkühlen lassen.
Backofen auf 190 Grad vorheizen. Die Eier in einer Schüssel verquirlen. Die

Milch-Sahne-Mischung unterrühren und mit 1/2 Teelöffel Salz und einer Prise Cayennepfeffer würzen.

Den Kuchenboden mit dem geriebenen Käse bestreuen, dann Mais und Zwiebel darüber verteilen. Mit Guß übergießen und im heißen Ofen 35–40 Minuten goldgelb backen, bis sich der Guß gesetzt hat.

Serviervorschlag: Reichen Sie als Beilage gegrillte rote Zwiebeln, Sommerkürbisse oder Zucchini sowie dicke Paprikastreifen mit Zimt-Chipotle-Butter (Seite 387). Die rauchige Schärfe der Chipotle-Butter paßt gut zu den frischen Chillies im Maiskuchen.

A uberginenkuchen mit geröstetem Knoblauch

Der Guß schmeckt nur zart nach geröstetem Knoblauch, während die feingeschnittenen getrockneten Tomaten und ganze geröstete Knoblauchzehen jeden einzelnen Bissen dieses köstlichen Auberginenkuchens mit ihrem kräftigen Aroma durchdringen. Geschmack und Konsistenz der Auberginen sind entscheidend für das gute Gelingen des Kuchens – die Früchte müssen auch in der Mitte durchgebraten sein, denn halbrohe Auberginen machen den Kuchen zäh.

Zutaten für eine Kuchenform mit 22–24 cm Durchmesser;
ergibt sechs Portionen
1 Portion Hefeteig nach dem Rezept auf Seite 258
2 Teelöffel frischgehackten Majoran untermengen
1 ganze Knoblauchknolle
2 Eßlöffel natives Olivenöl extra
250 g kleine, längliche Auberginen,
schräg in knapp 2 cm dicke Scheiben geschnitten
Salz und Pfeffer
1 Eßlöffel frisch gehackter Majoran
3 Eier
375 ml Milch-Sahne-Mischung (Milch und Sahne zu gleichen Teilen)
oder eine Mischung aus 125 ml Milch, 125 ml Sahne und
125 ml Crème fraîche (Seite 414)
60 g geriebener Provolone
2 getrocknete Tomaten in Öl (abtropfen lassen und in schmale Streifen
schneiden)

Den Hefeteig zubereiten und eine Kuchenform damit auskleiden.
Backofen auf 190 Grad vorheizen. Die Knoblauchknolle mit etwas Olivenöl einpinseln, auf ein Backblech setzen und 30 Minuten weich garen. Abkühlen lassen und oben quer durchschneiden. Die Knoblauchzehen aus ihrer Haut pressen. Die Hälfte der Knoblauchzehen für den Kuchen beiseite stellen. Die andere Hälfte für den Guß zerstoßen.
Die Auberginen können zusammen mit dem Knoblauch im Ofen garen. Die Scheiben auf beiden Seiten mit Olivenöl einpinseln, auf ein Backblech legen und mit Salz und Pfeffer bestreuen. 15 Minuten weich garen. Abkühlen lassen, jede Scheibe in 2–3 Streifen schneiden und mit Majoran würzen.

Die Eier in einer Schüssel verquirlen. Die zerstoßenen Knoblauchzehen unterziehen, dann die Milch-Sahne-Mischung hinzugießen und mit 1/2 Teelöffel Salz und einer Messerspitze Pfeffer würzen.

Den Kuchenboden mit Käse bestreuen. Die Auberginenstreifen darauflegen, die gebratenen Knoblauchzehen und die getrockneten Tomaten darüber verteilen. Den Guß in den Kuchen gießen. 40 Minuten abbacken, bis sich der Guß gesetzt hat und eine goldgelbe Kruste bekommt.

F rühlingskuchen

Dieser elegante Frühlingskuchen besticht durch seine feinen und zarten Aromen – junger Spargel, gesüßt mit einem Hauch Orange, nussiger Gruyère und ein Anflug von Kerbel im Guß. Reichen Sie einen knackigen Romanasalat mit Orangen und schwarzen Oliven dazu.

Zutaten für eine Kuchenform mit 22–24 cm Durchmesser;
ergibt sechs Portionen
1 Portion Hefeteig nach dem Rezept auf Seite 258
1 Eßlöffel leichtes Olivenöl
1/2 rote Zwiebel, in dünne Ringe geschnitten
Salz und weißer Pfeffer
250 g grüner Spargel (die holzigen Enden abtrennen;
Stangen schräg in 2 1/2 cm lange Stücke schneiden)
1 Eßlöffel frisch gehackter Kerbel oder Petersilie
3 Eier
375 ml Milch-Sahne-Mischung (Milch und Sahne zu gleichen Teilen)
oder eine Mischung aus 125 ml Milch, 125 ml Sahne und
125 ml Crème fraîche (Seite 414)
Die abgeriebene Schale einer unbehandelten Orange
60 g geriebener Gruyère

Den Hefeteig nach Rezept zubereiten und eine Kuchenform damit auskleiden.
Das Olivenöl in einer großen Pfanne erhitzen. Die Zwiebelringe mit 1/4 Teelöffel Salz und etwas Pfeffer hineingeben und bei mittlerer Hitze weich dünsten (7–8 Minuten). Die Spargelstückchen, 1/4 Teelöffel Salz und etwas Pfeffer hinzufügen und den Spargel weich dünsten (7–8 Minuten). Das Gemüse in eine Schüssel füllen, mit den Kräutern vermischen und mit Salz und Pfeffer würzen. Beiseite stellen und abkühlen lassen.
Backofen auf 190 Grad vorheizen. Die Eier in einer Schüssel verquirlen. Die Milch-Sahne-Mischung, die Orangenschale, gut 1/4 Teelöffel Salz und etwas Pfeffer unterziehen.
Den Kuchenboden mit Käse bestreuen. Spargel und Zwiebelringe darüber verteilen. Den Eierguß hineingießen. Kuchen rund 40 Minuten backen, bis der Guß sich setzt und goldbraun aussieht.

Tomaten-Basilikum-Kuchen mit geräuchertem Mozzarella

Wir backen diesen Kuchen im Sommer, wenn es vollreife Tomaten und intensives Basilikum gibt, dann schmeckt er einfach unübertroffen, denn der rauchige Käse und die würzigen Oliven ergänzen das süß-fruchtige Aroma der Tomaten. Die Tomaten müssen entkernt werden und gut abtropfen, weil der Guß sonst zu dünn gerät. Der Kuchen kann heiß aus dem Ofen oder bei Zimmertemperatur serviert werden und ist daher wie geschaffen für ein Picknick oder ein leichtes Abendessen.

Zutaten für eine Kuchenform mit 22–24 cm Durchmesser;
ergibt sechs Portionen
1 Portion Mürbteig nach dem Rezept auf Seite 260
375 g Tomaten (entkernen, abtropfen lassen und
in 1 cm große Würfel schneiden)
3 Knoblauchzehen, fein gehackt
1 dickes Büschel Basilikum, grob gehackt
8–10 schwarze Oliven (vorzugsweise die Sorten Niçoise oder Gaeta),
entsteint und grob gehackt
Salz und Pfeffer
3 Eier
250 ml Milch-Sahne-Mischung (Milch und Sahne zu gleichen Teilen);
nach Wunsch die Hälfte der Milch-Sahne-Mischung durch
125 ml Crème fraîche (Seite 414) ersetzen
30 g geräucherter Mozzarella, in Würfelchen geschnitten
30 g geriebener Parmesan

Den Kuchenteig nach Rezept vorbereiten und blindbacken.

Die Tomaten mit Knoblauch, Basilikum, Oliven, einer Messerspitze Salz und einer großzügigen Prise Pfeffer anmachen und 15 Minuten durchziehen lassen. Dann den gezogenen Saft abgießen.

Backofen auf 190 Grad vorheizen. Die Eier in einer Schüssel verquirlen. Die Milch-Sahne-Mischung hinzugießen und mit gut 1/4 Teelöffel Salz und einer Prise Pfeffer würzen.

Mozzarella und Parmesan vermischen und auf den Kuchenboden streuen. Die Tomaten darüber verteilen, dann die Eier darübergießen. 35–40 Minuten backen, bis sich der Guß gesetzt hat und eine goldbraune Farbe bekommt.

Lauchkuchen mit schwarzen Oliven

Die Eleganz dieses Kuchens liegt in seiner Schlichtheit. Lauch wird in aromatischem Olivenöl mild gedünstet und anschließend mit guten schwarzen Oliven und frischem Thymian gewürzt. Ein Hauch Zitrone sorgt für Frische.

Zutaten für eine Kuchenform mit 22–24 cm Durchmesser;
ergibt sechs Portionen
1 Portion Hefeteig nach dem Rezept auf Seite 258
(1/2 Teelöffel abgeriebene Zitronenschale einarbeiten)
1 Eßlöffel natives Olivenöl extra
Der weiße Teil von 3 mittelgroßen Lauchstangen (längs halbieren,
quer dazu in dünne Streifen schneiden und sorgfältig waschen)
Salz und Pfeffer
4 Knoblauchzehen, fein gehackt
8–10 schwarze Oliven (vorzugsweise die Sorten Niçoise oder Gaeta),
entsteint und grob gehackt
2 Teelöffel frisch gehackter Thymian
1 Eßlöffel grob gehackte Petersilie
3 Eier
375 ml Milch-Sahne-Mischung (Milch und Sahne zu gleichen Teilen)
oder eine Mischung aus 125 ml Milch, 125 ml Sahne und
125 ml Crème fraîche (Seite 414)
1/2 Teelöffel abgeriebene Zitronenschale
60 g geriebener Parmesan

Den Hefeteig nach Rezept zubereiten und eine Kuchenform damit auskleiden. Olivenöl in einer großen Pfanne erhitzen. Lauch mit 1/2 Teelöffel Salz und etwas Pfeffer bei mittlerer Hitze andünsten. Sobald er zusammenfällt, Knoblauch hinzufügen. Pfanne abdecken und den Lauch sanft weich dünsten. Deckel abheben und 2 Minuten weiterdünsten. Lauch in eine Schüssel füllen und mit Oliven, Thymian und Petersilie vermischen. Beiseite stellen und abkühlen lassen.
Backofen auf 190 Grad vorheizen. Die Eier in einer Schüssel verquirlen. Die Milch-Sahne-Mischung unterziehen und mit 1/4 Teelöffel Salz, etwas Pfeffer und der abgeriebenen Zitronenschale verfeinern.
Den Kuchenboden mit Käse bestreuen, dann die Lauchmischung einfüllen. Den Eierguß darübergießen und goldgelb backen (ca. 40 Minuten).

Kartoffelküchlein

Unsere köstlichen Kartoffelküchlein sind außen knusprig und golden, innen zart und saftig und dabei noch einfach in der Zubereitung. Die Kartoffeln werden vorgekocht, damit die Küchlein schnell durchbacken können; außerdem brauchen Sie dann nur sehr wenig Öl. Stellen Sie die erste Portion im Ofen warm, während Sie den Rest backen. Reichen Sie einen großzügigen Klecks Crème fraîche dazu.

Zutaten für 12–15 Stück; ergibt vier Portionen
1 kg große, mehlige Kartoffeln
3 Frühlingszwiebeln, in dünne Röllchen geschnitten
1/2 Teelöffel Salz
1 Messerspitze Pfeffer
1 verquirltes Ei
2 Eßlöffel Crème fraîche (Seite 414),
zusätzlich 125 ml zum Garnieren
30 g geräucherter Mozzarella, in Würfelchen geschnitten
Leichtes Pflanzenöl zum Ausbacken

Die Kartoffeln in der Schale kochen, bis sie zwar weich, aber noch nicht ganz durch sind. Abkühlen und pellen, dann grob reiben. Die Kartoffeln mit den Frühlingszwiebeln vermischen, salzen und pfeffern. Das Ei mit 2 Eßlöffeln Crème fraîche verquirlen und unter die Kartoffelmasse ziehen. Den Käse untermengen.
Den Teig zu kleinen Küchlein formen (8–10 Zentimeter im Durchmesser und etwa ein Zentimeter dick). In einer leicht geölten Pfanne oder einer Grillpfanne bei mittlerer Hitze 4–5 Minuten bräunen, dann wenden und auch die andere Seite 4–5 Minuten durchbraten.

I ndische Spinathäppchen

Diese herrlichen fritierten Küchlein sind eine Abwandlung des Rezepts aus Julie Sahnis *Das große indische Kochbuch*. Der Teig, der mit Spinatstreifen, frischen Chillies, Koriandergrün und etwas Zitrone oder Limette angereichert wird, ist überraschend leicht.

Indische Mung-Dhaal oder gelbe, halbierte Mungbohnen bekommen Sie in asiatischen Lebensmittelgeschäften und gut sortierten Supermärkten. Mahlen Sie die Bohnen in der Küchenmaschine und weichen Sie sie wie beschrieben ein. Lassen Sie den Teig an einem warmen Ort ruhen, damit die Küchlein besonders leicht geraten. Sie können die Kuchen bereits ein bis zwei Stunden im voraus zubereiten und im Ofen warm halten. Servieren Sie die Küchlein als Appetithappen mit einer Kräutersauce aus frischer Minze und Koriandergrün (Seite 394).

Zutaten für 16–18 Küchlein; ergibt vier bis sechs Portionen
175 g gelbe, halbierte Mungbohnen
125 ml Wasser
1–2 Handvoll Blattspinat (Stiele entfernen, Blätter waschen
und in feine Streifen schneiden)
2 Eßlöffel gehacktes Koriandergrün
2 Jalapeños oder andere frische grüne Chillies, entkernt
und in schmale Streifen geschnitten
1 Messerspitze Backpulver
3/4 Teelöffel Salz
1 Eßlöffel frisch gepreßter Zitronen- oder Limettensaft
1/2 Teelöffel abgeriebene Zitronen- oder Limettenschale
Erdnußöl oder leichtes Pflanzenöl zum Ausbacken

Die Bohnen verlesen und waschen. In eine Schüssel füllen und so großzügig mit Wasser bedecken, daß das Wasser mindestens 4 Zentimeter über den Bohnen steht. 4 Stunden einweichen. Abgießen und abspülen.

Teigbereitung in der Küchenmaschine: Die Bohnen mit 125 ml Wasser verrühren. Die Maschine alle 20 Sekunden anhalten und die Bohnenmasse von der Gefäßwand schaben. Nach 5 Minuten erhalten Sie eine glatte Paste.

Teigbereitung mit dem Pürierstab: Die Bohnen mit 125 Milliliter Wasser verrühren. Den Pürierstab regelmäßig anhalten und die Bohnenmasse von der Gefäßwand und von den Schneidmessern schaben. Zu einer glatten, aber relativ dicken Paste verrühren.

Den Bohnenteig abdecken und an einem warmen Ort mindestens 2 Stunden ruhen lassen. Während dieser Zeit beginnt der Teig zu gären und aufzugehen und wird dadurch lockerer in der Konsistenz.
Kurz vor dem Ausbacken Spinat, Koriandergrün, Chillies, Backpulver, Salz, Saft und Schale unter den Teig heben, aber nicht zu kräftig durchrühren.
Öl 5 Zentimeter hoch in eine Pfanne gießen und sehr heiß, aber nicht rauchend heiß werden lassen (150–165 Grad). Legen Sie eine Schaumkelle und Küchenkrepp bereit. Einen gehäuften Teelöffel Bohnenpaste in das heiße Öl geben. In einer großen Pfanne können Sie 8–12 Küchlein gleichzeitig ausbacken. Die Küchlein unter ständigem Wenden goldgelb ausbacken (4–5 Minuten), herausheben und auf Küchenkrepp abtropfen lassen. Die erste Portion im Ofen warm halten und die zweite Portion ausbacken.

Serviervorschlag: Da Sie die Küchlein im voraus ausbacken und wieder aufwärmen können, sind Sie für Parties geradezu ideal. Wenn Sie ein tolles indisches Essen servieren wollen, empfehlen wir unser Sommergemüse mit rotem Curry (Seite 227) oder das Frühlingscurry mit Sri-Lanka-Gewürzen (Seite 225) als Hauptgang.

S pinatküchlein mit Shiitakepilzen und Ziegenkäse

Diese Küchlein schmecken im Winter besonders gut. Nehmen Sie einen milderen Ziegenkäse, denn ein zu strenger Käse übertönt alle anderen Aromen. Servieren Sie die Küchlein als kleine Appetithappen oder formen Sie größere Portionskuchen, die Sie als Hauptspeise kredenzen können. Reichen Sie dazu bei Zimmertemperatur Salsa Verde (Seite 391) oder einen Klecks Crème fraîche (Seite 414).

Zutaten für 24 Stück; ergibt vier bis sechs Portionen
2 Eßlöffel leichtes Olivenöl
250 g frische Shiitakepilze (Stiele entfernen und zu einer Brühe auskochen; die Kappen 6 mm dick aufschneiden)
Salz und Pfeffer
3 Knoblauchzehen, fein gehackt
2 Frühlingszwiebeln, in dünne Röllchen geschnitten
200–250 g Blattspinat (Stiele entfernen, Blätter sorgfältig waschen)
2 Eier (trennen)
250 g Ricotta
125 ml Milch
75 g Mehl
1 Teelöffel Backpulver
60 g milder Ziegenkäse, zerkrümelt
Pflanzenöl zum Backen

Einen Eßlöffel Olivenöl in einer großen Pfanne erhitzen. Die Pilze mit 1/4 Teelöffel Salz und etwas Pfeffer hineingeben und bei mittlerer Hitze 3–5 Minuten andünsten. Knoblauch und Frühlingszwiebeln hinzufügen und 1–2 Minuten mitdünsten. Das Gemüse in eine Schüssel füllen.
Spinat bei kräftiger Hitze im restlichen Olivenöl zusammenfallen lassen und mit Salz und Pfeffer würzen. Abkühlen lassen, portionsweise die überschüssige Flüssigkeit herauspressen, grob hacken und mit den Pilzen vermischen.
Eiweiß steif schlagen. Eigelbe, Ricotta und Milch in einer Schüssel verrühren. Mehl, Backpulver, 1/4 Teelöffel Salz und etwas Pfeffer einarbeiten. Gemüse und Ziegenkäse unterheben und schließlich den Eischnee unterziehen.
Den Teig wie für Reibekuchen portionsweise (7–8 Zentimeter Durchmesser) in eine leicht geölte Pfanne geben und auf jeder Seite bei mittlerer Hitze ca. 3 Minuten bräunen. Beim Braten nicht flachdrücken.

Würzige Maisküchlein

Süßer Mais, geräucherter Käse und frische Chillies machen aus den Küchlein ein beliebtes Sommergericht. Servieren Sie dazu unsere Tomatillosauce (Seite 389) oder Salsa Fresca (Seite 390). Die säuerlich-frischen Saucen ergänzen die würzigen Kuchen hervorragend. Verwenden Sie je nach Schärfe der Schoten mehr oder weniger Chillies. Wenn Sie gerne scharf essen, nehmen Sie noch mehr Chillies oder geben etwas mehr Cayennepfeffer an den Teig.

Zutaten für 24 Stück; ergibt vier bis sechs Portionen
1/2 Eßlöffel leichtes Pflanzenöl
1/2 rote Zwiebel, gehackt
Salz
Maiskörner von 3 Kolben
1/4 Teelöffel Cayennepfeffer
2–3 Jalapeño-Chillies, entkernt und in feine Streifen geschnitten
1 Eßlöffel frisch gepreßter Zitronensaft
2 Eier (trennen)
250 g Ricotta
125 ml Milch
75 g Mehl
1 Teelöffel Backpulver
60 g geriebener Räucherkäse
Leichtes Pflanzenöl zum Braten

Das Olivenöl in einer großen Pfanne erhitzen. Die Zwiebel mit 1/2 Teelöffel Salz bei mittlerer Hitze darin andünsten (ca. 5 Minuten). Maiskörner und Cayennepfeffer hinzufügen und etwa 5 Minuten mitdünsten, bis die Maiskörner weich werden. Die Chillies und den Zitronensaft untermischen, dann das Gemüse in eine Schüssel füllen und abkühlen lassen.
Eiweiß steif schlagen. Die Eigelbe mit Ricotta und Milch verrühren. Das Mehl, 1/2 Teelöffel Salz und das Backpulver einarbeiten, dann den geräucherten Käse zugeben. Nun die Maismischung und abschließend den Eischnee unterziehen.
Den Teig wie für Reibekuchen portionsweise (7–8 Zentimeter Durchmesser) in eine leicht geölte Pfanne setzen und bei mittlerer Hitze auf jeder Seite 3 Minuten bräunen.

O Konomi Yaki (Würzige Gemüseküchlein)

Das zarte und köstliche Aroma dieser japanischen Pfannkuchen steckt im Gemüse: Sesam, frisch geriebene Ingwerwurzel und Koriander schmeckt man besonders deutlich heraus. Der Teig muß sehr leicht sein. Sie benötigen nur ein wenig mit Mehl verrührte Eimasse, um das Gemüse damit zu überziehen. Servieren Sie dazu unseren Dip von Seite 399.

Zutaten für 16 Stück mit 7–8 cm Durchmesser; ergibt vier Portionen
1 Eßlöffel dunkles Sesamöl
1 kleiner Kopf Chinakohl, feinstreifig aufgeschnitten
1 Mohrrübe (schräg in dünne Scheiben und dann
in streichholzfeine Streifen schneiden)
2 Eßlöffel frisch geriebener Ingwer
2 Eßlöffel Sojasauce
1 Eßlöffel Mirin (süßer Sake zum Kochen; nach Wunsch)
4 Frühlingszwiebeln, schräg in dünne Röllchen geschnitten
250 g frische Shiitakepilze (Stiele entfernen und
für eine Brühe auskochen; die Kappen 6 mm dick aufschneiden)
3/4 Teelöffel scharfe Chiliflocken
2 Eßlöffel Mehl
2 verquirlte Eier
2 Eßlöffel gehacktes Koriandergrün
Leichtes Pflanzenöl zum Braten
1 Eßlöffel geröstete Sesamsaat (Seite 312)

Das Sesamöl in einer großen Pfanne erhitzen. Den Chinakohl mit 1/4 Teelöffel Salz 3–5 Minuten darin dünsten. Sobald er zusammenfällt, die Mohrrübe, den Ingwer, die Sojasauce und nach Wunsch Mirin hinzufügen. 5 Minuten dünsten, bis Kohl und Mohrrüben weich sind. Die Frühlingszwiebeln, Pilze und Chiliflocken hinzufügen und die überschüssige Flüssigkeit einkochen lassen (2–3 Minuten).
Das Gemüse in eine Schüssel füllen und abkühlen lassen. Mehl in die verquirlten Eier rühren. Über das Gemüse gießen, dazu Koriandergrün und gut mischen.
Den Gemüseteig portionsweise in eine leicht geölte Pfanne gießen und bei mittlerer Hitze Küchlein von 7–8 Zentimeter Durchmesser ausbacken. 3 Minuten bräunen, wenden. Mit Sesamsaat bestreuen.

Pasteten, Teigtaschen und Tortillas

Gemüse im Teigmantel

Filloteig ist ideal, wenn Sie Gäste erwarten, denn er läßt sich leicht im voraus verarbeiten. Schwieriger ist es da schon, guten Filloteig aufzutreiben. Wir beziehen außergewöhnlich frischen und saftigen Teig von einer kleinen Bäckerei in der Gegend. Filloteig – man nennt ihn auch Kanaky – bekommen Sie in türkischen, griechischen oder orientalischen Spezialitätengeschäften, manchmal auch tiefgefroren in gut sortierten Lebensmittelabteilungen. Wir geben eine würzige Füllung in den feinen Teig oder rollen ihn zu kleinen Pastetchen. Sie können Filloteig bis zu einem Tag im voraus zubereiten und bis zum Backen im Kühlschrank aufheben.

Wenn Sie den Filloteig vor dem Backen mit zerlassener Butter einpinseln, bräunt er besonders schön und wird recht knusprig; Olivenöl eignet sich dafür ebenfalls gut. Die Füllung sollte feucht, aber nicht so naß sein, daß der Teig durchweicht. Bevor Sie den Filloteig backen, gut durchkühlen, bis die oberste Schicht fest ist. Auf dem Teigdeckel bereits vor dem Backen das Schnittmuster für die einzelnen Portionen einritzen, sonst zerbröselt der knusprig gebackene Teig beim Anschneiden. Aufläufe und Pastetchen können Sie im Ofen einige Zeit warm halten.

Die Verarbeitung von tiefgekühltem Fillo gestaltet sich oftmals etwas tückisch. Lassen Sie den Teig langsam über Nacht im Kühlschrank oder mehrere Stunden an einem warmen Ort auftauen. Teig dann ausrollen und mit einem feuchten Tuch abdecken, damit er nicht austrocknet und zerbröselt. Aufgetaute Teigreste halten sich, fest in Haushaltsfolie eingeschlagen, einige Tage im Kühlschrank frisch. Frischer Filloteig hält sich bis zu fünf Tage im Kühlschrank und kann tiefgekühlt werden.

Quesadillas sind die schnellsten Tortillas, die ich kenne. Die mexikanischen Fladen mit Käsebelag schmecken mit scharfer Salsa und einem Schluck gutem Bier einfach köstlich. Hier kommt es allerdings auf die Frische an. Unsere Tortillas werden im Latinoviertel von San Francisco gebacken und oft noch warm angeliefert. Tortillafladen können leicht schimmeln – achten Sie beim Einkauf auf einwandfreie Ware.

Enchiladas sind sehr beliebt, aber zeitaufwendig in der Zubereitung. Wenn Sie einmal alle Zutaten – einschließlich Sauce – beisammen haben, geht es aber recht schnell. Sie können die Füllungen und Saucen für die Enchiladas Rojas und Enchiladas Verdes (Seite 291, 293) beliebig austauschen und variieren. Kochen Sie doch bei den roten Enchiladas einmal ein Stück Zimtstange und etwas Bitterschokolade mit.

Pasteten und Teigtaschen kann man auf vielerlei Arten füllen. Achten Sie darauf, daß die Gemüsefüllung gut gewürzt und saftig, aber nicht so naß ist, daß der Teig durchweicht. Das schmackhafte Gebäck eignet sich als Mittelpunkt einer Mahlzeit; es kann aber auch als Appetithappen serviert werden. Schneiden Sie Teigreste zu hübschen Mustern und dekorieren Sie die Pastetchen damit (ein Ei mit etwas Wasser verquirlen und die Teigflecken damit aufkleben). Schneiden Sie ein oder zwei Schlitze in den Teigdeckel, damit der beim Backen entstehende Dampf entweichen kann. Ebenso wie Gebäck aus Filloteig können Pasteten und Teigtaschen im voraus zubereitet und im Kühlschrank aufbewahrt werden. Sie lassen sich im Ofen auch warm halten.

M aistäschchen

Wir servieren diese scharfen Sommerpastetchen als Hauptgericht, doch sie eignen sich auch hervorragend als kleine Vorspeise. Teilen Sie dazu den Teig in kleinere Portionen. Die kleinen Taschen haben dann eine kürzere Backzeit. Sie können die Pastetchen im voraus zubereiten und kurz im Ofen aufwärmen.

Zutaten für 4 Teigtäschchen
Mürbteig nach dem Rezept auf Seite 260 (doppelte Menge)
1 Eßlöffel leichtes Olivenöl
1/2 Zwiebel, gehackt
Salz und Cayennepfeffer
1 Teelöffel Kreuzkümmelsamen, geröstet und gemahlen (Seite 116)
Maiskörner von 3–4 Kolben
1/2 rote oder gelbe Paprikaschote, gewürfelt
1 Jalapeño-Chili, entkernt und in feine Streifen geschnitten
1/2 Teelöffel oder mehr Chipotle-Püree (Seite 387)
1 Eßlöffel gehacktes Koriandergrün
1 Eßlöffel frisch gehackter Oregano
1 Ei
2 Eßlöffel Wasser
30 g geriebener Cheddar

Den Teig nach Rezept zubereiten und zu Taschen zurechtschneiden. Im Kühlschrank ruhen lassen und in der Zwischenzeit die Füllung vorbereiten.

Backofen auf 200 Grad vorheizen. Das Olivenöl in einer großen Pfanne erhitzen. Die Zwiebel mit 1/2 Teelöffel Salz, 1/2 Teelöffel Kreuzkümmel und etwas Cayennepfeffer hineingeben und bei mittlerer Hitze 5 Minuten andünsten. Die Maiskörner, Paprika und 1/4 Teelöffel Salz hinzufügen und 8–10 Minuten mitdünsten. Dann die Chili-schote und das Chipotle-Püree einrühren. Koriandergrün und Oregano hinzufügen. Mit Salz und Cayennepfeffer oder etwas mehr Chipotle-Püree abschmecken.

Teig ausrollen. Ei und Wasser verquirlen. Füllung gleichmäßig in die Mitte der Teigkreise setzen und mit geriebenem Käse bestreuen. Teigrand mit Wasser bepin-seln, dann über der Füllung zu einem Halbmond zusammenklappen. Den Rand festdrücken, dekorativ einkerben und die Teigtaschen auf Backpapier legen. Leicht mit der Eimischung bestreichen, auch die Ränder einpinseln. 3 Schlitze in den Deckel jeder Teigtasche schneiden. 25–30 Minuten goldbraun backen.

Teigtaschen mit Kürbis- und Lauchfüllung

Durch den gebratenen Butternuß-Kürbis und den angenehm nussigen Geschmack des Gruyère passen diese eleganten Teigtaschen wunderbar auf den herbstlichen Speisezettel. Die Kürbiswürfel (es eignen sich praktisch alle Arten von Winterkürbis) werden mit frischem Thymian weich gebraten und mit Lauchstreifen vermengt. Sie können den Teig bereits einige Tage im voraus zubereiten und im Tiefkühlfach aufbewahren. Servieren Sie als Beilage einen Salat aus herben Blattsalaten, Birnen und gerösteten Walnüssen mit Walnußvinaigrette.

Zutaten für 4 Teigtäschchen
Mürbteig nach dem Rezept auf Seite 260 (doppelte Menge)
5 Knoblauchzehen, fein gehackt
2 Eßlöffel leichtes Olivenöl
750 g Butternuß-Kürbis (schälen, entkernen und
in 1 cm große Würfel schneiden)
Salz und Pfeffer
Einige frische Thymianzweige
Der weiße Teil von 2 dicken Lauchstangen
(längs halbieren, feinstreifig aufschneiden und waschen)
1/2 Teelöffel getrockneter Thymian
1/2 Glas trockener Weißwein
1 Eßlöffel frisch gehackter Thymian
1 Ei
2 Eßlöffel Wasser
60 g geriebener Gruyère

Den Teig nach den Anweisungen für Pasteten und Teigtaschen zubereiten. Im Kühlschrank ruhen lassen und in der Zwischenzeit die Füllung vorbereiten.

Backofen auf 200 Grad vorheizen. 2 gehackte Knoblauchzehen mit einem Eßlöffel Öl vermischen. Die Kürbiswürfel in eine ofenfeste Form geben und mit dem Knoblauchöl, 1/2 Teelöffel Salz und etwas Pfeffer würzen. Die Thymianzweige in die Form legen. Abdecken und im heißen Ofen garen, bis das Kürbisfleisch zwar weich ist, aber noch seine Form behält (25–30 Minuten). Nicht zu weich garen. Den Thymian entfernen.

Das restliche Öl in einer großen Pfanne erhitzen. Den Lauch mit 1/2 Teelöffel Salz, etwas Pfeffer und dem getrockneten Thymian hineingeben und bei mittlerer Hitze

2 Minuten andünsten. Den restlichen Knoblauch hinzufügen, die Pfanne abdecken und den Lauch sanft dämpfen. Nach 8 Minuten den Wein angießen und fast vollständig einkochen lassen.

Kürbis und Lauch vorsichtig vermischen und mit dem gehackten Thymian, Salz und Pfeffer abschmecken. Die Füllung muß herzhaft gewürzt sein, damit man sie durch den Teig hindurch schmeckt.

Den Teig nach der Anleitung für Pasteten und Teigtaschen ausrollen. Ei und Wasser verquirlen. Die Füllung gleichmäßig in die Mitte der Teigkreise setzen und mit geriebenem Käse bestreuen. Den Teigrand leicht mit Wasser bepinseln, dann den Rand über der Füllung zu einem Halbmond zusammenklappen und sanft zusammendrücken. Den Rand dekorativ eindrücken und die Teigtaschen auf ein leicht geöltes Backblech legen. Mit etwas Eimischung bestreichen, auch die Ränder einpinseln. 3 Schlitze von ca. 2 1/2 Zentimeter Länge in den Deckel jeder Teigtasche schneiden. 25–30 Minuten goldbraun backen.

Winterkürbisse

Diese edlen Gemüse begleiten uns durch jeden Herbst und Winter. Allein schon die Namen sind wunderbar appetitanregend, und jede Sorte hat ihren ganz individuellen Geschmack und eine besondere Konsistenz. Hier stellen wir Ihnen ein paar von unseren Lieblingssorten vor:

»Sweet Dumpling«, wörtlich: süßer Kloß, ist ein kleiner, kugelförmiger Kürbis mit sehr süßem Fruchtfleisch, das an Süßkartoffeln erinnert. Sie können den Kürbis im Ofen braten und das zarte Fleisch direkt aus der Schale löffeln. Der »Butternuß-Kürbis« hat einen cremigen Geschmack und eine relativ weiche Schale, die sich gut abschälen läßt. Er eignet sich gut für Suppen und deftige Eintöpfe. Der runde japanische »Kabocha« ist flockig und süß und daher ideal zum Backen. »Roter Kuri« besitzt kräftiges orangerotes Fruchtfleisch und eignet sich wie Zuckerkürbisse ausgezeichnet für die Verarbeitung zu Pies und Suppen. Die schlanke Sorte »Delicata« ist köstlich süß und mit ihrer eßbaren Schale ideal zum Braten und Grillen.

Winterkürbisse benötigen einen tiefen, humus- und nährstoffreichen und gut entwässerten Boden. Pflanzen Sie die großen Kerne, sobald die Bodentemperatur über 10 Grad Celsius liegt, und halten Sie sie gleichmäßig feucht. Sobald sich an einer Pflanze 6–8 Früchte gebildet haben, alle anderen Blüten entfernen, damit die Pflanze die bereits entwickelten Früchte ausreifen kann. Die Ernte erfolgt, nachdem das Blattwerk abstirbt, oder nach dem ersten leichten Frost.

Fillotäschchen mit Champignonfüllung

Der Sherry verleiht diesen Teigtaschen eine raffinierte Süße und läßt das volle Aroma der Champignons schön zur Geltung kommen. Die Täschchen schmecken köstlich als Vorspeise und können schon im voraus zubereitet werden. Mit etwas Brunnenkresse dekorieren.

Zutaten für 12 Teigtaschen
8 Blätter Filloteig (tiefgefroren)
1 Eßlöffel Olivenöl
375 g Champignons, blättrig aufgeschnitten
Salz und Pfeffer
3 Knoblauchzehen, fein gehackt
4 Eßlöffel trockener Sherry
30 g geriebener Parmesan
1 Eßlöffel gehackte Petersilie
35 g Pinienkerne, geröstet und grob gehackt (Seite 312)
125 ml zerlassene Butter oder Olivenöl

Den Filloteig aus dem Gefrierfach nehmen und bei Zimmertemperatur auftauen lassen. Backofen auf 190 Grad vorheizen und die Füllung zubereiten.
Das Olivenöl in einer großen Pfanne erhitzen. Die Pilze mit 1/4 Teelöffel Salz und etwas Pfeffer scharf anbraten und bräunen (ca. 7 Minuten). Den Knoblauch hinzufügen und einige Minuten mitdünsten. Den Sherry angießen und den Bratfond damit loskochen. Die Pilze in eine Schüssel füllen und abkühlen lassen. Mit Parmesan, Petersilie und der Hälfte der Pinienkerne vermischen. Mit Salz und Pfeffer abschmecken.

Teigtaschen füllen: Das Teigpaket ausrollen, 8 Blätter abnehmen und den Rest wieder in das Tiefkühlfach legen. Die Teigblätter mit einem feuchten Tuch abdecken, damit sie nicht austrocknen und zerbröseln.
Backofen auf 190 Grad vorheizen. Die Butter in einem Butterpfännchen zerlassen und im Wasserbad warm halten. 4 Filloblätter nebeneinander auf einer Arbeitsfläche ausbreiten. Jedes Teigblatt mit einem zweiten Teigblatt belegen. Die oberen Blätter leicht mit Butter (oder Öl) bepinseln und mit den restlichen Pinienkernen bestreuen. Jeden »Doppeldecker« längs in drei Streifen schneiden.
Die Teigstreifen werden später locker zu Dreiecken gefaltet, damit die Füllung beim

Backen Platz hat. Wenn Sie alle Zutaten vorbereitet haben, geht das Formen der Teigtaschen recht schnell.

Jeweils einen gehäuften Eßlöffel Füllmasse an das Ende der Teigstreifen setzen. In einem 45-Grad-Winkel ein kleines Dreieck falten. Dann das Teigdreieck gegenläufig wieder in einem 45-Grad-Winkel falten und so fortfahren, bis Sie das andere Ende des Teigstreifens erreicht haben. Abstehende Teigränder umklappen. Die Teigtaschen leicht mit Butter (oder Öl) bepinseln und auf ein leicht geöltes Backblech setzen. Bis zur weiteren Verwendung kühl stellen oder sofort 15 Minuten bei 190 Grad goldbraun backen.

Fillotäschchen mit Spinat, Schafskäse und Rosmarin

Wir servieren diese würzigen Teigtäschchen zusammen mit gebratenem Paprika und griechischen Oliven als Vorspeise. Die Täschchen sind zeitaufwendig, können aber im voraus zubereitet und bis zum Backen im Kühlschrank aufbewahrt werden. Sie lassen sich auch im Ofen einige Zeit warm halten.

Zutaten für 12 Teigtaschen
8 Blätter Filloteig (tiefgefroren)
1 Eßlöffel natives Olivenöl extra
1/4 rote Zwiebel, gehackt
Salz und Pfeffer
3 Knoblauchzehen, fein gehackt
400–500 g Blattspinat (Stiele entfernen, Blätter gründlich waschen)
1/2 Teelöffel abgeriebene Zitronenschale
1/2 Teelöffel fein gehackte Rosmarinblättchen
100 g Schafskäse, zerkrümelt
125 ml zerlassene Butter oder Olivenöl
40 g Walnußkerne, geröstet und gehackt (Seite 312)

Den Filloteig aus dem Gefrierfach nehmen und auf Zimmertemperatur erwärmen, in der Zwischenzeit die Füllung zubereiten.

Backofen auf 190 Grad vorheizen. 1/2 Eßlöffel Olivenöl in einer großen Pfanne erhitzen. Die Zwiebel mit 1/4 Teelöffel Salz und etwas Pfeffer bei mittlerer Hitze darin andünsten, bis sie Saft zu ziehen beginnt (5 Minuten). Den Knoblauch hinzufügen und 2–3 Minuten mitdünsten. In eine Schüssel umfüllen.

Das restliche Öl in derselben Pfanne stark erhitzen und den Spinat unter ständigem Wenden zusammenfallen lassen. Mit 1/4 Teelöffel Salz und etwas Pfeffer würzen. Den Spinat abkühlen lassen, dann portionsweise gut ausdrücken, bis er noch saftig, aber nicht mehr naß ist. Grob hacken und mit der Zwiebel, der Zitronenschale, dem Rosmarin und dem Schafskäse vermischen. Mit Salz und Pfeffer abschmecken.

Teigtaschen füllen: Das Teigpaket ausrollen, Blätter abnehmen und den Rest wieder in das Tiefkühlfach legen. Die Teigblätter mit einem feuchten Tuch abdecken, damit sie nicht austrocknen und zerbröseln.

Die Butter in einem Butterpfännchen zerlassen und im Wasserbad warm halten. 4 Filloblätter nebeneinander auf einer Arbeitsfläche ausbreiten. Jedes Teigblatt mit einem zweiten Teigblatt belegen. Die oberen Blätter leicht mit Butter (oder Öl) bepinseln und mit den restlichen Pinienkernen bestreuen. Jeden »Doppeldecker« längs in drei Streifen schneiden.

Die Teigstreifen werden später locker zu Dreiecken gefaltet, damit die Füllung beim Backen Platz hat. Wenn Sie alle Zutaten vorbereitet haben, geht das Formen der Teigtaschen recht schnell. Jeweils einen gehäuften Eßlöffel Füllmasse an das Ende der Teigstreifen setzen. In einem 45-Grad-Winkel ein kleines Dreieck falten. Dann das Teigdreieck gegenläufig wieder in einem 45-Grad-Winkel falten und so fortfahren, bis Sie das andere Ende des Teigstreifens erreicht haben. Abstehende Teigränder umklappen. Die Teigtaschen leicht mit Butter (oder Öl) bepinseln und auf ein leicht geöltes Backblech setzen. Bis zur weiteren Verwendung kühl stellen oder 15 Minuten bei 190 Grad goldbraun backen.

Wurzelspinat

Es gibt feinen Blattspinat und kräftigeren Wurzelspinat. Eine ganz außergewöhnliche Sorte Wurzelspinat ist der sogenannte Bloomsdale. Er hat dickfleischige, gekrauste dunkelgrüne Blätter, die sich hervorragend für Salate, Suppen, Pizzas, Nudeln oder einfach zum Dünsten mit Olivenöl, Zitronensaft und Knoblauch eignen.

Wurzelspinat braucht kühleres Wetter, und in der nebligen Küstenregion, in der die Green Gulch Farm liegt, gedeiht unser Bloomsdale besonders gut. Jedes Jahr im Frühjahr erwarten wir ihn mit Spannung und werden bis in den Frühsommer hinein mit einem außergewöhnlich guten Gemüse belohnt. Ziehen Sie den Spinat im zeitigen Frühjahr aus Samen und setzen Sie die jungen Pflänzchen in fruchtbaren und feuchten Boden. Spinat braucht im Sommer Schatten, ist aber bereits vor den wirklich heißen Tagen schon wieder verschwunden.

F

illoauflauf mit Lauch und Pilzen

Der milde Lauch erinnert fast an Butter und bildet eine schöne Grundlage für die erdigen Pilze und den frischen Thymian. Rösten Sie die frischen Champignons kräftig an und kochen Sie den Fond mit dem Einweichwasser der Steinpilze los, damit nichts von dem köstlichen Pilzaroma verlorengeht. Statt der getrockneten Steinpilze können Sie auch getrocknete Shiitakepilze verwenden.

Zutaten für eine Auflaufform von 23 x 33 cm; ergibt 6 Portionen
16 Blätter Filloteig (tiefgefroren)
2 Eßlöffel leichtes Olivenöl
Der weiße Teil von 2 dicken Lauchstangen (längs halbieren,
quer dazu feinstreifig aufschneiden und waschen)
1/4 Teelöffel getrockneter Thymian
Salz und Pfeffer
5 Knoblauchzehen, fein gehackt
1/2 Glas trockener Weißwein
7–8 g getrocknete Steinpilze, 10 Minuten in 125 ml warmem
Wasser eingeweicht
375 g Champignons, blättrig aufgeschnitten
1 Eßlöffel frisch gehackter Thymian
500 g Ricotta
2 verquirlte Eier
60 g geriebener Parmesan
6 Eßlöffel Butter oder leichtes Olivenöl
50 g Mandeln, geröstet und fein gehackt (Seite 312)
60 g geriebener Gruyère

Den Filloteig auf Zimmertemperatur erwärmen. Inzwischen die Füllung zubereiten. 1 Eßlöffel Olivenöl in einer großen Pfanne heiß werden lassen. Den Lauch mit dem getrockneten Thymian, 1/2 Teelöffel Salz und etwas Pfeffer hineingeben. Die Pfanne abdecken und den Lauch bei mittlerer Hitze 4–5 Minuten dämpfen. Die Hälfte des Knoblauchs hinzufügen und 2 Minuten mitdünsten. Den Wein angießen und fast vollständig einkochen lassen. Lauch in eine Schüssel umfüllen.
Die Steinpilze durch ein feines Sieb abgießen, das Einweichwasser für später aufheben. (Wenn das Wasser sandig ist, den Sand setzen lassen und das Wasser dann erst vorsichtig abgießen.) Steinpilze hacken, dabei harte und unschöne Stellen entfernen.

Den zweiten Eßlöffel Öl in der Pfanne erhitzen und die Champignons und Steinpilze mit 1/4 Teelöffel Salz und etwas Pfeffer scharf anbraten. Nach 6–8 Minuten den restlichen Knoblauch hinzufügen und 1 Minute mitrösten. Den braunen Satz mit dem Einweichwasser der Steinpilze loskochen. Vom Herd ziehen und unter den Lauch mischen. Mit dem frischen Thymian, Salz und Pfeffer abschmecken.

Ricotta in eine Schüssel geben. Die Eier, 1/2 Teelöffel Salz, eine Prise Pfeffer und die Hälfte des Parmesans hinzufügen und gründlich durchmischen.

Backofen auf 190 Grad vorheizen. Butter in einem Pfännchen zerlassen und im Wasserbad warm halten. Filloteig ausrollen und mit einem feuchten Tuch abdecken, damit der Teig nicht austrocknet und zerbröselt. Den Boden einer Auflaufform (etwa 23 x 33 Zentimeter) buttern und mit einem Teigblatt auslegen. Leicht mit Butter bestreichen und mit ein paar Mandeln bestreuen. Sieben weitere Blätter nach derselben Methode auflegen, buttern und mit insgesamt der Hälfte der Mandeln bestreuen. Die Ricottacreme einfüllen und das Gemüse darüberschichten. Nach dem beschriebenen Verfahren die restlichen 8 Filloblätter einschichten, buttern und mit Mandeln bestreuen. Die oberste Schicht großzügig mit Butter bestreichen.

Den Auflauf 10 Minuten kalt stellen, damit die oberste Schicht auskühlt. Nach Bedarf überstehende Teigränder entfernen. Auf dem Teigdeckel 6 Quadrate einritzen und jedes Quadrat in 2 Dreiecke teilen. (Es empfiehlt sich, den Filloteig vor dem Backen vorzuschneiden, weil der beim Backen knusprig gewordene Teig sehr leicht zerbröselt.) 35–40 Minuten goldbraun backen.

Thymian

Das weit verbreitete Gewürzkraut steht in der Alten Welt für Glück und Mut. Wir verwenden Thymian frisch und getrocknet das ganze Jahr über. Der intensive erdige Geschmack paßt gut zu Zucht- und Waldpilzen. Thymian verdelt außerdem Kartoffeln und Lauch, Suppen und Gratins. Streuen Sie ein paar Thymianblättchen über knusprige Croûtons mit Ziegenkäse, die im Ofen goldbraun überbacken werden. Kochen Sie ein Büschel Thymianzweige in einem herzhaften Pilzgemüse mit Butternuß-Kürbis, Perlzwiebeln und rotstieligem Mangold.

Von diesem winterharten Gewächs gibt es viele Arten und Sorten. Eine Mischung verschiedener Sorten ergibt einen hübschen und würzigen Bodendecker. Zitronenthymian schmeckt wirklich nach Zitrone; silbriger Thymian ist nicht nur würzig, sondern sieht auch sehr schön aus. Wir verwenden in unserer Küche hauptsächlich Englischen Thymian mit seinen zahlreichen zartrosa Blüten.

Mehr als alle anderen Mittelmeerkräuter liebt Thymian einen sonnigen Standort und durchlässigen Boden. Thymian braucht viel Wärme, um sein intensives Aroma zu entfalten. Regelmäßiges Zurückschneiden fördert die Bildung neuer Triebe.

F illoauflauf mit Spinat, Pilzen, Ziegenkäse und Pinienkernen

Cremig milder Ziegenkäse und süße geröstete Pinienkerne verleihen diesem winterlichen Auflauf ein unverwechselbares Aroma. Servieren Sie dazu als Beilagen Blattsalate der Saison und marinierte rote Beten in würziger Schalottenvinaigrette.

Zutaten für eine Auflaufform von ca. 23 x 33 cm;
ergibt 6 Portionen

16 Blätter Filloteig (tiefgefroren)
2 1/2 Eßlöffel natives Olivenöl extra
1/2 rote Zwiebel, in Ringe geschnitten
Salz und Pfeffer
6 Knoblauchzehen, fein gehackt
375 g Champignons, blättrig aufgeschnitten
1/2 Glas trockener Weißwein
400–500 g Blattspinat (Stiele entfernen, Blätter verlesen und waschen)
2 Eßlöffel frisch gehackte Kräuter: Petersilie, Majoran und Thymian
500 g Ricotta
2 verquirlte Eier
30 g geriebener Parmesan
6 Eßlöffel Butter oder leichtes Olivenöl
35 g Pinienkerne, geröstet und grob gehackt (Seite 312)
125 g Ziegenkäse, zerkrümelt

Den Filloteig langsam bei Zimmertemperatur auftauen lassen. Inzwischen die Füllung zubereiten. 1 Eßlöffel Olivenöl in einer großen Pfanne heiß werden lassen. Die Zwiebelringe mit 1/4 Teelöffel Salz und etwas Pfeffer 5 Minuten bei mittlerer Hitze darin andünsten, bis sie beginnen, weich zu werden und Saft zu ziehen. Die Hälfte des Knoblauchs hinzufügen und 3–4 Minuten mitdünsten. Den Pfanneninhalt in eine Schüssel geben.
1 Eßlöffel Öl in derselben Pfanne erhitzen. Die Champignons mit 1/4 Teelöffel Salz und etwas Pfeffer scharf anrösten. Nach 7 Minuten den restlichen Knoblauch hinzugeben und eine Minute mitbraten. Den Satz mit dem Weißwein loskochen, die Flüssigkeit fast vollständig einkochen lassen, dann die Champignons zu den Zwiebelringen geben.
Das restliche Öl heiß werden lassen. Die Spinat bei kräftiger Hitze zusammenfallen lassen, salzen und pfeffern. Abkühlen und abtropfen lassen. Dann die restliche

Flüssigkeit mit den Händen ausdrücken, damit der Spinat zwar noch saftig, aber nicht mehr naß ist. Grob hacken und zusammen mit den frischen Kräutern unter die Pilzmischung heben. Mit Salz und Pfeffer abschmecken.

Ricotta in eine Schüssel geben und sorgfältig mit den Eiern, 1/2 Teelöffel Salz, einer Messerspitze Pfeffer und dem Parmesan vermengen.

Backofen auf 190 Grad vorheizen. Die Butter in einem Pfännchen zerlassen und im Wasserbad warm halten. Den Filloteig ausrollen, auf einer Arbeitsfläche ausbreiten und mit einem feuchten Tuch abdecken, damit der Teig nicht austrocknet und zerbröselt. Den Boden einer Auflaufform (etwa 23 x 33 Zentimeter) buttern und mit einem Teigblatt auslegen. Leicht mit Butter bestreichen und mit ein paar Pinienkernen bestreuen. Sieben weitere Blätter nach derselben Methode auflegen, buttern und mit insgesamt der Hälfte der Pinienkerne bestreuen. Die Ricottacreme einfüllen und die Pilze darüberschichten. Den Ziegenkäse auf das Gemüse krümeln. Nach dem beschriebenen Verfahren die restlichen 8 Filloblätter einschichten, buttern und mit Pinienkernen bestreuen. Das oberste Teigblattt großzügig mit Butter bestreichen.

Den Auflauf 10 Minuten kalt stellen, damit die oberste Schicht auskühlt. Nach Bedarf überstehende Teigränder entfernen. Auf dem Teigdeckel 6 Quadrate einritzen und jedes Quadrat in 2 Dreiecke teilen. (Es empfiehlt sich, den Filloteig vor dem Backen vorzuschneiden, weil der beim Backen knusprig gewordene Teig sehr leicht zerbröselt und sich dann kaum mehr schneiden läßt.) 35–40 Minuten goldbraun backen.

Artischocken vorbereiten

Wenn man die dunklen Blätter abgelöst hat, gelangt man an das Herz und die inneren Blätter der Artischocke, die wunderbar zart sind. Selbst die kleinsten Artischocken schützen ihren nussigsüßen Schatz durch einen Panzer aus harten Außenblättern. Nach Wunsch können Sie auch die Stiele mitessen, die vor dem Aufschneiden geschält werden müssen. Die Stiele können wie die Artischockenherzen mild schmecken, fallen manchmal aber auch bitter aus. Verwenden Sie nur ein Messer mit einer Klinge aus Edelstahl, damit die Kontaktflächen nicht dunkel anlaufen.

Damit sich die Artischocken im Lauf der Zeit nicht verfärben, müssen sie in Zitronenwasser getaucht werden. Dafür eine Schüssel mit 1/2–3/4 Liter Wasser füllen und mit dem Saft einer Zitrone säuern. Sie können zusätzlich ein paar Spalten der ausgepreßten Zitrone in die Schüssel geben.

Die Spitze und das Stielende der Artischocken abschneiden. Die äußeren Blätter ablösen, bis Sie zu den zarten, hellgrünen Blättern im Innern gelangen. Die Artischocken vierteln und die haarige Blüte herauslösen. Die Viertel in 3–4 Scheiben schneiden (oder entsprechend Ihrem Rezept zerteilen) und sofort in das Zitronenwasser legen. Auf diese Weise halten sich die Artischocken sogar über Nacht im Kühlschrank; Schüssel dann unbedingt abdecken. Die Artischocken erst in letzter Minute abgießen und nach Rezept weiterverarbeiten.

F illoauflauf mit Artischocken und getrockneten Tomaten

Im ausgehenden Winter, wenn man sich nach frischem Gemüse sehnt, schmeckt dieser Auflauf besonders gut. Die zarten Artischocken passen wunderbar zu den herzhaften getrockneten Tomaten und lassen den Auflauf frisch wirken. Wenn Sie keinen Asiago bekommen können, nehmen Sie statt dessen Parmesan.

Zutaten für eine Auflaufform von ca. 23 x 33 cm;
ergibt 6 Portionen
16 Blätter Filloteig (tiefgefroren)
4 mittelgroße Artischocken
(nach Anleitung auf Seite 288 vorbereiten und aufschneiden)
1 Eßlöffel natives Olivenöl extra
1 rote Zwiebel, in dünne Ringe geschnitten
Salz und Pfeffer
5 Knoblauchzehen, fein gehackt
1/2 Eßlöffel frisch gepreßter Zitronensaft
1/2 Glas trockener Weißwein
3 getrocknete Tomaten in Öl (abtropfen lassen und hacken)
3 Eßlöffel frisch gehackte Kräuter: Petersilie, Oregano, Thymian
500 g Ricotta
2 verquirlte Eier
30 g geriebener Parmesan
6 Eßlöffel Butter oder leichtes Olivenöl
50 g Mandeln, geröstet und fein gehackt (Seite 312)
60 g geriebener Asiago

Den Filloteig bei Zimmertemperatur auftauen lassen. Unterdessen die Füllung zubereiten. Die Artischocken abgießen.

Das Olivenöl in einer großen Pfanne heiß werden lassen. Die Zwiebel mit 1/2 Teelöffel Salz und etwas Pfeffer hineingeben und bei mittlerer Hitze weich dünsten (4–5 Minuten). Artischocken, Knoblauch, 1/4 Teelöffel Salz und Zitronensaft hinzufügen und 7–8 Minuten dünsten, bis die Artischocken weich sind. Den Wein angießen und nahezu vollständig einkochen lassen. Das Gemüse in eine Schüssel umfüllen, abkühlen lassen und mit den getrockneten Tomaten und den Kräutern vermischen. Mit Salz und Pfeffer abschmecken.

Ricotta in eine Rührschüssel geben und sorgfältig mit den Eiern, 1/2 Teelöffel Salz, einer Messerspitze Pfeffer und dem Parmesan vermengen.

Backofen auf 190 Grad vorheizen. Die Butter in einem Pfännchen zerlassen und im Wasserbad warm halten. Den Filloteig ausrollen, auf einer Arbeitsfläche ausbreiten und mit einem feuchten Tuch abdecken, damit der Teig nicht austrocknet und zerbröselt.

Den Boden einer Auflaufform (etwa 23 x 33 Zentimeter) buttern und mit einem Teigblatt auslegen. Leicht mit Butter bestreichen und mit ein paar Mandeln bestreuen. Sieben weitere Blätter nach derselben Methode auflegen, buttern und mit insgesamt der Hälfte der Mandeln bestreuen. Die Ricottacreme einfüllen und die Artischocken darüberschichten. Den Asiago über dem Gemüse verteilen. Nach dem beschriebenen Verfahren die restlichen 8 Filloblätter einschichten, buttern und mit Mandeln bestreuen. Das oberste Teigblatt großzügig mit Butter bestreichen.

Den Auflauf 10 Minuten kalt stellen, damit die oberste Schicht auskühlt. Nach Bedarf überstehende Teigränder entfernen. Auf dem Teigdeckel 6 Quadrate einritzen und jedes Quadrat in 2 Dreiecke teilen. (Es empfiehlt sich, den Filloteig vor dem Backen vorzuschneiden, weil der beim Backen knusprig gewordene Teig sehr leicht zerbröselt und sich dann kaum mehr schneiden läßt.) 35–40 Minuten goldbraun backen.

E nchiladas Rojas

Das deutliche Aroma des gerösteten Oregano und der Ancho-Chillies sowie Kreuzkümmel, Chipotle-Chillies und Cheddar verleihen den schmackhaften Enchiladas einen rustikalen Charakter mit rauchigen Akzenten. Servieren Sie duftenden Basmatireis mit gerösteten Kürbiskernen oder gehackten Mandeln dazu.

Sauce für ca. 1 l
1 Eßlöffel leichtes Olivenöl
1 Zwiebel, gehackt
Salz
2 Teelöffel Kreuzkümmelsamen, geröstet und gemahlen (Seite 116)
2 Teelöffel getrockneter Oregano, geröstet (Seite 116)
8 Knoblauchzehen, fein gehackt
Gut 1 kg Tomaten, gehäutet, entkernt und püriert (Seite 124),
oder 1 große Dose pürierte Tomaten mit ihrem Saft
2 Eßlöffel Ancho-Chili-Püree (Seite 236)
1 Teelöffel Chipotle-Püree (Seite 387)

Das Öl in einem großen Topf erhitzen. Die Zwiebel, 1/2 Teelöffel Salz, Kreuzkümmel und Oregano hineingeben und 3-4 Minuten dünsten, bis die Zwiebel Saft zu ziehen beginnt. Knoblauch hinzufügen und 5 Minuten weiterdünsten. Die Tomaten, die Chili-Pürees und 1/4 Teelöffel Salz hineinrühren. Die Sauce nun im offenen Topf bei sanfter Hitze 15–20 Minuten durchschmoren lassen. Mit Salz abschmecken.

Füllung für 12 Enchiladas; ergibt 6 Portionen
2 Eßlöffel Pflanzenöl
1 Zwiebel, gehackt
Salz
1 Teelöffel Kreuzkümmelsamen, geröstet und gemahlen (Seite 116)
1 rote Paprikaschote, gewürfelt
4–5 Zucchini, gewürfelt
5 Knoblauchzehen, fein gehackt
375 g Champignons, dick aufgeschnitten
1/2 Teelöffel oder mehr Chipotle-Püree (Seite 387)
1 Eßlöffel frisch gehackter Majoran
1 Eßlöffel frisch gehackter Salbei

Einen Eßlöffel Öl in einer großen Pfanne erhitzen. Die Zwiebel mit 1/2 Teelöffel Salz und der Hälfte des Kreuzkümmels hineingeben und 5–7 Minuten bei mittlerer Hitze weich dünsten. Paprika, Zucchini, 1/2 Teelöffel Salz, die Hälfte des Knoblauchs und den restlichen Kreuzkümmel hinzufügen. Gut verrühren und 10 Minuten schmoren, bis die Zucchini weich sind, aber noch ihre Form behalten. Das Gemüse in eine Schüssel füllen.

In derselben Pfanne das restliche Öl heiß werden lassen. Die Champignons mit 1/4 Teelöffel Salz scharf anbraten. Sobald sie eine goldbraune Farbe bekommen haben, den übrigen Knoblauch unterrühren. Den Satz mit etwas Wasser loskochen. Die Pilze mit dem übrigen Gemüse vermischen. Das Chipotle-Püree, den Majoran und Salbei unterziehen. Die Füllung sollte scharf und herzhaft schmecken, aber nicht übermäßig scharf sein.

Enchiladas füllen
Erdnuß- oder Pflanzenöl zum Ausbacken
12 Maistortillas
200 g geriebener Cheddar

Backofen auf 190 Grad vorheizen. Das Öl gut einen halben Zentimeter hoch in eine schwere Pfanne gießen und erhitzen. (Die Tortilla muß zischen, wenn sie ins heiße Öl getaucht wird.) In der Zwischenzeit Küchenkrepp auf einer Arbeitsfläche ausbreiten. Eine Tortilla mit einer Backzange ins heiße Öl tauchen und heiß werden lassen (2–3 Sekunden). Die Tortilla muß weich bleiben und darf nicht knusprig werden. Herausheben und auf Küchenkrepp abtropfen lassen. Die restlichen Tortillas genauso vorbereiten und auf Küchenkrepp abtropfen lassen. Sie können die Tortillas auch zwischen Lagen von Küchenkrepp übereinanderschichten. Legen Sie jedoch die Tortillas nicht direkt übereinander, sie kleben sonst zusammen.

Die Tortillas auf einer Arbeitsfläche ausbreiten. Ein Drittel der Käsemenge zum Garnieren beiseite stellen. Die Gemüsefüllung gleichmäßig auf den Tortillas verteilen und mit Käse bestreuen. Die Tortillas zusammenrollen und darauf achten, daß die Füllung gleichmäßig, d. h. bis zum Rand, in den Teigfladen verteilt ist.

Die Hälfte der Sauce in eine Auflaufform (ca. 23 x 33 Zentimeter) gießen. Die Enchiladas mit der Naht nach unten in die Sauce setzen. Die restliche Sauce darübergießen. Enchiladas abdecken und 20–25 Minuten backen, bis sie gut durchwärmt sind und die Sauce köchelt. Mit dem restlichen Käse bestreuen und servieren.

Tip: Wenn die Sauce zu säuerlich schmeckt, vor dem Anrichten mit bis zu 2 Teelöffeln Zucker abrunden.

E nchiladas verdes

Gerösteter Kreuzkümmel, Zuckermais, Chillies und geräucherter Käse werden zu einem anregenden Sommergericht kombiniert, das Zeit und Mühe lohnt. Würzen Sie Ihre Füllung recht kräftig, denn die Tortillas nehmen einen Teil der Würze auf. Sie können die säuerliche Tomatillo-Sauce vor dem Servieren noch mit einem Löffel Crème fraîche verfeinern. Servieren Sie als Beilage einen Salat aus Romanaherzen, Avocado und Tangelos (Pomelos), aromatisiert mit Zitrusvinaigrette.

Füllung für 12 Enchiladas; ergibt 6 Portionen
1 Eßlöffel Pflanzenöl
1/2 rote Zwiebel, gehackt
Salz und Cayennepfeffer
Maiskörner von 3 Kolben
2 1/2 Teelöffel Kreuzkümmelsamen, geröstet und gemahlen (Seite 116)
5 Knoblauchzehen, fein gehackt
3 Jalapeño- oder Serrano-Chillies, entkernt und in feine Streifen geschnitten
3 Zucchini, gewürfelt
3 Eßlöffel gehacktes Koriandergrün

Das Öl in einer großen Pfanne erhitzen. Die Zwiebel, 1/4 Teelöffel Salz und etwas Cayennepfeffer hineingeben. Die Zwiebel bei mittlerer Hitze weich dünsten (5–7 Minuten). Die Maiskörner, 1/2 Teelöffel Salz, Kreuzkümmel, Knoblauch und Chillies hinzufügen und 5 Minuten mitdünsten. Die Zucchini dazugeben und 4–5 Minuten dünsten, bis die Zucchiniwürfel zwar weich sind, aber ihre Form nicht verlieren. Einen Eßlöffel Koriandergrün zum Garnieren beiseite stellen, den Rest unter das Gemüse rühren. Mit Salz und Cayennepfeffer abschmecken.

Enchiladas füllen
Tomatillosauce nach dem Rezept auf Seite 389 (doppelte Menge)
Erdnuß- oder Pflanzenöl zum Ausbacken
12 Maistortillas
175 g geräucherter Cheddar, gerieben

Die doppelte Menge Tomatillosauce zubereiten und beiseite stellen.
Das Öl gut einen halben Zentimeter hoch in eine schwere Pfanne gießen und erhitzen. (Die Tortilla muß zischen, wenn sie ins heiße Öl getaucht wird.) In der Zwischenzeit

Küchenkrepp auf einer Arbeitsfläche ausbreiten. Eine Tortilla mit einer Backzange ins heiße Öl tauchen und heiß werden lassen (2–3 Sekunden). Die Tortilla muß weich bleiben und darf nicht knusprig werden. Herausheben, auf Küchenkrepp abtropfen lassen. Die restlichen Tortillas genauso vorbereiten und auf Küchenkrepp abtropfen lassen. Sie können die Tortillas auch zwischen Lagen von Küchenkrepp übereinanderschichten. Legen Sie jedoch die Tortillas nicht direkt übereinander, sie kleben sonst zusammen.

Die Tortillas auf einer Arbeitsfläche ausbreiten. Ein Viertel der Käsemenge zum Garnieren beiseite stellen. Die Gemüsefüllung gleichmäßig auf den Tortillas verteilen und mit Käse bestreuen. Die Tortillas zusammenrollen und darauf achten, daß die Füllung gleichmäßig, d. h. bis zum Rand, in den Teigfladen verteilt ist.

Die Hälfte der Sauce in eine Auflaufform (ca. 23 x 33 Zentimeter) gießen. Die Enchiladas mit der Naht nach unten in die Sauce setzen. Die restliche Sauce darübergießen. Enchiladas abdecken und 20–25 Minuten backen, bis sie gut durchwärmt sind und die Sauce köchelt. Mit dem restlichen Käse bestreuen. Vor dem Servieren mit Koriandergrün garnieren.

Tip: Das Ausbacken der Tortillas mag zwar aufwendig erscheinen, macht die Maisfladen aber geschmeidiger, so daß sie beim Überbacken nicht so leicht zerfallen. Lassen Sie das überschüssige Fett auf reichlich Küchenkrepp abtropfen.

Serrano-Chillies

Diese schlanken, kleinen Chilischoten werden meistens grün oder mit einer leichten Orangefärbung angeboten. Sie sind viel schärfer als Jalapeños, aber nicht so höllisch scharf wie die winzigen roten oder grünen Thai-Chillies. Die Schärfe der Serranos ist zudem von einer Würzigkeit, die gut zu Salsas, Enchiladas und Eierspeisen paßt. Wir verwenden sie genauso wie Jalapeños, gehen aber sparsamer damit um, weil sie schärfer sind. Wenn Sie Serranos oder andere frische Chilischoten verarbeiten, sollten Sie Handschuhe anziehen, denn das scharfe Öl dringt sonst in die Poren Ihrer Haut und kann sehr schmerzhaft sein.

Quesadillas

Die gefüllten Tortillas sind im Nu gemacht. Sie sind ideal für eine einfache und schnelle Mahlzeit, können aber auch etwas aufwendiger mit scharfem Bohnensalat mit Chillies und Limetten (Seite 53), Jicama-Orangen-Salat (Seite 85) und eingelegten roten Zwiebeln (Seite 460) angerichtet werden.

Es gibt eigentlich kein spezielles Rezept für Quesadillas, doch wir haben immer ein paar Standard-Zutaten griffbereit: frische Tortillas aus Mais- oder Weizenmehl, würzigen Käse, scharfe Salsa und jede Menge Koriandergrün. Wir bestreichen die Quesadillas oft mit einem Chipotle-Püree. Avocadoscheiben, Tomaten, Frühlingszwiebeln und frische Chillies passen ebenfalls gut dazu. Ein paar gehackte oder feingeschnittene Salbeiblätter (solo oder zusammen mit Koriandergrün) verleihen den Quesadillas ein erdiges Aroma.

Hier geben wir Ihnen nur zwei Rezeptvorschläge für Quesadillas – es gibt unendlich viele Kombinationsmöglichkeiten. Salsa Fresca (Seite 390) oder Tomatillosalsa (Seite 389) schmecken wunderbar dazu.

Tortillas aus Weizenmehl mit Chipotle-Püree (Seite 387) bestreichen und mit geräuchertem Käse, Cheddar, Monterey Jack oder ersatzweise Gouda, Koriandergrün oder Salbei füllen.

Tortillas aus Mais- oder Weizenmehl mit Avocadoscheiben, feingeschnittenen Frühlingszwiebeln, frischen Chillies, Koriandergrün und geräuchertem oder einem anderen herzhaften Käse füllen.

Wenn Sie mehrere Quesadillas zubereiten, sollten Sie alle Zutaten bereit stellen, bevor Sie die Tortillas anwärmen.

Die Tortillas in einer Pfanne (am besten eignet sich eine schwere Gußeisenpfanne) ohne Fett anheizen oder nach Belieben leicht mit Öl einpinseln. Mehrere Tortillas in eine Pfanne schichten, zudecken und sanft erwärmen. Wenden und die andere Seite durchwärmen. Darauf achten, daß die Fladen geschmeidig bleiben.

Die Tortillas auf einer Arbeitsfläche ausbreiten und rasch mit geriebenem Käse, den Kräutern und den übrigen Zutaten füllen. Nach Wunsch etwas Chipotle-Püree auf die warmen Fladen streichen und dann die anderen Zutaten darübergeben. Die Füllung auf die untere Hälfte der Tortilla setzen, den Käse mehr in die Mitte rücken. Nicht zuviel Käse hineingeben, weil er sonst ausläuft und am Pfannenboden anbäckt. Die Tortillas zusammenklappen und in die Pfanne schichten. Zudecken und bei mittlerer Hitze bräunen, wenden und die andere Seite bräunen.

Ganz oder in Spalten geschnitten als Appetithappen servieren.

Beilagen

Beilagen

Die Gemüsebeilagen, die wir Ihnen in diesem Kapitel vorstellen, sind gebraten, gedünstet und gefüllt. Viele Gerichte entsprechen in ihrer Zubereitung und Zusammenstellung einer bestimmten Jahreszeit. Je nach Saison können Sie die Zutaten beliebig variieren. Nehmen Sie beispielsweise einmal rotstieligen Mangold oder Grünkohl anstelle von gedünstetem Spinat oder die äußeren Blätter von Escariol, wenn Sie gerade keinen Radicchio bekommen können. Wenn die neue Kartoffelernte auf den Markt kommt, können Sie auch einmal ausgefallenere Sorten ausprobieren. Milder Calvados schmeckt herrlich zu gedünsteten Äpfeln oder Fenchel, doch wenn Sie keine Flasche im Schrank stehen haben, genügen auch naturtrüber Apfelsaft oder ein Spritzer Apfelessig.

Gefülltes Gemüse muß gut gebraten und herzhaft gewürzt werden. Sie können die Füllungen für Zucchini und Paprika auch einmal austauschen – wir tun das häufig. Zur Paprikasaison im Frühherbst können Sie statt des üblichen Gemüsepaprikas auch einmal milde Chillies oder andere Schoten ausprobieren. Unsere Knoblauchbrotkrümel verleihen den gefüllten Auberginen, Paprika und Zucchini eine herrlich knusprige Konsistenz und ein kräftiges Knoblaucharoma.

Bei den einfachen Reisbeilagen empfehlen wir am liebsten Basmatireis. Der nussige, wohlschmeckende Langkornreis, dessen Name wörtlich »Königin des Wohlgeruchs« bedeutet, wird in den Ausläufern des Himalaya angebaut. Basmatireis schmeckt so intensiv, daß man ihn kaum würzen muß. Butter, frische Kräuter und geröstete Nüsse sind jedoch immer eine willkommene Ergänzung. Wir kochen den Reis in kräftig sprudelndem Wasser, Sie können ihn auch als Pilaw zubereiten, d. h. in einer Pfanne mit Zwiebeln und Knoblauch andünsten, mit Wasser oder Brühe auffüllen und simmern lassen, bis die Körner die Flüssigkeit aufgesogen haben.

Kuskus und Bulgur (Weizenschrot) sind schnell und einfach zubereitet. Man kann sie in der Regel vorgekocht in Instantversionen kaufen und muß sie dann nur noch mit kochendem Wasser oder Brühe übergießen. Kuskus ist gemahlener Hartweizengrieß, der angefeuchtet und in Mehl gewendet wird. Die kleinen Weizenkügelchen werden manchmal als Teigwaren bezeichnet. Bulgur ist Vollkornweizen, der weichgekocht und anschließend getrocknet und geschrotet wurde. Sowohl Kuskus als auch Bulgur schmecken einzigartig und wunderbar leicht.

Der schmackhafte Sud, der entsteht, wenn man getrocknete Hülsenfrüchte mit frischen Kräutern und Lorbeerblättern gart, ergibt eine wunderbare Sauce; heben Sie diesen Sud also immer auf. Wir verwenden unter anderem schwarze und weiße dicke Bohnen, dicke weiße Limabohnen und hellgrüne Flageoletbohnen. Selbst die aromatischsten Bohnen verlangen nach herzhaften Gewürzen – häufig nach mehr, als Sie vermuten. Eine Extraprise Salz, etwas Chili-Püree oder eine Handvoll frische Kräuter genügt meist schon, um ihren Wohlgeschmack zu vollenden.

Ofenkartoffeln mit Knoblauch und frischen Kräutern

Bei Zimmertemperatur als Kartoffelsalat, gegrillt als Vorspeise oder zweimal gebraten als Beilage zu salzigen Kuchen und Fillotäschchen finden diese köstlichen Ofenkartoffeln immer wieder einen Platz auf unserer Speisekarte. In den Sommermonaten verwenden wir eher ungewöhnliche Sorten, die die Green Gulch Farm für uns anbaut, aber auch Klassiker wie Rosefir, Bintje und Yellow Finn finden den Weg in unsere Küche. Ganze Knoblauchzehen und frische Kräuter verfeinern das Gericht zwar, betonen aber in erster Linie den wunderbaren Geschmack der Kartoffeln.

Zutaten für vier bis sechs Portionen
1 kg kleine neue Kartoffeln (probieren Sie einmal die Sorte
Bamberger Hörnchen)
Natives Olivenöl extra
Salz und Pfeffer
10 ungeschälte Knoblauchzehen
Frische Kräuter: Rosmarin-, Thymian- und Oreganozweige
sowie Salbeiblätter

Backofen auf 200 Grad vorheizen. Kleine Kartoffeln ganz lassen, die größeren halbieren oder vierteln. In eine ofenfeste Form setzen und mit Öl benetzen, salzen und pfeffern. Den Knoblauch und ein paar frische Kräuter dazugeben. Abdecken und 35–40 Minuten weich garen. Wenn Sie die Kartoffeln sofort servieren, die Kräuter entfernen und mit Salz und Pfeffer abschmecken. Ansonsten beiseite stellen und abkühlen lassen.

Varianten:
Sibellas Knallfrosch-Kartoffeln: Wenn Sie eine schärfere Version bevorzugen, mischen Sie ein paar ganze getrocknete Chilischoten und 1–2 Lorbeerblätter unter die Kartoffeln. Beim Rösten nehmen die Kartoffeln die Schärfe der Chillies und den intensiven, erdigen Geschmack der Lorbeerblätter auf. Lorbeer und Chillies nach dem Garen entfernen. Wagemutige können die scharfen Schoten auch drinlassen.
Zweimal geröstete Ofenkartoffeln: Ideal für übriggebliebene Ofenkartoffeln. Backofen auf 230 Grad vorheizen. Ganze Kartoffeln halbieren, vierteln oder grob würfeln. Mit etwas Olivenöl, Salz und Pfeffer würzen. In eine ofenfeste Form setzen und in der offenen Form knusprig braun braten (20–25 Minuten). Mit gehackter Petersilie oder Thymian bestreuen und servieren.

Kartoffeln und Shiitakepilze in Pergamenthülle

Die Sommerkartoffeln und der rote Knoblauch, den wir von der Green Gulch Farm bekommen, regten uns zu diesem Rezept an – das übrigens das ganze Jahr über wunderbar schmeckt. Shiitakepilze schmecken in den Kartoffelpäckchen besonders intensiv, aber auch Artischocken, Lauch oder Frühlingszwiebeln passen gut dazu. Wir schlagen Ihnen hier einige Kräuter vor, doch Sie können praktisch eine beliebige Kombination von mediterranen Kräutern verwenden. Nehmen Sie kleine Kräuterzweige, weil sie die zarten Kartoffeln nicht übertönen können.

Das Rezept reicht für ein Päckchen. Veranschlagen Sie ein Päckchen pro Person und machen Sie gleich ein paar mehr – denn das Rezept ist ebenso einfach wie beliebt.

Zutaten für 1 Päckchen; ergibt 1 Portion
2 frische Shiitakepilze (ca. 45 g)
4–5 kleine neue Kartoffeln (ca. 125 g)
1 Bogen Pergamentpapier (ca. 30 x 40 cm)
3–4 ungeschälte Knoblauchzehen
1 frischer Thymianzweig
1 frischer Majoranzweig oder 1 kleiner Bund Rosmarin
1 frisches Salbeiblatt
1/2 Eßlöffel natives Olivenöl extra
Trockener Weißwein
Salz und schwarzer Pfeffer

Backofen auf 200 Grad vorheizen. Die Stiele der Pilze abtrennen und für eine Brühe aufheben. Die Kartoffeln halbieren, vierteln oder in grobe Würfel schneiden. Sehr kleine Kartoffeln ganz lassen. Das Pergamentpapier auf einer Arbeitsfläche ausbreiten. Pilze, Kartoffeln, Knoblauch und Kräuter in die Mitte setzen. Mit Olivenöl beträufeln, ein oder zwei Spritzer Wein darübergeben und großzügig mit Salz und frisch gemahlenem Pfeffer würzen.

Das Pergamentpapier so über dem Gemüse zusammenfalten, daß die Ränder zusammenstoßen. Die Ränder eng zusammenrollen und einen Halbkreis formen. Zum Schluß die letzte Ecke einschlagen und das Päckchen damit versiegeln. Auf ein mit Backpapier ausgelegtes Blech setzen und 20 Minuten garen. Sofort servieren, solange das Päckchen heiß ist und den Duft von Knoblauch und Kräutern verströmt.

Variante: Geben Sie Artischockenherzen, kleine Lauchstückchen oder Frühlingszwiebeln in die Päckchen. Lauch und Frühlingszwiebeln können Sie direkt zu den Kartoffeln geben, während Artischocken eigens gewürzt werden müssen (dicke Lauchstangen längs halbieren).

Geben Sie 2–3 Artischockenstückchen in jedes Paket. Artischocken bis zu den Herzen auslösen, die Herzen vierteln oder halbieren und die haarige Mitte herausschaben. Mit etwas Olivenöl, Salz und Pfeffer und etwas Champagneressig und trockenem Weißwein anmachen. Artischocken auf die Kartoffeln setzen. Paket wie beschrieben zusammenfalten und backen.

Majoran

Der enge Verwandte des Oregano hat einen weichen und zugleich würzigen Geschmack. Majoran wächst auf der Green Gulch Farm in großen Mengen und wird in recycelten Tomatenbüchsen aus unserer Küche gezogen. Majoran ist milder als griechischer Oregano, seine Würzkraft sollte aber nicht unterschätzt werden. Das beliebte Würzkraut verfeinert eingelegte Bohnen, Tomatensuppen und üppige Auberginengerichte. In einer Mischung aus frisch gehackten Kräutern macht sich Majoran besonders gut. Die ganzen Zweige sehen gerade zur Blütezeit als Dekoration sehr hübsch aus.

Die zarte mehrjährige Pflanze stammt aus dem Mittelmeerraum und liebt daher leichten, kalkhaltigen Boden und pralle Sonne. Ziehen Sie die Pflanze aus einem Ableger oder durch Teilen der Wurzeln. Majoran sollte während des stärksten Wachstums stark zurückgeschnitten werden, damit die weichen Stengel nicht verholzen. Knipsen Sie die Blüten ab, damit die Pflanze kräftiger wächst.

Wintergemüse mit Korinthen, Pinienkernen und brauner Butter

Diese milde Gemüsebeilage paßt gut zu einer herzhaften Wintermahlzeit. Spinat, Mangold und Grünkohl werden in der nussig-süßen braunen Butter geschwenkt, während Korinthen und geröstete Pinienkerne für süßen Biß sorgen.

Zutaten für vier Portionen
2–3 Eßlöffel braune Butter (Seite 386)
1 Eßlöffel Korinthen
4 Eßlöffel heißes Wasser
150–200 g Grünkohlblätter
150–200 g Mangoldblätter und einige Mangoldstiele
150–200 g Blattspinat
1 Eßlöffel leichtes Olivenöl
1 Knoblauchzehe, fein gehackt
4 Eßlöffel Wasser
Salz und Pfeffer
1 Eßlöffel Pinienkerne, geröstet (Seite 312)

Während die braune Butter köchelt, die Korinthen mit heißem Wasser übergießen und quellen lassen. Butter und Korinthen beiseite stellen.
Das Blattgemüse vorbereiten: Die Grünkohlblätter von den Rispen streifen und in 5–8 Zentimeter breite Streifen schneiden. Grünkohlrispen wegwerfen. Die Mangoldblätter ebenfalls von den Stielen streifen, drei bis vier schöne Stiele aufheben. Den Spinat verlesen; Stiele abtrennen; unschöne und vergilbte Blätter wegwerfen. Das Gemüse nach Sorten getrennt waschen und in einer Salatschleuder trocknen. Die Mangoldrispen schräg in schmale Streifen schneiden und waschen.
Da es jetzt schnell gehen muß, sollten Sie alle Zutaten griffbereit haben. Das Öl in einer großen Pfanne erhitzen. Mangoldrispen, Knoblauch, Wasser und je eine Prise Salz und Pfeffer hineingeben. Bei mittlerer Hitze kurz andünsten. Grünkohl hinzufügen und unter ständigem Wenden 1 Minute mitdünsten. Mangoldblätter, 1/4 Teelöffel Salz und etwas Pfeffer dazugeben und bei lebhafter Hitze unter ständigem Wenden zusammenfallen lassen (2–3 Minuten). Das frische Gemüse hat anfangs kaum Platz in der Pfanne, verliert aber rasch an Volumen. Nun die Wärmezufuhr drosseln und die braune Butter, den Spinat, die Korinthen und die Pinienkerne unterheben. Kurz dünsten, bis der Spinat zusammenfällt. Mit Salz und Pfeffer abschmecken. Das Gemüse zusammen mit dem köstlichen Fond sofort servieren.

Apfel-Fenchel-Pfanne

Zu den säuerlich-knackigen Äpfeln und dem feingeschnittenen Fenchel passen herber Radicchio und Eskariol hervorragend. Wir überziehen das Gemüse mit einer herrlichen Sauce aus reduziertem Apfelsaft, Calvados und Butter. Diese elegante Gemüsepfanne schmeckt im Herbst und Winter hervorragend zu unseren Teigtaschen mit Kürbis- und Lauchfüllung (Seite 279). Sie können den Calvados durch trockenen Sherry ersetzen, was dann allerdings etwas anders schmeckt.

Zutaten für vier Portionen
250 ml aromatischer Apfelsaft
1 kleiner Kopf Radicchio
50 g zarte, innere Eskariol-Blätter
1 Eßlöffel leichtes Olivenöl
1 Fenchelknolle (längs vierteln, vom Strunk befreien
und in feine Streifen schneiden)
Salz
Fünf-Pfeffer-Mischung oder schwarzer Pfeffer
1 knackiger und säuerlicher Apfel,
entkernt und in dünne Spalten geschnitten
1 Eßlöffel Calvados oder trockener Sherry
1 Eßlöffel Butter

Den Apfelsaft in ein Töpfchen gießen und bei lebhafter Hitze auf ein Drittel einkochen lassen. Beiseite stellen.

Radicchio und Eskariol vorbereiten. Den Strunk heraustrennen und die Blätter ablösen. Die kleinen Blätter ganz lassen, die größeren zurechtschneiden. Waschen und trocknen.

Das Öl in einer Pfanne heiß werden lassen. Fenchel, 1/4 Teelöffel Salz und etwas Pfeffer hineingeben. Bei mittlerer Hitze ca. 2 Minuten andünsten, dann Radicchio und Eskariol zusammen mit 1/4 Teelöffel Salz und einer Prise Pfeffer hinzufügen und zusammenfallen lassen (eine Minute). Nun die Apfelspalten, den reduzierten Saft und den Calvados in die Pfanne geben und eine Minute darin schwenken. Pfanne vom Herd ziehen. Jetzt erst das Gemüse mit der Butter überziehen (wenn die Pfanne zu heiß ist, schmilzt die Butter zu rasch). Sofort servieren.

Spinat mit Zitronensaft und Pinienkernen

Diese Beilage, die wir das ganze Jahr über anbieten, besticht durch ihre Einfachheit. Fruchtiges Olivenöl und ein Spritzer Zitronensaft verfeinern den Spinat. Besonders gut schmeckt der sogenannte Bloomsdale-Spinat, eine Variante des kräftigen Wurzelspinats mit stark gekräuselten Blättern. Kombinieren Sie den Spinat nach Belieben mit zartem Mangold, jungen Senfblättern und den frischen Blättern von jungen roten Beten. Lassen Sie den Spinat in der Pfanne nur kurz zusammenfallen und dünsten Sie ihn nicht zu lange.

Zutaten für zwei Portionen
300 g frischer Spinat
1 Eßlöffel natives Olivenöl extra
1–2 Knoblauchzehen, fein gehackt
2 Teelöffel frisch gepreßter Zitronensaft
Salz und Pfeffer
1 Eßlöffel Pinienkerne, geröstet (Seite 312)

Den Spinat verlesen, Stiele abtrennen und unschöne sowie welke Blätter entfernen. Den Spinat in reichlich kaltem Wasser waschen, sandigen Spinat ein zweites Mal waschen, anschließend in einer Salatschleuder trocknen.
Das Öl in einer großen Pfanne heiß werden lassen. Den Knoblauch mit Zitronensaft eine Minute darin andünsten. Nun bei kräftiger Hitze den Spinat mit 1/4 Teelöffel Salz und etwas Pfeffer hineingeben und unter ständigem Wenden zusammenfallen lassen (durch das Wasser, das vom Waschen noch an den Blättern haftet, geschieht das ziemlich schnell). Die Pinienkerne einstreuen, mit Salz und Pfeffer abschmecken. Sofort servieren.

Tip: Spinat fällt besonders schnell zusammen. Wenn Sie mehrere verschiedene Blattgemüse verwenden, geben Sie den Spinat zuletzt in die Pfanne. Gießen Sie ein wenig Wasser in die Pfanne, damit die festeren Blattgemüse schön vordünsten können. Wenn das Gemüse weich zu werden beginnt, den Spinat hinzufügen.

Sommerbohnen mit Cocktailtomaten

Für das einfache Sommergemüse brauchen Sie absolut frische Bohnen und fruchtig-süße Tomaten. Nehm Sie irgendeine zarte Bohnensorte. Kombinieren Sie zwei oder drei verschiedene Bohnensorten mit roten und gelben Tomaten, das sieht besonders dekorativ aus. Würzen Sie mit frischem Majoran, Basilikum oder Estragon.

Zutaten für vier Portionen
Salz und Pfeffer
500 g grüne Bohnen, gelbe Wachsbohnen oder eine Mischung
verschiedener frischer Bohnen
1 Eßlöffel natives Olivenöl extra
1 Schalotte, gehackt
1 Knoblauchzehe, fein gehackt
1–1 1/2 Teelöffel frisch gepreßter Zitronensaft
2 Eßlöffel trockener Weißwein
150 g Cocktailtomaten, halbiert
1 Eßlöffel frisch gehackter Estragon, Majoran oder Basilikum

Einen großen Topf Wasser zum Kochen bringen. 1/2 Teelöffel Salz hinzufügen. Inzwischen die Bohnen putzen, große Bohnen schräg halbieren, kleine Bohnen ganz lassen. Die Bohnen ins kochende Wasser werfen und 4–5 Minuten garen. (Verschiedene Bohnensorten getrennt garen, weil sie unterschiedliche Garzeiten besitzen.) Unter kaltem Wasser abschrecken und abtropfen lassen.
Das Olivenöl in einer Pfanne erhitzen. Schalotte und Knoblauch mit einem Teelöffel Zitronensaft und dem Weißwein eine Minute andünsten, bis die Flüssigkeit fast vollständig eingekocht ist. Die Bohnen, 1/4 Teelöffel Salz und etwas Pfeffer hinzufügen und 2–3 Minuten mitdünsten. Die Tomaten und Kräuter in die Pfanne geben und heiß werden lassen (2–3 Minuten). Mit Salz und Pfeffer und dem restlichen Zitronensaft abschmecken. Sofort servieren.

Geschmorte Ofentomaten

Eiertomaten eignen sich für dieses Verfahren besonders gut, weil sie festes Fruchtfleisch besitzen und nur wenig Saft ziehen. Das Rezept ist extrem einfach, und das volle und kräftige Aroma der Tomaten belohnt für die lange Garzeit. Die Ofentomaten schmecken wirklich köstlich zu Nudelgerichten, Suppen, Eintöpfen oder weißen Bohnen, weshalb Sie auch den letzten Tropfen des fruchtigen Safts verwenden sollten. Die Tomaten halten sich bis zu einer Woche frisch. Machen Sie also am besten gleich die doppelte Menge.

Zutaten für 1/4 Liter
500 g Eiertomaten
Natives Olivenöl extra

Ofen auf 120 Grad vorheizen. Die Tomaten putzen und quer halbieren. Leicht ausdrücken, um den Saft herauszupressen, und entkernen. Die Tomaten mit der Schnittfläche nach unten auf ein leicht geöltes Backblech setzen. 2 Stunden im heißen Ofen schmoren und stark schrumpfen lassen. Beim Garen ziehen sich Fruchtfleisch und Haut zusammen, dürfen aber nicht bräunen oder verbrennen. Sofort verwenden oder in einem gut verschlossenen Behälter aufbewahren.

Tip: Legen Sie das Backblech mit Backtrennpapier aus, damit sich der Tomatensaft nicht in das Blech einbrennen kann. Wir machen es beim Rösten von Paprika genauso – das Blech ist dann im Nu wieder sauber.

Rosenkohl und Eßkastanien mit Ahornbutter

Die festliche Beilage eignet sich gut für ein großes Menü, denn sie ist schnell zubereitet (sie wird sogar noch einfacher, wenn Sie die Eßkastanien im voraus rösten und einfrieren).

Zutaten für vier Portionen
6 Eßkastanien (Maronen)
4 Eßlöffel weiche Butter
2–3 Eßlöffel Ahornsirup
750 g Rosenkohl
Salz und Pfeffer
Leichtes Olivenöl
1/2 rote Zwiebel, in dünne Ringe geschnitten
4 Eßlöffel Wasser

Backofen auf 200 Grad vorheizen.

Mit einem spitzen Messer die Oberseite der Eßkastanien kreuzweise einritzen. Kastanien in eine ofenfeste Form setzen, mit etwas Öl bepinseln und 10 Minuten rösten. Aus dem Backofen nehmen, die Form abdecken und die Eßkastanien nachdämpfen lassen. Nach 5 Minuten schälen und mit den Händen grob zerkleinern (ergibt ca. 6 Eßlöffel). Beiseite stellen.

Die Butter mit 2 Eßlöffel Ahornsirup verschlagen. Nach Wunsch auch den restlichen Sirup unterrühren. Beiseite stellen.

Den Rosenkohl putzen. Das Stielende abschneiden und welke Blätter ablösen. Die Röschen je nach Größe halbieren oder ganz lassen. Den Boden der kleinen, ganzen Röschen kreuzweise einschneiden.

Einen großen Topf Wasser zum Kochen bringen. 1/2 Teelöffel Salz hineingeben. Den Rosenkohl ins sprudelnde Wasser werfen und in 6–8 Minuten bißfest garen. Die Röschen sollten noch knackig grün aussehen. Abgießen und unter kaltem Wasser abschrecken.

Während der Rosenkohl gart, einen Eßlöffel Olivenöl in einer Pfanne erhitzen. Die Zwiebelringe mit 1/4 Teelöffel Salz und etwas Pfeffer hineingeben und etwa 5 Minuten bei mittlerer Hitze weich dünsten. Den Rosenkohl, die Eßkastanien, 1/4 Teelöffel Salz und etwas Pfeffer sowie das Wasser hinzufügen. 2 Minuten dünsten und heiß werden lassen. Die Pfanne vom Herd ziehen und etwas abkühlen lassen (damit die Butter nicht zerfließt). Die Ahornbutter unter das Gemüse rühren und gut durchmischen. Mit Salz und Pfeffer abschmecken und sofort servieren.

S chalotten aus dem Ofen

Die Schalotten werden mit Balsamessig verfeinert und zusammen mit frischem Thymian gebraten und sind somit die ideale Ergänzung eines Antipastos, eines schmackhaften Auflaufs oder einer Tasche aus Filloteig. Sie schmecken warm oder bei Zimmertemperatur und können einen bis zwei Tage im voraus zubereitet werden. Die Schalotten zu pellen ist etwas aufwendig, doch der Rest dafür um so einfacher. Nach Wunsch können Sie den Balsamessig durch einen kräftigen Rotweinessig ersetzen.

Zutaten für vier Portionen
500 g Schalotten, je nach Größe 3–4 Stück pro Person
Natives Olivenöl extra
Balsamessig
Salz und Pfeffer
5–6 frische Thymianzweige

Backofen auf 200 Grad vorheizen. Schalotten oben und unten quer durchschneiden und pellen. In eine ofenfeste Form setzen und mit Olivenöl überziehen. Mit einen Eßlöffel Balsamessig, 1/4 Teelöffel Salz und etwas Pfeffer würzen. Die Thymianzweige hinzufügen. Abdecken und 30–35 Minuten garen, bis sie weich sind. Mit Salz und Pfeffer und nach Bedarf mit einem Spritzer Balsamessig abschmecken.

Variante: Sie können den Essig ganz weglassen oder aber, wenn Sie einen säuerlicheren Geschmack bevorzugen, die Schalotten bereits vor dem Garen in 2 Eßlöffel Balsamessig wenden.

R ote Zwiebeln in Balsamessig

Diese dunklen, hocharomatischen Zwiebeln beleben jedes Gericht. Sie können warm oder bei Zimmertemperatur als Beilage zu Lasagne oder Filloaufläufen, als Antipasto oder solo, dekorativ auf einer Platte angerichtet, serviert werden. Die Zwiebeln werden im ganzen geröstet und dann mit reduziertem Balsamessig bestrichen, der ihre natürliche Süße schön zur Geltung bringt. Die Garzeit hängt von der Größe der Zwiebeln ab; garen Sie sie so lange, bis sie wirklich ganz durch sind.

Zutaten für drei bis sechs Portionen
3 mittelgroße rote Zwiebeln
Natives Olivenöl extra
Salz und Pfeffer
4 Eßlöffel Wasser
6 Eßlöffel Balsamessig

Backofen auf 190 Grad vorheizen. Die äußerste Zwiebelhaut ablösen, dann die Zwiebeln rundum mit Olivenöl einreiben, salzen und pfeffern. Die Zwiebeln dicht an dicht in eine ofenfeste Form setzen und etwa eineinhalb Stunden rösten, bis sie bei einer Gabelprobe nachgeben. (Die Zwiebeln ziehen beim Garen Saft und sollten weich, aber nicht matschig werden.) Die Zwiebeln aus der Form nehmen und beiseite stellen. Wasser in die Form rühren und den Satz lösen. Den Zwiebelsaft in ein Töpfchen gießen. Den Essig hinzufügen und bei mittlerer Hitze 2–3 Minuten zu sirupartiger Konsistenz verkochen (ergibt ca. 4 Eßlöffel).
Die Zwiebeln längs halbieren und die Schnittfläche großzügig mit dem reduzierten Essig einpinseln, damit er in die Zwiebelschichten einsickern kann. Mit Salz und Pfeffer bestreuen und servieren.

Winterkürbis mit Reisfüllung

Dieses herzhafte Wintergericht erfüllt die ganze Küche mit seinem Wohlgeruch. Der Winterkürbis wird vorgegart und dann mit einer nussigen Füllung aus Wildreis gebacken. Nehmen Sie dafür eine aromatische Kürbissorte nach Wahl, beispielsweise Delicata, Kabocha- oder Butternuß-Kürbis. Den Fenchel können Sie auch durch 2 Selleriestengel ersetzen. Servieren Sie dazu unsere Schalotten (Seite 309) und eine kräftige Suppe aus winterlichem Blattgemüse.

Kürbis
4 mittelgroße, aromatische Winterkürbisse à 1 kg
Leichtes Olivenöl
Salz und Pfeffer

Backofen auf 190 Grad vorheizen. Die Kürbisse waschen, längs halbieren und entkernen. Das Fruchtfleisch leicht mit Olivenöl bepinseln. Kürbishälften mit der Schnittfläche nach unten auf ein Backblech legen. Ungefähr 20 Minuten garen, bis das Fleisch weich zu werden beginnt (es gart dann mit der Füllung weiter). Kürbisse aus dem Ofen holen, mit der Schnittfläche nach oben auf eine Arbeitsfläche setzen und leicht salzen und pfeffern. Während die Kürbisse garen, die Füllung zubereiten.

Füllung für acht Portionen
50 g Sultaninen
50 g Korinthen
125 ml heißes Wasser
1 l Wasser
Salz und Pfeffer
200 g Wildreis
1 Eßlöffel leichtes Olivenöl
1/2 rote Zwiebel, gehackt
1 Knoblauchzehe, fein gehackt
1 Fenchelknolle (längs vierteln, putzen und würfeln)
1/2 Glas trockener Weißwein
2 Eßlöffel Pinienkerne, geröstet (Seite 312)
Die Schale einer unbehandelten Orange, in hauchfeine Streifen geschnitten

Backofen auf 190 Grad vorheizen. Die Sultaninen und Korinthen in ein Schälchen geben, mit dem heißen Wasser überbrühen und quellen lassen. 1 Liter Wasser zum Kochen bringen, 1/2 Teelöffel Salz und den Wildreis hineinrieseln lassen. Abdecken und auf kleiner Flamme bißfest kochen (30–35 Minuten). Wenn nötig abgießen.

In der Zwischenzeit das Olivenöl in einer Pfanne erhitzen. Die Zwiebel mit 1/2 Teelöffel Salz hineingeben und bei mittlerer Hitze weich dünsten (ca. 5 Minuten). Knoblauch und Fenchel hinzufügen. Den Fenchel gut durchwärmen, dann mit Wein ablöschen und die Flüssigkeit nahezu vollständig einkochen lassen.

Den Reis in eine Schüssel füllen und mit dem gedünsteten Gemüse, den gequollenen Rosinen und Korinthen, den Pinienkernen und der feingeschnittenen Orangenschale vermischen. Mit Salz und Pfeffer kräftig würzen.

Die Füllung gleichmäßig auf die acht Kürbishälften verteilen. In eine große ofenfeste Form setzen und 1/2 Zentimeter hoch Wasser angießen. Abdecken und 30–40 Minuten backen, bis die Füllung gut heiß und das Kürbisfleisch weichgedämpft ist.

Nüsse und Samen rösten

Beim Rösten entfalten Nüsse ihren intensiven Geschmack. Perfekt geröstete Nüsse verbreiten einen kräftigen Duft und haben eine schöne goldbraune Farbe. Walnußkerne, Mandeln, Haselnüsse, Kürbiskerne und Pecannüsse kann man leicht im Ofen rösten, während Pinienkerne sowie Sesamsaat und Kümmelkörner rasch und ohne Fett in der Pfanne geröstet werden. Wenn Nüsse oder Samenkörner zu stark rösten, sofort auf einer kühlen Fläche ausbreiten, damit sie nicht verbrennen.

Im Ofen: Nüsse in eine ofenfeste Form oder auf ein Backblech streuen und 8–10 Minuten bei 180 Grad im vorgeheizten Backofen rösten. Die genaue Backzeit hängt von der jeweiligen Nußsorte ab. Sobald die Nüsse so richtig »nussig« duften, sind sie fertig.

Geröstete Haselnüsse muß man pellen. Dazu die heißen gerösteten Nüsse in ein Küchentuch wickeln und zwischen den Händen reiben, bis sich das Häutchen ablöst.

In der Pfanne: Wenn Sie schnell röstende Pinienkerne, Sesamsaat oder Kümmelkörner auf dem Herd in einer kleinen Pfanne zubereiten, müssen Sie stets ein wachsames Auge darauf haben, denn die empfindlichen Körner verbrennen im Nu. Nüsse oder Körner in eine trockene Pfanne schütten und auf sehr kleiner Flamme rösten, bis sie goldbraun aussehen und angenehm duften. Dabei nach Bedarf umrühren oder an der Pfanne rütteln. Pinienkerne benötigen ca. 5 Minuten, Samen 1–2 Minuten.

Auberginen mit Pilzfüllung

Für dieses schmackhafte Gericht werden die Auberginen leicht mit Olivenöl und Knoblauch bestrichen, gewürzt und vorgegart. Die üppigen Auberginen werden dann mit einer hocharomatischen Füllung gepaart. Servieren Sie dazu die Tomatensauce von Seite 380 und gegrillte Polentadreiecke (Seite 329).

Auberginen
6 kleine längliche Auberginen oder 1 dicke, runde Aubergine,
insgesamt ca. 750 g
2 Eßlöffel Olivenöl
1 Knoblauchzehe, fein gehackt
Salz und Pfeffer

Backofen auf 190 Grad vorheizen. Die Aubergine(n) längs halbieren und das Fruchtfleisch ausschaben. Dabei einen 6–7 Millimeter dicken Rand stehenlassen. Das Stielende dranlassen. Das Fruchtfleisch beiseite stellen und würfeln. Sie brauchen für die Füllung ungefähr 2 Handvoll.
Öl und Knoblauch verrühren und die Innenseite der Aubergine(n) damit auspinseln. Mit Salz und Pfeffer bestreuen. Mit der Schnittfläche nach unten auf ein Backblech setzen und im heißen Ofen weich garen (10–12 Minuten für die kleinen, ca. 15 Minuten für die große Aubergine).

Füllung für vier bis sechs Portionen
2 Eßlöffel leichtes Olivenöl
1/2 Zwiebel, gehackt
Salz und Pfeffer
2 Handvoll Fruchtfleisch der Auberginen, gewürfelt
4 Knoblauchzehen, fein gehackt
375 g Champignons, blättrig aufgeschnitten
1/2 Glas trockener Weißwein
2 getrocknete Tomaten in Öl (abtropfen lassen und fein würfeln)
2 Eßlöffel Pinienkerne, geröstet und grob gehackt (Seite 312)
30 g geriebener Parmesan
2 Eßlöffel gehackte Petersilie

Backofen auf 190 Grad vorheizen. 1 Eßlöffel Olivenöl in einer großen Pfanne erhitzen. Die Zwiebel, 1/4 Teelöffel Salz und etwas Pfeffer hineingeben und 5 Minuten bei mittlerer Hitze andünsten. Dann das Auberginenfleisch und die Hälfte des Knoblauchs hinzufügen. 4–5 Minuten mitdünsten, bis das Auberginenfleisch weich wird. Das Gemüse in eine Schüssel umfüllen.

In derselben Pfanne das restliche Olivenöl erhitzen und die Pilze zusammen mit 1/2 Teelöffel Salz und etwas Pfeffer bei starker Hitze goldbraun braten. Nach ca. 7 Minuten den restlichen Knoblauch hinzufügen und 1–2 Minuten mitdünsten. Mit Weißwein ablöschen und 1–2 Minuten durchkochen, bis die Flüssigkeit fast vollständig verdampft ist.

Die Champignons grob hacken und mit dem Auberginengemüse vermischen. Die getrockneten Tomaten und Pinienkerne untermengen. 2 Eßlöffel Parmesan zum Überbacken beiseite stellen, den Rest unter die Füllmasse geben. Die Hälfte der Petersilie zum Garnieren aufheben, den Rest unter die Füllung mischen.

Die Füllung in die Auberginenhälften schichten. In eine leicht geölte Auflaufform setzen, abdecken und 20 Minuten (die große Aubergine 25–30 Minuten) überbacken. Mit dem Parmesan bestreuen und 5 Minuten ohne Deckel bräunen. Vor dem Servieren mit der restlichen Petersilie bestreuen.

Auberginen

Wir verwenden am liebsten schlanke und längliche Früchte. Sie werden längs halbiert und gegrillt oder schräg in Scheiben geschnitten, gebraten und zu Lasagne, Gemüsekuchen oder als Pizzabelag weiterverarbeitet. Gegrillt und mit Balsamessig bepinselt, ergeben sie zusammen mit Oliven, gebratenem Paprika und Knoblauch eine köstliche Gemüsebeilage.

Auberginen müssen bei warmer Witterung lange reifen. Ziehen Sie in kühleren Klimazonen die Pflänzchen 8 Wochen vor dem letzten zu erwartenden Frost aus Samen oder kaufen Sie im Frühsommer, wenn der Boden wirklich warm ist, Setzlinge in einer Gärtnerei. Auberginen benötigen einen nährstoffreichen, durchlässigen Boden und gleichmäßige Feuchtigkeit. Sobald die ersten Früchte ansetzen, Blätter oder Blattmulch um die Pflanzen verteilen und mit schwarzer Mulchfolie abdecken, um Feuchtigkeit und Wärme im Boden zu speichern. Sobald die Pflanze ein paar Früchte angesetzt hat, neue Blütenansätze abknipsen, damit die vorhandenen Früchte schneller ausreifen. Geerntet werden Früchte mit einem Durchmesser von 7 1/2–10 Zentimetern. Die dekorativen Auberginen eignen sich auch gut als Topfpflanzen. Auberginen überwintern nur in absolut frostfreien Klimazonen.

Zucchini mit Mais- und Käsefüllung

Dieses angenehme Sommergericht schmeckt leicht und dennoch herzhaft. Zuckermais und Zucchini werden mit einer kräftigen Würzmischung aus geröstetem Kreuzkümmel, frischen Chillies, Koriandergrün und geräuchertem Käse zu einer Füllung verarbeitet – die lebhaften Aromen passen gut zu den zarten Zucchini. Servieren Sie dazu Tomatillosauce (Seite 389) und gegrillte rote Zwiebeln mit Zimt-Chipotle-Butter (Seite 387).

Zucchini
6 Zucchini, jeweils ungefähr 15 cm lang
1 Knoblauchzehe, fein gehackt
1 Eßlöffel leichtes Olivenöl
Salz

Backofen auf 190 Grad vorheizen. Die Zucchini längs halbieren, das Stielende dranlassen. Das Fruchtfleisch ausschaben und dabei einen 6–7 Millimeter dicken Rand stehenlassen. Das Fruchtfleisch für die Füllung aufheben. Knoblauch und Olivenöl vermischen und die Zucchini damit einpinseln. Salzen. Mit der Schnittseite nach unten auf ein Backblech setzen und 20 Minuten garen, bis die Zucchini zwar weich sind, aber noch ihre Form behalten (sie garen mit der Füllung noch weiter).

Füllung für vier bis sechs Portionen
1 Eßlöffel leichtes Olivenöl
1/2 rote Zwiebel, gehackt
1 Teelöffel Kreuzkümmelsamen, geröstet und gemahlen (Seite 116)
Salz und Cayennepfeffer
Maiskörner von 3–4 Kolben
3 Knoblauchzehen, fein gehackt
2 Handvoll gewürfelte Zucchini (nehmen Sie dafür das
ausgeschabte Fruchtfleisch oder eine neue Zucchini,
damit die Füllung appetitlich grün aussieht)
2 Jalapeño- oder Serrano-Chillies, entkernt und in feine Streifen geschnitten
2 Eßlöffel gehacktes Koriandergrün
1 Eßlöffel frisch gehackter Majoran
60 g geräucherter Cheddar, gerieben

Backofen auf 190 Grad vorheizen. Das Olivenöl in einer Pfanne erhitzen, die Zwiebel mit dem Kreuzkümmel, 1/4 Teelöffel Salz und etwas Cayennepfeffer hineingeben und 5 Minuten andünsten. Dann die Maiskörner, den Knoblauch und 1/2 Teelöffel Salz hinzufügen. 10 Minuten weich dünsten. Zucchinifleisch hineingeben und 2 Minuten mitdünsten. Das Gemüse in eine Schüssel umfüllen.

Chillies, Koriandergrün, Majoran und Käse mit der Gemüsemasse vermischen. Mit Salz und Cayennepfeffer abschmecken.

Die Füllung in die Zucchinihälften geben. In eine leicht geölte Form setzen, abdecken und 25–30 Minuten backen.

Sommerkürbisse

Sommerkürbisse haben einen einfachen, süßlichen Geschmack, der sich besonders schön entfaltet, wenn die Früchte über Holzkohle gegrillt oder mit reichlich Knoblauch in fruchtigem Olivenöl gedünstet werden. Farben und Formen von Sommerkürbissen sind schlicht sensationell: Goldgelbe Zucchini und die grünlichen Ufo- oder Pâtisson-Kürbisse mit ihrem gewellten Rand sind am aromatischsten. Sommerkürbisse brauchen humusreichen Boden und viel Wasser, das direkt in die Früchte wandert. Die Pflanzen sind sehr ertragreich, weshalb sie die Früchte ernten sollten, solange sie noch jung, zart und aromatisch sind. Als Faustregel gilt: Ernten, sobald der Blütenansatz verwelkt ist. Suchen Sie außerdem Ihre Pflanzen sorgfältig ab, denn unter einem Blatt kann sich leicht eine Zucchini versteckt halten und zu einem absoluten Monsterexemplar heranwachsen. Eine einzige Pflanze genügt, um den Bedarf einer ganze Familie zu decken.

P aprika mit Gemüsefüllung

Frisch gebratene Paprika bestreiten dieses Sommergericht und kontrastieren mit der Füllung aus Auberginen und Zucchini.

Da es hier sehr auf die Qualität der Paprikaschoten ankommt, sollten Sie nur große und festfleischige Schoten nehmen, die jeweils für 2 Personen ausreichen. Die Schoten werden vorgebraten, damit sie leicht nachgeben. Die Haut wirft dabei Blasen, wird aber nicht abgezogen. Die Haut stützt die Schoten unter dem Gewicht der Füllung. Servieren Sie Tomatensauce (Seite 380) und Safran-Basmati-Reis (Seite 323) dazu.

Paprika
3 rote Paprikaschoten
1 Eßlöffel natives Olivenöl extra
Salz und Pfeffer

Backofen auf 200 Grad vorheizen. Paprikaschoten längs halbieren, Stiel, Kerne und Häutchen entfernen. Die Innenseite leicht mit Olivenöl bepinseln, salzen und pfeffern. Mit der Schnittseite nach unten auf ein leicht geöltes Backblech setzen. 10 Minuten garen, bis das Paprikafleisch zwar weich ist, aber noch genügend Stand hat.

Füllung für vier Portionen
1 Eßlöffel natives Olivenöl extra
1/2 gelbe Zwiebel, gehackt
Salz und Pfeffer
5 Knoblauchzehen, fein gehackt
3 kleine, längliche Auberginen, gewürfelt
3 mittelgroße Zucchini, gewürfelt
8 schwarze Oliven (vorzugsweise die Sorte Gaeta),
entsteint und grob gehackt
60 g geriebener Fontina
30 g geriebener Parmesan
3 Eßlöffel frisch gehacktes Basilikum

Backofen auf 190 Grad vorheizen. Das Olivenöl in einer Pfanne erhitzen. Die Zwiebel, 1/4 Teelöffel Salz und etwas Pfeffer hineingeben und 5 Minuten dünsten. Knoblauch und Auberginen hinzugeben und 5 Minuten dünsten, bis das Auberginenfleisch weich zu werden beginnt. Die Zucchini mit 1/2 Teelöffel Salz und etwas

Pfeffer dazugeben und 7–8 Minuten weich dünsten. Das Gemüse in eine Schüssel füllen.

Die Oliven und den Fontinakäse zur Gemüsemasse geben. 2 Eßlöffel Parmesan zum Überbacken beiseite stellen, den Rest unter die Füllung mischen. Die Hälfte des Basilikums zum Garnieren aufheben, den Rest unter die Füllung streuen. Mit Salz und Pfeffer abschmecken.

Eine ofenfeste Form leicht einölen. Die gebratenen Paprikahälften füllen und in die Form setzen. Abdecken und 25–30 Minuten backen. Mit dem Parmesan bestreuen und ohne Deckel 5 Minuten bräunen. Mit dem Basilikum garnieren und zu Tisch bringen.

Variante: Die Paprikaschoten werden schön knusprig, wenn Sie die letzten 5 Minuten nicht nur Parmesan, sondern auch Knoblauchbrotkrümel (Seite 174) darüberstreuen und mitbacken.

Griechischer Oregano

Oregano, manchmal auch wilder Majoran genannt, hat einen festen Platz in der mediterranen Küche und ist ein hervorragender Begleiter für Auberginen, Sommerkürbisse, Tomaten, Paprika und Basilikum. Diese würzige Oreganosorte gedeiht besonders üppig. Die Blüten und Blätter werden von den Stielen gestreift und gehackt. Beim Grillen erhalten Sie ein wunderbar erdiges Aroma, wenn Sie die holzigen Stiele direkt in die Kohlenglut werfen. Getrocknete Blätter schmecken köstlich in einer Tomatensauce zu Lasagne oder geröstet und mit Kreuzkümmel kombiniert in scharfen mexikanischen Spezialitäten.

Die sonnenhungrige, mehrjährige Pflanze kann am richtigen Standort – viel Sonne und durchlässiger Boden – bis zu 75 Zentimeter hoch werden. Oregano verbreitet sich durch unterirdische Stiele und kolonisiert schnell ein ganzes Beet. Oregano pflanzt sich rege fort und ist äußerst ertragreich. Ziehen Sie Ihre Pflanzen nicht aus Samen, sondern aus Ablegern oder durch Teilung; dadurch geraten die Pflanzen kräftiger. Oregano zur Blütezeit zurückschneiden, die Stiele bündeln und kopfüber an einem warmen Ort zum Trocknen aufhängen.

Warme Cannellinibohnen mit frischem Salbei

Cannellinibohnen ergeben beim Kochen eine herrliche Brühe, die mit Zwiebeln, fruchtigem Olivenöl und Salbei gewürzt wird. Wenn Sie keine Cannellini bekommen, nehmen Sie eine andere weiße Bohnensorte. Servieren Sie knuspriges Weißbrot und Parmesanraspel dazu.

Zutaten für vier bis sechs Portionen

350 g getrocknete Cannellinibohnen, verlesen und
über Nacht eingeweicht
1 1/2 l Wasser
1 Lorbeerblatt
2 Zweige Bohnenkraut oder Thymian
10 frische Salbeiblätter
2 Eßlöffel natives Olivenöl extra
1 Zwiebel, in 1 cm große Stücke gehackt
Salz und Pfeffer
3 Knoblauchzehen, fein gehackt
1 knappes Glas trockener Weißwein
1/2 Eßlöffel gehackte Petersilie

Die eingeweichten Bohnen abgießen und sorgfältig abspülen. In einen großen Topf schütten und mit dem Wasser, dem Lorbeerblatt, Bohnenkraut und 2 Salbeiblättern aufsetzen. Zum Kochen bringen, dann im offenen Topf auf kleiner Flamme weich garen (35–40 Minuten). Während der letzten 5–10 Minuten den Garzustand immer wieder überprüfen. Die Bohnen sollten weich sein und aufspringen, aber nicht vollends zerkochen. Kräuter und Lorbeerblatt herausfischen. Die Bohnen in ihrem Sud ruhen lassen.

Während die Bohnen kochen, die übrigen Salbeiblätter hacken. Das Öl in einem großen Topf erhitzen. Die Zwiebel mit 1/2 Teelöffel Salz und etwas Pfeffer hineingeben und bei mittlerer Hitze dünsten, bis sie Saft zu ziehen beginnt. Knoblauch und Salbei hinzufügen und 10 Minuten mitdünsten. Den Wein angießen und fast vollständig einkochen lassen.

Die Bohnen mit ihrem Kochwasser zur Zwiebel geben. Mit 1/2 Teelöffel Salz und etwas Pfeffer würzen. Bei sanfter Hitze 20 Minuten durchkochen. Nach Bedarf etwas Wasser nachgießen, damit die Bohnen nicht zu trocken werden. Salzen und pfeffern. Vor dem Servieren mit Petersilie garnieren.

Schwarze Bohnen mit Chillies und Koriandergrün

Schwarze Bohnen passen gut zu scharfen Gewürzen und Zitrusaromen. Hier ist der Bohnensud besonders wichtig. Servieren Sie warme Tortillas und Salsa Fresca (Seite 390) oder ein würziges Polentagratin (Seite 253) zu diesem rustikalen Gericht.

Zutaten für vier Portionen

350 g getrocknete schwarze Bohnen, verlesen und über Nacht eingeweicht
1 1/4 l kaltes Wasser
1 frischer Zweig Oregano oder Majoran
3 frische Salbeiblätter
1 Lorbeerblatt
1 Eßlöffel leichtes Olivenöl oder Pflanzenöl
1/2 Zwiebel, gehackt
Salz
3 Knoblauchzehen, fein gehackt
1 1/2 Teelöffel Kreuzkümmelsamen, geröstet und gemahlen (Seite 116)
1 Teelöffel getrockneter Oregano
1–2 Eßlöffel Ancho-Chili-Püree (Seite 236)
1/2 Teelöffel Chipotle-Püree (Seite 387)
4 Eßlöffel frisch gepreßter Orangensaft
Reisessig
2 Eßlöffel grob gehacktes Koriandergrün
Crème fraîche (Seite 414; nach Wunsch)

Die eingeweichten Bohnen abgießen und sorgfältig abspülen. In einen großen Topf schütten und mit dem Wasser, dem Lorbeerblatt, Bohnenkraut und Salbei aufsetzen. Zum Kochen bringen, dann im offenen Topf sanft weich garen (30–35 Minuten). Inzwischen das Öl in einem großen Topf erhitzen. Die Zwiebel mit 1/2 Teelöffel Salz hineingeben und weich dünsten, dann Knoblauch, Kreuzkümmel und Oregano hinzufügen. Auf ganz kleiner Flamme weiterdünsten.

Die Bohnen und ihr Kochwasser mit 1/2 Teelöffel Salz und den Chilipürees einrühren. In der offenen Pfanne bei mäßiger Hitze 20–30 Minuten durchkochen. Nach Bedarf etwas Wasser nachgießen, damit die Bohnen nicht austrocknen. Orangensaft, einen Teelöffel Essig und das Koriandergrün erst unmittelbar vor dem Servieren unterrühren. Mit Salz und vielleicht noch etwas Reisessig abschmecken. Mit Crème fraîche oder Koriandergrün garnieren.

Pintobohnen mit New-Mexico-Chillies

Scharfe Chilischoten und duftender Salbei machen diese Bohnen so schmackhaft. Wenn Sie die typischen Chillies aus New Mexico (Chimayo, Sandia, Chilaca) nicht bekommen können, nehmen Sie dafür Ancho-Chillies oder ganz gewöhnliche Cayenne-Chillies. Servieren Sie die Bohnen zu Enchiladas oder Quesadillas (Seite 291–295) oder einfach mit warmen Maistortillas.

Zutaten für vier Portionen
350 g getrocknete Pintobohnen, verlesen und über Nacht eingeweicht
1 1/2 l kaltes Wasser
1 Lorbeerblatt
3 frische Salbeiblätter
1–2 getrocknete New-Mexico-Chillies, entkernt
125 ml heißes Wasser
1 Eßlöffel leichtes Olivenöl oder Pflanzenöl
1/2 Zwiebel, gehackt
Salz
1 1/2–2 Teelöffel Kreuzkümmelsamen, geröstet und gemahlen (Seite 116)
3 Knoblauchzehen, fein gehackt
1/2 Teelöffel Chipotle-Püree (Seite 387)
2 Teelöffel frisch gehackter Salbei (5–10 Blätter)

Die Bohnen abgießen und sorgfältig abspülen. In einem großen Topf mit dem kalten Wasser, dem Lorbeerblatt und dem Salbei aufsetzen. Zum Kochen bringen, dann im offenen Topf 30 Minuten leise köcheln lassen, bis die Bohnen weich sind. Die Kräuter herausfischen, die Bohnen in ihrem Sud ruhen lassen.

In der Zwischenzeit die Chillies mit heißem Wasser überbrühen, 20 Minuten einweichen und anschließend pürieren. Das Öl in einem großen Topf erhitzen. Die Zwiebel mit 1 Teelöffel Salz und 1 Teelöffel Kreuzkümmel hineingeben und 5–7 Minuten bei mittlerer Hitze weich dünsten. Knoblauch hinzufügen und 1–2 Minuten mitdünsten.

Die Bohnen mit ihrem Kochwasser, 1/2 Teelöffel Salz, dem restlichen Kreuzkümmel und dem Chilipüree hinzufügen. Bei mittlerer Hitze 20–35 Minuten durchkochen und dabei von Zeit zu Zeit umrühren. Die Bohnen sollten dann saftig und weich sein, aber noch nicht zerfallen. Nach Bedarf etwas Wasser hinzugießen. Zum Schluß den gehackten Salbei unterrühren und mit Salz abschmecken.

Tofu in süßer Ingwermarinade

Wir haben hier ein Rezept für Tofu-Teriyaki etwas abgewandelt. Der Tofu schmeckt frisch oder gegrillt mit Honig-Miso-Sauce (Seite 397) oder scharfer Erdnußsauce (Seite 398) oder als Beilage zu chinesischen Nudeln einfach köstlich. Geben Sie nach Wunsch getrocknete Shiitakepilze dazu, denn sie sorgen für ein besonders intensives Aroma. Nehmen Sie für dieses Rezept unbedingt festen Tofu, weil er nicht zerfällt und sich auch zum Grillen eignet. Marinieren Sie den Tofu nach Möglichkeit 24 Stunden.

Zutaten für 500 g Tofu; ergibt vier bis sechs Portionen
500 g fester Tofu
125 ml Sojasauce oder Tamari
180 ml Wasser
125 ml trockener Weißwein oder Mirin (süßer Sake zum Kochen)
75 g Zucker
4 Eßlöffel dunkles Sesamöl
15 g getrocknete Shiitakepilze (nach Wunsch)
1 1/2 Teelöffel Senfmehl
2 Eßlöffel frisch geriebener Ingwer
4 zerstoßene Knoblauchzehen
(geht am besten mit der Breitseite einer Messerklinge)

Den Tofublock quer durchschneiden oder in 2 1/2 Zentimeter dicke Scheiben schneiden. In ein Sieb legen und 10–15 Minuten abtropfen lassen. Inzwischen die Marinade vorbereiten. Alle Zutaten in einen kleinen Stieltopf geben. Zum Kochen bringen, die Wärmezufuhr drosseln und die Marinade 10 Minuten leise durchköcheln.

Den Tofu in eine viereckige Schale aus Glas oder Porzellan legen. Falls Sie den Tofu in Scheiben geschnitten haben, die einzelnen Scheiben dicht an dicht in die Schale legen oder in zwei Schichten übereinanderlegen. Den Tofu nun mit der heißen Marinade übergießen. Abkühlen lassen, dann die Schale abdecken und kühl stellen. Der Tofu hält sich unter der Marinade und gut verschlossen ein bis zwei Wochen im Kühlschrank frisch.

Basmatireis

Der nussige Geschmack und das volle Aroma machen Basmatireis zu einer optimalen Beilage für herzhafte Eintöpfe und scharfe Curries. Ganz schlicht zubereitet oder mit Gewürzen, frischen Kräutern oder gerösteten Nüssen verfeinert – Basmatireis läßt sich unendlich variieren. Wir geben etwas Butter unter den Reis, was aber nicht unbedingt nötig ist. Reis zerkocht schnell, probieren Sie daher gegen Ende der Garzeit immer wieder den Garzustand.

Zutaten für drei bis vier Portionen
1 1/2–2 l Wasser
Salz und Pfeffer
200 g Basmatireis
1 Eßlöffel Butter

Den Reis in ein Sieb schütten und mit kaltem Wasser sorgfältig abspülen. Beiseite stellen und abtropfen lassen. Wasser in einen Topf gießen und zum Kochen bringen. 1/2 Teelöffel Salz und den Reis hineingeben, kurz umrühren. Den Reis im offenen Topf lebhaft kochen lassen, dabei gelegentlich umrühren. Nach 10–12 Minuten ist der Reis gar. Abgießen und sofort in eine Schüssel füllen.
Mit der Butter, 1/4 Teelöffel Salz und einer Messerspitze Pfeffer verfeinern. Noch einmal salzen und pfeffern und sofort servieren oder im Backofen warm stellen.

Varianten
Basmatireis mit Senfkörnern: 1/2 Teelöffel gelbe Senfkörner rösten (Seite 230) und zusammen mit Butter, Salz und Pfeffer unter den Reis heben.
Reis mit Kreuzkümmel und Orangenduft: Den gekochten Reis abgießen und mit 1 Eßlöffel Butter geschmeidig rühren. Danach 1/2 Teelöffel abgeriebene Orangenschale, 4 Eßlöffel frisch gepreßten Orangensaft, 1/2 Teelöffel gerösteten und gemahlenen Kreuzkümmel (Seite 116), 1/4 Teelöffel Salz und eine Messerspitze Pfeffer mischen.
Safranreis: Während der Reis kocht, 1–2 Prisen Safranfäden in einem Eßlöffel heißem Wasser einweichen. Mit der Butter, Salz und Pfeffer unter den Reis rühren. Das Safranaroma kommt besonders gut zur Geltung, wenn Sie den Reis zusätzlich mit 2–3 Eßlöffeln frisch gepreßtem Orangensaft würzen.
Reis mit gerösteten Nüssen: Den gekochten Reis mit Butter, Salz und Pfeffer verfeinern. 4 Eßlöffel geröstete Pinienkerne, Chashews, Erdnüsse oder Kürbiskerne unterheben.

Kräuterreis: Den gekochten Reis mit Butter, Salz und Pfeffer würzen. 1–2 Eßlöffel gehackte Petersilie, Schnittlauch, Frühlingszwiebeln oder Koriandergrün unterheben. Bei intensiveren Kräutern wie Majoran, Oregano oder Thymian genügen 1–2 Teelöffel.

Paprikareis

Greg, der Abendkoch unseres Restaurants, führte das Rezept bei uns ein, denn er kann mit Paprika und Chillies besonders gut umzugehen. Diese farbenprächtige Reisbeilage ist wie geschaffen für ein mexikanisches Mahl. Der Reis saugt sich beim Kochen voll mit den leicht scharfen Aromen von Paprika, Zwiebeln und Gewürzpaprika. Nehmen Sie deshalb nur frischen Paprika. Cayennepfeffer sorgt zwar für eine gewisse Schärfe, doch wenn Sie den Reis richtig scharf würzen wollen, sollten Sie einen oder zwei feingehackte Jalapeño–Chillies dazugeben.

Zutaten für vier Portionen
200 g Basmatireis
1 Eßlöffel leichtes Olivenöl oder Pflanzenöl
1 Eßlöffel Butter
1/2 Zwiebel, gehackt
1 Teelöffel Salz
1 Knoblauchzehe, fein gehackt
1/2 Glas trockener Weißwein
1 rote oder gelbe Paprikaschote, gehackt
1–2 Jalapeño-Chillies, entkernt und fein gehackt (nach Wunsch)
1 Teelöffel Gewürzpaprika
Cayennepfeffer
1 Messerspitze schwarzer Pfeffer
1/2 l kochendes Wasser
2–3 Eßlöffel grob gehacktes Koriandergrün

Den Reis sorgfältig abspülen und abtropfen lassen.
Inzwischen Öl und Butter in einem Topf mit dicht schließendem Deckel erhitzen. Die Zwiebel mit 1/2 Teelöffel Salz hineingeben und 5 Minuten dünsten. Knoblauch und Wein hinzufügen und 1–2 Minuten einkochen lassen. Paprika (und nach Wunsch Chillies), 1/2 Teelöffel Salz, Paprikapulver, etwas Cayennepfeffer und den schwarzen Pfeffer dazugeben. Den abgetropften Reis in den Topf schütten und etwa 3 Minuten unter ständigem Rühren andünsten. Das kochende Wasser darübergießen; darauf achten, daß der Reis vollständig mit Wasser bedeckt ist. Sobald das Wasser wieder kocht, die Wärmezufuhr drosseln, den Topf abdecken und den Reis garen (knapp 20 Minuten). Das Koriandergrün vorsichtig unterheben und servieren.

B asmati- und Wildreispilaw

Dieser köstliche Pilaw schmeckt nussig und leicht nach Fenchel und Zitrone. Basmatireis wird sanft mit Fenchel, Weißwein und Zitronenschale gegart und anschließend mit Wildreis und gerösteten Pinienkernen vermengt. Der Reis kocht in sehr wenig Wasser auf kleiner Flamme, weshalb man einen Topf mit dicht schließendem Deckel benötigt.

Zutaten für vier bis sechs Portionen
1 1/2 l Wasser
Salz und Pfeffer
100 g Wildreis (abspülen und abtropfen lassen)
1 Eßlöffel Butter
1 Eßlöffel leichtes Olivenöl
1/2 Zwiebel, gehackt
1 mittelgroße Fenchelknolle (längs vierteln, vom Strunk befreien und würfeln)
1 Teelöffel gemahlene Fenchelsamen
1 Knoblauchzehe, fein gehackt
1/2 Glas trockener Weißwein
200 g Basmatireis (gründlich abspülen und abtropfen lassen)
Die Schale einer Zitrone, in feine Streifen geschnitten
2 Eßlöffel Pinienkerne, geröstet (Seite 312)
2 Eßlöffel gehackte Petersilie

1 Liter Wasser in einem großen Topf zum Kochen bringen. 1/2 Teelöffel Salz und den Wildreis hineingeben. Wärmezufuhr reduzieren, bis das Wasser nur noch sanft sprudelt. Topf abdecken und den Reis bißfest garen (30–35 Minuten). Vom Herd nehmen und beiseite stellen. (Deckel auf dem Topf lassen, damit der Reis nicht auskühlt.)
Die Butter und das Öl in einer großen Pfanne erhitzen. Die Zwiebel mit 1/2 Teelöffel Salz hineingeben und 5 Minuten bei mittlerer Hitze andünsten. Den Fenchel, das Fenchelpulver, den Knoblauch, den Wein und etwas Pfeffer hinzufügen und 5 Minuten mitdünsten, bis die Flüssigkeit fast vollständig verdampft ist.
1/2 Liter Wasser in einem kleinen Topf zum Kochen bringen. In der Zwischenzeit den Basmatireis zum Gemüse in die Pfanne geben und 5 Minuten unter gelegentlichem Umrühren anrösten. Die Zitronenschale hinzufügen. Dann das kochende

Wasser darübergießen und kurz umrühren, damit der Reis feucht wird. Wenn das Wasser wieder kocht, die Pfanne abdecken und die Wärmezufuhr drosseln. Den Reis nun auf kleiner Flamme sanft garen (ca. 20 Minuten). Herd abschalten. Den Wildreis sowie die Pinienkerne und die Petersilie vorsichtig unter den Basmatireis heben. Mit Salz und Pfeffer abschmecken. Sofort servieren oder im Backofen warm stellen.

Mandel-Korinthen-Kuskus

Der nussig-aromatische Kuskus ist schnell und leicht gemacht. Wir servieren unseren nordafrikanischen Gemüsetopf (Seite 231) auf ihm, weil er die köstlichen Gemüsesäfte aufsaugt und dem Gericht eine gewisse Süße verleiht.

Zutaten für vier bis sechs Portionen
30 g Mandeln, geröstet (Seite 312)
2 Eßlöffel Butter
300 g Instant-Kuskus
375 ml Wasser
Salz
1/2 Teelöffel Zimtpulver (vorzugsweise frisch gemahlen)
50 g Korinthen

Die gerösteten Mandeln abkühlen lassen und grob hacken.
Die Butter in einem mittelgroßen Topf mit dicht schließendem Deckel zerlassen. Den Kuskus und die Mandeln einstreuen und 4–5 Minuten bei mittlerer Hitze unter ständigem Rühren anrösten. Vom Herd nehmen.
Während Sie den Kuskus anrösten, das Wasser in einem kleinen Topf zum Kochen bringen. 1/4 Teelöffel Salz, den Zimt und die Korinthen hineingeben. Kurz umrühren, dann über den Kuskus gießen. Deckel aufsetzen und 20 Minuten quellen lassen. Den Kuskus mit einer Gabel auflockern und nach Bedarf nachsalzen. Sofort servieren oder im Backofen warm halten.

Variante: Nehmen Sie statt der Korinthen einmal 4 Eßlöffel getrocknete Aprikosen oder ersetzen Sie die Mandeln durch Pinienkerne. Statt Zimt können Sie auch Kreuzkümmel verwenden – oder aber die Gewürze ganz weglassen.

P *olenta*

Wir servieren Polenta auf verschiedene Arten: einmal als weichen Maisbrei mit Gorgonzola, Walnüssen und Basilikum; dann zum Frühstück mit warmem Ahornsirup; gegrillt oder aber als Hauptzutat in einem schönen Gratin. Angesichts der leichten Konsistenz und des köstlichen Aromas eignet sich die Polenta wunderbar für die Zubereitung auf einem tiefen Blech. Der Parmesan in unserem Rezept läßt sich je nach Verwendungszweck der Polenta beispielsweise durch Provolone, Cheddar oder geräucherten Käse ersetzen.

Zutaten für 24 Polentadreiecke für sechs Portionen
1 1/2 l Wasser
1 1/2 Teelöffel Salz
250 g grobes Maismehl
1/4 Teelöffel Pfeffer
Cayennepfeffer (nach Wunsch)
2 Eßlöffel Butter
50 g geriebener Parmesan

Eine Auflaufform mit etwa 23 x 33 Zentimeter leicht einölen und beiseite stellen. Das Wasser in einem großen Topf zum Kochen bringen. Salzen und mit kräftigen Bewegungen das Maismehl einrühren. Nun bei sanfter Hitze unter ständigem Rühren 20–25 Minuten kochen, bis ein weicher Brei entsteht.
Den Topf vom Herd nehmen. Polenta mit Pfeffer und nach Wunsch mit Cayennepfeffer würzen, Butter und Käse unterrühren. Den heißen Maisbrei in die Auflaufform streichen und abkühlen lassen. Wenn Sie ein Gratin zubereiten wollen, die Polenta in 12 Quadrate teilen und jedes Quadrat diagonal zu Dreiecken halbieren.

Tip: Wenn Sie die Polenta grillen (siehe Varianten) oder ein Gratin (Seite 253) zubereiten, können Sie die Polenta bereits im voraus kochen. Abkühlen lassen und dicht in Haushaltsfolie schlagen. Die Polenta hält sich im Kühlschrank ein bis zwei Tage frisch.

Variante
Auf dem Holzkohlengrill: Zum Grillen brauchen Sie festere Polenta; reduzieren Sie die Wassermenge daher auf 1 1/4 Liter, das Salz auf einen Teelöffel und kochen Sie die Polenta wie beschrieben. Der Brei wird dann sehr dick; nach Bedarf 1–2 Eßlöffel

Wasser hinzugeben, aber keinesfalls mehr. In eine geölte Auflaufform streichen. Wie auf Seite 97 beschrieben grillen.

Würziger Maisbrei: Zimt-Chipotle-Butter (Seite 387) unter die Polenta rühren und mit geriebenem Räucherkäse und gehacktem Koriandergrün servieren.

Frühstückspolenta: Polenta mit nur 1/2 Teelöffel Salz würzen, Pfeffer und Käse ganz weglassen. Statt dessen mit 3–4 Eßlöffel Butter geschmeidig rühren. Die weiche Polenta mit Ahornbutter (Seite 308) oder warmem Ahornsirup servieren.

Knusprige Polenta: Die weiche Polenta in eine leicht geölte Auflaufform (ca. 23 x 33 Zentimeter) streichen. Abkühlen lassen und in Vierecke oder Dreiecke teilen. In einer leicht geölten Grillpfanne oder in einer Bratpfanne knusprig und goldbraun braten. Sofort servieren.

Eierspeisen

Eierspeisen

Eierspeisen schmecken zu jeder Tageszeit und sind herzhaft und unkompliziert. Frittatas oder Eierpfannen sind besonders vielseitig. Man kann sie zum Frühstück mit knusprigen Röstkartoffeln, zum Mittagessen oder als einfaches Abendessen zu Kartoffeln und Salat mit einer kräftigen Vinaigrette oder als schmackhaftes Resteessen servieren. Frittatas schmecken heiß oder temperiert – wir beträufeln sie stets mit etwas reduziertem Balsamessig, wenn wir sie aus der Pfanne heben; die warme Frittata saugt den dunklen Essig auf wie ein Schwamm und bekommt einen schönen Glanz.

Jeden Sonntag zum Brunch bieten wir unseren zahlreichen Gästen Omeletts und Rühreier. Auf unserer Speisekarte finden Sie dann immer eine Eierspeise mit einem etwas exzentrischen Namen, zum Beispiel »Winterwind«, »Aufstand am Tor«, »Wald des Lichts«, »Clement-Street-Scramble«. Wir variieren unsere Omeletts mit herzhaften und würzigen Gemüsefüllungen, Kräutern, Käse und Chillies. Wenn Sie eine der von uns genannten Zutaten nicht bekommen, ersetzen Sie sie einfach durch etwas anderes. Jedes Rezept ist so berechnet, daß Sie zwei Omeletts großzügig füllen können.

Rühreier sind meistens etwas einfacher. Sie werden mit frischen Kräutern, Parmesan oder Gruyère serviert oder aber mit gedünstetem Tat soi, frischem Ingwer und feingeschnittenen Frühlingszwiebeln. Rühreier schmecken hervorragend zu einer scharfen Salsa. Servieren Sie unsere Salsa Fresca oder Tomatillo Salsa mit dem klaren und frischen Aroma von Chillies und Koriandergrün dazu.

Tat soi

Die kleine Grünpflanze erinnert ein wenig an zu groß geratenen Feldsalat. Sie hat knackige, löffelförmige Blätter und milde, knackige Stengel. Die Salatpflanze ist manchmal auch unter der Bezeichnung »flacher Chinakohl« bekannt. Die ganzen Blätter und Stiele schmecken köstlich in Salaten oder gedünstet mit Knoblauch, frischem Ingwer und einem Spritzer Sojasauce. In Rühreiern mit Chillies und Koriandergrün schmeckt Tat soi knackig und sauber.

Tat soi ist winterhart und gedeiht im zeitigen Frühjahr und Herbst. Die Pflanze ist so kälteresistent, daß man sie sogar unter einer Schneedecke ernten kann. Die jungen Pflänzchen beim Ausdünnen ernten und den Rest zu vollen, offenen Köpfen heranreifen lassen.

Griechische Frittata

Gebratene Paprika machen diese griechisch inspirierte Frittata interessant und würzig. Die feine Note von frischem Rosmarin parfümiert Eier und Spinat, während der kräftige Schafskäse alle Aromen zusammenführt. Nehmen Sie die Frittata zu einem Picknick mit oder servieren Sie sie als leichtes Abendessen mit einem Salat aus Strauchtomaten mit fruchtigem Olivenöl, Rotweinessig, getrockneten Oliven und gehackter Minze.

Zutaten für eine Frittata mit ca. 23 cm Durchmesser;
ergibt acht bis zehn Portionen
1 1/2 Eßlöffel leichtes Olivenöl
400–500 g Blattspinat (Stiele entfernen und Blätter waschen)
Salz und Pfeffer
4 Knoblauchzehen, fein gehackt
1 gelbe oder rote Paprikaschote (wie auf Seite 77 beschrieben
braten und häuten, dann würfeln)
2 Frühlingszwiebeln, schräg in dünne Röllchen geschnitten
5–6 Eßlöffel geriebener Parmesan
100 g zerkrümelter Schafskäse
1 Teelöffel frisch gehackter Rosmarin
2 Teelöffel frisch gepreßter Zitronensaft
8 verquirlte Eier
3 Eßlöffel reduzierter Balsamessig (Seite 400; nach Wunsch)

Backofen auf 165 Grad vorheizen.

1/2 Eßlöffel Olivenöl in einer großen Pfanne erhitzen. Den Spinat mit 1/4 Teelöffel Salz, etwas Pfeffer und dem Knoblauch hineingeben und bei starker Hitze zusammenfallen lassen. Spinat abtropfen und abkühlen lassen. Die restliche Flüssigkeit portionsweise mit der Hand aus dem Spinat pressen, dann die Blätter grob hacken. Spinat zusammen mit Paprika, Frühlingszwiebeln, Parmesan, Schafskäse, Rosmarin und Zitronensaft in eine Schüssel geben und gut vermischen. Die Eier hineingießen und mit 1/4 Teelöffel Salz und etwas Pfeffer würzen.

Das übrige Olivenöl in einer Bratpfanne mit ofenfestem Griff und ca. 23 Zentimeter Durchmesser stark erhitzen, aber nicht rauchen lassen. Das Öl in der Pfanne verlaufen lassen, bis Boden und Seiten davon überzogen sind. Die Wärmezufuhr drosseln und die Eiermischung in die Pfanne gießen. Die Pfanne muß so heiß sein, daß die Eier zischen, sobald sie mit dem Öl in Berührung kommen. Die Frittata auf kleiner Flamme 1–2 Minuten braten, bis die Ränder fest werden. In den Ofen schieben und ohne Deckel 20–25 Minuten durchbacken, bis die Frittata goldgelb und fest aussieht.

Die Frittata vorsichtig mit einem Spatel aus der Pfanne lösen (der Boden setzt sich leicht am Pfannenboden fest). Einen Teller auf die Pfanne setzen und die Frittata auf den Teller stürzen. Nach Wunsch mit dem reduzierten Essig bestreichen. Heiß oder bei Zimmertemperatur servieren und dazu in Portionsstücke teilen.

Sie können die Frittata auch ganz im Ofen garen. Dazu in eine leicht geölte Auflaufform gießen und ungefähr 25 Minuten backen, bis die Eier fest und goldbraun aussehen.

Frittata mit karamelisierten Zwiebeln, Ziegenkäse und Salbei

Eine verführerische Frittata mit üppigen, karamelisierten Zwiebeln, die wunderbar zum kräftigen Ziegenkäse und würzigen Salbei passen. Das Tüpfelchen auf dem I ist schließlich der Überzug aus reduziertem Balsamessig, der mit seiner mild-süßlichen Säure die ungewöhnliche Geschmackskombination der Frittata noch betont.
Sie können die Zwiebeln bereits einen Tag im voraus karamelisieren, denn die Zwiebeln brauchen viel Zeit, bis sie ihren Zucker ausbraten und zu einer marmeladenähnlichen Konsistenz verkochen.

Zutaten für eine Frittata mit ca. 23 cm Durchmesser;
ergibt acht Portionen
2 Eßlöffel leichtes Olivenöl
3 große Zwiebeln (insgesamt ca. 1 kg), geviertelt und
in dünne Scheiben geschnitten
Salz und Pfeffer
3 Knoblauchzehen, fein gehackt
8 Eier
5–6 Eßlöffel geriebener Parmesan
1 Eßlöffel frisch gehackter Salbei
100 g milder und cremiger Ziegenkäse, zerkrümelt
3 Eßlöffel reduzierter Balsamessig (Seite 400)

Backofen auf 165 Grad vorheizen. 1 Eßlöffel Olivenöl in einer großen Pfanne erhitzen. Die Zwiebeln mit 1/2 Teelöffel Salz und einer Messerspitze Pfeffer hineingeben und bei mittlerer Hitze rund 10 Minuten dünsten, bis sie Saft ziehen. Den Knoblauch hinzufügen und bei mittlerer Hitze ungefähr 40 Minuten weiterdünsten. Dabei mit einem Holzlöffel immer wieder den Satz vom Pfannenboden schaben, damit die Zwiebeln nicht anbrennen. (Nach Bedarf den Satz mit etwas Wasser loskochen.) Die Zwiebeln in eine Schüssel geben, beiseite stellen und abkühlen lassen. Die Eier in eine Schüssel schlagen und verquirlen. Zwiebeln, Parmesan und Salbei unterziehen.
Das übrige Olivenöl in einer Bratpfanne (mit ofenfestem Griff und ca. 23 Zentimeter Durchmesser) stark erhitzen, aber nicht rauchen lassen. Das Öl in der Pfanne verlaufen lassen, bis Boden und Seiten davon überzogen sind. Die Wärmezufuhr drosseln und die Eiermischung in die Pfanne gießen. Die Pfanne muß so heiß sein, daß die Eier zischen, sobald sie mit dem Öl in Berührung kommen. Den Ziegenkäse

hineinkrümeln und die Frittata auf kleiner Flamme 5 Minuten braten, bis die Ränder fest werden. In den Ofen schieben und ohne Deckel 20–25 Minuten durchbacken, bis die Frittata goldgelb und fest aussieht.

Die Frittata vorsichtig mit einem Spatel aus der Pfanne lösen (der Boden setzt sich leicht am Pfannenboden fest). Einen Teller auf die Pfanne setzen und die Frittata auf den Teller stürzen. Boden und Seiten mit dem reduzierten Essig bestreichen, dann in Portionsstücke teilen. Heiß oder bei Zimmertemperatur servieren.

Tip: Wir garen unsere Frittata zunächst immer auf dem Herd, doch Sie können die Frittata auch ganz im Backofen garen. Dazu Gemüse und Eier wie beschrieben vermischen, aber den Käse nicht hineingeben. Die Eiermischung in eine geölte Auflaufform gießen und mit Käse bestreuen (wenn Sie den Käse jetzt erst dazugeben, sinkt er nicht auf den Boden der Form und bäckt nicht an). Ungefähr 25 Minuten garen.

Salbei

In der Naturheilkunde wird dem mehrjährigen Salbei mit seinen silbrigen Blättern kreislaufstärkende Wirkung zugeschrieben. Die frisch gehackten Blätter schmecken intensiv und kräftig und unserer Ansicht nach besser als der etwas muffige getrocknete Salbei. Geben Sie die würzigen Blätter unter ein Zwiebelconfit oder unter einen Focacciateig. Ganze Blätter entfalten ihren erdigen Duft in einem gedämpften Kartoffelpäckchen oder in einem Eintopf aus Pintobohnen mit scharfen Chillies. Die Blüten sehen in einem Salat dekorativ aus.

Salbei braucht viel Wärme, Sonne, einen leichten Boden und gute Entwässerung. Salbei vermehrt man leicht durch Samen oder Ableger. Während der Wachstumsperiode ein- oder zweimal zurückschneiden, damit die Stiele nicht verholzen. In kalten Klimazonen mit Frost im zeitigen Frühjahr zurückschneiden. Jedoch nicht zu früh damit beginnen, denn die neuen Triebe sind gegen Frost besonders empfindlich.

F rittata mit Paprika und Basilikum

Diese zarte Frittata wird mit duftendem Sommergemüse gefüllt. Rote und grüne Paprikaschoten werden sanft geschmort und anschließend mit Basilikum und cremigem Fontina angereichert. Die Eier sind eine gute Grundlage für den süßlichen Paprika und seine satte Farbe. Mit gerösteten oder gegrillten Kartoffeln und einem grünen Gartensalat ergibt die Frittata eine wunderbar leichte Mahlzeit.

Zutaten für eine Frittata mit ca. 23 cm Durchmesser;
ergibt acht bis zehn Portionen
2 Eßlöffel leichtes Olivenöl
1 Zwiebel, in dünne Ringe geschnitten
Salz und Pfeffer
4 Paprikaschoten (nach Möglichkeit eine Mischung aus roten
und gelben Schoten), in feine Streifen geschnitten
4 Knoblauchzehen, fein gehackt
1 Lorbeerblatt
8 Eier
30 g geriebener Fontina
60 g geriebener Parmesan
1 Handvoll Basilikumblätter, in dünne Streifen geschnitten
3 Eßlöffel reduzierter Balsamessig (Seite 400)

Backofen auf 165 Grad vorheizen. 1 Eßlöffel Olivenöl in einer großen Pfanne heiß werden lassen. Die Zwiebelringe mit 1/2 Teelöffel Salz und etwas Pfeffer hineingeben und 4–5 Minuten bei mittlerer Hitze dünsten, bis sie Saft zu ziehen beginnen. Paprikastreifen, Knoblauch und Lorbeerblatt hinzufügen. Das Gemüse etwa 15 Minuten schmoren, bis der Paprika saftig und weich ist. Vom Herd nehmen und abkühlen lassen. Das Lorbeerblatt entfernen.
Die Eier in einer Schüssel verquirlen. Das Gemüse, die beiden Käsesorten und das Basilikum unterziehen. Mit 1/4 Teelöffel Salz und einer Messerspitze Pfeffer würzen. Das übrige Olivenöl in einer Bratpfanne mit ofenfestem Griff und ca. 23 Zentimeter Durchmesser stark erhitzen, aber nicht rauchen lassen. Das Öl in der Pfanne herumschwenken, bis Boden und Seiten davon überzogen sind. Die Wärmezufuhr drosseln und die Eiermischung in die Pfanne gießen. Die Pfanne muß so heiß sein, daß die Eier zischen, sobald sie mit dem Öl in Berührung kommen. Die Frittata auf kleiner Flamme 1–2 Minuten braten, bis die Ränder fest werden. Frittata

in den Ofen schieben und ohne Deckel 20–25 Minuten stocken lassen und goldgelb backen.

Die Frittata vorsichtig mit einem Spatel aus der Pfanne lösen (der Boden setzt sich leicht am Pfannenboden fest). Einen Teller auf die Pfanne setzen und die Frittata auf den Teller stürzen. Mit dem reduzierten Essig bestreichen und in Portionsstücke teilen. Heiß oder bei Zimmertemperatur servieren.

Griechisches Omelett

Cremig-warmer Schafskäse ergänzt die würzige Spinatfüllung, die mit Zitrone und frischem Dill verfeinert wurde. Das Omelett schmeckt köstlich zum Frühstück, eignet sich aber auch als leichtes Mittag- oder Abendessen. Servieren Sie das Omelett solo oder mit Ofenkartoffeln und warmem Brot als Beilage.

Zutaten für zwei üppig gefüllte Omeletts
1 Eßlöffel leichtes Olivenöl
1/4 rote Zwiebel, dünn aufgeschnitten
Salz und Pfeffer
1 Knoblauchzehe, fein gehackt
200–250 g Blattspinat (Stiele entfernen und Blätter waschen)
Die abgeriebene Schale einer Zitrone
2 Teelöffel frisch gehackter Dill
6 verquirlte Eier
4 Eßlöffel Wasser
Butter zum Braten
30 g zerkrümelter Schafskäse

1/2 Eßlöffel Öl in einer Pfanne erhitzen. Die Zwiebel mit einer Messerspitze Salz und einer Prise Pfeffer hineingeben und 4–5 Minuten bei mittlerer Hitze andünsten. Den Knoblauch hinzufügen und eine Minute mitdünsten. In eine Schüssel füllen und beiseite stellen.

Das übrige Öl in der Pfanne erhitzen und den Spinat mit 1/4 Teelöffel Salz hineingeben. Bei kräftiger Hitze rasch zusammenfallen lassen. In ein Sieb geben, abtropfen und abkühlen lassen. Mit den Händen die restliche Feuchtigkeit aus dem Spinat pressen, dann die Blätter grob hacken. Spinat zusammen mit der Zitronenschale und dem Dill zu den Zwiebeln geben. Mit Salz und Pfeffer kräftig würzen.

Die Eier mit 1/4 Teelöffel Salz und etwas Pfeffer würzen. Mit einem Schneebesen das Wasser einrühren. Die Butter in einer geeigneten Omelettpfanne zerlassen. Die Hälfte der Eiermischung auf die heiße Butter gießen. Sobald die Eier am Pfannenrand fest werden, mit einem Spatel in die Pfannenmitte schieben. Dann die Pfanne schwenken, damit der gesamte Boden wieder mit flüssiger Eimasse bedeckt ist. Sobald die Eier zu stocken beginnen, die Hälfte der Gemüsemischung in die Mitte setzen und mit der Hälfte des Schafskäses bestreuen. Das Omelett vorsichtig zusammenklappen und auf einen Teller gleiten lassen. Das zweite Omelett genauso braten.

R atatouille-Omelett

Für diese klassische Füllung werden Auberginen, Zucchini und Paprikaschoten in fruchtigem Olivenöl geschmort und dann mit Tomaten und Basilikum vermischt. Der intensive Provolone und die zart gewürzten Eier passen gut zu den kräftigen Aromen dieses sommerlichen Schmorgemüses.

Zutaten für zwei üppig gefüllte Omeletts
1 Eßlöffel natives Olivenöl extra
1/2 rote Zwiebel, in dünne Ringe geschnitten
Salz und Pfeffer
1/2 rote Paprikaschote, gewürfelt
1 kleine Zucchini, gewürfelt
1 kleine, schmale und längliche Aubergine, gewürfelt
2 Knoblauchzehen, fein gehackt
2 Eßlöffel frisches Basilikum, grob gehackt
125 g Tomaten, geputzt, entkernt und gewürfelt
6 verquirlte Eier
4 Eßlöffel Wasser
Butter zum Braten
30 g geriebener Provolone oder Parmesan

Das Olivenöl in einer großen Pfanne erhitzen. Die Zwiebel, 1/4 Teelöffel Salz und eine großzügige Prise Pfeffer hineingeben. Bei mittlerer Hitze 4 Minuten dünsten. Dann Paprika, Zucchini, Auberginen, Knoblauch und 1/4 Teelöffel Salz hinzufügen und 15 Minuten unter gelegentlichem Wenden schmoren, bis das Gemüse weich, aber nicht zerkocht ist. Die Pfanne vom Herd ziehen und Basilikum und Tomaten unter das warme Gemüse rühren.

Die Eier mit 1/8 Teelöffel Salz und etwas Pfeffer würzen. Mit einem Schneebesen das Wasser einrühren. Die Butter in einer Pfanne zerlassen. Die Hälfte der Eiermischung über die heiße Butter gießen. Sobald die Eier am Pfannenrand fest werden, mit einem Spatel in die Pfannenmitte schieben. Dann die Pfanne schwenken, damit der gesamte Boden wieder mit flüssiger Eimasse bedeckt ist. Sobald die Eier zu stocken beginnen, die Hälfte der Gemüsemischung in die Mitte setzen und mit der halben Käsemenge bestreuen. Das Omelett vorsichtig zusammenklappen und auf einen Teller gleiten lassen. Das zweite Omelett genauso braten.

Cajun-Omelett

Kräuter und Cayennepfeffer intensivieren die würzige Füllung, die der rauchige Käse geschmacklich mit den leichten Eiern verbindet.

Zutaten für zwei große Omeletts
1 Eßlöffel leichtes Olivenöl
125 g Champignons, dick aufgeschnitten
Salz und Cayennepfeffer
Trockener Weißwein
1/4 Zwiebel, in dünne Scheiben geschnitten
1 Selleriestengel, in dünne Streifen geschnitten
1/2 grüne Paprikaschote, in schmale Streifen geschnitten
2 Knoblauchzehen, fein gehackt
2 Eßlöffel frisch gehacktes Basilikum
1 Teelöffel frisch gehackter Thymian
6 verquirlte Eier
4 Eßlöffel Wasser
Butter zum Braten
30 g geriebener Räucherkäse

1/2 Eßlöffel Öl in einer Pfanne heiß werden lassen. Die Champignons mit einer Messerspitze Salz hineingeben und über lebhafter Flamme goldbraun rösten. Dann mit einigen Spritzern Weißwein ablöschen und die Flüssigkeit nahezu vollständig einkochen. Die Pilze in eine Schüssel umfüllen und beiseite stellen.
Das restliche Öl in der Pfanne erhitzen und die Zwiebel andünsten, dann Sellerie, Paprika, 1/4 Teelöffel Salz und eine Messerspitze Cayennepfeffer sowie den Knoblauch hinzufügen. Das Gemüse ca. 15 Minuten dünsten. Champignons, Basilikum und Thymian vermischen und mit Salz und Cayennepfeffer abschmecken.
Die Eier mit 1/4 Teelöffel Salz und etwas Pfeffer würzen. Mit einem Schneebesen das Wasser einrühren. Die Butter in einer geeigneten Omelettpfanne zerlassen. Die Hälfte der Eiermischung über die heiße Butter gießen. Sobald die Eier am Pfannenrand fest werden, mit einem Spatel in die Pfannenmitte schieben. Dann die Pfanne schwenken, damit der gesamte Boden wieder mit flüssiger Eimasse bedeckt ist. Sobald die Eier zu stocken beginnen, die Hälfte der Gemüsemischung in die Mitte setzen und mit der halben Käsemenge bestreuen. Das Omelett vorsichtig zusammenklappen und auf einen Teller gleiten lassen. Das zweite Omelett genauso braten.

Fünf-Gemüse-Omelett

Knackiger Sellerie und Kohl ergänzen die seidigen Shiitakepilze und zarten Eier, während scharfer Ingwer und Chiliflocken die sauberen und frischen Aromen der Gemüsefüllung betonen.

Zutaten für zwei üppig gefüllte Omeletts
1 Eßlöffel leichtes Pflanzenöl
1 großer Selleriestengel, schräg in schmale Streifen geschnitten
Salz und Pfeffer
125 g Shiitakepilze (Stiele entfernen, Kappen in 6–7 mm
breite Streifen schneiden)
2 Knoblauchzehen, fein gehackt
2 Teelöffel frisch geriebener Ingwer
1 Eßlöffel Sojasauce
1 Handvoll Bohnensprossen
75 g feinstreifig geschnittener Weißkohl oder Wirsing
1 Frühlingszwiebel, schräg in feine Röllchen geschnitten
Scharfe Chiliflocken
1 Teelöffel dunkles Sesamöl
1 Eßlöffel gehacktes Koriandergrün
6 verquirlte Eier
4 Eßlöffel Wasser, Butter zum Braten

Öl in einer großen Pfanne heiß werden lassen. Sellerie mit einer Prise Salz hineingeben und andünsten. Shiitakepilze hinzufügen und 1–2 Minuten mitdünsten. Knoblauch, Ingwer, Sojasauce, Bohnensprossen, Kohl und Frühlingszwiebeln in die Pfanne geben. 2–3 Minuten dünsten, bis der Kohl zusammenfällt. 1/4 Teelöffel scharfe Chiliflocken, Sesamöl und das Koriandergrün einrühren. Die überschüssige Flüssigkeit abtropfen lassen, bevor Sie die Omeletts mit dem Gemüse füllen. Nach Belieben mit mehr scharfem Chili abschmecken.
Die Eier mit etwas Salz und Pfeffer würzen. Das Wasser einrühren. Butter in einer Pfanne zerlassen. Die Hälfte der Eiermischung über die heiße Butter gießen. Sobald die Eier am Pfannenrand fest werden, mit einem Spatel in die Pfannenmitte schieben. Dann die Pfanne schwenken, damit der gesamte Boden wieder mit flüssiger Eimasse bedeckt ist. Sobald die Eier zu stocken beginnen, die Hälfte der Gemüsemischung in die Mitte setzen. Das Omelett vorsichtig zusammenklappen und auf einen Teller gleiten lassen. Das zweite Omelett genauso braten.

Green Gulch Special

Diese köstlichen Rühreier werden bunt gefüllt: Shiitakepilze, Tofu und beißend scharfe Brunnenkresse werden angereichert mit Koriandergrün, frischem Ingwer, Sesamsaat und Sojasauce. Wir grillen den Tofu, bevor wir ihn verarbeiten – Sie können sich aber auch in einem Bioladen nach würzig geräuchertem Tofu erkundigen.

Zutaten für zwei bis drei Portionen
1 Eßlöffel leichtes Oliven- oder Pflanzenöl
125 g Shiitakepilze (Stiele entfernen, Kappen in 6–7 mm breite Streifen schneiden)
Salz und Pfeffer
1 Eßlöffel Sojasauce
1 Teelöffel dunkles Sesamöl
2 Knoblauchzehen, fein gehackt
2 Teelöffel frisch geriebener Ingwer
1 große Frühlingszwiebel, schräg in dünne Röllchen geschnitten
60 g Tofu, fein gewürfelt
6 verquirlte Eier
2 Eßlöffel grob gehacktes Koriandergrün
1–2 Handvoll geputzte Brunnenkresse (ohne lange und dicke Stengel)
Geröstete Sesamsaat (Seite 312; nach Wunsch)

Das Öl in einer mittelgroßen Pfanne heiß werden lassen. Die Pilze hineingeben, salzen und 2–3 Minuten bei mittlerer Hitze andünsten. Dann die Sojasauce, das Sesamöl, den Knoblauch und Ingwer, die Frühlingszwiebelröllchen und die Tofuwürfel unterheben. 1–2 Minuten mitdünsten und gut durchwärmen lassen.
Die Eier mit einer kleinen Prise Salz und etwas Pfeffer würzen. In die Pfanne gießen. Die Eier bei mittlerer Hitze verrühren und darauf achten, daß sie nicht am Pfannenboden anbrennen. Erst kurz vor dem Servieren das Koriandergrün und danach die Brunnenkresse hinzufügen, die durch die Hitze der Eier zusammenfällt. Nach Wunsch mit Sesamsaat bestreuen und servieren.

Mexikanische Rühreier

Von diesen Rühreiern, die wir sonntags zum Brunch bieten, können wir nie genug machen – sie sind stets im Nu ausverkauft. Die Eier verschmelzen mit den warmen Maistortillas, Paprikaschoten und den scharfen Chillies. Servieren Sie als Beilagen Salsa Fresca (Seite 390) oder Tomatillo-Salsa (Seite 389).

Zutaten für zwei bis drei Portionen
1 Eßlöffel leichtes Oliven- oder Pflanzenöl
1/2 rote Paprikaschote, in dünne Streifen geschnitten
1 Jalapeño-Chili, entkernt und in feine Streifen geschnitten
Salz und Cayennepfeffer
1–2 weiche Maistortillas, in mundgerechte Stücke geschnitten
1 Frühlingszwiebel, schräg in dünne Röllchen geschnitten
6 verquirlte Eier
30 g geriebener Räucherkäse
2 Teelöffel gehacktes Koriandergrün

Das Öl in einer mittelgroßen Pfanne erhitzen. Paprika, Chili, 1/4 Teelöffel Salz und etwas Cayennepfeffer hineingeben und bei mittlerer Hitze andünsten. Tortillastückchen und Frühlingszwiebel hinzufügen und 1 Minute mitdünsten.
Die Eier mit einer kleinen Prise Salz und etwas Cayennepfeffer würzen. In die Pfanne gießen und bei mittlerer Hitze zu Rühreiern braten. Gelegentlich umrühren, damit sie nicht anbrennen. Zum Schluß den Käse und das Koriandergrün einstreuen.

Pak choi

Die asiatische Kohlsorte, manchmal auch Pak soi genannt, hat seidige grüne Blätter und einen knackigen weißen Stiel. Das Gemüse hat einen feinen, frischen Geschmack und eignet sich hervorragend zum Dünsten mit frischem Ingwer, Chillies, Knoblauch und Sesamöl. Die breiten Blätter schmecken köstlich, doch der zarte butterähnliche Geschmack der Stiele ist fast noch besser.
Setzlinge nach dem letzten Frost pflanzen; wenn Sie im Herbst noch einmal ernten möchten, müssen Sie im Juni/Juli neue Samen oder Pflanzen ziehen. Beim Pflanzen reichlich Kompost in den Boden einarbeiten.

R ühreier mit feinen Kräutern

Die klassische Kombination mit frischen Kräutern verleiht den Rühreiern einen unverwechselbar leichten Geschmack, während der nussige Gruyère einen Hauch von Eleganz beisteuert. Wenn Ihr Schnittlauch gerade blüht, sollten Sie vor dem Servieren die lilafarbenen Blüten unter die Eier heben.

Zutaten für zwei bis drei Portionen
6 Eier
Salz und Pfeffer
Butter zum Braten
30 g geriebener Gruyère
1 Eßlöffel frisch gehackte Kräuter: Estragon, Kerbel,
Petersilie und Schnittlauch
Schnittlauchblüten zum Garnieren (nach Wunsch)

Die Eier verquirlen und mit 1/4 Teelöffel Salz und etwas Pfeffer würzen. Die Butter bei mittlerer Hitze in einer Pfanne zerlassen. Die Eier in die heiße Butter gießen und sanft umrühren, damit sie nicht anbrennen. Wenn die Eier zu stocken beginnen, aber noch etwas feucht sind, den Käse und die Kräuter einrühren. Die Eier fertig garen und nach Wunsch mit ein paar Schnittlauchblüten bestreut servieren.

Kerbel

Die gefiederten Blätter und der milde Anisgeschmack des zarten Gewürzkrauts passen wunderbar zu Eierspeisen und verleihen einer Kartoffelsuppe mit Crème fraîche einen eleganten Touch.
Kerbel spielt in der französischen Küche eine so bedeutende Rolle, daß man manchmal sogar von »französischer Petersilie« spricht. Pflanzen Sie das gefiederte, einjährige Kraut zusammen mit Koriandergrün und Rucola in einen Trog auf Ihrer Terrasse oder ziehen Sie es auf der Fensterbank. Sie können die Samen auch im zeitigen Frühjahr oder Spätherbst an einem geschützten Standort mit Halbschatten aussäen. Kerbel mag kühles Wetter und schweren und feuchten Boden ohne Nässestau. Das hübsche Kraut samt leicht von selbst aus.

Sandwiches

Sandwiches

Kaufen Sie knuspriges frisches Brot, guten Käse, gebratenen Paprika oder saftige Strauchtomaten und ein Töpfchen Basilikum für die Fensterbank. Dann können Sie diese einfachen Zutaten zu jeder Tages- und Nachtzeit zu einem phantastischen Sandwich kombinieren. Eine schlichte Scheibe Brot kann zum tollsten Sandwich werden. Rösten Sie die Brotscheibe im Toaster oder auf dem Grill, legen Sie eine dicke Tomatenscheibe und ein paar Basilikumblätter darauf und träufeln Sie ein paar Tropfen fruchtiges Olivenöl darüber – diese frischen Sommeraromen sind kaum zu übertreffen.

Belegte Brote sind ideal, wenn Sie Gäste erwarten: Das Brot in mundgerechte Happen schneiden, wie Croûtons rösten und mit cremigem Ziegenkäse oder Stilton bestreichen, dann mit feingehobelter Gurke, etwas Brunnenkresse, Oliven oder Schnittlauch belegen. Kleine Focaccia-Sandwiches schmecken verführerisch und kommen bei Parties sehr gut an – die Zubereitung ist allerdings sehr aufwendig.

Wir bieten diese Sandwiches in unserem Restaurant das ganze Jahr über an und stellen die Zutaten je nach Lust und Laune immer wieder neu zusammen. Wir hoffen, daß wir mit unseren Rezepten Ihre Phantasie anregen und Ihr Sandwich-Repertoire erweitern.

Gegrilltes Sandwich mit Pilzen und Käse

Aromatische Pilze und kräftiger Dijonsenf bestreiten dieses schmackhafte Grillsandwich. Der cremig-schmelzende Fontinakäse eignet sich wunderbar dazu, doch Sie können statt dessen auch Gruyère verwenden – oder den Käse auch ganz weglassen. Weißbrot aus Sauerteig oder nussiges Weizenschrotbrot eignet sich für dieses Sandwich besonders gut. Zusammen mit unserem winterlichem Blattsalat von Seite 37 wird daraus ein leichtes Abendessen.

> *Zutaten für zwei Sandwiches; ergibt zwei Portionen*
> *1 Eßlöffel natives Olivenöl extra*
> *1/2 rote Zwiebel, in dünne Ringe gehobelt*
> *Salz und Pfeffer*
> *250 g Champignons, blättrig aufgeschnitten*
> *2 Teelöffel gehackte Petersilie*
> *4 Scheiben säuerliches Weißbrot oder Weizenschrotbrot (Seite 373)*
> *Dijonsenf*
> *50 g geriebener Fontina*
> *Weiche oder zerlassene Butter*

1/2 Eßlöffel Olivenöl in einer Pfanne erhitzen. Die Zwiebelringe mit Salz und Pfeffer hineingeben und ca. 5 Minuten bei mittlerer Hitze andünsten. In eine Schüssel füllen. Das restliche Öl in der Pfanne heiß werden lassen. Die Champignons mit 1/4 Teelöffel Salz und etwas Pfeffer bei kräftiger Hitze darin goldbraun und leicht knusprig braten. Zum Schluß mit etwas Wasser ablöschen. Die Pilze zur Zwiebel geben und mit Petersilie vermengen.

Die Brotscheiben auf einer Arbeitsfläche ausbreiten und leicht mit Senf bestreichen. Die Pilzmischung auf zwei Brotscheiben häufen und mit der Hand flachdrücken. Dann den Käse darüberstreuen. Mit den anderen beiden Brotscheiben abdecken und die Oberseite mit Butter bestreichen.

Die Sandwiches mit der gebutterten Seite nach unten in eine heiße Pfanne oder Grillpfanne setzen und auch die andere Seite mit Butter bestreichen. Abdecken und auf jeder Seite 4–5 Minuten goldbraun rösten. Sofort servieren.

Baguette-Sandwich mit gebratener Aubergine, Tomaten und Pesto

Das beliebte Sommer-Sandwich kann mit zweierlei Käsesorten zubereitet werden (beide schmecken gleichermaßen köstlich). Provolone ist kräftig und paßt zu allem; Fontina besitzt einen milden, cremigen und samtigen Charakter. Für ein richtig gutes Sandwich muß die Aubergine wirklich ganz weich gebraten und großzügig mit Balsamessig gewürzt werden.

Zutaten für vier Portionen
375 g kleine und längliche Auberginen,
schräg in 1 cm dicke Scheiben geschnitten
1 1/2 Eßlöffel natives Olivenöl extra
1 Knoblauchzehe, fein gehackt
Salz und Pfeffer
1 Eßlöffel Balsamessig oder reduzierter Balsamessig (Seite 400)
1 Baguette
Ca. 100 ml Pesto (Seite 392)
250 g Tomaten, in Scheiben geschnitten
125 g Provolone oder Fontina, in dünne Scheiben geschnitten
Ein paar Salatblätter

Backofen auf 180 Grad vorheizen. Die Auberginenscheiben mit Olivenöl, Knoblauch, 1/4 Teelöffel Salz und etwas Pfeffer anmachen. Auf ein Backblech legen und 15–20 Minuten garen, bis die Scheiben auch in der Mitte durch sind. Aus dem Ofen nehmen und noch warm mit Essig bepinseln.
Baguette längs halbieren und aushöhlen. Beide Seiten mit Pesto bestreichen, dann die Auberginenscheiben dicht an dicht auf die untere Hälfte legen. Tomaten schindelartig darüberschichten und leicht salzen und pfeffern. Käse und Salat darauflegen. Die obere Hälfte wieder aufsetzen. Diagonal in vier Sandwiches teilen.

Varianten
Die gebratenen Auberginenscheiben können Sie auch mit anderen interessanten Zutaten kombinieren: Basilikum-Aïoli (Seite 395), Rauke (Rucola), Brunnenkresse, gebratenen Paprikaschoten, geräuchertem Mozzarella und entsteinten schwarze Oliven (z. B. die Sorten Niçoise oder Gaeta).

Focaccia-Sandwich: Wir verwenden die Zutaten für ein Baguette-Sandwich häufig auch für ein Focaccia-Sandwich. Die Fladenbrote schmecken köstlich zum Mittag- oder Abendessen und lassen sich, in mundgerechte Vierecke oder Dreiecke geschnitten, als Appetithappen kredenzen.

Für die Sandwiches folgen Sie dem Focaccia-Rezept auf Seite 375. Die halbe Menge ergibt vier große Sandwiches. Sie müssen dann die für das Baguette-Sandwich angegebenen Zutaten verdoppeln.

Die Focaccia abkühlen lassen und quer halbieren. Die beiden Hälften mit der Schnittfläche nach oben auf eine Arbeitsfläche legen und mit Pesto bestreichen. Die Auberginenscheiben auf die untere Hälfte legen, dann Tomaten, Käse und Salat darüberschichten. Die obere Hälfte aufsetzen und die Focaccia in Quadrate und dann diagonal in Dreiecke schneiden.

Ergibt vier große Focaccia-Sandwiches

Senfblätter

Die gesprenkelten roten Senfblätter schmecken jung und zart am besten. Ihre interessante Schärfe wird mit zunehmender Größe der Blätter immer stechender. Zusammen mit Mizuna und Friséesalat passen sie wunderbar zu einem warmen Kartoffelsalat mit Kapern und einer säuerlichen Zitronenvinaigrette. Der Senfgeschmack macht sich auch in Sandwiches sehr gut. Leider sind Senfblätter nur sehr schwer erhältlich.

Die schnell wachsende Pflanze ist unkompliziert und muß nur selten ausgedünnt werden. Sie ist frostbeständig und gedeiht im zeitigen Frühjahr und Spätherbst besonders gut. Rote Senfblätter stellen keine großen Ansprüche an den Boden und entwickeln sich gut an einem schattigen und kühlen Standort. Sie können einzelne Blätter oder die ganze Pflanze ernten. Verwenden Sie die zarten jungen Blätter für Salate und sautieren Sie die Blätter, die Sie weiterwachsen lassen, in der Pfanne.

Baguette-Sandwich mit eingelegten Pilzen, Paprika und geräuchertem Mozzarella

Das kräftig gewürzte Gemüse wird durch geräucherten Mozzarella-Käse und nussige Rucola ergänzt. Nehmen Sie eine frische und knusprige Baguette und lassen Sie das Gemüse lange in der knoblauchschwangeren Balsamvinaigrette ziehen, bevor Sie das Sandwich zubereiten. Nehmen Sie das Sandwich zum Wandern, auf eine Radtour oder auf einen Bootsausflug mit – es schmeckt einfach wunderbar und wird Sie nachhaltig erfrischen.

Zutaten für vier Portionen
1 rote Paprikaschote, geröstet und gehäutet (Seite 77)
250 g frische Champignons mit geschlossenen Köpfen,
dick aufgeschnitten
1 Teelöffel Kapern (abtropfen lassen)
8–10 kleine schwarze Oliven (vorzugsweise die Sorten
Niçoise oder Gaeta), entsteint und gehackt
Balsamvinaigrette (Rezept folgt)
Salz und Pfeffer
1 Baguette
125 g geräucherter Mozzarella, in dünne Scheiben geschnitten
2 Handvoll Rucola oder Salatblätter

Den Paprika wie auf Seite 77 beschrieben im Backofen rösten, in Scheiben schneiden und mit den Pilzen, den Kapern und den Oliven in eine Schüssel geben. Mit der Balsamvinaigrette anmachen. Salzen und pfeffern und bei Zimmertemperatur 30 Minuten durchziehen lassen.
Die Baguette längs halbieren und aushöhlen. Das eingelegte Gemüse auf der unteren Brothälfte verteilen. Mit Käsescheiben und mit Salat belegen. Die obere Hälfte wieder aufsetzen und schräg in vier Sandwiches teilen.

Balsamvinaigrette für 125 ml
2 Eßlöffel Balsamessig
1 Eßlöffel Sherryessig
5 Eßlöffel natives Olivenöl extra
2 Knoblauchzehen, fein gehackt
1/2 Teelöffel Salz
1 Prise Pfeffer

Die Zutaten in eine kleine Schüssel geben und mit einem Schneebesen zu einer Vinaigrette verrühren.

Variante: Nehmen Sie statt gebratenem Paprika einmal entkernte, in Würfel geschnittene Tomaten.

Gemüsepaprika

Die prallen Paprikaschoten sind wunderbar vielseitig. Gebraten und zu einer farbenprächtigen Sauce oder einer fruchtigen Sommersuppe püriert, einfach gedünstet oder in dicke Streifen geschnitten und gegrillt erscheint Paprika das ganze Jahr über auf unserem Speisezettel. Im Frühherbst, wenn die Ernte eingefahren wird, gibt es auf den Märkten die ausgefallensten Sorten zu kaufen.

Corno di Toro (»Stierhorn«) ist beispielsweise eine Sorte mit länglichen, gekrümmten Früchten, die einem Horn ähneln. Sie ist zum Braten und Füllen ideal. Italienischer Paprika ist lang und schlank, das fruchtige Fleisch eignet sich für eine Sauce oder ein Schmorgemüse. Ungarischer Paprika hat bauchige Schoten und eignet sich zum Braten oder Füllen. Dickfleischige rote Schoten verwenden wir zum Füllen am liebsten. Ihre kleinen, spät reifenden Früchte haben eine elegante, leicht konische Form, und das Fruchtfleisch ist köstlich süß. Die Haut ist ungewöhnlich fest, weshalb wir die Schoten vor dem Füllen kurz rösten und häuten.

Paprikapflanzen gedeihen in einem nährstoffreichen und durchlässigen Boden; in Maßen vertragen sie pralle Sonne und Wärme. Setzlinge vorsichtig umpflanzen, damit die Wurzeln nicht zerstört werden. Paprika wird im Garten in einem Abstand von etwa 15 Zentimetern oder in große Tröge gepflanzt. Gleichmäßig feucht halten und mit organischem Dünger versorgen, sobald die ersten Früchte ansetzen.

Weißbrot mit Paprika, Fontina und Rucola

Dieses großartige Sandwich ist schnell gemacht, wenn Sie gebratenen Paprika bereits vorrätig haben. Wir rösten das Brot im voraus, damit das Sandwich schön knusprig wird (der Käse schmilzt ohnehin recht schnell). Die würzige Rucola fällt unter dem cremigen Fontina zusammen und fügt sich somit wunderbar in die geschmackliche Gesamtkomposition ein.

Zutaten für 2 belegte Brote; ergibt eine oder zwei Portionen
1 rote Paprikaschote, geröstet und gehäutet (Seite 77)
Salz und Pfeffer
1 kleine Knoblauchzehe, fein gehackt
Natives Olivenöl extra
2 Scheiben Weißbrot (aus Sauerteig)
Dijonsenf
1 kleine Handvoll Rucola (Stengel abknipsen, Blätter waschen)
60 g Fontina, gerieben oder in Scheiben geschnitten

Den Paprika in Streifen schneiden, salzen und pfeffern. Den Knoblauch mit etwas Olivenöl verrühren und die Brotscheiben damit einpinseln. Das Brot auf dem Grill oder im Toaster knusprig rösten. Vom Grill nehmen und mit Senf bestreichen. Rucolablätter und die Paprikastreifen auf den beiden Brotscheiben verteilen. Mit Käse bedecken. Überbacken, bis der Käse schmilzt. Mit Pfeffer übermahlen und sofort servieren.

Variante: Statt Rucola können Sie auch Petersilie verwenden und unmittelbar vor dem Servieren auf dem geschmolzenen Käse verteilen.

Ziegenkäse, Birnen und Walnüsse auf geröstetem Weißbrot

Vollreife Birnen, würziger Ziegenkäse und frische Walnüsse passen einfach hervorragend zu knusprigem Weißbrot aus Sauerteig. Wir servieren dieses ebenso schlichte wie elegante Sandwich im Herbst und Winter zu roten Beten mit Brunnenkresse und Orangen (Seite 78). Wenn es die rötlichen Williamsbirnen gibt, sollten Sie zugreifen.

Zutaten für 4 Brote; ergibt zwei bis vier Portionen
40 g Walnußkerne, geröstet (Seite 312)
125 g milder, cremiger Ziegenkäse
2 Eßlöffel Milch oder Sahne
Salz und Pfeffer
1 vollreife Birne (z. B. Williams-Christ-Birne, Boscs-Flaschenbirne)
4 Scheiben Weißbrot (aus Sauerteig)

Die gerösteten Walnüsse grob hacken oder mit den Händen zerkrümeln.
Den Ziegenkäse mit Milch oder Sahne zu einer cremigen und streichfähigen Konsistenz verrühren. Mit Salz und Pfeffer würzen. Die Birne halbieren, vom Kernhaus befreien und in dünne Scheiben schneiden. Nun sofort das Brot sanft toasten und noch warm mit Käse bestreichen. Die Birnenscheiben fächerartig darauf anrichten und mit den Walnüssen bestreuen. Sofort servieren, damit die Birnen nicht braun anlaufen.

Tip: Wenn der Ziegenkäse bereits sehr mild und cremig ausfällt, müssen sie ihn nicht zusätzlich mit Milch oder Sahne verrühren. Schmeckt der Käse recht streng, dann mit etwa 50 Gramm Frischkäse und einem Eßlöffel Milch abmildern.

Gorgonzola-Sandwich mit Tomaten und Basilikum

Dieses köstliche Sommer-Sandwich ist wohl kaum zu übertreffen. Wenn Sie orange-farbene oder gelbe Tomaten bekommen können, sollten Sie sie abwechselnd mit den roten Tomaten auf dem Käse dekorieren. Dann mit dunklem oder grünem Basilikum bestreuen. Aus dem Gorgonzola-Sandwich wird eine herrlich leichte Mahlzeit, wenn Sie Kartoffelsalat mit frischen Bohnen, Cocktailtomaten und Basilikum (Seite 66) dazu servieren.

Zutaten für vier Sandwiches; ergibt zwei bis vier Portionen
125 g Gorgonzola
50 g Frischkäse
Salz und Pfeffer
4 Scheiben Weißbrot (aus Sauerteig)
500 g Tomaten (putzen und je nach Größe halbieren oder
ganz lassen; dann in Scheiben schneiden)
10–12 dunkle oder grüne Basilikumblätter,
in sehr feine Streifen geschnitten

Den Gorgonzola mit dem Frischkäse zu einer streichfähigen Creme verrühren, salzen und pfeffern. Das Brot rösten und mit der Käsecreme bestreichen. Die Tomatenschei-ben schuppenartig auf dem Brot anordnen, leicht salzen und pfeffern. Mit den Basilikumstreifen garnieren und zu Tisch bringen.

Polenta-Happen

Diese kleinen, warmen Polenta-Happen werden ähnlich wie Croûtons geröstet. Sie eignen sich wunderbar für Parties, denn sie können im voraus zubereitet werden, und die Polenta kann man sogar schon einen oder zwei Tage im voraus kochen. Auf diese Weise können Sie außerdem Polentareste mit einem bunten Allerlei aus Ihrem Kühlschrank kombinieren. Wir nennen Ihnen hier ein paar von unseren beliebtesten Kombinationen – keine richtigen Rezepte, sondern eher Vorschläge, die Ihre Phantasie und Ihren Gaumen anregen sollen.

– Polenta mexikanisch: Polenta leicht mit Chipotle-Püree (Seite 387) oder Ancho-Chili-Püree (Seite 236) bestreichen und mit geräuchertem Käse oder Cheddar sowie Koriandergrün oder Salbei bestreuen. Sie können auch entkernte und gewürfelte Tomaten oder feingeschnittenen frischen Chili dazugeben. Pesto aus Koriandergrün (Seite 393) schmeckt hervorragend dazu.
– Zerkrümelter Ziegenkäse oder Gorgonzola mit gerösteten und zerstoßenen Walnußkernen, Basilikum, Frühlingszwiebeln oder Schnittlauch.
– Zerkrümelter Ziegenkäse oder geriebener Fontina mit getrockneten Tomaten, Basilikum und Thymian oder zarten Petersilienstengeln. Etwas Öl von den eingelegten Tomaten darüberträufeln.
– Gebratene Paprikastreifen, geriebener Fontina und Basilikum oder ein Klecks Pesto (Seite 392). Rucola paßt gut dazu: Ein Blatt unter den Käse legen – das Rucolablatt fällt zusammen und der Käse schmilzt.
– Eingelegte Tomaten mit Oliven und Parmesan oder geräucherter Mozzarella und Basilikum oder andere frische Kräuter.

Polenta nach dem Rezept auf Seite 329 zubereiten und in eine Auflaufform (ca. 23 x 33 Zentimeter) gießen. Die Polenta abkühlen und fest werden lassen und mit einem spitzen Messer oder einem Keksförmchen in Kreise, Dreiecke oder beliebige Formen mit 5–7 Zentimeter Durchmesser schneiden. In die Mitte der Polenta-Häppchen einen Belag nach Wahl setzen (Kräuter erst nach dem Überbacken darüberstreuen). Nur wenig Käse darübergeben, weil die Polenta sich sonst nur schwer servieren läßt. Die Häppchen auf ein leicht geöltes Backblech setzen und im 200 Grad heißen Ofen 8–10 Minuten überbacken, bis der Käse Blasen wirft. Mit Kräutern und frisch gemahlenem Pfeffer bestreuen. Sofort servieren.

Ergibt 20–24 kleine Polenta-Happen

Tapenade-Toasts

Ein knuspriges Weißbrot aus Sauerteig oder ein Baguette eignet sich für diese würzigen Toasts am besten. Wenn es möglich ist, grillen wir das Brot, doch für Appetithappen, die im voraus zubereitet werden sollten, toasten wir die Brotscheiben. Verwenden Sie die Tapenade nur sparsam, denn ein Hauch von der kräftigen Olivenpaste genügt.

Wir stellen diese Toasts gerne mit anderen Crostini zu einer bunten Platte zusammen: eingelegte Tomaten und Basilikum, karamelisierte Zwiebeln und Ziegenkäse mit Thymian, unter dem Grill angewärmt, gebratene Auberginen mit einem oder zwei dünnen Streifen getrockneter Tomaten. Das Schöne an dieser Vorspeise ist, daß man sie im voraus zubereiten und dann in letzter Minute zusammenstellen kann.

Wir machen unsere Tapenade aus zwei oder drei verschiedenen Olivensorten (getrockneten Kalamata, in Öl eingelegten Oliven und winzigkleinen Gaeta- oder Niçoise-Oliven), die wir mit Kapern vermischen und grob hacken. Dann werden sie in fruchtigem Olivenöl, Zitrusschale und Fenchel eingelegt. Die eingelegten Oliven halten sich beliebig lange im Kühlschrank. Die Tapenade schmeckt jedoch am besten, wenn man vor dem Servieren frische Kräuter dazugibt und noch einmal nachwürzt.

Tapenade
3 Eßlöffel natives Olivenöl extra
1/4 oder (wenn Sie keinen Fenchel bekommen) 1/2 rote Zwiebel, gehackt
1/4 Fenchelknolle, geputzt und gewürfelt
1/4 Teelöffel gemahlene Fenchelsamen
300 g entsteinte Oliven: Kalamata, Gaeta, grüne oder
schwarze Niçoise und in Öl eingelegte Oliven
1 Eßlöffel Kapern (abtropfen lassen und abspülen)
1/4–1/2 Teelöffel abgeriebene Zitronen- oder Orangenschale
1 Eßlöffel gehackte Petersilie
Pfeffer

Etwas Olivenöl in einem Pfännchen erhitzen. Die Zwiebel, den Fenchel und die Fenchelsamen ca. 5 Minuten bei mittlerer Hitze darin andünsten.

Die Oliven und Kapern von Hand oder in der Küchenmaschine grob hacken, damit die Tapenade noch etwas Biß hat. In eine Schüssel füllen, die Zwiebel-Fenchel-Mischung, das restliche Olivenöl, 1/4 Teelöffel Zitrusschale, Petersilie und Pfeffer hinzufügen. Beiseite stellen und mindestens eine Stunde ziehen lassen (je länger die Tapenade durchzieht, um so intensiver ihr Geschmack). Nach Belieben mit Zitrusschale und Pfeffer nachwürzen.

Toasts (16 Stück)
1 Knoblauchzehe, fein gehackt
4 Eßlöffel natives Olivenöl extra
16 dünne Baguettescheiben oder 4 dünne Scheiben gesäuertes Weißbrot, in Spalten oder Viertel geschnitten
Petersilienzweige

Backofen auf 190 Grad vorheizen. Den Knoblauch in das Olivenöl rühren und die Brotscheiben damit bestreichen.
Auf ein Backblech setzen und goldgelb und knusprig rösten (ca. 8 Minuten).
1/2 Eßlöffel Tapenade auf jede Toastscheibe setzen (oder einen kleinen Klecks in die Ecken setzen). Vor dem Servieren mit ein paar Petersilienblättchen garnieren.

Variante: Statt Zitrusschale und Fenchel entkernte Tomaten oder geröstete Paprikaschoten verwenden und mit einer Mischung aus frisch gehackten Kräutern bestreuen. Sie können die Oliven auch mit ganzen Basilikum- oder Salbeiblättern oder kleinen Majoran-, Oregano-, Thymian- oder Rosmarinzweigen einlegen.

Zitrusschale

Die frische Essenz, die in den bunten Schalen der Zitrusfrüchte enthalten ist, dient zum Verfeinern von Nudelgerichten, Vinaigrettes, Tapenade und Salaten aller Art. Ein Zitrusschäler ist so praktisch, daß ich selbst in meiner Küche zu Hause nicht darauf verzichten möchte. Denn damit läßt sich die Zitrusschale in langen und dünnen Streifen abschälen. Sie können die Schale aber auch mit einer Reibe fein reiben. Auch mit einem Gemüseschäler läßt sich die Zitrusschale schnell ablösen. Die meisten unserer Rezepte verlangen nach feingeriebener Zitrusschale – ganz gleich, welche Methode Sie nun verwenden, verwenden Sie auf keinen Fall die bittere weiße Haut unter der dicken Schale. Verarbeiten Sie nach Möglichkeit nur unbehandelte Früchte. Gewöhnliche Zitrusfrüchte werden stark gewachst und gefärbt und müssen gründlich abgeschrubbt werden, bevor man die Schale genießen kann.

Brotbacken

Brotbacken

Greg Tompkins ist Bäckermeister in der Tassajara Bread Bakery und hat die Rezepte und die Einführung zu diesem Kapitel geschrieben. Mit der Unterstützung seiner Angestellten hat er die Rezepte seiner Großbäckerei auf Haushaltsmengen reduziert und immer wieder getestet und ausprobiert. Seine Brotrezepte funktionieren wirklich auch im Ofen zu Hause! Wir stellen Ihnen hier unsere Lieblingsrezepte vor, die wir – mit Ausnahme des Sauerteigbrots aus Mais- und Roggenmehl – täglich in unserem Restaurant servieren.

Brotbacken ist eine Kunst, die Erfahrung, Intuition und geschickte Hände erfordert. Wenn Sie sich zum erstenmal ans Brotbacken wagen, sollten Sie unsere Rezepte ganz genau befolgen. Wenn Sie bereits jahrelange Erfahrung im Brotbacken haben, lesen Sie das Rezept durch und arbeiten Sie dann nach Ihrem erprobten Verfahren weiter. Hier noch ein paar Tips:

Kneten: Kneten nennt man die rhythmische Bewegung, mit der Ihre Handballen den Teig bearbeiten. Dadurch schaffen Sie eine Bleibe für die Hefe, d.h. eine Eiweißstruktur, in die das Gas eingebaut werden kann, das die Hefe beim Gären freisetzt. Die Hefe braucht ein warmes Zuhause – Brot geht zwar auch sehr langsam im Kühlschrank auf, doch fühlt sich der Teig bei Temperaturen zwischen 20 und 30 Grad Celsius wohler. Wenn Sie ein paarmal Brot backen, bekommen Sie das Kneten schnell in den Griff. Achten Sie stets genau auf die angegebene Knetzeit; rollen Sie den Teig die Arbeitsfläche entlang, klappen Sie ihn zusammen, drehen Sie ihn eine Vierteldrehung, wiederholen Sie diese Vorgänge 10–15 Minuten lang – selbst wenn Ihre Arme dabei müde werden. Es ist viel wahrscheinlicher, daß Sie den Teig zuwenig als zuviel kneten, wenn Sie von Hand arbeiten.

Mehl und Teig: Mehle unterscheiden sich von Marke zu Marke, und selbst ein und dieselbe Marke fällt je nachdem, wie Sie das Mehl lagern, jede Woche unterschiedlich aus. Ein und derselbe Teig geht an einem kühlen Morgen langsam auf, während er an einem schwülwarmen Nachmittag wie ein Science-fiction-Monster in die Höhe schnellt. Bei Vollkornteig können Sie sich nach dem Kneten auf Muskelkater gefaßt machen, während Sauerteig scheinbar mühelos eine seidige und elastische Konsistenz erreicht.

Lagerung: Unsere Rezepte sind für zwei Laibe berechnet. Sobald das Brot abgekühlt ist, bei Zimmertemperatur in einem Frischhaltebeutel oder in Haushaltsfolie verpackt aufbewahren. Sauerteig bleibt knuspriger, wenn Sie das Brot in einer Papiertüte aufbewahren, trocknet dabei allerdings auch leichter aus. Stecken Sie das Brot daher lieber in eine Plastiktüte oder wickeln Sie es in Haushaltsfolie und frieren Sie es ein, wenn Sie es länger als einen Tag aufheben wollen. Kühle Temperaturen beschleunigen den Alterungsprozeß des Brots, bewahren Sie Ihr Brot daher niemals im Kühlschrank auf. Selbst ein gut verpackter Laib wird über Nacht altbacken (d. h., die Stärke im Brot baut Feuchtigkeit ab – was nichts mit Austrocknen zu tun hat). Genießen Sie Ihr Brot jeden Tag neu – toasten Sie es zum Frühstück und machen Sie aus den letzten Scheiben Knoblauchbrotkrümel oder Croûtons.

Sauerteigbrot aus Mais- und Roggenmehl

Dieses leichte Roggenbrot ist eine wahre Geschmacksbombe. Ein Hauch Honig mildert den intensiven Sauerteig, während grobes Maismehl den festen Teig knusprig werden läßt. Die Sauerteigkultur aus Roggenmehl benutzen wir nur für den Geschmack, aber nicht zum Gären. Sie können das Brot also innerhalb eines einzigen Nachmittags backen.

Zutaten für zwei Laibe à ca. 500 g
1 Päckchen Trockenhefe (2 1/4–2 1/2 Teelöffel)
350 ml warmes Wasser (45 Grad)
125 g Sauerteigkultur aus Roggen- oder Weizenmehl (Seite 368)
125–150 g dunkles Roggenmehl
6 Eßlöffel grobes Maismehl
2 Teelöffel ganze Kümmelkörner
2 Teelöffel gemahlener Kümmel
2 Eßlöffel Honig
2 Teelöffel feines Meersalz
375 g Weizenmehl
1 Ei, mit 1 Teelöffel Wasser verquirlt

Hefe und Wasser in einer Backschüssel verrühren, bis sich die Hefe aufgelöst hat. 10 Minuten quellen lassen.
Die Sauerteigkultur sorgfältig einrühren. Dann das Roggenmehl, das Maismehl, die Kümmelkörner und den gemahlenen Kümmel sowie den Honig hinzufügen. Salz und 300–350 g Weizenmehl dazugeben. Umrühren, bis der Teig fest genug zum Kneten ist. Die Arbeitsfläche mit dem restlichen Mehl bestreuen, den Teig daraufsetzen und ungefähr 12 Minuten durchkneten, bis er fest und elastisch wird. Widerstehen Sie der Versuchung, mehr Mehl hinzuzufügen als angegeben. Der Teig sollte sich zum Schluß klebrig und zäh anfühlen. Den Teig nun in eine geölte Schüssel setzen und darin wenden, bis die gesamte Oberfläche mit Öl überzogen ist. Mit einem feuchten Tuch oder mit Haushaltsfolie abdecken und auf die doppelte Größe aufgehen lassen.
Den Teig aus der Schüssel nehmen und mit ein paar Schlägen zusammenfallen lassen. In zwei gleich große Hälften teilen, jede Teighälfte auf der Arbeitsfläche zu einer Kugel rollen. Die Teigkugeln müssen sich fest anfühlen und an der Stelle, an der sie die Arbeitsfläche berührt haben, eine kleine Delle aufweisen. Die Kugeln mit der

Delle nach unten und in ausreichendem Abstand voneinander auf ein leicht geöltes Backblech setzen. Locker abdecken und zur doppelten Größe aufgehen lassen.

Backofen auf 200 Grad vorheizen. Die Oberfläche der Brotlaibe leicht einritzen. Wir verzieren dieses Brot traditionsgemäß mit dem Bild der aufgehenden Sonne. Dazu einen Kreis in die Mitte ritzen und auf jeder Seite zwei Strahlen von der Mitte nach außen ziehen.

Die Laibe mit dem Eiwasser bestreichen und 25 Minuten backen. Sie müssen hohl klingen, wenn man mit der Hand auf den Boden der Laibe klopft. Auf einem Gitter abkühlen lassen.

S auerteig-Bâtard

Dieses kräftige Sauerteigbrot ist der Star im Repertoire der Bäckerei Tassajara. Es eignet sich hervorragend für Sandwiches, Croûtons und zum Grillen. Wir geben dem Brot eine dicke, ovale Form, die in Frankreich »bâtard« genannt wird. Das Wort bedeutet »Bastard« und hat wohl etwas damit zu tun, daß das Brot für einen klassischen Laib zu länglich, für ein Stangenbrot aber zu dick ist.

Als Treibmittel verwenden wir hier ausschließlich wilde Hefekulturen, d. h. die natürlichen Hefezellen, die in jeder Küche hausen. Es geht sehr langsam auf und ist eines der widerspenstigsten Brote, das Sie je backen werden. (Der Teig geht über Nacht und am nächsten Tag noch einmal für längere Zeit.) Das Geheimnis des Erfolgs liegt in einer gut gealterten und gepflegten Sauerteigkultur.

Zutaten für zwei Laibe à ca. 700 g
300 g Sauerteigkultur (Seite 368)
650 ml warmes Wasser (45 Grad)
800–900 g ungebleichtes Weizenmehl zum Brotbacken
1 1/2 Eßlöffel feines Meersalz

Die Sauerteigkultur vor dem Abmessen umrühren, um etwaige Gasbläschen zu entfernen. Die Kultur und das Wasser in eine große Schüssel geben und verrühren. Portionsweise 500 Gramm Mehl hinzufügen und unterrühren.

Salz und 200 Gramm Mehl hinzufügen und dann noch einmal 150 Gramm einrühren. Der Teig sollte nun so fest sein, daß Sie ihn von Hand bearbeiten können. Den Teig auf eine leicht bemehlte Arbeitsfläche setzen und 10 Minuten durchkneten. Dabei nach Bedarf das restliche Mehl hinzufügen, damit ein glatter und elastischer Teig entsteht. In eine geölte Schüssel setzen und wenden, damit die gesamte Teigoberfläche von Öl überzogen ist. Mit Haushaltsfolie abdecken und über Nacht (11–12 Stunden) bei Zimmertemperatur gehen lassen.

Der Teig wirkt nach dem Aufgehen etwas klebrig. Auf eine leicht bemehlte Arbeitsfläche setzen und kurz kneten, damit der Teig geschmeidiger wird. In zwei gleiche Hälften teilen.

Nun den Bâtard ausformen. Eine Teighälfte mit den Händen auf etwa 30 Zentimeter Länge ausziehen. Die beiden Enden in die Mitte klappen. Die Enden in der Mitte festdrücken. Die Teigportion sollte nun ungefähr wie ein Rechteck aussehen. Die Ecken nun zur Mitte hin aufrollen. Weiterrollen, den Rand zur Mitte hin rollen, bis Sie einen Laib erhalten, der aussieht wie eine dicke Spindel oder ein dick aufgeblasener amerikanischer Football. Versiegeln Sie die Nahtstelle, indem Sie die Teigränder fest zusammenzwicken. Den Bâtard nun mit den Händen auf der Arbeitsfläche hin- und herrollen und die Enden ausziehen, die gleichmäßig und spitz auslaufen müssen. Den zweiten Laib genauso formen.

Die Bâtards auf eine bemehlte Fläche setzen, mit einem feuchten Tuch abdecken und 2 1/2–3 Stunden bei Zimmertemperatur zur doppelten Größe aufgehen lassen.

1/2 Liter Wasser in die Saftpfanne des Ofens (auf der untersten Schiene) gießen und den Backofen auf 230 Grad vorheizen. Die Brotlaibe mit genügend Abstand zueinander auf ein Backblech setzen. Jeden Laib mit einem scharfen Messer 6–7 Millimeter tief der Länge nach einritzen. Mit Wasser bestreichen und 15 Minuten backen. Währenddessen den Ofen mit einer Sprühflasche alle 5 Minuten befeuchten.

Nach den 15 Minuten die Saftpfanne aus dem Ofen holen, die Laibe mit Wasser bestreichen und die Backtemperatur auf 190 Grad reduzieren. Das Brot 40 Minuten weiterbacken. Das Brot ist fertig, wenn es hohl klingt, wenn man auf die Unterseite des Brotes klopft. Auf einem Gitter auskühlen lassen.

Variante für französisches Sauerteigbrot: Wir backen noch ein Sauerteigbrot, das den Bâtards ähnelt, aber auch eine kleine Menge Weizenvollkornmehl enthält. Wir nennen es »französisches Sauerteigbrot«, weil es durch die Zugabe von Vollkornmehl den dunkleren Mehlsorten, die in Europa üblich sind, ähnelt. Das Rezept nennt eine Sauerteigkultur aus Weizenvollkornmehl, kann aber genauso mit normalem Weizenmehl gebacken werden. Sie können auch eine Sauerteigkultur aus gewöhnlichem Weizenmehl (Seite 368) verwenden.

Zutaten
250 g Sauerteigkultur aus Weizenvollkornmehl (Seite 369)
750 ml warmes Wasser (45 Grad)
150 g Weizenvollkornmehl (vorzugsweise aus einer Steinmühle)
Etwa 900 g ungebleichtes Weizenmehl
2 Eßlöffel feines Meersalz

S auerteigkulturen

Eine Sauerteigkultur ist eine lebendige Hefekultur. Die Treibmittel, die wir in den anderen Rezepten in diesem Kapitel verwenden, werden beim Brotbacken gemacht und verbraucht. Treibmittel können so aufwendig in der Zubereitung sein und so hingebungsvoll gepflegt werden müssen wie eine gärende Sauerteigkultur. Bisweilen sind sie aber auch sehr schlicht: Manchmal ist es nur nötig, eine Portion Teig zurückzubehalten und sie dem Brotteig, den man am folgenden Tag zubereitet, hinzuzufügen.

Eine echte Sauerteigkultur entsteht, indem man wilde Hefe und harmlose Bakterien in einem einfachen Teig aus Mehl und Wasser wachsen läßt. Diese Bakterien erzeugen die Säure oder Kombination aus Säuren, die für das Treibmittel notwendig ist.

Wenn man Sauerteigbrot herstellt, gibt man ein Teil von dieser Kultur in den Teig. Die Hefen und Bakterien in dem Treibmittel lassen den Teig aufgehen und säuern das Brot. Wilde Hefestämme gedeihen überall, doch die Bakterien, die die Säuren erzeugen, weisen regionale Unterschiede auf. Ein Sauerteig aus Europa wird aus diesem Grund niemals so schmecken wie ein Sauerteig aus San Francisco. Und da man eine Sauerteigkultur regelmäßig auffrischen muß, wird selbst aus einer Kultur, die man von San Francisco nach Europa verlegt hat, schnell eine europäische Sauerteigkultur, weil man sie mit heimischen Zutaten »füttern« muß.

Bei der Herstellung einer Sauerteigkultur gilt es hauptsächlich zwei Dinge zu beachten: Wie bekommt man die wilde Hefe und die Bakterien überhaupt in den Teig, und wie erhält man die Kultur bei Kräften?

Die Hefen und Bakterien, die man für eine Kultur braucht, sind bereits von Natur aus in dem Mehl, das Sie tagtäglich verwenden, enthalten. Es ist jedoch schwer, sie lediglich aus dieser Mehlmischung zu züchten. Sie müssen dann genau auf den Wassergehalt und die Umgebungstemperatur achten. Es ist einfacher, die Hefen zu nutzen, die sich von Natur aus auf den Schalen von Weintrauben oder – wie unten beschrieben – auf den Rosinen aus diesen Trauben tummeln. Beginnen Sie mit

250 g Bio-Rosinen
750 ml Wasser

Nehmen Sie unbedingt Bio-Rosinen, weil sie nicht mit Konservierungsmitteln oder schimmeltötenden Chemikalien behandelt wurden. Rosinen und Wasser in eine Schüssel geben und die Rosinen ausdrücken, bis sich das Wasser schlammbraun färbt. Dadurch wird der Zucker freigesetzt, von dem sich die Hefen im Laufe der nächsten Tage ernähren werden.

Schüssel locker abdecken und 2–3 Tage bei Zimmertemperatur stehen lassen. Danach ist die Flüssigkeit schaumig oder beginnt zu sprudeln, wenn Sie an der Schüssel rütteln: Die Hefe hat Kohlensäure entstehen lassen. Auf den Rosinen schwimmen vielleicht auch ein paar Schimmelflecken, denn die Wachstumsbedingungen für Hefe sind auch ideal für Schimmelbildung. Der Schimmel schwimmt jedoch nur auf der Oberfläche und kann leicht mit einem Löffel abgeschöpft werden. Nun die Rosinen abgießen und wegwerfen, das Wasser auffangen. Vermischen Sie nun:

500 ml Rosinenwasser
750 g ungebleichtes Weizenmehl

Das Rosinenwasser und das Mehl in einer Backschüssel zu einem weichen und klebrigen Teig vermischen. Diesen Grundteig in ein Gefäß setzen, das mindestens das dreifache Volumen besitzt, und leicht abdecken. Den Teig 24 Stunden bei Zimmertemperatur gären lassen, dann 24 Stunden in den Kühlschrank stellen. Der Teig geht dabei auf und wirft Bläschen. Wenn der Teig aus dem Behälter zu fließen droht, mit ein paar Schlägen zusammenfallen lassen und weitergären lassen. Nach der 24stündigen Kühlzeit die Kultur wie folgt auffrischen:

500 g Sauerteigkultur (den Rest wegwerfen)
500 ml Wasser
750 g ungebleichtes Weizenmehl

Die Zutaten in einer Schüssel vermengen und zu einem weichen und klebrigen Teig verarbeiten. Bei Zimmertemperatur 24 Stunden gären lassen, dann mindestens drei Tage kühl stellen. Jetzt können Sie die Kultur zum Brotbacken verwenden.

Das Treibmittel und das daraus hergestellte Brot schmecken anfangs nicht sehr säuerlich. Erst nach mehreren Auffrischungen und ungefähr einem Jahr sieht die Kultur so aus (und riecht so), wie Sie sich eine Sauerteigkultur vorstellen. Da diese Anfangsphase so lange dauert, werden bestehende Kulturen liebevoll gehegt und gepflegt und von Bäcker zu Bäcker weitergegeben. Zur Verwendung und zum Erhalt ihrer Kultur folgen Sie diesen einfachen Regeln:

Kultur kühl lagern. Vor der Verwendung auf Zimmertemperatur erwärmen. Für Sauerteigbrot die Kultur nicht auffrischen. Die Kultur nach jeder Verwendung, mindestens aber einmal alle drei Wochen auffrischen.

Zum Auffrischen oder Füttern geben Sie Mehl und Wasser in die bestehende Kultur. Damit Ihre Kultur stets gleich stark ist, verwenden Sie nach Gewicht:

1 Teil Sauerteigkultur
1 Teil Wasser
1 1/2 Teile ungebleichtes Weizenmehl

Sauerteigkultur, Wasser und Mehl vermischen und wie beschrieben verarbeiten. Die aufgefrischte Kultur über Nacht bei Zimmertemperatur gären lassen, dann vor der weiteren Verwendung mindestens drei Tage kühl stellen.

Varianten: In unserer Bäckerei verwenden wir drei verschiedene Sauerteigkulturen aus ausgemahlenem Weizenmehl, aus Vollkorn-Weizenmehl und Roggenmehl. Das hier beschriebene Verfahren gilt für ausgemahlenes Weizenmehl. Wenn Sie eine Kultur aus Vollkornmehl bevorzugen, folgen Sie den Anleitungen und ersetzen das ausgemahlene Mehl durch feines Vollkornmehl, wenn Sie die Kultur auffrischen. Die Kultur geht nicht so stark auf und wirkt dicker, wenn sie richtig gärt. Sie riecht außerdem säuerlicher als die Grundversion.
Für eine Roggenkultur die Sauerteigkultur mit einer Mischung aus Roggenmehl und feinem Vollkorn-Weizenmehl zu gleichen Teilen auffrischen.

Wiener Fünfkornbrot

Das Brot mit seinen herzhaften Körnern eignet sich hervorragend für Sandwiches. Der Teig ist überraschend leicht und läßt sich wunderbar verarbeiten. Genaugenommen handelt es sich hier um ein Vierkorn-/Dreisamenbrot, das in Wien vielleicht ganz unbekannt ist, doch uns gefiel einfach der Klang von »Wiener Fünfkornbrot«. Wie immer Sie dieses Brot auch nennen wollen – Sie werden vermutlich die besten Toasts daraus zaubern, die Sie je gegessen haben.

Wir verwenden einige eher ungewöhnliche Körner und Samen, so daß Sie wohl einen Ausflug ins Reformhaus einplanen müssen. Gluten (Klebereiweiß) macht den Teig leichter, weshalb Sie es auch verwenden sollten. Kaufen Sie gleich einen Vorrat an diesen Zutaten ein, denn Sie werden dieses Brot sicher schon bald wieder backen wollen.

Vorteig
2 Päckchen (4 1/2 Teelöffel) Trockenhefe
175 ml warmes Wasser (45 Grad)
125–150 g ungebleichtes Weizenmehl

Hefe und Wasser in einer Backschüssel verrühren und 10 Minuten ruhen lassen. Das Mehl gründlich einarbeiten und eine Stunde gehen lassen.

Brotteig für zwei Laibe
500 ml warmes Wasser (45 Grad)
200 g dunkles Roggenmehl
1 1/2 Teelöffel Gluten (auch als Klebereiweiß bekannt)
50 g Roggenflocken
3 Eßlöffel Leinsamen
3 Eßlöffel Sesamsaat
3 Eßlöffel Sonnenblumenkerne
3 Eßlöffel Haferflocken
3 Eßlöffel Hirse
4 1/2 Eßlöffel dunkle, ungeschwefelte Melasse
2 Teelöffel Meersalz
Ca. 500 g ungebleichtes Weizenmehl

Für die Kruste
1 Eiweiß, mit 1 Teelöffel Wasser verquirlt
Je 1 Eßlöffel Haferflocken, Sesamsaat, Leinsamen
und geschälte Sonnenblumenkerne

Den Vorteig und das warme Wasser in einer großen Schüssel verrühren. Alle Zutaten bis auf das Salz und das Weizenmehl hinzufügen. Nun das Salz und 125 Gramm Mehl einrühren. Dann portionsweise (jeweils 125 Gramm) das restliche Mehl unterrühren. (Die letzte Portion Mehl müssen Sie vielleicht von Hand einkneten.) Den Teig auf eine leicht bemehlte Arbeitsfläche setzen und 10–15 Minuten durchkneten. Nach Bedarf mehr Mehl hinzufügen, damit der Teig nicht klebt. Kneten, bis der Teig glatt und elastisch erscheint. Während des Knetens fühlt sich der Teig zäh und feucht an. Achten Sie darauf, wieviel Mehl Sie beim Kneten noch hinzufügen. Verwenden Sie nach Möglichkeit insgesamt nicht mehr als 600 Gramm.

Den Teig in eine geölte Schüssel setzen und herumrollen, bis er ganz von Öl überzogen ist. Mit einem feuchten Küchentuch oder Haushaltsfolie abdecken und ca. eine Stunde bei Zimmertemperatur auf die doppelte Größe aufgehen lassen.

2 Kastenformen mit ca. 10 x 22 Zentimeter leicht einölen (Sie können auch größere Formen verwenden, doch in den kleinen Formen wird das Brot höher). Den Teig auf die Arbeitsfläche setzen und mit ein paar Schlägen zusammenfallen lassen. Teig halbieren, 2 Laibe formen und in die geölten Formen setzen. Locker mit einem feuchten Tuch abdecken und eine Stunde auf die doppelte Größe aufgehen lassen.

Backofen auf 180 Grad vorheizen. Die Körner für den Belag vermischen. Die Laibe mit Eiweiß und Wasser bestreichen und mit den Körnern bestreuen. 40–45 Minuten backen; das Brot ist fertig, wenn man auf seine Unterseite klopft und dabei ein hohler Klang entsteht. Aus der Form stürzen und auf einem Gitter abkühlen lassen.

Weizenschrotbrot

Ein außergewöhnliches Vollkornbrot, das sich gut für Sandwiches oder als morgendlicher Toast mit Marmelade eignet. Das Weizenschrot sorgt für den richtigen Biß und führt den nussigen Geschmack des Vollkornmehls mit dem süßen Aroma des Honigs zusammen.

Dank dem Gluten kann dieses Brot ausschließlich aus Vollkornmehl gebacken werden, ohne dick und schwer zu werden. Sie müssen den Teig allerdings lange durchkneten, damit das Gluten sich im Vollkornmehl entfalten kann. Ihre Mühen werden dann mit einem lockeren und duftenden Brot belohnt.

Vorteig und Weizenschrot
2 Päckchen Trockenhefe (4 1/2 Teelöffel)
375 ml warmes Wasser (45 Grad)
125–150 g Vollkorn-Weizenmehl
8 Eßlöffel Weizenschrot
125 ml kochendes Wasser

Hefe und Wasser in einer Backschüssel verrühren und 10 Minuten ruhen lassen. Das Mehl unterrühren, mit Haushaltsfolie abdecken und eine Stunde gehen lassen. In der Zwischenzeit den Weizenschrot in ein Schälchen füllen. Mit dem kochenden Wasser überbrühen, abdecken und 20–30 Minuten quellen lassen.

Teig für zwei Wecken
375 ml warmes Wasser (45 Grad)
500–600 g Vollkornmehl
75 g Gluten (auch als Klebereiweiß bekannt)
2 1/2 Eßlöffel Pflanzenöl
6 Eßlöffel Honig
1 Eßlöffel Meersalz
1 Eiweiß, mit 1 Teelöffel Wasser verquirlt
2 Eßlöffel Sesamsaat

Den Vorteig und das Wasser in einer großen Schüssel verrühren. Mehl und Gluten vermischen und die Hälfte von dieser Mischung unter den Vorteig geben. Anschließend den eingeweichten Weizenschrot, Öl, Honig und Salz hinzufügen. Umrühren, bis die Zutaten gut vermengt sind. Die Hälfte des verbliebenen Mehls hinzufügen, umrühren, dann den Rest des Mehls hineingeben (vermutlich müssen Sie die letzte Mehlportion von Hand einarbeiten). Den Teig auf einer leicht bemehlten Arbeitsfläche 10–15 Minuten durchkneten, bis er glatt und fest wird. (Das lange Warten ist notwendig, weil sich dadurch das Gluten im Teig entwickelt.)

Den Teig in eine geölte Schüssel legen und wenden, bis er rundum mit Öl überzogen ist. Mit einem feuchten Tuch oder Haushaltsfolie abdecken und 1–1 1/2 Stunden bei Zimmertemperatur auf die doppelte Größe aufgehen lassen.

2 Kastenformen mit ca. 10 x 22 Zentimeter leicht einölen (Sie können auch größere Formen verwenden, doch in den kleinen Formen wird das Brot höher). Den Teig auf die Arbeitsfläche setzen und mit ein paar Schlägen zusammenfallen lassen. Teig halbieren, 2 Laibe kneten und in die geölten Formen setzen. Locker mit einem feuchten Tuch abdecken und eine Stunde auf die doppelte Größe aufgehen lassen. Backofen auf 180 Grad vorheizen. Die Brotlaibe mit dem verquirlten Eiweiß bestreichen und mit Sesamsaat bestreuen. 40–45 Minuten backen. Das Brot ist fertig, wenn es hohl klingt, wenn man auf seine Unterseite klopft. Aus der Form lösen und auf einem Gitter auskühlen lassen.

Variante: Das Brot schmeckt nussiger, wenn Sie ein paar Sonnenblumenkerne und Sesamkörner einarbeiten. 4 Eßlöffel geschälte Sonnenblumenkerne und 3 Eßlöffel Sesamsaat zusammen mit dem Honig und dem Öl in den Teig geben. Dafür dann den Weizenschrot und das kochende Wasser um jeweils 4 Eßlöffel reduzieren. Den Teig mit dem verquirlten Eiweiß bestreichen und vor dem Backen mit je 2 Eßlöffeln Sonnenblumenkernen und Sesamsaat bestreuen.

F *ocaccia*

Der lateinische Ursprung für Focaccia lautet »focus«, die Feuerstelle oder der Herd in der Mitte des Hauses. Dieses einfache Fladenbrot mit Olivenöl nimmt am Wochenende auf unserem Abendmenü einen ganz besonderen Platz ein. Wir haben je nach Zusammenstellung verschiedene Namen dafür: Focaccia, Fougasse oder einfach Fladenbrot. Der Grundteig ist immer der gleiche, doch dann geben wir je nach Beilagen Nüsse, frische Kräuter oder Oliven dazu. Dieses zarte und saftige Brot eignet sich auch hervorragend für Sandwiches (Seite 351).

> *Zutaten für zwei Fladen*
> *2 Päckchen Trockenhefe (4 1/2 Teelöffel)*
> *500 ml warmes Wasser (45 Grad)*
> *1 Eßlöffel Zucker*
> *125 ml natives Olivenöl extra*
> *700 g ungebleichtes Weizenmehl*
> *2 Teelöffel Salz*
> *2 Eßlöffel frisch gehackter Rosmarin, 3 Eßlöffel frisch gehackter Salbei*
> *oder 3 Eßlöffel gemischte Kräuter (nach Wunsch)*
> *Natives Olivenöl extra zum Bestreichen*
> *Grobes Meersalz*

Die Hefe, 125 Milliliter warmes Wasser und den Zucker in eine große Schüssel geben. 10 Minuten ruhen lassen, bis die Mischung Bläschen bildet. Das Olivenöl, das restliche Wasser und nach Wunsch die Kräuter hinzufügen. In einer zweiten Schüssel das Mehl und das Salz vermischen. Portionsweise (jeweils ca. 150 g) in die flüssigen Zutaten einrühren. Die letzte Portion müssen Sie wahrscheinlich mit den Händen einarbeiten. Den Teig auf eine leicht bemehlte Arbeitsfläche legen und 5–10 Minuten kräftig durchkneten. Nach Bedarf etwas mehr Mehl hinzufügen, damit der Teig nicht klebt. Der Teig ist zunächst sehr klebrig, wird aber durch das Kneten geschmeidiger. Den Teig in eine geölte Schüssel legen und wenden, bis er rundum mit Öl überzogen ist. Mit einem feuchten Tuch oder Haushaltsfolie abdecken und an einem warmen Ort 1 1/2 Stunden aufgehen lassen.
Backofen auf 230 Grad vorheizen. 2 große Formen (ca. 23 x 33 Zentimeter) leicht einölen. Den Teig auf die Arbeitsfläche setzen, halbieren und in die geölten Formen setzen. Abdecken und 30 Minuten gehen lassen. Mit den Fingerspitzen kleine Mulden in den Teig drücken. Mit Olivenöl bestreichen und mit grobkörnigem Meersalz

bestreuen. In den Ofen schieben, Backtemperatur auf 190 Grad reduzieren und 20–25 Minuten hellgold backen. Auf einem Gitter abkühlen lassen.

Varianten:

Unsere Standard-Foccaccia für Sandwiches ist recht einfach. Wenn wir das Fladenbrot jedoch zu einer Mahlzeit servieren, wandeln wir das Grundrezept nach Bedarf ab. Hier sind unsere Lieblingsvarianten:

Nüsse: Wir kneten manchmal gehackte Nüsse unter den Teig, doch meistens streuen wir die Nüsse über den Teig und drücken sie leicht hinein. Geröstete Pinienkerne schmecken immer köstlich (Sie brauchen ungefähr 60 g). Wenn wir Spezialitäten aus dem Südwesten der USA servieren, reichern wie die Focaccia mit gehackten Kürbiskernen (50 g) an.

Getrocknete Tomaten: Eine Handvoll getrocknete Tomaten unter die nassen Zutaten mengen, bevor Sie das Mehl einarbeiten. Die hübschen roten Farbtupfer der Tomaten durchziehen den Teig mit einem intensiven Aroma. Für einen ganz besonders kräftigen Tomatengeschmack den Teig mit dem Öl, in das die Tomaten eingelegt wurden, bestreichen.

Oliven: Eine Handvoll entsteinte und gehackte Oliven unter den Teig heben oder über die Focaccia streuen und festdrücken. Nehmen Sie nach Belieben verschiedene Olivensorten.

Gedünstete rote Zwiebeln: Während der Teig geht, 1 rote Zwiebel in dünne Ringe schneiden und mit 1 Eßlöffel nativem Olivenöl extra, 1/4 Teelöffel Salz und etwas Pfeffer (und nach Belieben 1–2 gehackten Knoblauchzehen) 5 Minuten andünsten. Abkühlen lassen, mit Salz und Pfeffer würzen. Mit einigen Tropfen Balsamessig verfeinern und nach Bedarf nochmals kräftig nachwürzen. Den Teig in die Formen setzen und mit Olivenöl bestreichen. Die Zwiebelringe auf dem Teig verteilen und leicht andrücken. Wie beschrieben backen.

Gerösteter Knoblauch: Das süße Aroma von geröstetem Knoblauch kommt hier wunderbar zur Geltung. Sie können den Knoblauch rösten und als Beilage servieren oder aber in den Teig einarbeiten.

Dazu eine ganze Knoblauchknolle mit Olivenöl einreiben und in eine kleine ofenfeste Form setzen oder in Alufolie wickeln. Ungefähr 30 Minuten im 190 Grad heißen Ofen ziemlich weich garen. Abkühlen lassen, die Knolle oben quer durchschneiden und das Mark herauspressen. Wenn die Knoblauchzehen noch relativ fest sind, ganz lassen oder mit einem Löffel zerdrücken. Zu den feuchten Zutaten geben, bevor Sie das Mehl einrühren, dann wie beschrieben fortfahren.

Chili-Öl: Chili-Öl läßt die Focaccia zur idealen Beilage für Spezialitäten aus dem Südwesten der USA werden. Einen Teelöffel Ancho-Chili-Püree (Seite 236) oder Chipotle-Püree (Seite 387) mit 4 Eßlöffeln leichtem Olivenöl verrühren. Das Öl abschmecken und nach Wunsch mit etwas mehr Püree schärfer würzen. Den Teig vor dem Backen mit dem Öl bestreichen. Nach Wunsch geröstete Kürbiskerne in den Teig pressen. Wenn Sie ein erdigeres Aroma bevorzugen, frisch gehackten Salbei in den Teig einarbeiten.

Saucen

Saucen

Eine schmackhafte Sauce vereint die verschiedenen Elemente eines Gerichts zu einer Gesamtkomposition. Ob Sie nun eine üppige Lasagne mit Pilzen, ein rauchiges Polentagratin oder Grillkartoffeln zubereiten, wählen Sie eine Sauce, die die Aromen des Gerichts herausarbeitet, aber nicht übertönt. Außerdem kommt es hier auf die Frische der Zutaten an. Basilikum, Koriandergrün, Petersilie oder Minze aus dem eigenen Garten beleben eine Minze- und Koriandersauce, eine Salsa Verde oder einen Pesto aus Koriandergrün.

Tomatensauce ist ein wichtiger Bestandteil vieler Gerichte. Wir wandeln die Sauce immer wieder ab, indem wir frische oder getrocknete Chillies, Kräuter oder Gewürze zugeben. Wenn Sie viele Tomaten haben, machen Sie gleich die doppelte Menge und frieren Sie die Sauce portionsweise ein – Sie können dann später nachwürzen. Geben Sie für eine scharfe Version im Stil des amerikanischen Südwestens etwas gerösteten Kreuzkümmel und einen Klecks Chipotle-Püree dazu. Ein Eßlöffel Pesto aus dem Gefrierschrank verleiht Ihrer Winterlasagne frischen Glanz. Getrocknete Steinpilze würzen die Tomatensauce mit ihrem erdigen Aroma – Sie brauchen nur 7 Gramm Steinpilze und das Einweichwasser!

Butter kann man leicht aromatisieren. Sie eignet sich dann wunderbar zum Bestreichen von gegrilltem oder gebratenem Gemüse oder zum Verfeinern eines Schmorgemüses aus Sommerkürbissen. Kräuterbutter sollten Sie immer vorrätig haben. Damit können Sie eine einfache Nudelsauce oder Schnellgerichte veredeln. Geben Sie einfach einen bis zwei Eßlöffel frisch gehackte Kräuter unter die weiche Butter und schmecken Sie mit Salz und Pfeffer ab. Wenn Sie ein komplexeres Aroma wünschen, können Sie immer noch eine feingehackte Schalotte unterheben.

Tomatensauce

Tomatensauce kochen wir das ganze Jahr über; je nach Jahreszeit verwenden wir frische oder Dosentomaten. Im Spätsommer und Frühherbst schmeckt die Sauce frisch und fruchtig-süß. Im Winter und Frühjahr verwenden wir Saucen aus Dosentomaten als Grundlage für herzhafte Eintöpfe, Lasagne oder Gratins. Die Sauce ist leicht gemacht und läßt sich gut einfrieren. Wir empfehlen Ihnen daher, zur Saison gleich die doppelte Menge zuzubereiten. Der Rotwein ist bei aromatischen Tomaten nicht notwendig, doch bei Dosentomaten mildert er die Säure und sorgt für geschmackliche Tiefe. Beachten Sie, daß wir getrocknetes und kein frisches Basilikum verwenden, denn frische Kräuter überstehen die lange Kochzeit nicht.

Zutaten für ca. 1/2 Liter
1 Eßlöffel leichtes Olivenöl
1/2 Zwiebel, gewürfelt
1/2 Teelöffel getrocknetes Basilikum
Salz und Pfeffer
3 Knoblauchzehen, fein gehackt
1/2 Glas trockener Rotwein
750 g frische Tomaten, gehäutet, entkernt und gewürfelt (Seite 95),
oder 1 große Dose Tomatenstückchen mit ihrem Saft
1 Lorbeerblatt

Öl in einem Topf erhitzen. Zwiebel mit Basilikum, 1/2 Teelöffel Salz und etwas Pfeffer hineingeben und weich dünsten. Dann Knoblauch hinzufügen und 1–2 Minuten mitdünsten. Wein angießen und einkochen lassen. Wenn der Topf wieder nahezu trocken ist, Tomaten und Lorbeerblatt hineingeben. Auf kleiner Flamme 30 Minuten schmoren lassen. Mit Salz und Pfeffer abschmecken.

Variante: Wenn Sie eine scharfe Tomatensauce mit frischen Chillies zubereiten möchten, 1/2 Teelöffel gerösteten Kreuzkümmel (Seite 116) und etwas Cayennepfeffer mit der Zwiebel dünsten und den Wein weglassen. 2–3 Jalapeño-oder Serrano-Chillies entkernen und zermusen und mit den Tomaten schmoren. Diese Sauce paßt hervorragend zu unseren würzigen Maisküchlein auf Seite 273 oder zu gefüllten Zucchini und Paprika.

Tip: Wenn die Tomatensauce zu säuerlich schmeckt, mit etwas Zucker süßen.

Salsa Roja

Wir servieren diese würzige und schmackhafte Sauce das ganze Jahr über. Im Sommer verwenden wir als Grundlage frische Tomaten, die nur wenig gewürzt werden müssen. Selbst die besten Dosentomaten, die wir im Winter verwenden, sind oft recht säuerlich. Hier runden wir die Tomaten mit dem erdigen Aroma von geröstetem Kreuzkümmel und der rauchigen Schärfe von pürierten Chipotle- und Ancho-Chillies ab. Die Sauce schmeckt köstlich in einem Gratin mit Polenta und Sommergemüse, zu Enchiladas oder auf einer Pizza. Bereiten Sie die Sauce im voraus zu und bewahren Sie sie im Kühlschrank auf.

Zutaten für ca. 1/2 Liter
1 Eßlöffel leichtes Pflanzen- oder Olivenöl
1/2 Zwiebel, gehackt
1 Teelöffel Kreuzkümmel, geröstet und gemahlen (Seite 116)
Salz
5 Knoblauchzehen, fein gehackt
750 g frische Tomaten, gehäutet, entkernt und gewürfelt (Seite 124),
oder 1 Dose Tomatenstückchen mit ihrem Saft
1 Eßlöffel Ancho-Chili-Püree (Seite 236)
Chipotle-Püree (Seite 387)

Das Öl in einem Topf heiß werden lassen. Die Zwiebel, den Kreuzkümmel und 1/2 Teelöffel Salz hineingeben und ca. 5 Minuten dünsten, bis die Zwiebel Saft zu ziehen beginnt. Den Knoblauch hinzufügen und 5 Minuten mitdünsten. Die Tomaten sowie das Ancho-Püree und 1/2 Teelöffel Chipotle-Püree hinzufügen. Bei sanfter Hitze 30 Minuten durchköcheln lassen. Mit Salz und Chipotle-Püree abschmecken.

Tip: Wenn die Sauce zu säuerlich schmeckt, mit etwas Zucker abrunden.

Varianten: Wenn Sie möchten, daß die Sauce noch aromatischer wird, dünsten Sie eine ca. 5 Zentimeter lange Zimtstange oder 1/4 Teelöffel (möglichst frisches) Zimtpulver zusammen mit der Zwiebel an.
Geben Sie eine halbe gebratene Knoblauchknolle in die Sauce. Knoblauch nach der Anleitung auf Seite 130 braten, abkühlen lassen und pellen. Mit ein paar Tomaten zermusen oder hacken und mit den Tomaten in die Sauce rühren.

Tomatillosauce

Diese säuerliche, hellgrüne Sauce gehört zu vielen Rezepten – beispielsweise überbacken zu Enchiladas verdes (Seite 293) oder zu gegrilltem Sommergemüse, das mit Zimt-Chipotle-Butter (Seite 387) bestrichen wurde. Die Sauce wird ohne Öl zubereitet, damit der klare Geschmack der Tomatillos schön zur Geltung kommt. Etwas grüner Paprika sorgt für kräftigeres Aroma, während frische Chillies würzige Schärfe beisteuern. Ein Eßlöffel Crème fraîche rundet den Gesamteindruck ab, doch die Sauce schmeckt auch pur hervorragend.

Zutaten für ca. 1/2 Liter
1/2 Zwiebel, in dünne Ringe geschnitten
Salz und Cayennepfeffer
1/2 grüne Paprikaschote, grob gehackt
500 g frische Tomatillos (aus der Hülle lösen)
1–2 Jalapeño- oder Serrano-Chillies, entkernt und gehackt
2 Eßlöffel gehacktes Koriandergrün
1 Eßlöffel Crème fraîche (Seite 414; nach Wunsch)

Etwas Wasser in einen mittelgroßen Topf gießen. Die Zwiebel, 1/2 Teelöffel Salz und eine Prise Cayennepfeffer hineingeben. Abdecken und ohne umzurühren 5 Minuten bei mittlerer Hitze dünsten. Den Paprika, die Tomatillos und die Chillies hinzufügen. Wieder abdecken und kochen, bis die Tomatillos sehr weich sind und Saft gezogen haben (15–20 Minuten).

Im Mixer oder in der Küchenmaschine zu einer glatten Sauce pürieren. Mit 1/4 Teelöffel Salz und etwas mehr Chillies oder Cayennepfeffer abschmecken. Vor dem Servieren das Koriandergrün und nach Wunsch die Crème fraîche unterziehen.

Tips: Sie sparen etwas Zeit, wenn Sie die Tomatillos vor dem Schälen einige Minuten in warmem Wasser einweichen. Das warme Wasser weicht die papierähnliche Hülle auf und löst sie von der etwas klebrigen Haut der Früchte.
Wenn die Sauce zu sauer schmeckt, mit etwas Zucker abrunden.

S auce aus gebratenem Paprika

Diese süßliche und vollaromatische Sauce paßt gut zu gebratenem oder gegrilltem Gemüse oder auf eine Pizza. Sie eignet sich außerdem als elegante Garnitur einer Kartoffelsuppe oder einer Suppe aus Sommerkürbissen. Wenn die Paprikaschoten nicht von Natur aus sehr intensiv schmecken, können Sie sie mit einem Extraspritzer Balsamessig verfeinern. Wenn die Sauce schärfer sein soll, geben Sie einen Klecks Chipotle-Püree (Seite 387) dazu, das für eine tiefe Farbe und eine rauchige und raffinierte Schärfe sorgt.

Zutaten für ca. 1/4 Liter
3 mittelgroße rote Paprikaschoten, geröstet und gehäutet (Seite 77)
Balsamessig oder Chipotle-Püree (Seite 387)
Salz und Pfeffer

Die Paprikaschoten in einen Mixer oder in die Küchenmaschine geben. Mit einem Spritzer Balsamessig oder Chipotle-Püree, 1/4 Teelöffel Salz und etwas Pfeffer würzen. Glattmixen. Mit Salz und Balsamessig oder Chipotle-Püree verfeinern.

Zitronenbutter

Heben Sie diese außergewöhnliche Sauce für den ersten Spargel im Frühjahr auf und servieren Sie gegrillte neue Kartoffeln dazu. Die Butter wird mit dem Schneebesen in eine delikate Reduktion gerührt, die durch den süßen Saft und die aromatische Schale der Meyer-Zitronen (s. u.) besonders interessant wirkt. Die Sauce schmeckt leicht und doch wunderbar aromatisch.

Zutaten für ca. 1/4 Liter
2 Eßlöffel Saft von Meyer-Zitronen (s.u.) oder
je 1 Eßlöffel frisch gepreßter Zitronen- und Orangensaft
1 1/2 Eßlöffel Champagneressig
3 Eßlöffel trockener Weißwein
2 große Schalotten, fein gehackt
250 g kalte Butterflöckchen
1/2 Eßlöffel abgeriebene Schale einer Meyer-Zitrone oder einer Orange
Salz und weißer Pfeffer

Den Saft der Meyer-Zitrone oder die Zitrussäfte, den Essig und den Wein sowie die Schalotten in ein Töpfchen geben. Bei kräftiger Hitze fast vollständig einkochen lassen. Die Wärmezufuhr drosseln. Bei sanfter Hitze die Butter in kleinen Portionen mit einem Scheebesen einarbeiten. Dabei darauf achten, daß jede Portion vollständig eingerührt ist, bevor Sie die nächste Portion Butter hinzufügen. Ständig mit dem Schneebesen weiterschlagen. Mit Zitrusschale, 1/4 Teelöffel Salz und etwas Pfeffer abrunden. Nach Bedarf mit Salz und Pfeffer abschmecken.

Tip: Wenn Sie nicht gerade Freunde in San Francisco haben, auf deren Terrasse ein Meyer-Zitronenbaum gedeiht, werden Sie diese Zitronensorte kaum bekommen. Verwenden Sie ersatzweise je einen Eßlöffel gewöhnlichen Zitronen- und Orangensaft und 1/2 Teelöffel feingeriebene Orangenschale.

Portweinbutter

Die üppige und süßliche Sauce paßt wunderbar zu gegrilltem Herbst- und Wintergemüse. Die Butter wird in eine aromatische Reduktion aus Portwein, Balsamessig und Schalotten gerührt, wodurch die Sauce eine cremig-violette Färbung erhält. Eine klassische Kombination ist Portweinbutter mit gegrillten Shiitakepilzen, Fenchel und zarten Scheiben Delicata-Kürbis.

Zutaten für ca. 1/4 Liter
6 Eßlöffel Portwein
6 Eßlöffel Balsamessig
2 große Schalotten, fein gehackt
250 g kalte Butterflöckchen
Salz und Pfeffer

Portwein, Essig und Schalotten in ein Töpfchen geben und bei lebhafter Hitze zu einem dünnflüssigen Sirup einkochen. Die Wärmezufuhr reduzieren und nun bei milder Hitze die Butter portionsweise mit einem Schneebesen einarbeiten. Darauf achten, daß die Butter gut eingerührt ist, bevor Sie die nächste Portion hinzufügen. Dabei stets mit dem Schneebesen weiterschlagen. Mit 1/2 Teelöffel Salz und etwas Pfeffer würzen und nach Bedarf mit einem Spritzer Balsamessig abrunden.

Buttersaucen

Ein paar Tips zu Beurre blanc und Beurre rouge: Buttersaucen gelten als schwierig, sind in Wirklichkeit aber recht schnell und einfach herzustellen. Das Geheimnis liegt darin, die Butter einzuarbeiten, ohne daß sie – sonst fällt die Sauce auseinander. Sie können die Butter über großer oder kleiner Flamme einarbeiten. Wir bevorzugen eher mäßige Hitze. Außerdem müssen Sie die Sauce ständig mit einem Schneebesen umrühren, bis die ganze Butter eingearbeitet ist.

Die Sauce muß bis zum Servieren gleichmäßig warm gehalten werden, damit die Butter nicht eindickt. Bereiten Sie die Sauce möglichst erst kurz vor dem Servieren und halten Sie sie über einem Topf mit leise köchelndem Wasser warm. Sie können die Sauce stabilisieren, indem Sie 1 Eßlöffel Sahne in die Reduktion rühren, bevor Sie die Butter mit dem Schneebesen einarbeiten.

Braune Butter

Braune Butter besitzt ein volles Aroma und einen deutlichen, nussig-süßlichen Geschmack. Wir verwenden Sie zu jeder Jahreszeit, doch im Herbst und Winter schmeckt sie zu Nudeln oder zu einem herzhaften Schmorgemüse aus Eskariol, rotstieligem Mangold und Grünkohl ganz besonders gut. Braune Butter ist denkbar schnell und einfach gemacht. Nehmen Sie jedoch keinesfalls gesalzene Butter und ziehen Sie die Butter vom Herd, bevor der warme Bernsteinton beginnt, dunkel zu werden. Die Butter hält sich im Kühlschrank lange Zeit frisch, machen Sie also gleich eine ordentliche Portion, damit Sie sie bei Bedarf schnell zur Hand haben.

Zutaten für ca. 180 ml
250 g Butter

Die Butter bei sanfter Hitze in einem kleinen Topf zerlassen. Während die Butter leise simmert, werden Butterfett und feste Milchbestandteile voneinander geschieden. Die Feststoffe sinken auf den Topfboden und bräunen die Butter beim Kochen. Nach 8–10 Minuten hat die Butter einen satten Bernsteinton erreicht. Vom Herd ziehen. Ein feines Haarsieb mit Küchenpapier oder Mull auslegen und die Butter durchpassieren. Die Butter sofort verwenden oder in einem gut verschlossenen Behälter im Kühlschrank aufbewahren.

Zimt-Chipotle-Butter

Genießen Sie diese scharf-würzige Butter zu gegrillten Kartoffeln, Sommerkürbissen und dicken, gegrillten Zwiebelscheiben. Die rauchige Schärfe der Chipotle-Chillies paßt gut zum süßen, frisch gemahlenen Zimt und wird durch die lebhafte Säure des Limettensafts ergänzt.

Zutaten für ca. 125 ml
125 g weiche Butter
1 Teelöffel Chipotle-Püree (siehe Kasten)
1/4 Teelöffel Zimtpulver (vorzugsweise frisch gemahlen)
1/4 Teelöffel Salz
Frisch gepreßter Limettensaft

Die Butter mit Chipotle-Püree, Zimt und Salz cremig schlagen. Zunächst 1/2 Teelöffel Limettensaft unterrühren und dann je nach Geschmack etwas mehr hinzufügen. Wenn Sie die Butter etwas schärfer mögen, noch etwas Chipotle-Püree unterrühren. Das Gemüse nimmt einen Großteil der Schärfe auf, so daß die Butter zwar ziemlich scharf sein kann, aber nicht alle anderen Aromen übertönen sollte.

Chipotle-Püree

Chipotles sind geräucherte und getrocknete Jalapeño-Chillies und gehören zu unseren Lieblingsgewürzen. Ihre rauchige Schärfe schmeckt zu Tortillas und Pizzas, in Suppen und Eintöpfen köstlich. Chipotles gibt es in gutsortierten Feinkostgeschäften und mexikanischen Spezialitätenläden als ganze getrocknete Schoten oder in kleinen Dosen zu kaufen. Wir nehmen Chipotles aus der Dose, die in Adobo-Sauce (ein Püree aus geräucherten Jalapeños und Essig) eingelegt sind. Die Chillies sind jedoch so höllisch scharf, daß man den Essig kaum schmeckt. Verwenden Sie die Chipotles sehr sparsam, denn bereits eine kleine Menge genügt. Pürieren Sie gleich eine ganze Dose im Mixer oder in der Küchenmaschine, und bewahren Sie das Püree im Kühlschrank auf – es hält sich praktisch ewig. Wenn Sie bereits wissen, daß Sie das Püree lange aufheben wollen, sollten Sie es mit einer dünnen Schicht Öl abdecken.

S chalottensauce

Unsere Abendköchin Laura machte uns mit dieser eleganten Sauce vertraut. Die Schalottensauce ist leicht gemacht und schmeckt vorzüglich zu gegrilltem oder gebratenem Gemüse. Die Schalotten werden hier gebraten und püriert, dann mit scharfem Dijonsenf, etwas Honig und einem Spritzer Sherryessig verfeinert.

Zutaten für ca. 1/4 Liter
500 g Schalotten
Leichtes Olivenöl
Salz und Pfeffer
125 ml Wasser oder leichte Gemüsebrühe (Seite 105)
Honig
2 Teelöffel Dijonsenf
Sherryessig

Backofen auf 190 Grad vorheizen. Beide Enden der Schalotten abschneiden. Dann die Schalotten längs halbieren und schälen. Die Schalotten mit einem Hauch Olivenöl überziehen und mit Salz und Pfeffer bestreuen. In einer abgedeckten Auflaufform 30–35 Minuten weich garen. Die Schalotten noch warm mit Wasser oder Brühe in der Küchenmaschine oder im Mixer pürieren. In eine Schüssel umgießen und mit einem Eßlöffel Honig, dem Senf, 1/2 Teelöffel Salz, etwas Pfeffer und einigen Spritzern Sherryessig anmachen. Warm oder bei Zimmertemperatur servieren.

T *omatillosalsa*

Durch die rohen Tomatillos schmeckt diese Salsa frisch und knackig. Lassen Sie die Salsa vor dem Servieren eine gute Stunde durchziehen, denn ganz frisch schmeckt sie zu sauer. Mit der Zeit verliert sich die Säure, und die Sauce wirkt sanfter und fruchtiger. Servieren Sie die Salsa zu Quesadillas (Seite 295), Rühreiern und Omeletts.

Zutaten für ca. 1/2 Liter
500 g Tomatillos (aus der Hülle lösen)
2–3 grüne Jalapeño- oder Serrano-Chillies, entkernt
4 Eßlöffel fein gehackte rote Zwiebel
Champagner- oder Reisessig
1/2 rote oder gelbe Paprikaschote, fein gewürfelt
1 knapper Teelöffel frisch gepreßter Limettensaft
Salz
Cayennepfeffer (nach Wunsch)
Zucker (nach Bedarf)
1 Eßlöffel gehacktes Koriandergrün

Drei Viertel der Tomatillos grob hacken und zusammen mit den Chillies in einem Mixer oder in der Küchenmaschine zermusen. (Kein Wasser hinzugießen, denn die Tomatillos ziehen beim Pürieren genügend Saft.) In eine Schüssel umfüllen. Die Zwiebel mit etwas Essig beträufeln, damit die rote Farbe schön zur Geltung kommt. Die restlichen Tomatillos hacken und zusammen mit der Zwiebel, dem Paprika und 3/4 Teelöffel Salz unter das Püree heben. Die Salsa eine Stunde durchziehen lassen. Nach Wunsch mit Cayennepfeffer abschmecken und nach Bedarf mit etwas Zucker süßen. Unmittelbar vor dem Servieren das Koriandergrün unterrühren.

S alsa Fresca

Diese schnelle und einfache Salsa aus frischen Tomaten schmeckt im Hochsommer am besten, wenn es fruchtige und saftige Tomaten gibt und frische Chillies vor Schärfe bersten. Wenn Sie auch orangefarbene oder gelbe Tomaten bekommen können, sollten Sie sie mit den roten Tomaten zu einer farblich besonders ansprechenden Salsa kombinieren. Außerhalb der eigentlichen Tomatensaison eignen sich für diese Salsa Eiertomaten am besten.

Zutaten für ca. 1/2 Liter
4 Eßlöffel gehackte rote Zwiebel
Champagner- oder Reisessig
500 g vollreife Tomaten, geputzt, entkernt und gewürfelt
2 oder mehr Jalapeño- oder Serrano-Chillies, entkernt und fein gewürfelt
2 Eßlöffel grob gehacktes Koriandergrün
Salz
Cayennepfeffer (nach Wunsch)

Die Zwiebel mit etwas Essig beträufeln, damit sie eine schön leuchtende Farbe bekommt, dann mit den Tomaten, Chillies, Koriandergrün und 1/4 Teelöffel Salz vermischen. Mit Salz und Essig abschmecken. Nach Wunsch die Salsa mit Chilischoten oder Cayennepfeffer noch schärfer würzen.

Jalapeño-Chillies

Jalapeños besitzen jede Menge frischen Chiligeschmack und können mild bis ziemlich scharf ausfallen. Sie schmecken wunderbar in Salaten, Suppen, Eintöpfen und Curries. Seien Sie mit Chillies jedoch immer vorsichtig. Selbst eine milde Schote kann am Kernhausansatz höllisch scharf sein. Jalapeños werden 5–8 Zentimeter lang und haben eine glatte rote oder grüne Schale. Wir verwenden ganz nach Belieben die eine oder die andere Farbe, es sei denn, ein Rezept verlangt aus optischen Gründen (z. B. bei grüner Salsa oder grünem Curry) eine bestimmte Farbe. Jalapeños längs halbieren, Kerne und Stiel vorsichtig entfernen, dann die Schoten in Streifen schneiden, würfeln oder pürieren. Kaufen Sie nur frische Chillies – Sie erkennen sie an ihrem festen Fruchtfleisch.

Salsa Verde

Die glatte und pikante Sauce schmeckt im Winter vorzüglich zu gegrilltem Gemüse oder Spinatküchlein mit Shiitakepilzen und Ziegenkäse (Seite 272). Geben Sie im Sommer auch etwas Basilikum in die Kräutersauce.

Zutaten für ca. 1/4 Liter
125 ml natives Olivenöl extra
1 Frühlingszwiebel, grob gehackt
1 kleine Knoblauchzehe, gehackt
1 Bund Petersilie
1 Bund Brunnenkresse
1/2 Teelöffel Salz
2–3 Prisen Pfeffer
1/2 Eßlöffel frisch gepreßter Zitronensaft
1 Teelöffel Champagneressig
1/2 Teelöffel Kapern (abspülen und abtropfen lassen)

Das Olivenöl in einen Mixer gießen. Die restlichen Zutaten hinzufügen und glattpürieren. Die Sauce ganz frisch servieren.

P esto

Pesto verleiht vielen Sommergerichten das gewisse Extra – Sie können Pesto über eine einfache Pizza mit Strauchtomaten und Mozzarella träufeln, auf eine Baguette streichen oder in eine Kartoffel- oder Paprikasuppe rühren.

Pesto läßt sich gut einfrieren. Verarbeiten Sie Ihr Basilikum, bevor es auswächst und Samen bildet, zu Pesto. Frieren Sie den Pesto ohne Käse in kleinen Behältern ein und veredeln Sie damit Ihre Wintersuppen und Saucen.

Zutaten für ca. 1/4 Liter
180 ml natives Olivenöl extra
1 Knoblauchzehe
1 Eßlöffel Pinienkerne oder zerstoßene Walnußkerne
1/4 Teelöffel Salz
6 Eßlöffel frisch geriebener Parmesan
1 dickes Büschel frisches Basilikum

Alle Zutaten bis auf das Basilikum in einen Mixer oder in die Küchenmaschine füllen. Glattmixen und dann das Basilikum portionsweise dazugeben. Das Basilikum gründlich einarbeiten und weitermixen, bis der Pesto eine relativ glatte Konsistenz hat.

K orianderpesto

Bereits eine kleine Menge dieser leuchtend grünen und würzig-pikanten Sauce genügt, um gegrilltes Gemüse oder unsere Pizza mexicana (Seite 219) zu verfeinern. Wenn Sie frischen Chiligeschmack mögen, geben Sie statt des Cayennepfeffers einen grünen Jalapeño- oder Serrano-Chili in die Sauce. Sie können die Pinienkerne durch Walnüsse ersetzen.

Zutaten für ca. 125 ml
4 Eßlöffel leichtes Oliven- oder Pflanzenöl
1 Frühlingszwiebel, grob gehackt
1 Knoblauchzehe, grob gehackt
1 Eßlöffel geröstete Pinienkerne (Seite 312)
1 1/2 Teelöffel frisch gepreßter Zitronen- oder Limettensaft
1 kleiner Bund Koriandergrün (lange und dicke Stengel entfernen)
1 keiner Bund Petersilie (dicke Stengel entfernen)
Salz und Cayennepfeffer

Alle Zutaten mit Ausnahme von Salz und Cayennepfeffer in einen Mixer geben. Anschließend mit einer Messerspitze Salz und etwas Cayennepfeffer würzen. Glatt-mixen und mit Salz und Cayennepfeffer abschmecken.

Kräutersauce mit Minze und Koriander

Wir servieren diese erfrischende grüne Sauce (eine Abwandlung von Julie Sahnis Rezept in *Das große indische Kochbuch*) zu den Spinathäppchen auf Seite 270, aber sie paßt auch hervorragend zu den rauchigen Aromen gegrillter Auberginen, zu Shiitakepilzen und Frühlingszwiebeln.

Zutaten für ca. 1/4 Liter
125 g Naturjoghurt
1/2 kleine grüne Paprikaschote, grob gehackt
1–2 grüne Jalapeño- oder Serrano-Chillies, entkernt
1 Frühlingszwiebel, grob gehackt
1 Teelöffel frisch geriebener Ingwer
Salz
1 Bund Koriandergrün (die langen Stengel entfernen)
1 dickes Büschel frische Minzeblätter

Joghurt, Paprika, Chillies, Frühlingszwiebel und Ingwer glattmixen. 1/2 Teelöffel Salz, Koriander und Minze hinzufügen und pürieren. Mit Salz abschmecken.

Tip: Runden Sie die Sauce nach Bedarf mit einer oder zwei Prisen Zucker ab.

Koriandergrün

Das einjährige Gewürzkraut wird entweder leidenschaftlich geliebt oder ebenso leidenschaftlich verabscheut. Koriandergrün oder Cilantro ist das Kraut der Korianderpflanze und schmeckt ganz anders als die Körner. Der frische und pikante Charakter geht selbst in scharfen und würzigen Saucen nicht unter. Korianderkörner (aus denen das Kraut gezogen wird) sind geröstet und gemahlen ein wichtiger Bestandteil indischer Curries, gehören zu Maisgerichten aus dem Südwesten der USA und in mexikanische Linsensuppen.
Koriandergrün läßt sich in leichtem Boden problemlos direkt aus den Samen ziehen. Beginnen Sie im Frühjahr, sobald die Frostgefahr gebannt ist. Säen Sie alle zwei Wochen nach, damit Sie ständig Nachschub haben. Koriandergrün liebt Sonne und viel Wasser, aber nicht unbedingt Wärme. Die Pflanzen samen leicht aus und vermehren sich rasch, sobald sie sich in Ihrem Garten etabliert haben.

B asilikum-Aïoli

Mildes Basilikum macht sich in einer Aïoli hervorragend. Wir streichen die Creme auf Sandwiches oder servieren sie zu gegrilltem Frühjahrs- und Sommergemüse.

Zutaten für ca. 1/4 Liter
180 ml leichtes Olivenöl
1 Büschel frische Basilikumblätter
1 Eigelb
1 1/2 Teelöffel Champagneressig
1/4 Teelöffel Salz
1 Knoblauchzehe, fein gehackt

Das Olivenöl und das Basilikum in einem Mixer oder in der Küchenmaschine pürieren. Das Eigelb mit einigen Tropfen Essig verrühren, bis es eine leuchtende Farbe erhält. Das Basilikumöl mit dem Schneebesen zunächst tröpfchenweise ein-rühren. Sobald die Mischung emulgiert, das Öl schneller hinzugießen. Mit Salz, Knoblauch und dem restlichen Essig abschmecken.

Chipotle-Aïoli

Die rauchig-würzige Aïoli paßt hervorragend zu gegrillten Kartoffeln, Paprika und roten Zwiebeln vom Grill. Chipotle-Schoten, d. h. geräucherte und getrocknete Jalapeño-Chillies, gibt es von scharf bis sehr scharf. Sie sollten das Püree daher probieren, bevor Sie es in die Aïoli rühren.

Zutaten für ca. 375 ml
1 großes Eigelb
1/2 Teelöffel frisch gepreßter Zitronensaft
250 ml leichtes Olivenöl
1 Knoblauchzehe, fein gehackt
1 Teelöffel Champagneressig
1 Teelöffel Chipotle-Püree (Seite 387)
1/4 Teelöffel Salz

Eigelb und die Hälfte des Zitronensafts mit einem Schneebesen glattrühren. Nun mit dem Schneebesen das Öl zunächst sehr langsam einarbeiten, bis die Aïoli eindickt. Sobald das Öl aufgebraucht ist, mit Knoblauch, Essig und dem restlichen Zitronensaft sowie mit Chipotle-Püree und Salz abschmecken. Wenn die Creme zu dick geraten ist, mit etwas warmem Wasser verdünnen.

Honig-Miso-Sauce

Das Aroma dieser herrlich einfachen Sauce hängt von der verwendeten Sorte Miso ab. Wählen Sie Ihre Lieblingssorte (eine herzhafte rote oder eine glatte, hellgelbe Misopaste oder eine Mischung davon). Durch das würzige Sesamöl und den Honig erhält die Sauce geschmackliche Tiefe und Süße, während der frisch geriebene Ingwer und die Jalapeño-Chillies erfrischenden Biß beisteuern. Servieren Sie die Sauce zu gegrilltem Tofu und in Scheiben gerösteter Sesamsaat.

Zutaten für ca. 1/4 Liter
125 ml milde rote oder gelbe Misopaste oder eine Mischung
1 Eßlöffel dunkles Sesamöl
80 ml Wasser
1 1/2 Eßlöffel Honig
1 Teelöffel frisch geriebener Ingwer
1/2 Teelöffel Reisessig
1–2 Jalapeño- oder Serrano-Chillies, entkernt und mit etwas Wasser püriert
Cayennepfeffer (nach Wunsch)
Sojasauce (nach Wunsch)

Miso, Sesamöl und Wasser mit einem Schneebesen glattrühren. Honig, Ingwer und den Essig unterrühren; anschließend die pürierten Chillies unterziehen. Wenn Sie eine schärfere Sauce bevorzugen, bis zu 1/4 Teelöffel Cayennepfeffer hinzufügen. Wenn Sie die milde gelbe Misopaste verwenden, sollten Sie die Sauce mit einem Spritzer Sojasauce aufpeppen.

Scharfe Erdnußsauce

Die glatte und würzige Sauce paßt besonders gut zu gegrillten Shiitakepilzen und Auberginen oder zu zarten Tofuscheiben. Die scharfen Chillies und der frische Limettensaft durchdringen die üppige Sauce und nehmen zudem ihre Aromen auf. Garnieren Sie diese Gerichte mit scharfen Erdnüssen (Seite 462) und frischem Koriandergrün.

Zutaten für ca. 1/4 Liter
1 Eßlöffel grob gehackte Zwiebel
1 große Knoblauchzehe, grob gehackt
1–2 rote Jalapeño-Chillies, entkernt
1 Eßlöffel Erdnußöl oder leichtes Pflanzenöl
2 1/2 Eßlöffel Sojasauce
1 Eßlöffel und 1 Teelöffel Limettensaft
2 Eßlöffel brauner Zucker
1 Teelöffel Melasse
125 ml cremige Erdnußbutter
4 Eßlöffel Wasser
4 Eßlöffel Cayennepfeffer

Zwiebel, Knoblauch, Chillies, Öl, Sojasauce und Limettensaft im Mixer oder in der Küchenmaschine glattpürieren. In eine Schüssel umfüllen und mit einem Schneebesen die restlichen Zutaten einarbeiten.

D ipsauce

Diese einfache Sauce schmeckt süß und salzig zugleich. Sie hält sich lange frisch, machen Sie also gleich ein ganzes Vorratsglas und bewahren Sie die Sauce in der Speisekammer oder im Kühlschrank auf. Servieren Sie die Sauce zu den japanischen Gemüseküchlein von Seite 274 oder träufeln Sie die Sauce über gegrillte Pilze und Auberginen.

Zutaten für ca. 375 ml
180 ml Sojasauce
180 ml Wasser
4 Eßlöffel Zucker
6 dünne Scheiben frischer Ingwer
1 Eßlöffel dunkles Sesamöl
2 Teelöffel Speisestärke
4 Eßlöffel kaltes Wasser

Alle Zutaten bis auf die Stärke und das Wasser in ein Töpfchen geben. 10 Minuten bei mittlerer Hitze simmern. Die Stärke in kaltem Wasser auflösen und unter die Sauce rühren. Die Sauce nun rasch aufkochen lassen, eine Minute durchkochen und dabei mit einem Schneebesen verrühren. Die Stärke bindet die Sauce leicht und verleiht ihr eine seidige Konsistenz. Topf vom Herd nehmen und abkühlen lassen. Den Ingwer währenddessen in der Sauce ziehen lassen, dann durch ein Sieb gießen und wegwerfen. Die Sauce in einem gut verschlossenen Behälter im Kühlschrank aufbewahren. Sie hält sich mehrere Wochen frisch.

Reduzierter Balsamessig

Unsere einfachste und vielseitigste Sauce: Ganz normaler Balsamessig (nicht der teure, lange Jahre gereifte Essig, der bereits reduziert ist) wird zu einem dünnen Sirup verkocht und über warme Frittata, gebratene Zwiebeln und Schalotten oder gegrilltes Gemüse geträufelt. Das warme, weiche Fruchtfleisch von Auberginen, Pilzen und Sommerkürbissen bildet eine hervorragende Grundlage für das süße und zugleich säuerliche Aroma. Der reduzierte Essig hält sich sehr lange frisch, so daß Sie eine beliebig große Menge davon zubereiten können.

Den Essig in einem kleinen Topf bei lebhafter Hitze auf die Hälfte einkochen lassen. (Der Essig schmeckt noch intensiver, wenn Sie ihn auf ein Drittel einkochen.) Passen Sie auf, daß der Essig beim Reduzieren nicht ganz verkocht. Abkühlen lassen und in einem gut verschlossenen Schraubglas zusammen mit den anderen Essigsorten oder im Kühlschrank aufbewahren.

Frühstücks-gebäck und Pfannkuchen

Frühstücksgebäck und Pfannkuchen

Das Frühstück ist die beste Zeit, um mürbe Scones, saftig-zarte Muffins und einfaches Brot frisch aus dem Ofen zu genießen. Natürlich schmeckt dieses Gebäck auch zu jeder anderen Tageszeit. Maisbrot mit geräuchertem Käse und Chillies ist eine schmackhafte Köstlichkeit. Es paßt hervorragend zu einem Mittagessen aus mexikanischer Linsensuppe mit geröstetem Knoblauch und Chillies oder zu einem Dinner mit Rio-Eintopf. Heben Sie ein paar Scheiben auf und toasten Sie sie am nächsten Morgen zum Frühstück.

Die meisten ungesäuerten Brote schmecken frisch, d. h. noch am gleichen Tag, am besten. Das Bananen-Kokos-Brot dagegen ist so saftig, daß es sich auch ein paar Tage hält; der Bananengeschmack entfaltet sich außerdem erst im Lauf der Zeit. Sie können diese Brote bzw. Kuchen im voraus backen und einfrieren. Scones sind überraschend einfach zuzubereiten, der Teig darf nur nicht zu kräftig gerührt werden. Um Zeit zu sparen, können Sie den Teig am Abend zuvor vorbereiten, über Nacht in den Kühlschrank stellen und am Morgen in Dreiecke teilen. Dann können Sie Ihren Gästen ohne Streß ofenfrische Scones servieren – der Duft nach Butter wird Ihre Küche erfüllen und den Appetit Ihrer Gäste wecken.

Pfannkuchen und French Toast haben eine große Fangemeide – vor allem dann, wenn sie im Sommer mit frischen Beeren oder im Herbst mit einem säuerlichen Apfelmus kombiniert werden. Dazu gehört natürlich auch echter Ahornsirup – wir servieren ihn immer warm. Weichen Sie die letzten Scheiben von altbackenem Sauerteig-Bâtard in Backteig mit Orangenaroma ein und backen Sie daraus herrlichen French Toast. Sie können natürlich jedes andere frische Brot verwenden, doch der poröse Sauerteig saugt den Backteig besonders schnell auf.

Maisbrot mit Räucherkäse und Chillies

Das scharf gewürzte Maisbrot ist vor allem bei unserem Sonntagsbrunch ein absoluter Renner. Zuckermais, geräucherter Käse und frische Chilischoten werden hier zu einem geschmacklich faszinierenden Gebäck zusammengestellt. Im Sommer bekommt das Brot durch frische Maiskörner noch etwas Biß. Servieren Sie dazu die Bohnensuppe von Seite 139, Pintobohnen mit New-Mexico-Chillies (Seite 321) oder den Rio-Eintopf (Seite 235).

Zutaten für eine Form mit 22–24 cm Durchmesser
125 g Butter
Maiskörner von 1 Kolben (nach Wunsch)
Salz und Cayennepfeffer
300 ml Milch
200–225 g Mehl
150 g feingemahlenes Maismehl
1 Eßlöffel Backpulver
2 Eßlöffel Zucker
2 Eier
30 g geräucherter Käse, gerieben
1 grüner Jalapeño- oder Serrano-Chili, entkernt und fein gewürfelt#

Backofen auf 190 Grad vorheizen. Eine runde Kuchenform mit 22–24 Zentimeter Durchmesser einfetten. Einen Eßlöffel Butter in einem Pfännchen zerlassen und die Maiskörner mit je einer Prise Salz und Cayennepfeffer 5 Minuten andünsten. Beiseite stellen.
Die Milch und die restliche Butter langsam heiß werden lassen, bis die Butter geschmolzen ist. Vom Herd nehmen. Die trockenen Zutaten in eine Backschüssel füllen und sorgfältig vermischen. Die Eier verquirlen und in die warme Milch-Butter-Mischung rühren. Zu den trockenen Zutaten gießen. Die Maiskörner, den Käse und die Chilischote hinzufügen und gut verrühren, aber nicht zu kräftig durchmischen.
Den Teig in die Kuchenform füllen und 20–25 Minuten backen, bis sich die Oberseite elastisch anfühlt und bei einer Stricknadelprobe kein Teig mehr an der Nadel haften bleibt.

Orangen-Pecan-Scones

Pralle Korinthen und wohlriechende Orangenschale bescheren in diesen Scones aus mürbem Butterteig ganz unerwartete Geschmackserlebnisse. Dank ihrer überraschend leichten Konsistenz wirken die Scones nicht so üppig.

Zutaten für acht Scones
Die abgeriebene Schale einer Orange
3–4 Eßlöffel frisch gepreßter Orangensaft
75 g Korinthen
375–400 g Mehl
5 Eßlöffel Zucker
1 Eßlöffel Backpulver
1/2 Teelöffel Salz
125 g kalte Butter
160 ml Buttermilch
1 Eigelb
1 Eßlöffel Milch
30 g Pecannüsse, grob gehackt

Backofen auf 200 Grad vorheizen. Die Korinthen im Orangensaft einweichen. Die trockenen Zutaten in eine Schüssel sieben. Die Butter in kleine Flöckchen teilen und mit zwei Messern unter die trockenen Zutaten arbeiten, bis eine bröselige Masse entsteht. Die Korinthen und den Saft unterrühren. Die Buttermilch mit der abgeriebenen Orangenschale verfeinern, zu den trockenen Zutaten gießen und verrühren. Nach Bedarf etwas mehr Buttermilch hinzufügen. Den Teig nicht zu kräftig rühren. Den Teig auf ein bemehltes Brett häufen und zu einem ca. 2 1/2 Zentimeter hohen, runden Fladen formen. Die Teigscheibe in 8 Stücke teilen und diese im Abstand von 2 1/2 Zentimetern auf ein Backblech setzen. Das Backblech auf ein zweites Blech setzen (damit der Boden der Scones nicht zu stark bräunt). Das Eigelb mit der Milch verquirlen und die Scones damit bestreichen. Mit den Pecannüssen bestreuen. Ungefähr 20 Minuten backen, bis die Scones goldbraun sind.

Variante: Aprikosen-Walnuß-Scones: 75–100 Gramm getrocknete Aprikosen fein hacken und statt der Korinthen verwenden. Aprikosenstückchen im Orangensaft einweichen und Scones wie beschrieben zubereiten; mit Walnüssen anstatt Pecannüssen bestreuen.

Rosinen-Scones

Saftige, goldene Rosinen und ein Hauch von Orangenschale machen die herzhaften Scones leicht und frisch. Genießen Sie sie an einem kalten Wintermorgen heiß aus dem Ofen mit Apfelbutter oder Fruchtkompott.

Zutaten für acht Scones
75 g Sultaninen
Die abgeriebene Schale einer Orange
3–4 Eßlöffel frisch gepreßter Orangensaft
200 g Mehl
4 Eßlöffel Zucker
1 Teelöffel Backpulver
1/2 Teelöffel Soda
1/2 Teelöffel Salz
125 g kalte Butter
100 g Haferflocken
125 ml Buttermilch
1 Eigelb
2 Eßlöffel Milch

Backofen auf 190 Grad vorheizen. Die Rosinen in Orangensaft einweichen. Die trockenen Zutaten in eine Schüssel sieben. Die Butter in kleine Flöckchen teilen und mit zwei Messern unter die trockenen Zutaten arbeiten, bis eine Masse von grießähnlicher Konsistenz entsteht. Mit einer Gabel die Haferflocken und die Rosinen mit dem Saft gleichmäßig unterrühren. Die Buttermilch mit der abgeriebenen Orangenschale verfeinern, zu den trockenen Zutaten gießen und verrühren. Eine Teigkugel formen, den Teig jedoch nicht zu kräftig rühren.
Den Teig auf ein bemehltes Brett häufen und zu einem ca. 2 1/2 Zentimeter hohen, runden Fladen formen. Die Teigscheibe in 8 Stücke teilen und im Abstand von 2 1/2 Zentimeter auf ein Backblech setzen. Das Backblech auf ein zweites Blech setzen (damit der Boden der Scones nicht zu stark bräunt). Das Eigelb mit der Milch verquirlen und die Scones damit bestreichen. Ungefähr 25 Minuten hellbraun backen.

Bananen-Kokos-Brot

Zu diesem süßen Brot – eigentlich ist es eher ein Kuchen – servieren wir Frischkäse, den wir mit Honig verrührt haben. Das saftige und aromatische Brot schmeckt jedoch auch pur ganz großartig – vor allem, wenn es ganz frisch aus dem Ofen kommt und noch warm ist.

Zutaten für einen Laib
200 g Mehl
1/2 Teelöffel Salz
1 Teelöffel Soda
140 g weiche Butter
100 g Zucker
100 g brauner Zucker
2 Eier
3–4 reife Bananen, zermust
100 g ungesüßte Kokosraspel

Backofen auf 180 Grad vorheizen. Eine Kastenform (ca. 12 x 23 Zentimeter) einfetten. Mehl, Salz und Soda in eine Backschüssel sieben. Die Butter mit den beiden Zuckersorten cremig aufschlagen. Die Eier nacheinander hineingeben und glatt-rühren. Die zermusten Bananen unterziehen. Die trockenen Zutaten hinzufügen (2 Eßlöffel Kokosraspel zum Garnieren aufheben) und gründlich vermischen.
Den Teig in die Kastenform füllen und 60–70 Minuten backen. Nach der halben Backzeit mit den Kokosraspeln bestreuen. Das Brot ist fertig, wenn es goldbraun gebacken ist und bei einer Stricknadelprobe kein Teig mehr haften bleibt.

Variante: Nehmen Sie statt der Kokosraspel 100 g geröstete Walnüsse oder Pecan-nüsse (Seite 312).

Himbeer-Mandel-Brot

Dieses zarte Brot lebt von der frisch-fruchtigen Süße der Himbeeren und dem kernigen Biß der Mandeln und schmeckt am besten warm, frisch aus dem Ofen. Mit den tiefroten Farbtupfern sieht es zudem ganz toll aus.

Zutaten für einen Laib
100 g Mandeln, geröstet (Seite 312)
200–250 g frische Himbeeren
125 g weiche Butter
175 g Zucker
2 Eier
1/2 Teelöffel Bittermandelessenz
250 g Mehl
1/2 Teelöffel Zimt (vorzugsweise ganz frisch gemahlen)
1 Teelöffel Backpulver
1 Teelöffel Soda
1/2 Teelöffel Salz
125 ml Milch
125 ml Crème fraîche (Seite 414) oder saure Sahne

Backofen auf 180 Grad vorheizen. Eine Kastenform (ca. 12 x 23 Zentimeter) einfetten. Die Mandeln stifteln oder hacken. Die Himbeeren verlesen, aber nicht waschen.

Butter und Zucker schaumig schlagen. Die Eier nacheinander hinzufügen und jeweils glattrühren. Dann die Bittermandelessenz hinzufügen. Die trockenen Zutaten in eine Schüssel sieben. Milch und Crème fraîche mit einem Schneebesen verrühren. Abwechselnd eine Portion von den trockenen Zutaten und eine Portion Milchmischung in den Teig rühren. Mit den trockenen Zutaten beginnen und enden. Nun vorsichtig die Mandeln und die Himbeeren unterziehen.

Den Teig in die Kastenform füllen und ungefähr eine Stunde backen. Das Brot ist fertig, wenn es hellbraun glänzt und bei einer Stricknadelprobe kein Teig mehr haften bleibt.

Variante: Im Winter können Sie die Himbeeren durch 175–200 g getrocknete Aprikosen ersetzen. Diese in kleine Stückchen schneiden und in 125 ml heißem Wasser quellen lassen. Abtropfen lassen und unter den Teig heben.

Mandelstreuselkuchen

Wir machen diesen herrlichen Kuchen je nach Jahreszeit mit verschiedenen Früchten und servieren ihn das ganze Jahr über zum Brunch. Im Sommer bieten sich Beeren, Pfirsiche, Aprikosen oder Kirschen an. Im Herbst und Winter sorgen Birnen und Äpfel für einen zarten und feinen Geschmack. Mit diesem Teig können Sie auch einen leckeren gestürzten Obstkuchen backen.

Zutaten für zwei Kuchen mit 22–24 cm Durchmesser

140 g Butter
300 g Zucker
Die abgeriebene Schale von 2 Zitronen
4 Eier
400 g Mehl
1/2 Eßlöffel Backpulver
1/2 Eßlöffel Soda
1/2 Teelöffel Salz
375 ml Crème fraîche (Seite 414) oder saure Sahne
3 Nektarinen, entsteint und in 1 cm große Würfel geschnitten
Streusel (Rezept folgt)

2 runde Kuchenformen mit 22–24 Zentimeter Durchmesser einfetten. Den Backofen auf 180 Grad vorheizen.

Die Butter, den Zucker und die Zitronenschale cremig schlagen. Die Eier nacheinander unter die Buttermasse ziehen und jeweils gut verrühren. Die trockenen Zutaten in eine Schüssel sieben und abwechselnd mit der Crème fraîche unter die Buttermasse rühren. Das Obst unterheben und den Teig in die Kuchenform füllen. Gleichmäßig mit Streuseln bedecken und 40–45 Minuten im heißen Rohr backen, bis beim Stricknadeltest nichts mehr kleben bleibt.

Streusel
1 knapper Eßlöffel Mehl
125 g brauner Zucker
1 Teelöffel Zimt (vorzugsweise ganz frisch gemahlen)
1 1/2 Eßlöffel kalte Butterflöckchen
100 g gehackte Walnußkerne oder Mandeln

Mehl, Zucker und Zimt in die Rührschüssel des Mixers oder der Küchenmaschine geben. Die Butter hinzufügen und alles zu einer Masse von grießähnlicher Konsistenz verarbeiten. Wenn Sie eine Küchenmaschine benutzen, die Mischung in eine andere Schüssel umfüllen und dann rasch die Nüsse einarbeiten.

Die würzig-nussige Streuselmischung hält sich im Kühlschrank lange Zeit frisch. Machen Sie gleich die doppelte Menge und heben Sie den Rest in einem gut verschlossenen Behälter im Kühlschrank auf – dann haben Sie immer ein paar Streusel auf Vorrat.

Variante:

Gestürzter Kuchen

Dieser leckere Kuchen ist außergewöhnlich üppig und saftig und eine tolle Gelegenheit, frisches Obst zur Geltung zu bringen. Im Sommer eignen sich saftige Pfirsiche, Nektarinen und Pflaumen besonders gut. Der Kuchen schmeckt auch im Herbst und Winter mit säuerlichen Äpfeln oder zarten Birnen ganz wunderbar. Sie brauchen je nach Größe 3–5 Früchte nach Ihrer Wahl. Äpfel und Birnen werden vor dem Aufschneiden geschält. Bei kleinerem Obst, z. B. bei Pflaumen, benötigen Sie 5–6 Früchte.

125 Gramm Butter und 350 Gramm braunen Zucker bei mittlerer Hitze in einem Töpfchen zerlassen. Die warme Mischung gleichmäßig in zwei 2 runden Pieformen mit 22–24 Zentimeter und geschlossenem Boden gießen (Springformen sind hierfür nicht geeignet, weil die Masse ausläuft). Das Obst dünn aufschneiden und in einem Spiralmuster schuppenartig in die Form schichten. Je nach Größe der Früchte brauchen Sie drei oder vier Runden. Besonders hübsch sieht der Kuchen aus, wenn Sie die Runde in der Mitte mit Himbeeren umkränzen (1–2 Handvoll zwischen die Obstscheiben drücken).

Den Teig über das Obst gießen und wie beschrieben 40–45 Minuten abbacken. Bevor Sie den Kuchen aus dem Ofen nehmen, prüfen, ob der Teig auch in der Mitte durchgebacken ist. Der Kuchen ist durch, wenn sich die Mitte elastisch anfühlt. (Die Mitte muß fest sein, damit sie dem Gewicht der Früchte im gestürzten Kuchen standhält.)

Kuchen auskühlen lassen und vom Rand her mit einem Spatel aus der Form lösen. Die Kuchen vorsichtig auf einen Teller oder eine Kuchenplatte stürzen. Die Früchte karamelisieren durch den Zucker, und das Spiralmuster hat nun eine tiefe und intensive Farbe.

Ingwer-Zitronen-Muffins

Diese zarten und saftigen Muffins könnten besser nicht sein und sind deshalb bei unserem Sonntagsbrunch stets hochbegehrt. Sie bersten geradezu vor lebhaftem Zitronengeschmack und würzigem Ingwer. Wir haben dieses Rezept aus Marion Cunninghams *The Breakfast Book* übernommen und ein wenig abgewandelt.

Zutaten für acht Muffins
125–150 g Mehl
1/4 Teelöffel Salz
1/2 Teelöffel Soda
4 Eßlöffel weiche Butter
7 Eßlöffel Zucker
1 Ei
125 ml Buttermilch
3 Eßlöffel frisch geriebener Ingwer
Die abgeriebene Schale von 2 unbehandelten Zitronen

Backofen auf 190 Grad vorheizen und Muffinförmchen buttern. Mehl, Salz und Soda vermischen. Butter und Zucker in einer Backschüssel schaumig schlagen, das Ei hinzufügen und glattrühren. Die Buttermilch untermixen und dabei auch den Teig vom Schüsselrand abschaben und einarbeiten. Die trockenen Zutaten unterrühren und einen glatten Teig herstellen. Den geriebenen Ingwer und die Zitronenschale einrühren. Die Muffinförmchen zu drei Viertel füllen. 15–20 Minuten goldbraun backen, bis sich die Muffins setzen.

M aispfannkuchen

Hier ist unsere Version des Rezepts aus *The Breakfast Book* von Marion Cunning-ham. Diese zarten Pfannkuchen sind wunderbar leicht und schmecken dabei intensiv nach Mais. Im Sommer geben wir in Butter gedünstete, frische Maiskörner in den Teig – mit warmem Ahornsirup ein Genuß. Servieren Sie pochierte Aprikosen (Seite 421) dazu oder streuen Sie frische Himbeeren darüber. Nehmen Sie unbedingt feingemahlenes Maismehl, damit die Pfannkuchen schön leicht und locker werden.

Zutaten für ungefähr 10 Pfannkuchen mit 7–8 cm Durchmesser
75 g Mehl
1/2 Teelöffel Salz
1 Eßlöffel Zucker
1 Eßlöffel Backpulver
1 Ei
4 Eßlöffel zerlassene Butter
4 Eßlöffel Milch
75 g feingemahlenes Maismehl
125 ml kochendes Wasser
Butter oder leichtes Pflanzenöl zum Backen

Mehl, Salz, Zucker und Backpulver vermischen. Das Ei, die zerlassene Butter und die Milch in einer Backschüssel gründlich verrühren. In einer zweiten Schüssel das Maismehl mit dem kochenden Wasser sorgfältig verrühren. Die trockenen Zutaten und die Milchmischung hinzufügen und gründlich vermengen.
Eine Pfanne über starker Hitze mit Butter oder Öl ausgießen. (Sie brauchen dann kein weiteres Backfett mehr.) Die Wärmezufuhr drosseln und die Pfannkuchen bei mittlerer Hitze backen. Pro Pfannkuchen ungefähr 3 Eßlöffel Teig in die Pfanne gießen und nach Bedarf mit der Rückseite eines Löffels verstreichen. 1–2 Minuten backen, bis sich auf dem Pfannkuchen Bläschen bilden, dann wenden und ein paar Minuten weiterbacken. Die Pfannkuchen sind fertig, wenn Sie eine hellbraune Farbe annehmen.

Pfannkuchen mit frischen Maiskörnern: Die Körner von einem Maiskolben abscha-ben und in einem Eßlöffel Butter weich dünsten. Salzen. Den Teig wie beschrieben in die Pfanne gießen und ungefähr einen Eßlöffel Maiskörner auf jeden Pfannkuchen streuen. Dann wie beschrieben backen.

Buttermilch-Pfannkuchen

Obwohl diese zarten und leichten Pfannkuchen schon allein mit warmem Ahornsirup und Crème fraîche hervorragend schmecken, bietet sich das Rezept für vielerlei Variationsmöglichkeiten an. Geben Sie Bananenscheiben und geröstete Pecannüsse vor dem Wenden in die Pfannkuchen, oder probieren Sie einmal frische Beeren oder gedünstete Äpfel dazu. Die Pfannkuchen sind auch mit Nektarinenscheiben und Himbeeren oder Heidelbeeren eine Köstlichkeit.

Zutaten für ungefähr 12 Pfannkuchen mit 7–8 cm Durchmesser
1 Eßlöffel Butter
1 Ei
250 ml zimmerwarme Buttermilch
100–125 g Mehl
1/2 Teelöffel Salz
1 Teelöffel Soda
1 Teelöffel leichtes Pflanzenöl (nach Wunsch)
Butter oder leichtes Pflanzenöl zum Backen

Die Butter in einem Töpfchen langsam zerlassen. Eier, Buttermilch und zerlassene Butter in einer Backschüssel kräftig verrühren. Die trockenen Zutaten in einer zweiten Schüssel vermengen. Anschließend in die Buttermilchmischung geben und umrühren, bis die trockenen Zutaten gleichmäßig feucht sind. Der Teig wirkt nun klumpig.

Eine Pfanne stark erhitzen und mit Butter oder Öl ausgießen. (Sie brauchen dann kein weiteres Backfett mehr.) Die Wärmezufuhr drosseln und die Pfannkuchen bei mittlerer Hitze backen. Pro Pfannkuchen ungefähr 3 Eßlöffel Teig in die Pfanne gießen. 2–3 Minuten backen, bis sich auf dem Pfannkuchen Bläschen bilden, dann wenden und 1–2 Minuten weiterbacken und leicht bräunen.

Varianten:
Buchweizen-Pfannkuchen
Im Winter mit warmem Apfelmus und pochierten Kronsbeeren oder mit unserem Kronsbeer-Apfelmus (Variante Seite 420) servieren. Den Teig wie beschrieben zubereiten, dabei 4 Eßlöffel Mehl durch 4 Eßlöffel Buchweizenmehl ersetzen.

Buchweizen-Pfannkuchen mit Bananen und Pecannüssen
Diese nussigen und süßen Pfannkuchen sind der Renner bei unserem Sonntags-

brunch, weshalb wir sie auch das ganze Jahr über anbieten. Der in den Bananen enthaltene Zucker karamelisiert in der Pfanne und verleiht den Pfannkuchen ein wunderbar intensives Aroma. Sie können diese Pfannkuchen auch nach dem Grundrezept mit Buttermilch zubereiten.

Teig für Buchweizen-Pfannkuchen zubereiten. Eine große und reife Banane in Scheiben schneiden. Den Teig in die Pfanne gießen und die Bananenscheiben sowie die gehackten und gerösteten Pecannüsse (Sie brauchen insgesamt 6 Eßlöffel) daraufsetzen. Pfannkuchen wenden und fertigbacken.

Würzige Apfel-Pfannkuchen

Diese Pfannkuchen werden mit Zimt und zarten, in Butter gedünsteten Äpfeln gefüllt. Ein Schuß Calvados paßt ebenfalls wunderbar dazu. Sie brauchen 2 aromatische Äpfel, 1 Eßlöffel Butter und 1 knappen Teelöffel Zimtpulver.

Sie können den Teig nach dem Buttermilch-Grundrezept oder dem Rezept für Buchweizen-Pfannkuchen zubereiten. Äpfel schälen und entkernen und in 1 Zentimeter große Stücke schneiden. Die Butter in einer Pfanne erhitzen, Äpfel und Zimt hineingeben. Bei mittlerer Hitze 7–8 Minuten weich dünsten. Beiseite stellen und abkühlen lassen, dann vorsichtig unter den Pfannkuchenteig ziehen. Pfannkuchen wie beschrieben backen.

Crème fraîche

Crème fraîche gehört zu unseren Lieblingszutaten. Wir rühren sie vor dem Servieren unter Gerichte, um die Aromen abzurunden und auszugleichen. Im Gegensatz zu saurer Sahne, die im Verbund mit säurehaltigen Zutaten ausflockt oder gerinnt, behält Crème fraîche ihre seidige Konsistenz. Garnieren Sie damit eine Suppe, oder geben Sie einen Klecks davon auf Nudeln, Risotto oder eine Portion Eintopf.

Crème fraîche kann man außerdem leicht selber machen. Lassen Sie Sahne 36 Stunden lang eindicken und durchziehen. Für 500 Gramm Crème fraîche geben Sie 500 Gramm Sahne in ein Schraubglas oder einen Plastikbecher. Geben Sie einen knappen Eßlöffel Buttermilch mit lebenden Kulturen dazu und verrühren Sie die Masse gründlich mit einem Löffel oder Schneebesen. Den Behälter an einen warmen Ort in der Küche stellen (z. B. auf einem Regal oder auf dem Kühlschrank). Den Behälter einen Spaltbreit offenlassen, damit die Bakterienkultur wachsen kann. Die Sahne dickt nach 24 Stunden ein und ist bereits gebrauchsfertig. Wir lassen sie jedoch noch 12 weitere Stunden durchziehen, damit sich der Geschmack vollends entwickeln kann. Behälter abdecken und wie saure Sahne im Kühlschrank aufbewahren. Diese selbstgemachte Crème fraîche hält sich mehrere Wochen lang frisch. Heben Sie einen Eßlöffel davon auf und setzen Sie damit Ihre nächste Kultur an. Verwenden Sie abwechselnd Crème fraîche und Buttermilch, damit die Kultur frisch bleibt.

Wenn Sie nicht wissen, was Sie mit Sahneresten anfangen sollen, stellt Crème fraîche eine gute Verwertungsmöglichkeit dar. Ein Teelöffel aktive Buttermilch oder Crème fraîche ist alles, was Sie dazu brauchen, und Ihre Sahne lebt zwei Wochen länger.

F rench Toast

Wir machen unseren French Toast meistens aus leichtem, süßlichem Challah, doch Sauerteigbrot eignet sich ebenfalls sehr gut. Das Aroma von Zimt und Orangenschale macht den Toast so frisch und würzig. Servieren Sie dazu warmen Ahornsirup und warmes Apfelmus oder Kronsbeer-Apfelmus (Seite 420).

Zutaten für vier Portionen
4 Eier
250 ml Milch oder 125 ml Milch und 125 ml Sahne
2 Eßlöffel Zucker
Die abgeriebene Schale einer Orange
1/2 Teelöffel Zimtpulver (vorzugsweise ganz frisch gemahlen)
8 Scheiben Weißbrot (aus Sauerteig)
Butter zum Backen

Die Eier, die Milch oder Milch-Sahne-Mischung, Zucker, Orangenschale und Zimt in einer flachen Schüssel verrühren. In einen Suppenteller o. ä. umgießen. Die Brotscheiben in den Teig tauchen und vollsaugen lassen.
Soviel Butter in der Bratpfanne zerlassen, bis der Pfannenboden gut bedeckt ist. Sobald die Butter zu zischen beginnt, die Brotscheiben (so viele in der Pfanne Platz haben) in die Pfanne legen. Bei mittlerer Hitze auf beiden Seiten bräunen und darauf achten, daß das Brot durchgart. Die restlichen Scheiben genauso braten.

Variante: Eine oder zwei großzügige Prisen Muskat oder ein Hauch Nelkenpulver verleihen den Toasts ein schön würziges Aroma.

Desserts

Desserts

Meine liebste Jahreszeit für Desserts ist der Sommer. Es herrscht freudige Erregung in unserer Restaurantküche, wenn die ersten Kisten mit frischen Aprikosen und Kirschen angeliefert werden. Diese großartigen Früchte läuten den Sommer ein – Zeit für Aprikosen-Kirsch-Auflauf, Pfirsich-Heidelbeer-Pie und alle möglichen aromatischen Beeren, die wir zu Honigmousse, Englischer Creme oder einfach pur servieren. Feigen tauchen kurz einmal im Juni auf, doch ihre beste Zeit ist der Spätsommer – es gibt sie bis in den Oktober hinein, doch sobald die Nächte kühl werden, verschwinden sie schnell aus dem Angebot. Lassen Sie frische Feigen nach Bedarf auf einer sonnigen Fensterbank nachreifen, damit Sie den vollen Geschmack so richtig genießen können. Gravensteiner Äpfel, Butterbirnen und Williamsbirnen sind die ersten Herbstboten. Wir begrüßen die kühlere Jahreszeit mit warmem Apfel-Kronsbeer-Auflauf, Bratäpfeln mit Englischer Creme und Gewürzkuchen mit pochierten Aprikosen und Kronsbeeren. Kochen Sie ein elegantes Herbst- oder Winterkompott aus pochierten Boscs Flaschenbirnen, Quitten, Aprikosen und Kronsbeeren.

Meyer-Zitronen und Mandarinen aller Art beleben unseren winterlichen Speisezettel. Der frisch gepreßte Saft wird zu köstlichen Eiscremes, Sorbets und Cremes verarbeitet. Auch aus rosafarbenen Grapefruits, Blut- und Navelorangen lassen sich leckere Gerichte zaubern. Rhabarber und die ersten Erdbeeren schmecken in Kombination phantastisch, und sie zeigen an, daß der Frühling mit seinen wärmeren Tagen vor der Tür steht und auch der Sommer nicht mehr weit ist.

A pfelmus

Sie können Apfelmus aus jeder beliebigen Apfelsorte zubereiten. Frische und Aroma der Äpfel sind natürlich ganz entscheidend. Wir verwenden nach Möglichkeit rote Äpfel, weil das Mus dann eine hübsche zartrosa Farbe erhält. Servieren Sie das Apfelmus mit warmem Ahornsirup und einer großzügigen Portion Crème fraîche zu Buchweizen-Pfannkuchen (Seite 413).

Zutaten für ca. 1 Liter
6 große Äpfel (insgesamt ca. 1,5 kg), geschält, entkernt
und in dünne Spalten geschnitten
125 ml Apfelsaft oder Wasser
Zucker
Saft einer Zitrone

Die Apfelspalten und den Saft in einen Topf geben. Deckel aufsetzen und bei sanfter bis mittlerer Hitze ungefähr 15 Minuten weich dünsten; dabei von Zeit zu Zeit umrühren. Vom Herd nehmen und mit einer Gabel oder einem Kartoffelstampfer zermusen. Mit Zucker und Zitronensaft abschmecken. Warm servieren oder abkühlen lassen und im Kühlschrank aufbewahren.

Varianten: Sie können das Apfelmus mit Zimt oder Vanille verfeinern. Geben Sie 1/2 Teelöffel Zimtpulver oder Vanilleessenz dazu, oder dünsten Sie die Äpfel mit einer kleinen Zimtstange.

Kronsbeer-Apfelmus: Da das Mus durch die Kronsbeeren recht säuerlich schmeckt, paßt es vor allem zu Herbst- und Wintergerichten. Geben Sie eine Handvoll Kronsbeeren zu den Äpfeln und süßen Sie das Mus nach Geschmack – aber nicht zu stark, damit sie die wunderbar prickelnde Säure der Kronsbeeren nicht überdecken.

Pochierte Aprikosen

Dieses Dessert ist schnell und leicht gemacht. Wir mischen die pochierten Aprikosen oft unter unser winterliches Obstkompott, denn ihr herrlich warmer Farbton und ihre kernige Konsistenz passen wunderbar zu pochierten Kronsbeeren (Seite 422), Birnen und Quitten. Als absoluten Frühstücksgenuß können Sie die Aprikosen warm zu Buchweizen-Pfannkuchen servieren und geröstete Pecannüsse darüberstreuen.

Zutaten für ca. 1 Liter; ergibt vier bis sechs Portionen
1 Vanilleschote
1 unbehandelte Zitrone
350 g Zucker
1 l Wasser
300 g getrocknete Aprikosen

Die Vanilleschote längs halbieren und das Mark ausschaben. Mit einem Gemüseschäler 2–3 breite Streifen Zitronenschale abschälen (darauf achten, daß Sie nichts von der bitteren weißen Haut mitschälen).
Zucker und Wasser in einen Topf geben, zum Kochen bringen und zu Sirup verkochen. Achten Sie darauf, daß sich der Zucker vollständig aufgelöst hat. Zitronenschale, Vanilleschote und Vanillemark hinzufügen, dann die Aprikosen in den Sirup setzen. Leise simmern lassen, bis die Aprikosen aufgequollen und weich sind (15–20 Minuten). Die Aprikosen sollten noch bißfest sein, da sie im Pochiersud weitergaren. Vom Herd nehmen. Aprikosen im Sud abkühlen lassen und mit dem Sud (Vanilleschote und Zitronenschale drinlassen) in den Kühlschrank stellen. Die Aprikosen halten sich auf diese Weise bis zu einer Woche frisch.

Variante: Der Vanillegeschmack ist hier ganz entscheidend. Wenn Sie keine Vanilleschote zur Hand haben, werden Sie zwar auf das volle und duftende Aroma verzichten müssen, aber Sie können sich mit Vanilleessenz behelfen. Geben Sie einen Teelöffel davon in den Sirup, wenn Sie den Topf vom Herd nehmen.

P ochierte Kronsbeeren

Die fruchtig-sauren Beeren schmecken köstlich zu warmem Ingwerkuchen (Seite 438) und beleben jedes winterliche Fruchtkompott. Wie das Apfelmus auf Seite 420 bilden sie einen schönen Konstrast zu herzhaften Gerichten. Die pochierten Beeren halten sich im Kühlschrank lange frisch. Wärmen Sie die Kronsbeeren vor dem Servieren nur sanft an, damit sie ihre Form nicht verlieren.

Zutaten für ca. 1 Liter
350 g Zucker
375 ml Wasser
1 kleine unbehandelte Orange
375 g Kronsbeeren

Zucker und Wasser in einen Topf geben, zum Kochen bringen und den Zucker vollständig auflösen. Mit einem Gemüseschäler 2–3 breite Streifen Orangenschale abschälen (darauf achten, daß Sie nichts von der bitteren weißen Haut mitschälen). Die Orangenschale und die Kronsbeeren in den Sirup geben. Die Wärmezufuhr drosseln und die Beeren 6–8 Minuten sanft simmern lassen, bis die ersten Beeren platzen. Nicht zu stark kochen. Die Beeren sollten zwar weich sein, aber ihre Form behalten. Vom Herd nehmen und im Sirup abkühlen lassen.

I ngwerkuchen

Dieser herrlich saftige Kuchen steckt voller Ingwergeschmack. Wir servieren ihn im Sommer mit frischen Pfirsichen, Nektarinen oder Beeren, im Winter mit einem warmen Aprikosen- oder Kronsbeerenkompott (Seite 421 und 422). Der Kuchen schmeckt auch pur, noch warm aus dem Ofen oder mit einem Klecks Schlagsahne.

Zutaten für acht bis zehn Portionen
500 g Mehl
1 Päckchen Backpulver
1/2 Teelöffel Salz
500 g zimmerwarme Butter
1 Teelöffel abgeriebene Orangenschale
750 g Zucker
6 zimmerwarme Eier
4 Eßlöffel frisch geriebener Ingwer
250 ml zimmerwarme Milch

Backrohr auf 150 Grad vorheizen. Zwei Kastenformen buttern oder mit Backtrenn-papier ausschlagen. Mehl, Backpulver und Salz in eine Schüssel sieben. Butter und Orangenschale schaumig schlagen (ca. 5 Minuten). Nach und nach den Zucker unterrühren und wieder schaumig schlagen. Die Eier einzeln hineingeben und jeweils gut verrühren. Nun den frischen Ingwer unterziehen. Jetzt abwechselnd die Mehlmi-schung und die Milch einarbeiten; dabei mit dem Mehl beginnen und enden.
Den Teig in die vorbereiteten Kuchenformen füllen und 1 3/4-2 Stunden backen, bis bei einer Stricknadelprobe kein Teig mehr kleben bleibt.

K hakipudding

Der üppige Winterpudding mit Khakifrüchten ist eine abgewandelte Version des Rezepts, das Marion Cunningham in ihrem Buch *The Breakfast Book* vorstellt. Der Pudding wird traditionell auf dem Herd im Wasserbad gegart, doch wir garen ihn lieber im Ofen. Servieren Sie den Pudding warm mit Englischer Creme (Seite 440) oder leicht geschlagener Sahne.

Zutaten für acht bis zehn Portionen
2 reife Khakis (ausreichend für 1/4 Liter Püree)
2 Teelöffel Soda
125 g Butter
350 g Zucker
2 Eier
1 Eßlöffel frisch gepreßter Zitronensaft
1 Eßlöffel Rum
150 g Mehl
1 Teelöffel Zimtpulver (vorzugsweise ganz frisch gemahlen)
1/2 Teelöffel Salz
100 g gehackte Walnußkerne oder Pecannüsse
75 g Rosinen

Backofen auf 165 Grad vorheizen. Die Khakifrüchte halbieren und das Fruchtfleisch ausschaben. Im Mixer oder in der Küchenmaschine pürieren. Das Soda unter das Püree rühren (das Püree dickt dadurch ein). Die Butter mit dem Zucker schaumig schlagen. Die Eier, den Zitronensaft und den Rum hinzufügen und sorgfältig verrühren. Die trockenen Zutaten vermischen und unterheben. Nun das Khakipüree unterziehen und gut vermischen. Abschließend die Nüsse und Rosinen dazugeben. Den Teig in eine gefettete Puddingform oder Kastenform füllen. Die Form in eine größere ofenfeste Form setzen, damit der Pudding im Wasserbad garen kann. Soviel heißes Wasser in die größere Form gießen, bis die Puddingform 5 Zentimeter tief im Wasser steht. Mit Folie abdecken und 2 Stunden garen.

Gâteau Moule –
Gedämpfter Schokoladenkuchen

Dieser üppige Schokoladenkuchen ist unübertroffen. Er wird wie eine Creme im Wasserbad gegart und ist so zart und saftig, daß er nur mit Vorsicht behandelt werden darf. Eine leicht säuerliche Himbeersauce (Seite 382) steuert eine interessante Note bei.

Zutaten für vier bis sechs Portionen
150 g Zartbitterschokolade, gehackt
6 Eßlöffel Butter
2 Eßlöffel gebrühter Kaffee
2 Eßlöffel Wasser
125 g Zucker
3 Eigelb
2 Eßlöffel Mehl
1/2 Teelöffel Vanilleessenz
5 Eiweiß
1/4 Teelöffel Weinstein (Kaliumhydrogentartrat,
ein Bestandteil des Backpulvers)
Salz

Backofen auf 165 Grad vorheizen. Eine Kastenform (ca. 23 x 12 Zentimeter) buttern und mit Alufolie oder Backtrennpapier ausschlagen.
Schokoladenstückchen, Butter, Kaffee und Wasser in eine große Schüssel geben und über dem Wasserbad schmelzen. Vom Herd nehmen. Die Hälfte des Zuckers mit den Eigelben verrühren und diese Mischung dann mit einem Schneebesen unter die Schokoladencreme ziehen. Nun das Mehl und die Vanilleessenz einarbeiten.
Eiweiß mit dem Weinstein und einer Prise Salz zu weichem Eischnee schlagen. Den restlichen Zucker einstreuen und steif (aber nicht zu fest) schlagen. Einen Klecks Eischnee in den Schokoladenteig rühren, dann den Rest unterziehen und gut verrühren (aber nicht zu kräftig rühren, weil der Eischnee sonst wieder zusammenfällt).
Teig in die Kuchenform füllen. Diese Form in eine größere Form setzen und soviel heißes Wasser angießen, bis sie zur Hälfte im Wasser steht. 1 1/2–1 3/4 Stunden backen. Kuchen in der Form auskühlen lassen, dann vorsichtig stürzen.

Tip: Dieser Kuchen ist so zart, daß er sich nur schwer aufschneiden läßt – erwarten Sie keine perfekten Scheiben. Wärmen Sie das Kuchenmesser unter heißem Wasser an und reiben Sie es vor dem Aufschneiden trocken.

Honigmousse mit Himbeeren und Feigen

Auf den Honig kommt es hier ganz besonders an – nehmen Sie also nur hochwertige Qualität. Die Mousse ist leicht und cremig und wird nur mit Honig gesüßt und paßt daher hervorragend zu frischen Feigen und Spätsommerbeeren. Zeigen Sie die ganze Pracht der Feigen, indem Sie die Früchte locker auf einer Servierplatte anordnen, mit den Beeren bestreuen und die Schüssel mit der Mousse herumreichen.

Früchte
200–250 g Himbeeren
250 g frische Feigen

Die Himbeeren verlesen und vorsichtig waschen. Die Feigen abwaschen und halbieren; Stielenden dranlassen.

Honigmousse für 3/4 Liter; ergibt vier Portionen
125 g Honig
4 Eigelb
2 Prisen Salz
500 ml Sahne

Honig, Eigelbe und Salz in einer Schüssel über heißem Wasser (knapp unter dem Siedepunkt) verrühren. Achten Sie darauf, daß kein Wasser in die Schüssel spritzt. Die Mischung 8 Minuten lang ständig mit dem Schneebesen verrühren und darauf achten, wie sich die Konsistenz verändert. In den ersten 2–3 Minuten ist die Mischung dünn und schaumig; nach 5 Minuten beginnt sie einzudicken und erhält eine cremige Konsistenz. Nun ein paar Minuten lang kräftig weiterschlagen, bis die Mousse dicke Bänder auf der Oberfläche hinterläßt, wenn man eine Portion davon von einem Löffel auf die Creme heruntertropfen läßt. Beiseite stellen und abkühlen lassen. Die abgekühlte Creme ist steif und klebrig und etwas widerspenstig.
2 Eßlöffel Sahne in die Mousse rühren, bis sie sich lockert. Die restliche Sahne steif schlagen, unter die Mousse ziehen und mit einem Schneebesen verrühren. Die Sahne fällt dabei etwas zusammen. Nun erhalten Sie eine Mousse von leichter und cremiger Konsistenz, die etwas dünner als erwartet ausfällt.

Zitronencreme

Die üppige Creme wirkt durch den sauren und klaren Geschmack der Zitronen wesentlich leichter. Die Creme schmeckt bei Zimmertemperatur gut, doch frisch aus dem Ofen ist sie ein ganz besonderer Genuß.

Zutaten für acht Portionen à 150 g
2 ganze Eier
8 Eigelb
300–350 g Zucker
1 Teelöffel abgeriebene Zitronenschale (1 unbehandelte Zitrone)
250 ml frisch gepreßter Zitronensaft (6–8 Zitronen)
625 ml Sahne

Backofen auf 165 Grad vorheizen. Die Eier, Eigelbe und den Zucker kräftig aufschlagen und gut vermischen. Dann mit einem Schneebesen den Zitronensaft und danach die Sahne einrühren. Die Sahne durch ein feines Sieb gießen, dann die Zitronenschale hinzufügen.
Die Mischung in Souffléförmchen füllen. In eine größere, ofenfeste Form setzen und soviel heißes Wasser angießen, bis die Förmchen zur Hälfte im Wasser stehen. Locker mit Alufolie abdecken und garen, bis sich die Creme setzt (40–45 Minuten). Die Zitronencreme muß in der Mitte noch etwas nachgeben, wenn man an den Förmchen rüttelt (sie wird beim Abkühlen vollends fest). Die Förmchen herausnehmen und abkühlen lassen.

Anmerkung: Sie können die Cremetöpfchen nach Bedarf im Kühlschrank aufbewahren. Rechtzeitig vor dem Servieren wieder herausnehmen und auf Zimmertemperatur erwärmen.

I ngwercreme

Die Creme ist zart und leicht in der Konsistenz und verströmt den würzigen Duft von frischem Ingwer. Wir garnieren jedes Cremetöpfchen mit etwas kandiertem Ingwer.

Zutaten für sechs Portionen à 150 g
250 g frischer Ingwer
1 l Sahne
125 g Zucker
5 Eigelbe
2 kandierte Ingwerscheiben, gewürfelt

In einem mittelgroßen Topf Wasser aufsetzen und rasch zum Kochen bringen. Den Ingwer schälen und in 6–7 Millimeter dicke Scheiben schneiden. 30 Sekunden im sprudelnden Wasser blanchieren, abgießen und in einem Sieb abtropfen lassen.
Sahne und Zucker in den heißen Topf geben. Über mittlerer bis starker Flamme erhitzen, bis die Mischung gerade den Siedepunkt erreicht. Sobald sich der gesamte Zucker aufgelöst hat, den Ingwer hineingeben und den Topf vom Herd nehmen. Abdecken und eine Stunde durchziehen lassen. Die Mischung muß nun intensiv nach Ingwer schmecken, andernfalls noch etwas länger ziehen lasssen. Den Ingwer herausfischen. Die Eigelbe mit einem Schneebesen einrühren. Die Masse nun durch ein feines Sieb gießen.
Ofen auf 165 Grad vorheizen. Die Mischung in Souffléförmchen füllen. In eine größere, ofenfeste Form setzen und soviel heißes Wasser angießen, bis die Förmchen zur Hälfte im Wasser stehen. Locker mit Alufolie abdecken und garen, bis sich die Creme setzt (40–50 Minuten). Die Ingwercreme muß in der Mitte noch etwas nachgeben, wenn man an den Förmchen rüttelt. Die Förmchen herausnehmen und abkühlen lassen. Mit dem kandierten Ingwer garnieren.

Knuspriger Apfel-Rhabarber-Auflauf

Der säuerliche Rhabarber bildet einen schönen Kontrast zu den süßen Äpfeln und dem knusprigen Belag. Servieren Sie diesen aromatischen und rustikalen Auflauf frisch aus dem Ofen zu einer Englischen Creme (Seite 440) oder hausgemachtem Vanilleeis. Im Herbst können Sie den Rhabarber durch die ebenfalls sauren Kronsbeeren ersetzen.

Belag: Zutaten für sechs Portionen

150 g Mehl
4 Eßlöffel Zucker
4 Eßlöffel brauner Zucker
1/4 Teelöffel Salz
1/2 Teelöffel Zimtpulver (vorzugsweise ganz frisch gemahlen)
1/4 Teelöffel Muskat (vorzugsweise frisch gerieben)
125 g kalte Butterflöckchen
4 Eßlöffel gehackte Walnußkerne

Mehl, Zucker, Salz und Gewürze in einer Schüssel vermengen. Mit den Händen oder dem Handrührgerät die Butterflöckchen einarbeiten, bis ein krümeliger Teig entsteht. Die Nüsse rasch unterheben.
Der Belag hält sich lange im Kühlschrank frisch. Machen Sie gleich die doppelte Menge und bewahren Sie eine Hälfte in einem gut verschlossenen Behälter auf. Es ist recht praktisch, wenn Sie den Belag für Ihren nächsten Auflauf gleich zur Hand haben. Sie können damit auch einen Obstsalat oder ein Kompott bestreuen und haben im Nu ein warmes Dessert.

Früchte

2 mittelgroße Rhabarberstangen, gewaschen und
in 1 cm breite Streifen geschnitten (oder ca. 125 g Kronsbeeren)
1250 g Äpfel, geschält und in 1 cm dicke Spalten geschnitten
2–3 Eßlöffel Zucker

Backofen auf 190 Grad vorheizen. Den Rhabarber sorgfältig waschen, braune Stellen und Blattreste entfernen. Besonders dicke Rhabarberstangen längs halbieren und dann erst in Streifen schneiden. Apfelspalten und Rhabarberstückchen in eine viereckige Auflaufform (ca. 23 Zentimeter Kantenlänge), eine runde Kuchenform (ca. 23 Zentimeter Durchmesser) oder 6 ofenfeste Portionsformen füllen. Das Obst nach Geschmack süßen, glattstreichen und gleichmäßig mit dem Belag abdecken. Im heißen Ofen überbacken, bis der Belag goldbraun und das Obst weich ist und der Fruchtsaft am Rand Bläschen wirft (ca. 40–50 Minuten). In den kleinen Portionsförmchen ist der Auflauf bereits in 25–30 Minuten gar.

K nuspriger
Aprikosen-Kirsch-Auflauf

Wir machen diesen köstlichen Auflauf im Frühsommer, wenn Aprikosen und Kirschen am besten schmecken. Der frische Ingwer ergänzt mit seiner Würzigkeit das säuerliche Aroma der Aprikosen und die süßen Kirschen. Servieren Sie den Auflauf goldbraun mit einem Klecks Schlagsahne.

Zutaten für sechs Portionen
Belag nach dem Rezept auf Seite 429
750 g Aprikosen, geviertelt
250 g Kirschen, entsteint
Die abgeriebene Schale einer unbehandelten Zitrone
1 gehäufter Teelöffel frisch geriebener Ingwer
125 g Zucker
2 Eßlöffel Mehl

Backofen auf 190 Grad vorheizen. Den Belag nach der Anleitung auf Seite 429 vorbereiten. Die übrigen Zutaten in einer Backschüssel vermischen und in eine viereckige Auflaufform (ca. 23 Zentimeter Kantenlänge), eine runde Kuchenform (ca. 23 Zentimeter Durchmesser) oder 6 ofenfeste Portionsförmchen füllen. Das Obst glattstreichen und gleichmäßig mit dem Belag abdecken. 45–50 Minuten überbacken (Portionsförmchen 25–30 Minuten) bis der Belag goldbraun aussieht und der Fruchtsaft am Rand Bläschen wirft.

Pfirsich-Heidelbeer-Pie

Servieren Sie den köstlichen Pie warm aus dem Ofen, solange der Fruchtsaft noch blubbert und Ihre Küche nach Obstkuchen duftet. Die Kombination von frischen Pfirsichen und Heidelbeeren ist kaum zu schlagen, aber auch Nektarinen, Himbeeren und Brombeeren schmecken großartig. Servieren Sie den Pie mit einem großzügigen Klecks Schlagsahne oder Vanilleeis.

Zutaten für eine Pieform mit 22–24 cm Durchmesser;
ergibt sechs Portionen
Grundteig für Pie (Seite 433)
1 kg Pfirsiche, geschält, entsteint und in 1 cm dicke Spalten geschnitten
150 g Heidelbeeren
6 Eßlöffel und 1/2 Teelöffel Zucker
2 Eßlöffel Mehl
1 Eigelb
1 Teelöffel Milch

Eine Pieform mit 22–24 Zentimeter Durchmesser wie beschrieben mit Teig auskleiden. Backofen auf 200 Grad vorheizen.

Die Pfirsiche mit den Heidelbeeren, 6 Eßlöffeln Zucker und Mehl vermischen. Die Obstmischung in den Pie füllen. Überstehende Teigreste am Rand der Form abschneiden. Den Teig leicht mit Wasser bepinseln. Den Teigdeckel ausrollen, über die Füllung breiten und so zurechtschneiden, daß der Deckel einen Zentimeter übersteht. Den Deckel unter den Teigrand des Bodens schlagen und in einem hübschen Wellenmuster zusammendrücken.

Eigelb und Milch verrühren und den Teig damit bestreichen. Mit 1/2 Teelöffel Zucker bestreuen. Ein paar Öffnungen in den Teigdeckel ritzen, damit der beim Backen entstehende Dampf entweichen kann. 40–45 Minuten backen, bis der Pie goldgelb aussieht und dicklicher Obstsaft aus den Öffnungen blubbert.

Grundteig für Pie

Dieses Grundrezept eignet sich für alle Obstpies. Wie bei allen Pies gilt auch hier: Die Butter muß eiskalt sein, und der Teig darf nicht zu kräftig bearbeitet werden, weil er sonst seine lockere und flockige Konsistenz verliert.

Zutaten für 2 Teigkreise mit 22–24 cm Durchmesser
250–300 g Mehl
1/4 Teelöffel Salz
1 Teelöffel Zucker
250 g kalte Butter
4 Eßlöffel Pflanzenfett
4 Eßlöffel Eiswasser

Mehl, Salz und Zucker in einer Schüssel vermischen. Die Butter in kleine Flöckchen teilen und die halbe Menge mit der Küchenmaschine oder zwei Messern unter die Mehlmischung arbeiten, bis eine Masse von grießähnlicher Konsistenz entsteht. Nun das Fett und die restliche Butter in 6–7 Millimeter großen Stücken hineinschneiden. Dadurch wird der Teig schön flockig. Mit dem Eiswasser benetzen und mit einer Gabel verrühren, bis der Teig gleichmäßig feucht ist und zusammenhält. (Sie benötigen möglicherweise nicht das ganze Wasser.)

Den Teig halbieren und zu zwei Kugeln formen. In Hausaltsfolie wickeln und mindestens 4 Stunden kühl stellen. Eine Arbeitsfläche leicht bemehlen und den Teig zu 2 Scheiben mit 3 Millimetern Stärke und 28–30 Zentimetern Durchmesser ausrollen. Einen Teigkreis in eine Pieform mit 22–24 Zentimetern Durchmesser legen. Den Teig dabei nicht dehnen, weil er sich beim Backen sonst wieder zusammenzieht. Das zweite Teigrad als Deckel oder als Boden für eine zweite Pie verwenden. Teig bis zum Füllen und Backen kalt stellen.

Gitterkuchen mit Kronsbeerfüllung

Unser beliebter Herbstkuchen sieht durch die tiefroten Kronsbeeren, die zwischen dem Teiggitter hervorlugen, warm und appetitlich aus. Wir haben uns die Anregung für diesen Kuchen aus dem Kochbuch *The Silver Palate* geholt. Servieren Sie den Kuchen mit hausgemachtem Vanilleeis oder leicht gesüßter Schlagsahne.

Zutaten für eine Pieform mit 22–24 cm Durchmesser;
ergibt acht bis zehn Portionen
1 Portion süßer Kuchenteig (Rezept folgt)
350–375 g Kronsbeeren
12 getrocknete Aprikosen, geviertelt
250 g Zucker
125 ml Wasser
4 Eßlöffel Amarettolikör oder Grand Marnier (ersatzweise 4 Eßlöffel Wasser und 1 Teelöffel Bittermandelessenz)
1 Eigelb
2 Teelöffel Milch oder Sahne

Eine Pieform mit 22–24 Zentimeter Durchmesser mit dem Teig auskleiden und zwölf Teigstreifen für das Gittermuster zurechtschneiden. Kronsbeeren, Aprikosen, Zucker und Wasser in einen Topf geben. Bei mittlerer Hitze köcheln, bis die Haut der Kronsbeeren aufplatzt (ca. 10 Minuten). Den Likör hinzugießen und 10 Minuten durchkochen. Vom Herd nehmen und abkühlen lassen.
Backofen auf 190 Grad vorheizen. Den Teigboden mit der Obstmischung füllen. Das Eigelb mit Milch oder Sahne verrühren und die Gitterstreifen damit bestreichen. 6 Streifen in gleichmäßigen Abständen auf den Kuchen legen (kürzere Streifen am Rand, längere Streifen in der Mitte verwenden). Mit den restlichen 6 Streifen nun ein diagonal verlaufendes Scherengitter formen. Teigstreifen am Kuchenrand gut festdrücken und überstehende Teigränder abschneiden. 40–50 Minuten backen, bis die Füllung Blasen wirft und der Teig goldbraun aussieht.

Süßer Kuchenteig
Ausreichend für eine Kuchenform mit 22–24 cm Durchmesser und
ein Gittermuster oder für zwei Kuchenböden mit 22–24 cm Durchmesser
400 g Mehl, gesiebt
125 g Zucker
125 g kalte Butter
2 Eigelb
4 Eßlöffel oder mehr Sahne

Mehl und Zucker in einer Backschüssel vermischen. Die Butter in 6–7 Millimeter kleine Flöckchen zerteilen. Mit der Küchenmaschine, dem Handrührgerät oder mit zwei Messern die Butter in die Mehlmischung einarbeiten, bis eine bröselige Masse entsteht. Eigelbe und Rahm verrühren und in die Mehlmischung gießen. Mit den Händen den Teig zu einer Kugel formen. Nach Bedarf noch bis zu 2 Eßlöffel Rahm hinzufügen, damit ein geschmeidiger Teig entsteht.

Den Teig halbieren und zu zwei Kugeln rollen. In Haushaltsfolie wickeln und mindestens 30 Minuten in den Kühlschrank legen. Wenn der Teig gut gekühlt ist, eine Arbeitsfläche leicht bemehlen und den Teig zu 2 Scheiben mit je 3 Millimetern Höhe und 25–28 Zentimetern Durchmesser ausrollen. Boden und Rand einer Kuchenform mit Teig auskleiden; überstehende Teigränder abschneiden. Den zweiten Teigkreis in 12 Streifen (knapp 1 Zentimeter breit) schneiden. Teig und Streifen bis zum Füllen des Kuchens kalt stellen.

Erdbeer-Rhabarber-Auflauf

Bereiten Sie diesen Auflauf im Frühjahr mit den ersten frischen Erdbeeren der Saison zu. Die Erdbeeren und der säuerliche Rhabarber brutzeln unter einem leichten und krümeligen Belag und entfalten dabei ihren ganzen Wohlgeruch. Servieren Sie diesen Auflauf warm aus dem Ofen mit leicht geschlagener Sahne.

Zutaten für sechs Portionen
625 g Rhabarber
250 g Erdbeeren
175 g Zucker
2 1/2 Eßlöffel Mehl
Die abgeriebene Schale einer kleinen, unbehandelten Orange
Belag (Rezept folgt)

Ofen auf 190 Grad vorheizen. Den Rhabarber sorgfältig waschen, braune Stellen und Blattreste entfernen. Besonders dicke Rhabarberstangen längs halbieren. Die Stangen quer in Streifen schneiden. Erdbeeren waschen, trockentupfen und den Blütenansatz entfernen.

Große Erdbeeren halbieren, kleine Früchte ganz lassen. Das Obst mit Zucker, Mehl und abgeriebener Orangenschale vermischen. In eine viereckige Auflaufform (ca. 20 Zentimeter Kantenlänge), eine runde Kuchenform (22–24 Zentimeter Durchmesser) oder 6–8 ofenfeste Portionsförmchen füllen.

Den Belag zubereiten und eßlöffelweise auf dem Obst verteilen. 35–40 Minuten im heißen Ofen backen, bis der Belag gebräunt ist und der Obstsaft Blasen wirft. Einzelne Portionsförmchen sind bereits in 25–30 Minuten gar.

Belag
200 g Mehl
1/4 Teelöffel Salz
1 Eßlöffel Backpulver
2 Eßlöffel Zucker
4 Eßlöffel Butter
250 ml Sahne

Die trockenen Zutaten vermischen. Mit der Küchenmaschine, einem elektrischen Handrührgerät oder zwei Messern die Butter einarbeiten, bis eine krümelige Masse entsteht. Sahne unterrühren und leicht vermischen, um die trockenen Zutaten anzufeuchten.

Variante: Der Kuchen schmeckt auch nur mit Erdbeeren hervorragend. Sie benötigen 3 Körbchen Beeren (750–1000 Gramm). Erdbeeren waschen, putzen und je nach Größe halbieren oder ganz lassen. Die Erdbeeren sind so süß, daß Sie nur 75 Gramm Zucker benötigen. Erdbeeren mit Zucker, 2 Eßlöffeln Mehl und der abgeriebenen Orangenschale vermischen. In eine Form füllen und wie beschrieben backen.

I ngwerkuchen

Der appetitliche Kuchen ist überraschend saftig und schmeckt intensiv nach frischem Ingwer. Servieren Sie den Kuchen warm zum Frühstück oder Brunch oder zum Nachmittagskaffee – er wird bestimmt reißenden Absatz finden.

Zutaten für sechs Portionen
200 g Mehl
1 Teelöffel Soda
1/2 Teelöffel Salz
1 Ei
4 Eßlöffel ungeschwefelte Melasse
4 Eßlöffel dunkler Maissirup
125 g weiche Butter
125 g brauner Zucker
125 ml zimmerwarme Buttermilch
100 g frisch geriebener Ingwer

Backofen auf 180 Grad vorheizen. Eine runde Kuchenform mit 20 Zentimeter Durchmesser einfetten. Mehl, Soda und Salz in eine Schüssel sieben. Das Ei in einer Backschüssel verquirlen. Melasse und Maissirup hinzufügen und gut verrühren. In einer dritten Schüssel Butter und Zucker schaumig schlagen. Die Buttermischung langsam unter die Melasse rühren und immer wieder den Teig vom Rand in die Schüssel schaben. Nun abwechselnd die trockenen Zutaten und die Buttermilch hinzufügen; mit den trockenen Zutaten beginnen und enden. Den geriebenen Ingwer unterheben.

Den Teig in die gefettete Form füllen und 35–40 Minuten backen, bis sich der Teigdeckel elastisch anfühlt und bei der Stricknadelprobe kein Teig an der Nadel haften bleibt.

B ratäpfel mit Walnuß-Korinthen-Füllung

Servieren Sie dieses gemütliche Herbstdessert im eigenen Saft oder mit einer Englischen Creme (Seite 440). Die Äpfel genießt man am besten frisch aus dem Ofen, doch auch aufgewärmt am nächsten Tag zum Frühstück sind sie köstlich.

Nehmen Sie Äpfel, die ihre Form behalten – sonst verwandeln sich Ihre wunderschönen Bratäpfel in ein hocharomatisches Apfelmus.

Zutaten für vier Portionen
4 Eßlöffel Walnußkerne oder Pecannüsse, geröstet (Seite 312)
4 mittelgroße, aromatische Äpfel, die beim Backen ihre Form behalten
(z. B. Jonathan)
4 Eßlöffel getrocknete Korinthen oder Rosinen
Die abgeriebene Schale einer Orange
1/4 Teelöffel Zimtpulver (vorzugsweise ganz frisch gemahlen)
2 Eßlöffel Honig oder brauner Zucker
Apfelsaft

Die Nüsse nach dem Rösten abkühlen lassen und hacken. Das obere Drittel der Äpfel schälen, das Kernhaus herauslösen, dabei aber einen 1 Zentimeter dicken Boden stehen lassen. In einem Schälchen die Zutaten für die Füllung (mit Ausnahme des Safts) vermischen und die Äpfel damit füllen.

Die Äpfel in eine ofenfeste Form setzen und etwa 2 1/2 Zentimeter hoch Apfelsaft hineingießen. Äpfel abdecken und je nach Größe und Sorte 40–60 Minuten bei 180 Grad braten. Während des Garens immer wieder testen. Die Äpfel sind gar, wenn eine Messerspitze mühelos in das Fruchtfleisch eindringt. Aus dem Ofen holen und vor dem Servieren etwas von dem ausgebratenen Saft über die Äpfel träufeln.

Englische Creme

Hier macht die echte Vanilleschote den feinen Unterschied – die Schote und das Mark ziehen in der warmen Creme durch und geben dabei ihr feines Aroma ab. Geben Sie die Creme über frische Sommerfrüchte, zu warmem Erdbeer–Rhabarber-Auflauf (Seite 436) oder zu einem Aprikosen-Kirsch-Auflauf (Seite 431).

Zutaten für gut 1/2 Liter
1 Vanilleschote
250 ml Milch
250 ml Sahne
4 Eßlöffel Zucker
4 Eigelbe

Die Vanilleschote längs aufschlitzen und das Mark mit einer Messerklinge ausschaben. Milch und Sahne, Zucker und Vanilleschote sowie das Vanillemark in einem mittelgroßen Edelstahltopf gerade bis zum Siedepunkt erhitzen. Darauf achten, daß sich der Zucker vollständig aufgelöst hat. Vom Herd nehmen, abdecken und 30 Minuten durchziehen lassen. Lassen Sie die Masse nicht zu lange ziehen, denn das Vanillearoma wird sonst zu aufdringlich.
Die Eigelbe in einer Schüssel verquirlen, dann langsam mit einem Schneebesen ein Viertel der Flüssigkeit unterrühren. Diese Mischung wieder unter die restliche Flüssigkeit gießen und bei mittlerer Hitze kochen. Dabei ständig mit einem Holzlöffel umrühren. Nach 6–8 Minuten ist die Flüssigkeit so weit eingedickt, daß sie die Rückseite des Löffels überzieht. Nicht zu stark kochen, weil die Eier sonst gerinnen. Durch ein feines Sieb streichen und abkühlen lassen.

Varianten:

Englische Creme mit Ahornsirup
Köstlich zu warmen Bratäpfeln (Seite 439). Ersetzen Sie die Vanilleschote und den Zucker durch 250 Milliliter Ahornsirup. Der Ahornsirup muß nicht in der Milch-Sahne-Mischung durchziehen. Nur mit der Sahne bei mittlerer Hitze erwärmen und dann wie beschrieben fortfahren.

Englische Creme mit Minze

Etwas für Minze-Fans, schmeckt besonders gut zu Gâteau Moule (Seite 425). Die Vanilleschote durch 2 Handvoll frisch gehackte Minze ersetzen und wie beschrieben ziehen lassen. Vor dem Kochen die Minzeblätter entfernen.

Englische Creme mit Espresso

Selbst der einfachste Schokoladenkuchen erhält dadurch eine extravagante Note. Die Vanilleschote durch 50 Gramm grob gehackte oder zerstoßene Espressobohnen ersetzen und wie beschrieben ziehen lassen. Flüssigkeit durch ein Sieb gießen und die Espressobohnen vor dem Kochen entfernen.

Englische Creme mit Rosengeranien

Gießen Sie diese Creme über frische Beeren. Die Vanilleschote durch 3–4 Rosengeranienblätter ersetzen. Die Blätter mit den Fingerspitzen zerzupfen, damit sie ihr ganzes Aroma abgeben. Wie beschrieben durchziehen lassen; nach 15 Minuten probieren. Wenn die Creme bereits intensiv genug schmeckt, die Blätter entfernen, ansonsten weitere 15 Minuten ziehen lassen. Die Blätter vor dem Kochen herausfischen.

H imbeersauce

Der säuerliche Geschmack von frischen Himbeeren kommt immer gut an – besonders in Kombination mit üppigen Schokoladendesserts. Reichen Sie diese einfache Sauce zu Gâteau Moule (Seite 425) oder zu einem Beerensorbet oder frischem Pfirsicheis. Sie können die Himbeeren auch mit Brombeeren oder anderen Beeren mischen.

Zutaten für ca. 350 ml
125 ml Wasser
125 g Zucker
400 g Himbeeren
Saft einer Zitrone (nach Wunsch)
Himbeer- oder Kirschlikör (nach Wunsch)

Das Wasser und den Zucker in einem Töpfchen erhitzen, bis sich der Zucker aufgelöst hat. Beiseite stellen und abkühlen lassen. Die Himbeeren in einem Mixer oder in der Küchenmaschine pürieren, dann durch ein feines Sieb streichen und die Kerne entfernen. Den abgekühlten Sirup nach und nach in das Himbeerpüree gießen. Die benötigte Menge Sirup hängt vom Aroma und der Süße der Früchte ab. Nach Wunsch mit Zitronensaft und/oder Likör verfeinern.

Rosengeranien

Die Blätter dieser Geranienart erinnern in Duft und Geschmack an Rosen, während die schönen rosafarbenen Blüten nicht duften. Lassen Sie die Blätter in warmer Sahne ziehen und parfümieren Sie damit eine zarte Eiscreme oder eine Englische Creme, was zu den ersten Erdbeeren der Saison einfach vorzüglich schmeckt. Sie können auch ein paar Blätter in einer Zuckerdose vergraben und den parfümierten Zucker dann über Brombeeren und Pfirsichscheiben streuen. Man schmeckt dann ganz verhalten die süße Rosenessenz. Die winzigen Blüten sind zum Garnieren geeignet und setzen hübsche Akzente.
Alle Duftgeranien gedeihen gut und sind unkompliziert. Die Pflanzen vertragen keinen Frost und müssen in geschützten Räumen überwintern. Besorgen Sie sich eine Pflanze im Fachhandel und setzen Sie sie zu Beginn der warmen Jahreszeit ins Freie. Rosengeranien mögen einen reichhaltigen, lockeren Boden und einen sonnigen Standort. Gelegentliches und maßvollen Ausschneiden tut den Pflanzen gut.

Krokantkekse

Für diese Kekse, die bei unseren Gästen sehr beliebt sind, haben wir ein Rezept aus Paula Becks *The Art of Fine Baking* abgewandelt. Die mürben Kekse sind ganz erfüllt vom Butter- und Karamelgeschmack des knusprigen Krokants. Servieren Sie die Kekse zu einem Cremedessert (z. B. Zitronencreme, Seite 427, oder Honigmousse, Seite 426).

Zutaten für je nach Größe 50–70 Kekse
250 g weiche Butter
7 Eßlöffel brauner Zucker
1/2 Teelöffel Vanilleessenz
1/2 Teelöffel Salz
250 g Mehl
2 Handvoll Krokant (Seite 444)

Backrohr auf 165 Grad vorheizen. Butter und Zucker schaumig schlagen. Vanilleessenz und Salz einrühren. Mehl und Krokant einarbeiten.

Den Teig rund 30 Minuten kalt stellen, bis er sich gut verarbeiten läßt. Anschließend 6–7 Millimeter dünn ausrollen und mit einem Förmchen Kekse ausstechen. Sie können den Teig auch zu 5 Zentimeter dicken Rollen formen und dünne Scheiben davon abschneiden.

Die Kekse im Abstand von 2 1/2 Zentimeter voneinander auf ein ungefettetes Backblech setzen und 8–10 Minuten hellbraun backen. Die Kekse halten sich in einem gut verschlossenen Behälter lange Zeit frisch.

K *rokant*

Unser Krokant besitzt einen vollen, nussigen Karamelgeschmack. Wir verwenden Krokant für unsere Kekse, man kann damit außerdem pochierte Birnen, frische Sommerfrüchte oder Eiscreme garnieren.

Zutaten für 1 l
500 g Zucker
180 ml Wasser
1/2 Teelöffel frisch gepreßter Zitronensaft
200 g zerstoßene Walnußkerne, Pecannüsse oder Mandeln

Ein Backblech buttern.
Zucker, Wasser und Zitronensaft in einen Topf geben und sorgfältig verrühren. Die Mischung auf den Herd stellen und den Zucker bei mäßiger Hitze auflösen. Sobald die Flüssigkleit klar ist, bei mittlerer bis kräftiger Hitze zum Kochen bringen. Wenn die Flüssigkeit Blasen wirft, die Topfwände mit einem in Wasser getauchten Pinsel abwaschen. (Durch den Zitronensaft und diese Technik kristallisiert der Zucker nicht.) Die Mischung nicht umrühren. Nach 15–20 Minuten nimmt die Flüssigkeit eine goldene Färbung an und wird dann sehr rasch (3–5 Minuten) dunkel.
Sobald die Flüssigkeit einen satten Goldton annimmt, vom Herd nehmen; mit einem Holzlöffel die Nüsse einrühren. Wieder auf den Herd stellen und solange erwärmen, bis sich das Karamel wieder verflüssigt. Dann auf das Backblech gießen und zu einer dünnen Schicht verstreichen. Abkühlen lassen und von Hand oder in der Küchenmaschine zerkleinern. Krokant läßt sich in einem gut schließenden Behälter einfrieren.

Tip: Bei der Herstellung von Krokant muß man vor allem darauf achten, daß der flüssige Zucker nicht kristallisiert. Verwenden Sie nur einen absolut sauberen Topf und bepinseln Sie die Topfwände während des Kochens ständig mit Wasser. Nicht umrühren, weil sich sonst Kristalle bilden. Seien Sie sehr vorsichtig, wenn Sie mit der Flüssigkeit hantieren, denn sie ist extrem heiß!

Schokoladen-Mandel-Kekse

Diese herrlich knusprigen Kekse basieren auf einem Rezept in Lindsey Sheres *Chez Panisse Desserts* und sind äußerst vielseitig. Die gerösteten Mandeln sind eine schöne Ergänzung zu den Schokoladenstückchen.

Zutaten für rund 40 Kekse
125 g Butter
175 g Zucker
2 Eier
4 Eßlöffel Kirschlikör
1 Teelöffel Vanilleessenz
250 g und 2 Teelöffel Mehl
1 1/2 Teelöffel Backpulver
1/4 Teelöffel Salz
50 g geröstete und gehackte Mandeln
100 g Zartbitterschokolade in Stückchen

Backofen auf 165 Grad vorheizen. Die Butter schaumig rühren, dann den Zucker hinzufügen. Wieder schaumig rühren, dann die Eier nacheinander hineingeben und jeweils glattrühren. Den Likör und die Vanileessenz hineingießen. Mehl, Backpulver und Salz in einer Schüssel vermengen. Locker unter die Buttermasse heben. Mandeln und Schokolade unterziehen.

Den Teig dritteln. Die Teigportionen auf einem leicht bemehlten Brett zu 2 1/2–3 1/2 Zentimeter dicken Rollen formen. (Sie können diese Rollen nun in Folie verpacken und einfrieren. Vor dem Weiterverarbeiten vollständig auftauen lassen.) Die Teigrollen auf ein Backblech setzen und hellbraun backen (ca. 25 Minuten).

Abkühlen lassen und schräg in 1 Zentimeter dicke Streifen schneiden. Die Backtemperatur auf 150 Grad senken. Die einzelnen Kekse auf das Backblech legen und 10 Minuten eher trocknen als backen. Wenden und auch die andere Seite 10 Minuten trocknen. Abkühlen lassen und luftdicht verschlossen aufbewahren.

Tip: Achten Sie darauf, daß die Kekse nach dem Backen wirklich vollständig trocken sind, denn sie schmecken so gut, weil sie so knusprig sind.

Variante: Wir ersetzen die Mandeln oft durch Haselnüsse oder Pinienkerne und nehmen statt Schokoladenstückchen manchmal getrocknete Kirschen und Pistazien.

Zitroneneis

Das Zitroneneis schmeckt natürlich ganz besonders gut, wenn Sie die süßen und aromatischen, aber leider sehr seltenen Meyer-Zitronen verwenden. Wenn Sie nicht gerade Freunde in San Francisco haben, in deren Garten so ein Zitronenbaum wächst, müssen Sie sich mit gewöhnlichen Zitronen begnügen. Servieren Sie dieses köstliche Eis mit kandierter Zitrusschale (Seite 448) oder mit dünnen Erdbeerscheibchen. Sie können nach diesem Rezept auch Mandarinen- oder Blutorangeneis zubereiten.

Zutaten für gut 1 1/2 Liter
3–4 unbehandelte Zitronen (ca. 375 g)
250 g Zucker
250 ml Milch oder 125 Milch und 125 ml Sahne
6 Eigelbe
750 ml Sahne
Vanilleessenz

Eine Zitrone mit einem Gemüseschäler schälen; darauf achten, daß Sie nur die äußere Schale, nicht aber die bittere weiße Haut mitschälen. Die Schale mit dem Zucker und der Milch oder Milch-Sahne-Mischung in einen Edelstahltopf geben. Bis knapp unter den Siedepunkt erhitzen, vom Herd nehmen und 10–15 Minuten durchziehen lassen. Die Schale von 2 Zitronen (ohne die weiße Haut!) abreiben und 125 Milliliter und 2 Eßlöffel Saft auspressen. Fruchtfleisch und Kerne entfernen.
Die Eigelbe in einer Schüssel verquirlen und mit einer kleinen Portion von der heißen Zuckermischung verrühren. Die nun erwärmten Eigelbe in den Topf gießen und bei mäßiger Hitze unter ständigem Rühren kochen. Nach 10 Minuten entsteht eine Creme, die zäh über den Löffel fließt.
Durch ein Sieb in die Schüssel gießen, dann die abgeriebene Zitronenschale hinzufügen. 10 Minuten durchziehen lassen, dann die Sahne und den Zitronensaft hineinrühren. Mit Vanilleessenz und nach Wunsch mit etwas mehr Zitronensaft abschmecken. Gründlich durchkühlen lassen. Dann nach Herstelleranweisung in der Eismaschine gefrieren.

M andarinensorbet

Machen Sie das erfrischende Sorbet zur besten Zitrussaison, wenn viele verschiedene Mandarinensorten angeboten werden. Kombinieren Sie nach Belieben verschiedene Sorten und verwenden Sie soviel Fruchtmark wie möglich.

Zutaten für 1 Liter
2,5 kg unbehandelte Mandarinen für 1 l Saft
250 g weniger 1 Eßlöffel Zucker
Frisch gepreßter Zitronensaft (nach Wunsch)

Die Schale einer Mandarine fein reiben; dabei darauf achten, daß Sie nur die äußere Schale, nicht aber die bittere weiße Haut mitreiben. Die Mandarinen auspressen. Die Kerne herausfiltern, aber soviel Fruchtfleisch wie möglich verwenden. Den Zucker mit 1/4 Liter Saft in einen Edelstahltopf geben und bei mittlerer Hitze unter ständigem Rühren auflösen. Den restlichen Saft hinzugießen und die feingeriebene Schale einrühren. Nach Wunsch mit etwas Zitronensaft lebhaft abschmecken. Gut durchkühlen.
Das Sorbet nach Herstelleranweisung in der Eismaschine gefrieren.

Variante: Dieses Grundrezept eignet sich auch für roséfarbene Grapefruit oder Blutorangen. Wenn die Grapefruit sehr sauer ist, etwas mehr Zucker hinzufügen.

K andierte Zitrusschale

Zitroneneis (Seite 446), Mandarinensorbet (Seite 447) oder Zitronencreme (Seite 427) erhalten durch kandierte Zitrusschale einen interessanten Touch – aber auch pur ist die Zitrusschale eine süße Leckerei.

Zutaten für 1–2 Handvoll
3–4 unbehandelte Zitronen, Mandarinen,
Orangen oder 2 rosa Grapefruit
650 g Zucker
3/4 l Wasser

Die Früchte mit einem Gemüseschäler schälen; dabei auch ein wenig von der weißen Haut mitschälen. Die Zitrusschale in beliebige Formen schneiden: Streifen, Dreiecke oder Quadrate (wir bevorzugen Streifen, die etwa 1/2 Zentimeter breit sind). Einen kleinen Edelstahltopf mit Wasser aufsetzen und zum Kochen bringen. Die Zitrusschalen hineinwerfen, aufkochen lassen und sofort durch ein Sieb abgießen. Die Schalen auffangen. Den Topf mit frischem Wasser füllen und die Schalen nochmals überbrühen, damit der bittere Geschmack verschwindet.
Nun ungefähr 500 Gramm Zucker mit 3/4 Liter Wasser aufsetzen und leise simmern. Die Zitrusschalen hinzufügen und ungefähr eine Stunde leise durchköcheln. Ein Backblech mit Zucker bestreuen. Wenn die Schalen durch und durch weich sind, abgießen und rasch auf dem Backblech ausbreiten. Im Zucker wenden und mit Zucker bestreuen, damit die einzelnen Stücke nicht verkleben. Die Schalen abkühlen lassen und in einen gut verschließbaren Behälter füllen. Mit dem restlichen Zucker bedecken und im Kühlschrank aufbewahren.

Veilchen

Die kleine Veilchenart mit dem Affengesicht auf der blauvioletten Blüte sieht in einem grünen Blattsalat einfach wunderbar aus; sie kann auch als Verzierung für Desserts und Obstsalate verwendet oder als Kuchendekor kandiert werden.
Die Blume läßt sich problemlos aus Samen oder kleinen Pflänzchen ziehen. Veilchen lieben feuchten, nährstoffreichen Boden und Halbschatten. Veilchen vermehren sich in Ihrem Garten wie verrückt und tauchen im nächsten Frühjahr ganz von alleine wieder auf – merken Sie sich also ihren Standort!

Chutneys, Relishes, Dips und Pickles

Chutneys, Relishes, Dips und Pickles

Chutneys und Relishes bersten geradezu vor Geschmack. Ob sie ein Gericht beleben oder abmildern – sie sorgen stets für Biß und starke Kontraste. Wir würzen unsere Chutneys nicht zu stark und ergänzen den Geschmack von frischem Obst oder Dörrobst mit scharfen, kräftigen oder süßen Gewürzen. Wenn Sie Ihr Chutney gerne feurig scharf essen, können Sie stets mehr Paprika, Chillies oder frischen Ingwer verwenden als angegeben. Wenn Sie jungen frischen Ingwer in Ihrem Asienladen entdecken, sollten Sie zugreifen; die rosige Haut der feinen Wurzelstücke ist so zart, daß Sie sie nicht einmal schälen müssen.

Relishes und Pickles schmecken am besten scharf oder pikant und lebhaft gewürzt. Gurken mit Zitronengras beleben das Aroma von Auberginenmus, während ein Gurkendip mit Joghurt und Minze scharfe Gerichte durch seine Frische abmildert. Nehmen Sie für Ihre Pickles und Relishes guten weißen Essig, z. B. Reisessig.

Geröstete Nüsse setzen wunderbare Akzente, wenn sie mit Zucker, Salz oder leicht scharfen Gewürzen bestäubt werden. Sie können die Nüsse im voraus zubereiten und in einem luftdicht verschlossenen Behälter aufbewahren. Sie schmecken jedoch so verführerisch, daß sie vermutlich gar nicht erst in ihren Vorratsschrank wandern.

Nektarinenchutney

Die einfache Kombination von süßen Gewürzen paßt von Natur aus zum zarten Aroma frischer Nektarinen, Aprikosen und Pfirsiche. Sie können das Chutney den ganzen Sommer über machen. Beginnen Sie im Frühsommer mit Aprikosen und nehmen Sie gegen Ende der Saison die späten Pfirsiche. Verwenden Sie nur vollreife und süße Früchte und kochen Sie sie nur sanft. Frisches Obst macht Ihr Chutney saftiger als Trockenobst.

Zutaten für gut 1/2 Liter
500 g frische Nektarinen, Aprikosen oder Pfirsiche, entsteint und
in 2 1/2 cm große Würfel geschnitten (Aprikosen in Spalten schneiden)
75–125 g Zucker
1/4 kleine rote Zwiebel, fein gehackt
1 Teelöffel frisch geriebener Ingwer
1/4 Teelöffel frisch gemahlener Zimt
2 Prisen Nelkenpulver
2 Prisen gemahlene Macisblüte
2 Prisen Cayennepfeffer
1/4 Teelöffel Salz

Obst und 75 Gramm Zucker in einen Topf geben. Bei mittlerer Hitze dünsten, bis die Nektarinen Saft zu ziehen beginnen (2–3 Minuten). Die übrigen Zutaten hinzufügen und die Früchte 10–12 Minuten bei mittlerer Hitze weich dünsten. In eine Schüssel umfüllen und nach Bedarf noch etwas süßen. Abkühlen lassen und vor dem Servieren 1–2 Stunden durchziehen lassen.
Das Chutney schmeckt frisch und sehr zart und sollte daher am gleichen Tag verzehrt werden.

Feuriges Ananaschutney

Frische Chillies und Minze beleben dieses scharfe Chutney, zu dem uns die indische Kochbuchautorin Julie Sahni angeregt hat. Wir pürieren einen Teil der Ananas und verkochen das Püree zu einem süß-sauren Sirup, in dem wir dann ganze Ananasstückchen garen. Dann würzen wir das Chutney scharf mit Cayenne- und schwarzem Pfeffer. Damit das Chutney auch frisch schmeckt, wird die Minze erst unmittelbar vor dem Servieren untergehoben. Wir servieren dieses Chutney in den Wintermonaten zu unserem Curry aus Wintergemüse (Seite 229).

Zutaten für ca. 1/2 Liter
1 große Ananas
175 g Zucker
1 1/2 Teelöffel gemahlener Kreuzkümmel
1/4 Teelöffel Zimt (vorzugsweise ganz frisch gemahlen)
1/4 Teelöffel Cayennepfeffer
1/4 Teelöffel schwarzer Pfeffer
1 Teelöffel frisch geriebener Ingwer
1 Teelöffel Salz
Saft einer Zitrone
1–2 Jalapeño- oder Serrano-Chillies, entkernt und fein gewürfelt
1/2 rote Zwiebel, fein gewürfelt
1 Teelöffel frisch gehackte Minze

Die Ananas schälen und aushöhlen, das Fruchtfleisch in kleine Stückchen schneiden. Ein knappes Drittel der Ananasstückchen pürieren, den Rest beiseite stellen. Das Püree, Zucker, Gewürze, Ingwer, Salz und Zitronensaft in einen Topf füllen. Zum Kochen bringen und dann 5 Minuten bei mittlerer Hitze zu Sirup verkochen; dabei gelegentlich umrühren. Die Ananasstücke, Chilischoten und Zwiebel hineingeben. Die Wärmezufuhr ein wenig drosseln und das Chutney bei mäßiger Hitze 25 Minuten köcheln lassen. Das Püree und die Ananasstückchen verkochen dabei, die Fruchtstücke werden weich, behalten aber noch einen gewissen »Biß«. Das Chutney in eine Schüssel füllen und vor dem Servieren 1–2 Stunden durchziehen lassen. Es hält sich eine Woche oder länger im Kühlschrank frisch. Die Minze erst unmittelbar vor dem Servieren unterheben.

Mango-Papaya-Chutney

Wir machen dieses frische Chutney im späten Frühjahr und im Sommer, wenn es frische Mangos und Papayas gibt. Das Chutney ist überraschend leicht, wobei die süßen Gewürze und der Limettensaft das Aroma der Früchte hervorheben, ohne den zarten Geschmack zu übertönen.

Zutaten für ca. 1/2 Liter
1/4 kleine rote Zwiebel, fein gehackt
1 Eßlöffel Champagneressig
4 Eßlöffel Limettensaft (3–4 Limetten)
4 Eßlöffel Zucker
Knapp 1/2 Teelöffel Zimtpulver (vorzugsweise frisch gemahlen)
3 Prisen Nelkenpulver
3 Prisen Cayennepfeffer
1 Mango (schälen, vom Kern lösen und in 1 cm große Stücke schneiden)
1 Papaya (schälen, entkernen und in 1 cm große Stücke schneiden)

Ein Töpfchen Wasser zum Kochen bringen und die Zwiebel 30 Sekunden darin blanchieren. Abgießen und in eine Schüssel geben. Sofort mit Essig beträufeln, damit die leuchtend rote Farbe schön zur Geltung kommt.
Limettensaft, Zucker und Gewürze in einen Topf geben und 2–3 Minuten bei mittlerer Hitze zu einem leichten Sirup verkochen. Die Obststückchen mit der Zwiebel vermischen. Dann den Sirup darübergießen und gut verrühren. Das Chutney eine Stunde durchziehen lassen. Servieren Sie das Chutney binnen weniger Stunden, damit der frische und lebhafte Geschmack nicht verlorengeht.

A prikosenchutney

Eine duftende Gewürzmischung erfüllt dieses Chutney aus Trockenobst mit warmen und vollen Aromen. Das Chutney paßt gut zu unseren Curries.

Zutaten für ca. 1/2 Liter
1/2 Teelöffel gemahlener Koriander
1/2 Teelöffel gemahlener Kreuzkümmel
1 knappe Messerspitze gemahlenes Kardamom
2 Prisen Nelkenpulver
1 Messerspitze schwarzer Pfeffer
4 Eßlöffel Zucker
250 ml frisch gepreßter Orangensaft
250 g getrocknete Aprikosen, halbiert
1 Teelöffel frisch geriebener Ingwer
1 Messerspitze Salz
50 g Sultaninen
50 g Korinthen
1 Jalapeño- oder Serrano-Chili, entkernt und fein gewürfelt
1 Teelöffel frisch gepreßter Zitronensaft oder Reisessig

Die Gewürze in einem Schälchen vermischen und beiseite stellen.
Den Zucker und den Orangensaft in einen Topf geben und 3–4 Minuten bei mittlerer Hitze verkochen. Aprikosen, Ingwer, Salz und die Gewürzmischung hinzufügen. Auf kleiner Flamme köcheln lassen, bis die Aprikosen weich sind (ca. 10 Minuten). Den Topf vom Herd nehmen und die restlichen Zutaten unterheben. Das Chutney ist jetzt noch etwas flüssig, doch die getrockneten Früchte saugen diese Flüssigkeit auf. Das Chutney vor dem Servieren 1–2 Stunden durchziehen lassen.
Das Chutney hält sich in einem gut verschlossenen Behälter 1–2 Wochen im Kühlschrank frisch.

Gurkendip

Dieser einfache Gurkendip mit Joghurt und Minze ist knackig und erfrischend und paßt gut zu üppigem Auberginenmus. Reichen Sie den Dip zu Baba Ghanouj (Seite 74) und gegrilltem Pitabrot (Seite 97), mit dem Sie dann gleich den Joghurt auftunken können. Wenn in Ihrem Garten frische Minze wächst, sollten Sie sie hier verwenden.

Zutaten für ca. 3/4 Liter
1 mittelgroße Gurke
250 ml Naturjoghurt
4 Eßlöffel frisch gehackte Minze
Knapp 1/2 Teelöffel Salz
1 Messerspitze Cayennepfeffer

Die Gurke schälen, längs halbieren und entkernen (dadurch wird der Dip nicht so wäßrig). Die Gurke in feine Würfel (6–7 Millimeter) schneiden. Die Zutaten vermischen und servieren. Sie können den Dip auch bereits 1–2 Stunden im voraus zubereiten und in der Zwischenzeit im Kühlschrank aufbewahren.

Englische Minze

Diese außergewöhnliche Minze besitzt schöne, tiefgrüne Blätter mit einem unerreicht knackig-frischen Geschmack. Die frisch gehackte Minze paßt hervorragend zu einem Gemüseeintopf mit frischen Chillies und stechendem Koriandergrün. Ganze Blätter beleben einen Salat aus warmem Spinat und schmecken köstlich in einem kühlen Gurkendip. Die feinen Zweige verleihen Königskuchen oder einer Schüssel Beeren einen eleganten Touch. Erfrischen Sie sich nach einem langen und anstrengenden Tag mit einem Pfefferminztee.
Wir bauen diese hochwertige Minze wegen ihres kräftigen Geschmacks an. Die Pflanze braucht einen warmen und schattigen Standort, humusreichen Boden und jede Menge Wasser und gedeiht unter diesen Bedingungen auch ohne viel Pflege. Pflanzen Sie die Minze im schattigen Teil Ihres Gartens oder unter einem Wasserhahn. Beginnen Sie mit einer oder zwei Pflanzen, die sich über ein unterirdisches Flechtwerk rasch vermehren. In der nebligen Küstenregion von San Francisco können wir vom zeitigen Frühjahr bis Ende November frische Minze ernten. In der kühleren Jahreszeit bildet die Minze kleinere Blätter.

Gurken mit Zitronengrasaroma

Mit diesen säuerlich-würzigen Gurken können Sie scharfe Speisen auf erfrischende Weise abmildern. Mit einem Hauch Sesam schmecken die Gurken noch intensiver.

Zutaten für ca. 1/2 Liter
1 mittelgroße Gurke
1/4 Teelöffel Salz
4 Eßlöffel Zitronengras-Essig (Rezept Seite 458) oder
3 Eßlöffel Reisessig und 1 Eßlöffel frisch gepreßter Zitronensaft
1 Eßlöffel dunkles Sesamöl
1 Teelöffel Zucker
1/2 Teelöffel scharfe Chiliflocken

Die Gurke schälen, längs halbieren und entkernen. Schräg in 6–7 Millimeter dicke Scheiben schneiden. Salzen, 10 Minuten ziehen lassen und abgießen. Die Gurken mit Essig, Öl, Zucker und Chiliflocken anmachen. Sofort servieren oder 1–2 Stunden kalt stellen.

Zitronengras-Essig

Frisches Zitronengras gehört in viele südostasiatische Gerichte und wird in Asienläden angeboten.

Wenn man die Zitronengrasstengel in Reisessig ziehen läßt, erhält man einen intensiven und hocharomatischen Essig, der zu Gurken hervorragend schmeckt. Er peppt auch asiatische Nudelgerichte wie beispielsweise den chinesischen Nudelsalat (Seite 175) oder die chinesischen Nudeln mit grünem Curry (Seite 177) auf. Der Essig ist im Handumdrehen gemacht und hält sich im Kühlschrank monatelang frisch. Entfernen Sie das Zitronengras erst im Laufe der Zeit, wenn Sie den Essig aufbrauchen.

Zutaten für 3/4 Liter
125 g frische Zitronengrasstengel
3/4 l Reisessig

Zitronengras putzen: die trockenen äußeren Blätter und die oberen Stielenden entfernen. Die Stengel in 7–8 Zentimeter lange Stücke schneiden und jedes Stück längs halbieren, damit das aromatische Mark der Stengel freiliegt.

Den Essig aufkochen lassen. Das Zitronengras in ein Einmachglas (1 l Fassungsvermögen) legen und mit dem kochenden Essig überbrühen. Den Essig abkühlen lassen, das Einmachglas gut verschließen und vor dem Verwenden 2–3 Tage ziehen lassen.

S üß-saure Perlzwiebeln

Diese kleinen Zwiebeln sind so aromatisch, daß sich das mühsame Pellen lohnt. Servieren Sie die Perlzwiebeln als Pickles, als Teil einer gemischten Vorspeise oder verwenden Sie sie zum Garnieren. In ihrer Lake bleiben die Zwiebeln einige Zeit frisch. Sie können die Zwiebeln einige Tage im voraus zubereiten und im Kühlschrank aufbewahren. Vor dem Servieren jedoch auf Zimmertemperatur erwärmen. Hübsche Farbkontraste erzielen Sie, wenn Sie rote Zwiebeln mit gelben und weißen Perlzwiebeln kombinieren.

Zutaten für ca. 500 g
500–600 g Perlzwiebeln
125 ml Rotweinessig
125 ml frisch gepreßter Orangensaft
2 Eßlöffel Zucker
1/2 Teelöffel Salz

Einen großen Topf Wasser zum Kochen bringen. Die Zwiebeln hineingeben und 2 Minuten vorkochen (sie lassen sich dann leichter schälen). Abgießen und unter kaltem Wasser abschrecken. Die Zwiebeln oben durchschneiden, die Wurzeln am unteren Ende entfernen, den Wurzelansatz aber ganz lassen. Zwiebeln schälen.
Die Zwiebeln in einen Topf füllen, die übrigen Zutaten hinzufügen. Zum Kochen bringen, dann bei sanfter Hitze im geschlossenen Topf simmern, bis die Zwiebeln weich sind (ca. 15–20 Minuten). Mit einer Schaumkelle aus dem Sud heben, in eine kleine Schüssel geben und beiseite stellen. Den Sud zu einem Sirup einkochen (ergibt ca. 6 Eßlöffel). Den Sirup über die Zwiebeln gießen und abkühlen lassen.

E ingelegte rote Zwiebeln

Wir servieren diese leuchtend rosafarbenen Pickles sehr häufig. Scharf und pikant, passen sie zum schwarfen Bohnensalat mit Chillies und Limetten (Seite 53) oder zu Salaten mit Avocados und Zitrusfrüchten. In einem geschlossenen Behälter halten sie sich bis zu einer Woche im Kühlschrank frisch.

Zutaten für 500 Gramm
500 g rote Zwiebeln
1 l kochendes Wasser
180 ml Reisessig
125 ml kaltes Wasser
1/2 Teelöffel schwarze Pfefferkörner oder Korianderkörner
1/2 Teelöffel scharfe Chiliflocken oder
ein paar kleine getrocknete Pfefferschoten

Die Zwiebeln in 6–7 Millimeter dicke Ringe schneiden, dann häuten. Die Zwiebel-ringe auseinanderziehen und in eine Schüssel geben. Mit dem kochenden Wasser überbrühen und 2–3 Minuten ziehen lassen. Die Zwiebeln abgießen und wieder in die Schüssel geben. Sofort mit Essig und kaltem Wasser bedecken. Pfeffer- oder Korianderkörner und die Chillies hinzufügen. Abdecken und vor dem Servieren eine Stunde im Kühlschrank durchziehen lassen.

Kronsbeer-Birnen-Relish

Das fruchtige Relish aus süßen Birnen, ganzen, sauren Kronsbeeren und erfrischenden Orangen wirkt sehr verführerisch. Nehmen Sie nur vollreife Birnen, die beim Kochen schnell weich werden. Servieren Sie das Relish bei einem Festtagsmenü zu Teigtaschen mit Kürbis- und Lauchfüllung (Seite 279) oder zu winterlichem Blattgemüse aus der Pfanne.

Zutaten für ca. 1 Liter
375 g frische oder tiefgefrorene Kronsbeeren
125 ml frisch gepreßter Orangensaft
125 g Zucker
2 mittelgroße Birnen (schälen, entkernen
und in 2 1/2 cm große Stücke schneiden)
1/2–1 Teelöffel fein gehackte Orangenschale

Die Kronsbeeren mit dem Orangensaft und dem Zucker in einen Topf geben, zum Kochen bringen und dann bei mittlerer Hitze 10 Minuten kochen. Die Kronsbeeren sind jetzt durch, behalten aber noch ihre Form. Die Birnenstücke und die Hälfte der Orangenschale hinzufügen. Eine Minute mitkochen, bis die Birnen durchwärmt sind (sie kochen mit den heißen Kronsbeeren ohnehin noch weiter). Abkühlen lassen, nach Geschmack mit der restlichen Orangenschale verfeinern und servieren.

Das Relish hält sich in einem gut verschlossenen Behälter bis zu einer Woche im Kühlschrank frisch. Nach ein paar Tagen verlieren die Birnen jedoch an Geschmack und Konsistenz.

Variante: Ein Schuß Grand Marnier oder Williamsbirnenschnaps macht das Relish noch aromatischer.

S charfe Erdnüsse

Die kräftig gewürzten Erdnüsse beleben unsere chinesischen Nudelgerichte. Wir streuen sie auch über gegrilltes Gemüse mit Dipsauce (Seite 399) oder in die Sauce aus Minze und Koriandergrün (Seite 394). Die Nüsse sind im Handumdrehen gemacht und halten sich in einem gut verschlossenen Behälter wochenlang frisch. Wenn die Nüsse im Lauf der Zeit schal schmecken, 5 Minuten im 180 Grad heißen Backofen rösten. Probieren Sie das Rezept auch einmal mit cremigen Cashewnüssen.

Zutaten für 125 Gramm Nüsse
125–150 g frische Erdnüsse oder Cashews
1/2 Teelöffel Erdnußöl
1/4 Teelöffel Paprika
1/4 Teelöffel Cayennepfeffer
1/4 Teelöffel Salz

Backofen auf 165 Grad vorheizen. Die Nüsse in einem Schälchen mit Öl, Gewürzen und Salz anmachen. Auf ein Backblech breiten und 12 Minuten rösten, bis die Nüsse ihren typischen Duft entfalten. Abkühlen lassen und in einem gut verschlossenen Behälter aufbewahren.

Karamelisierte Walnüsse oder Pecannüsse

Unsere gute Freundin Barbara Tropp zeigte uns, wie man diese unwiderstehlich köstlichen Nüsse macht. Dieses Rezept ist eine abgewandelte Version aus Tropps Kochbuch *The Modern Art of Chinese Cooking*.

Die karamelisierten Nüsse schmecken süß und zugleich etwas salzig. Servieren Sie die Nüsse pur zum Knabbern oder mischen Sie sie unter einen herbstlichen Blattsalat mit Äpfeln oder Birnen.

Zutaten für 250 g Nüsse
250 g Walnuß- oder Pecanhälften
2 Teelöffel Erdnuß- oder Pflanzenöl
1/2 Teelöffel grobkörniges Salz oder knapp 1/2 Teelöffel körniges Meersalz
2 Eßlöffel Zucker

Die Nüsse in eine ofenfeste Schüssel geben. 1/2–1 Liter Wasser zum Kochen bringen und die Nüsse damit überbrühen. 30 Minuten ziehen lassen.

Backofen auf 150 Grad vorheizen. Die Nüsse abgießen, trockentupfen und auf ein mit Backtrennpapier ausgelegtes Backblech streuen. 30 Minuten im Ofen trocknen lassen, dann die Backtemperatur auf 120 Grad senken und das Backblech umdrehen. Von nun an die Nüsse alle 10 Minuten probieren. Die Nüsse brauchen jetzt (je nach Wassergehalt) noch 40–60 Minuten. Wenn die Nüsse fast vollständig trocken sind, aus dem Ofen holen. Sie können die Nüsse nun abkühlen lassen und vor dem Karamelisieren 1–2 Tage in einem luftdicht verschlossenen Behälter aufbewahren. Zum Karamelisieren das Öl in einer schweren Pfanne bei mittlerer Hitze heiß werden lassen. Die Nüsse hineingeben und sanft umrühren, bis sie gleichmäßig von Öl überzogen sind und sich warm anfühlen. Die Brattemperatur sofort senken, wenn die Nüsse anbrennen. Nüsse salzen und wenden, dann langsam den Zucker einstreuen. Dabei ständig umrühren. Die Nüsse sollten süß und kräftig sowie ein wenig nach Salz schmecken. Karamelisierte Zuckerstückchen, die sich beim Umrühren am Löffel festsetzen, ablösen und wieder in die Pfanne geben. Der gesamte Prozeß dauert 3–4 Minuten. Warm oder kalt servieren. Die erkalteten Nüsse halten sich in einem luftdicht verschlossenen Behälter bis zu zwei Wochen frisch.

Tip: Pecannüsse sind längst nicht so bitter wie Walnüsse, weshalb Sie das Einweichen und Trocknen weglassen können. Pecannüsse ca. 7 Minuten bei 180 Grad rösten, bis sie ihren kräftigen Duft entfalten, dann wie beschrieben karamelisieren.

Anhang

Festmenüs

Ein Festmenü zu planen, kann kreativ und anregend sein, doch wenn Sie keine Erfahrung mit ausschließlich vegetarischen Menüs haben, kann sich die Planung zu einer Herkulesaufgabe auswachsen. Die Festmenüs, die wir Ihnen hier vorschlagen, basieren auf den Rezepten in diesem Buch. Sie sind dazu gedacht, Ihre Phantasie anzuregen, und können daher leicht vereinfacht oder je nach Jahreszeit abgeändert werden. Hier ein paar bewährte Tips zur Planung eines Menüs:
Richten Sie Ihr Menü immer nach dem Angebot der Jahreszeit aus. Wenn Sie einkaufen gehen, achten Sie auf das, was es gerade frisch gibt. Wir schlagen Ihnen hier pro Saison zwei Menüs vor. Das Hauptgericht bildet gewöhnlich den Mittelpunkt des Mahls. Planen Sie den Hauptgang zuerst und stellen Sie die anderen Speisen danach zusammen – auf diese Weise sparen Sie Zeit. Lassen Sie sich von Ihrem eigenen guten Geschmack und Ihrem gesunden Menschenverstand leiten. Versuchen Sie sich vorzustellen, wie die Farben, Aromen und Konsistenzen der Speisen zusammenpassen. Denken Sie auch daran, wieviel Zeit Sie zur Vorbereitung des Mahls zur Verfügung haben: Was kann im voraus zubereitet werden, was muß in letzter Minute geschehen, welche Hilfsmittel stehen Ihnen zur Verfügung? Planen Sie das Menü mit Gerichten, die sich im voraus zubereiten lassen, denn dann können Sie sich entspannen und das Fest richtig genießen.

Frühling

Indische Spinathäppchen
Frühlingscurry mit Sri-Lanka-Gewürzen
Basmatireis mit Cashewnüssen
Feuriges Ananaschutney
Mango- und Papayascheiben mit frischem Limettensaft

Neue Kartoffeln, Fenchel und Knoblauch vom Grill mit Zitronenbutter
Frühlingskuchen
Kopfsalat und Radicchio mit gerösteten Pecannüssen und Sherry-Schalotten-Vinaigrette
Knuspriger Erdbeer-Rhabarber-Auflauf mit Schlagsahne

Sommer

Sommerkürbisse und rote Zwiebeln vom Grill mit Zimt-Chipotle-Butter
Gefüllte Zucchini mit Tomatillosauce und gegrillten Polentadreiecken
Romanaherzen mit Avocado, Jicama und Orange
Frische Beeren mit Krokantkeksen

Salbei-Focaccia
Sizilianischer Salat
Spinatnudeln mit Tomaten, Crème fraîche und Basilikum
Gartensalate und Rucola mit Sommerbohnen, Ziegenkäse und Haselnüssen
Honigmousse mit Himbeeren und Feigen

Herbst

Pilzsuppe mit karamelisierten Zwiebeln
Teigtaschen mit Kürbis- und Lauchfüllung
Herbstsalat aus Äpfeln, roten Beten, Fenchel und Friséesalat
Ingwerbrot mit pochierten Aprikosen und Kronsbeeren

Artischockensalat, Rote-Bete-Salat, verschiedene Oliven,
warme Gorgonzola-Croûtons
Herbstliches Risotto mit Pfifferlingen und Tomaten
Salat von Spinat und gebratenem Paprika
Frische Feigen und Schokoladen-Mandel-Kekse

Winter

Winterliche Blattsalate mit Birnen, Walnüssen und Walnußvinaigrette
Lasagne mit Portweinsauce
Schalotten aus dem Ofen
Spinat mit Zitronensaft und Pinienkernen
Mandarinensorbet mit kandierter Zitrusschale

Gefüllte Weinblätter, Gurkendip mit Joghurt und Minze,
warmes Pitabrot und in Öl eingelegte Oliven
Nordafrikanischer Gemüsetopf
Mandel-Korinthen-Kuskus
Salat von Zitrusfrüchten mit herbem Blattgemüse
Ingwercreme

Wein und vegetarische Gerichte

Von Rick Jones

Als das Greens Restaurant 1979 eröffnete, gab es hitzige Diskussionen darüber, ob ein vegetarisches Restaurant überhaupt Wein servieren dürfe. Am Schluß gewann der Wein, und heute ist das Restaurant für seine Weinkarte, die mehr als 300 Weine auflistet, berühmt. Auch soll es in den USA kein Restaurant geben, das Weine und Gerichte ähnlich kreativ kombiniert.

Die Verbindung von Wein und vegetarischen Speisen verlangt einen völlig neuen Denkansatz. Deshalb legen wir unseren Kellnern nahe, die herkömmlichen Zusammenstellungen von Weinen und Gerichten zu vergessen. Vegetarische Kost verfügt über viele verschiedene feine und zarte Aromen, die es zunächst einmal zu betonen gilt. Wein dient dann gewissermaßen zur Abrundung des Ganzen. Die gesättigten Fette und vollen Aromen von Fleisch sind so stark, daß nur kräftige Weine dagegen ankommen und das geschmackliche Gleichgewicht am Gaumen wiederherstellen können. Wir bei Greens achten von vornherein auf die rechte Balance. Wir empfehlen ergänzende oder kontrastierende Weine, doch niemals Weine, die das Essen übertönen. Bei der Auswahl des Weins bemühen wir uns darum, daß die natürlichen Aromen des Gerichts möglichst gut zur Geltung kommen.

Wein ist Leben in einer Flasche. Er besteht aus vielen Elementen, die sich im Laufe der Zeit weiterentwickeln und verändern. Wenn wir bei Greens Wein servieren, achten wir in erster Linie auf seine Trinkreife, das heißt darauf, daß alle Komponenten einen Zustand der Ausgewogenheit erreicht haben. Frucht, Säure, Gerbstoffe und Alkohol beginnen als getrennte Stimmen in einem jungen Wein und reifen schließlich zu einem harmonischen Chor heran. Wenn eine dieser Komponenten noch nicht voll entwickelt ist, lassen wir den Wein bis zu 18 Monate nachreifen.

Abgesehen von der Trinkreife gibt es bei der Wahl eines Weines keine richtigen oder falschen Entscheidungen. Wein ist, wie Essen, eine Frage des persönlichen Geschmacks. Deshalb wurde die Weinkarte in unserem Restaurant nicht von einem einzelnen Einkäufer, sondern von einem ganzen Gremium zusammengestellt. Weine werden in wöchentlichen Seminaren mit dem Personal verkostet und dann nach dem Urteil der Allgemeinheit so ausgewählt, daß wir eine ebenso mannigfaltige wie ausgewogene Karte präsentieren können. Die Weinkarte reflektiert denn auch unsere Speisekarte. Im Lauf der Jahre hat sich die Küche von Greens von Milchprodukten abgewandelt und konzentriert sich nun auf sehr leichte und exquisit aufeinander abgestimmte Aromen. In der Wahl unserer Weine kann man diesen Wandel wiedererkennen.

Traditionelle Auswahlkriterien für Wein, zum Beispiel die Entscheidung zwischen Rotwein und Weißwein, haben – abgesehen von Ihrem persönlichen Geschmack – bei der vegetarischen Küche keine Bedeutung. Beginnen Sie Ihren Auswahlprozeß, indem Sie die Zutaten eines Gerichts genauer betrachten. Denken Sie daran, wie deren Aroma das Gericht beeinflußt, zum Beispiel der Säuregehalt von Tomaten oder die Schärfe von Chilischoten; Käse, Eier und Sahne machen ein Gericht üppig; Gegrilltes schmeckt rauchig. Wein muß den Speisen entsprechen, und wenn deren Aroma oder Konsistenz sich ändert, muß sich auch der Wein ändern. Jeder Wein besitzt einen eigenen, unverwechselbaren Stil und Geschmack, der bei der Auswahl ebenfalls eine Rolle spielt. Mit einem guten, trinkreifen Wein können Sie nichts falsch machen, und das Experimentieren ist an sich schon ein Vergnügen. Hier stellen wir Ihnen die Weine vor, die wir am häufigsten empfehlen:

Weißwein

Chardonnay

Viele Käsegerichte, zum Beispiel Cannelloni oder Fillotaschen mit Spinat, Pilzen, Ziegenkäse und Pinienkernen, passen gut zu Chardonnay. Dies gilt vor allem dann, wenn der Wein so fruchtig ist, daß sein Säuregehalt dadurch ausgeglichen wird. Gegrilltes, wie Pilze und Kartoffeln mit Basilikum-Aïoli, schmeckt gut dazu. Servieren Sie Chardonnay immer gut gekühlt. Chardonnay paßt jedoch nicht gut zu säurehaltigen Speisen mit Tomaten und zu besonders scharfen Gerichten. Die meisten scharf gewürzten Speisen würden diesen Wein übertönen. Vinaigrettes auf Essig- und Zitrusbasis sind ebenfalls schwierig.

Sauvignon blanc

Die Sauvignon-blanc-Rebe wuchert kräftig und bringt reichere Erträge als die meisten anderen Rebsorten. Mehr Trauben bedeutet mehr Wein für den Winzer, doch die Rebe benötigt viel Kraft, um alle Früchte zum Reifen zu bringen. Dadurch kann ein Wein mit einem stechenden Kräuter- oder Grasaroma entstehen, der nur schlecht zu vegetarischen Gerichten paßt.
Qualität ist bei diesem Wein ganz entscheidend. Die besten Sauvignon blancs wirken rauchig, krautig und mineralisch und besitzen die fruchtige Note von reifen Melonen und Feigen. Dieser Wein kann recht kräftig ausfallen, so daß er auch zu scharf-würzigen Gerichten, aber auch zu den Speisen paßt, zu denen man sonst vielleicht einen Chardonnay serviert. Probieren Sie die würzigen Maiskuchen mit geräuchertem Käse und Chillies oder die Enchiladas Rojas dazu.

Chenin blanc

Dieser Wein weist einen ungewöhnlich niedrigen Alkoholgehalt auf, weshalb er auch gut bereits zum Mittagessen oder zu einem kleinen Imbiß am Nachmittag getrunken werden kann. In der Tat kann Chenin blanc mit seinem leichten Körper einer großen

Abendmahlzeit nicht standhalten. Er eignet sich jedoch gut zum Experimentieren, da es gute Weine bereits zu günstigen Preisen gibt. Frühjahrsrisotto mit Spargel und Erbsen und die Fillotaschen mit Pilzen und Pinienkernen sind eine gute Wahl.

Pinot blanc

Pinot blanc oder Weißburgunder ist leichter, besitzt einen frischen Apfelton und gute Säure. Dieser trockene, fruchtige Wein paßt gut zu einfachen, zarten Speisen, vor allem zu Gerichten, die an heißen Sommertagen nur zimmerwarm serviert werden. Wir empfehlen ihn zum zarten Auberginenkuchen oder zu gegrillten Gemüsevorspeisen.

Gewürztraminer

Diese Trauben werden trocken und lieblich ausgebaut und besitzen ein voll-würziges Aroma, das an Honig, Orangenblüten und Nelken erinnert. Trockenen Gewürztraminer empfehlen wir unseren Gästen, die scharfe und stark gewürzte Speisen bestellen. Mit seinem kräftigen Aroma kann er besser als jeder andere Weißwein auch neben scharfen Chillies bestehen. Trinken Sie ihn zum Rio-Eintopf oder zu Polentagratin mit Salsa Roja. Süße Gewürztraminer schmecken hervorragend zum Dessert.

Riesling

Die blumige Fülle von trocken ausgebautem Riesling paßt zu vegetarischen Gerichten besonders gut. Der relativ günstige Preis macht Riesling für diejenigen, die ein wenig experimentieren möchten, besonders attraktiv und lohnend. Wie Pinot blanc paßt dieser feingliedrige Wein gut zu einfachen und sommerlichen Gemüsegerichten. Speisen mit hohem Säuregehalt und stark gewürzte und scharfe Speisen sind für einen Riesling zu wuchtig. Ein paar empfehlenswerte Kombinatioen: Frühlingskuchen mit Spargel und Zwiebeln sowie die würzigen Gemüseküchlein.

Rotwein

Cabernet Sauvignon

Die kräftige Traube liefert jede Menge Alkohol, Säure und Tannin, einen vollen fruchtigen Geschmack nach schwarzen Johannisbeeren und Zedern sowie einen Hauch von Rauch und Kräutern. Die Kombination von Cabernet Sauvignon und vegetarischer Kost kann schwierig sein. Achten Sie auf Ausgewogenheit und konzentrieren Sie sich auf die herzhafteren Speisen, die hinter dem wuchtigen Körper des Weins nicht ganz verschwinden. Polenta und Nudeln, vor allem Zubereitungen mit Tomaten und Oliven, sind geeignete Kandidaten. Cabernet paßt zum rauchigen Charakter gegrillter Speisen. Wir empfehlen ihn zu Polenta mit Artischocken, Tomaten und Oliven, zum Nordafrikanischen Gemüsetopf und zu Ratatouille.

Zinfandel

Die Rebsorte besitzt die vollen und kräftigen Aromen des Cabernet Sauvignon, aber auch eine ganz eigene Würze. Obwohl Zinfandel nicht gar soviel Respekt gebietet wie Cabernet Sauvignon, handelt es sich doch um einen ernstzunehmenden Wein mit würzigen Beerenaromen. Es ist nicht leicht, ihn mit fleischloser Kost zu kombinieren. Ein Vorteil: Zinfandel kostet oft nur ein Drittel und ist deshalb auch zum Experimentieren geeignet. Achten Sie auch hier auf Ausgewogenheit im Wein und reichen Sie ihn zu kräftigen und schmackhaften Speisen. Probieren Sie ihn einmal zu scharf-würzigen Zubereitungen wie Polentagratin mit Salsa Roja oder zu Kreolischem Eintopf.

Pinot noir

Der Wein ist bekannt für seine zarten Fruchtnuancen, die an Kirsche, Himbeeren und Erdbeeren erinnern. Achten Sie genau auf die Bestandteile Ihres Menüs, denn Pinot noir verschwindet leicht hinter kräftigen Saucen und Gewürzen oder der stechenden Säure von Tomaten. Erstklassiger Pinot noir ist sehr teuer, paßt aber am besten zu einfachen Gerichten. Eine perfekte Kombination ist ein absoluter Hochgenuß und den Mehraufwand wert. Trinken Sie Pinot noir zu Auberginen mit einer Füllung aus Pilzen, getrockneten Tomaten und Pinienkernen oder zu unserem Herbstrisotto mit Pfifferlingen und Tomaten (falls die Tomaten außergewöhnlich reif und fruchtig-mild sind).

Merlot

Auch dieser volle und kräftige Wein paßt eher zu den herzhaften Speisen. Seine Frucht ist oft erdig und rauchig und erinnert an Kirschen und Minze. Der Wein hat ein leichtes Pflaumenaroma, wodurch er in jungen Jahren weicher und zugänglicher wirkt, aber auch einen robusten Körper aus Alkohol und Tannin, weshalb er nicht leicht mit vegetarischen Gerichten kombiniert werden kann. Merlot paßt gut zu stark gewürzten Speisen mit mildem Chili- oder Pfeffergeschmack. Probieren Sie Merlot zu Spinatnudeln mit Artischocken, getrockneten Tomaten und Kapern. Der Wein paßt auch gut zu üppigen Teigtaschen und Aufläufen, zum Beispiel mit Kürbis- und Lauchfüllung.

Syrah und Rhôneweine

Rebsorten aus dem Rhônetal wie Syrah, Mourvèdre und Grenache werden inzwischen auch in Kalifornien erfolgreich angebaut. Die Kalifornier sind wie ihre französischen Vettern körperreiche Weine. Ihre Aromen von kräftig-rauchiger Himbeere und schwarzen Johannisbeeren gehen einher mit einer weichen, verführerischen Note, weshalb sie zu einer Vielzahl von vegetarischen Speisen passen. Vor allem Syrah zeigt sich besonders vielseitig. Der Wein verträgt säuerliche Tomatengerichte und paßt besonders gut zu kräftigen Eintöpfen und herzhaften Nudeln, Polenta und Eierspeisen. Syrah paßt von allen Rotweinen am besten zu würzigen und scharfen Gerichten. Auberginengratin, Enchiladas Verdes und Linguine mit Zwiebelconfit,

Ziegenkäse und Walnüssen sind nur einige unserer Empfehlungen – die Kombinationsmöglichkeiten sind hier schier endlos.

Italienischer Wein

Ähnlich wie die Rhôneweine sind viele italienische Weine wegen ihrer Ausgewogenheit von Frucht und Struktur geradezu ideal. Toskanische Weine wie Chianti aus Sangiovesetrauben schmecken zu vegetarischen Gerichten besonders gut. Weine aus dem Piemont, wie Barolo, Barbaresco und Barbera, können ebenfalls zum Genuß werden. Denken Sie jedoch daran, daß diese Weine sehr wuchtig und unzugänglich sind, wenn sie jung getrunken werden. Ein Barolo schmeckt großartig zu Auberginenlasagne oder Lasagne mit Portweinsauce. Trinken Sie einen kräftigen Chianti zu Pizza mit gebratenem Paprika, Lauch und Oliven.

Champagner

Trockener Champagner paßt zu bemerkenswert vielen vegetarischen Gerichten. Die Säure und das Prickeln bilden einen wunderschönen Kontrast zu üppigen Saucen wie beispielsweise der Zitronenbutter. Champagner schmeckt herrlich zum Brunch oder als Aperitif zu gegrillten Auberginen oder Shiitakepilzen. Servieren Sie Champagner gekühlt in Flöten.

Dessertweine

Nachspeisen mit Obst, Käse, Nüssen und Schokolade sind die besten Begleiter von Jahrgangsportwein und Tawny Port. Unser Gâteau Moule oder die Schokoladen-Mandel-Kekse schmecken zu Portwein einfach umwerfend. Der Pfirsich-Heidelbeer-Pie und die Honigmousse mit Himbeeren und Feigen sind die perfekte Ergänzung zu Sauternes und Spätlesen.

Wein servieren

Damit der Wein auch zu den Speisen paßt, ist seine Trinktemperatur von entscheidender Bedeutung. Weißweine werden gekühlt serviert, damit man ihre saubere Frische und ihr Aroma spürt. Ist der Wein jedoch zu kalt, tritt die Frucht erst dann zutage, wenn sich der Wein im Glas erwärmt. Die beste Temperatur liegt zwischen 8 und 10 Grad Celsius. Rotwein schmeckt allgemein am besten, wenn seine Temperatur um die 16 Grad Celsius liegt. Einige leichtere Rotweine wie Beaujolais wirken sehr ansprechend, wenn sie an einem heißen Sommertag leicht gekühlt serviert werden.

Gläser sind für den richtigen Weingenuß ebenfalls von Bedeutung. Obwohl es viele traditionelle Formen für Rot- und Weißweingläser gibt, unterliegen sie alle ein und derselben Überlegung: Sie müssen so viel Platz bieten, daß der Wein im Glas geschwenkt werden kann. Das hat nichts mit Affektiertheit zu tun; durch das Schwenken bekommt der Wein Gelegenheit, sich zu öffnen und zu atmen und die Fülle und Tiefe seiner Aromen freizulegen. Aus diesem Grund werden Weingläser in der Regel nur bis zu ihrer weitesten Stelle gefüllt.

Bier

Bier paßt meist hervorragend zu fleischloser Kost, vor allem, wenn es sich um ausgeprägte Länderspezialitäten handelt. Gut gekühltes Pilsener ist ein ausgezeichneter Begleiter von scharfen und würzigen Gerichten. Ich persönlich trinke ein kräftiges Ale gern zu orientalischen, asiatischen und indischen Gewürzen. Und zu Pizza schmeckt mir leicht gekühltes Porter oder Stout besonders gut.

Leichte Küche

Die Rezepte in diesem Buch sind nicht übermäßig schwer. Wir reichen beispielsweise kein Sahnedressing zum Salat, aber wir verwenden wegen ihres einzigartigen Geschmacks Milchprodukte und Eier, Öle – allerdings in möglichst geringen Mengen – Nüsse und Oliven. Wenn Sie Diät halten müssen, können Sie die Gerichte sogar noch leichter machen und ganz ohne Fett auskommen.

Verlassen Sie sich auf Zitrussäfte und -schalen, Essig, Chillies, Ingwer, frische Kräuter und Kapern als Geschmacksträger. Eine Grundlage aus Zwiebeln und Knoblauch, die in etwas Weißwein und vielleicht ein paar getrockneten Kräutern gedünstet wurden, sorgt bei vielen Speisen für Geschmack und Fülle. Getrocknete Pilze oder ein Püree aus geröstetem Knoblauch oder Paprika verstärken den Geschmack eines Gerichts ohne die Zugabe von Fett. Diese Zutaten peppen fast alle Gerichte auf, sei es nun ein Blattsalat oder marinierte Bohnen, ein einfaches Schmorgemüse, eine Suppe oder ein Eintopf.

Gerichte wie rote Bete mit Brunnenkresse und Orange kommen ganz ohne Öl aus, während die meisten marinierten Hülsenfrüchte und Körner mit wenig Öl im Verhältnis zu Essig oder Zitrussaft angemacht werden. Sie können einen Salat stets auch ohne Öl anmachen – dann kommen Zitrussaft, aromatischer Essig, guter Dijonsenf und frisch geschroteter Pfeffer schön zur Geltung.

Die meisten Rezepte verlangen 1–2 Eßlöffel Öl zum Dünsten (für vier bis sechs Portionen) und manchmal eine Kombination von Öl und Butter – gerade so viel, daß das Gemüse nicht anbrennt. Salz wird gleich beim Andünsten hinzugegeben, damit das Gemüse Saft zieht. Dann kochen wir den Satz mit Wein, Brühe, Einweichwasser von getrockneten Pilzen oder schlicht und einfach mit Wasser los. Auf diese Weise brauchen Sie weniger Öl und können die köstlichen Gemüsesäfte bis zum letzten Tropfen auskosten. Wenn Sie Ihr Gemüse ganz ohne Fett andünsten wollen oder müssen, dämpfen Sie es zunächst leicht in einer zugedeckten Pfanne oder einem Topf. Bedecken Sie den Pfannen- oder Topfboden mit einem Hauch Wasser oder Brühe, bis das Gemüse Saft zieht und den Boden mit Flüssigkeit bedeckt.

Viele Saucen kommen mit sehr wenig Öl aus, manche brauchen gar kein Öl (die Sauce aus gebratenem Paprika und die Tomatillo-Sauce sind vielseitig verwendbar und werden ganz ohne Öl zubereitet). Das Aroma und die Frische der Zutaten sind dabei natürlich ganz besonders wichtig. Ein Spritzer Balsam- oder Champagneressig, frische Kräuter oder Chillies bewirken in einer Sauce einen Riesenunterschied. Machen Sie Ihre Minze-Koriander-Sauce mit fettarmen Joghurt; bereiten Sie die Lasagne ohne Kräuter-Béchamel-Creme oder ohne Ricottacreme zu und verwenden

Sie statt dessen die doppelte Menge Lasagnesauce. Ersetzen Sie die Ricottafüllung durch mehr Gemüse. Wenn Sie kein Öl in Ihren Nudelgerichten mögen, lesen Sie in der Einleitung zum Nudelkapitel (Seite 151) unsere Hinweise zum Kochen mit Brühe. Käse kann für Menschen, die fettarm kochen müssen, zum Problem werden. Verwenden Sie Parmesan sowie Ricotta und Mozzarella mit niedrigerem Fettgehalt. Meiden Sie sahnige Käsesorten wie Gorgonzola, Fontina, jungen Asiago oder fetten Cheddar. Würziger Schafskäse macht sich gut in einem Salat oder auf einer Pizza (backen Sie die Teigvariante ohne Milch). Häufig kann man statt Käse schmackhaften Tofu verwenden. Geräucherter Tofu ist ein ausgezeichneter Ersatz für Räucherkäse.

Oliven und geröstete Nüsse setzen herrliche Akzente, die meisten Speisen kommen aber auch ohne diese aromatischen Beigaben aus. Probieren Sie statt Oliven einmal Kapern, die ähnlich salzig und pikant schmecken.

Die meisten Rezepte lassen einen großen Spielraum für Veränderungen. Kombinieren Sie die Zutaten nach Ihrem persönlichen Gusto; experimentieren Sie, bis die Speisen den Anforderungen Ihres Diätplans und Ihres Gaumens gerecht werden.

Kleine Warenkunde

Ahornsirup
Im sehr zeitigen Frühjahr wird der Saft von Zuckerahornbäumen gezapft und vor Ort, mitten im Wald, in sogenannten Zuckerhütten zu Sirup eingekocht. Ahornsirup wird in verschiedenen Helligkeitsstufen und Qualitätsklassen angeboten. Er wird vor dem Servieren leicht erwärmt und zu Pfannkuchen, Waffeln oder French Toast gegessen.

Challah
Ungesäuertes, jüdisches Brot, das in kastenförmigen Laiben angeboten und wegen seines neutralen Geschmacks bevorzugt für French Toast o. ä. verwendet wird. Nehmen Sie ersatzweise einfaches Toastbrot.

Chillies
Chillies ist der Überbegriff für sämtliche Pfefferschoten, die vor allem in der mexikanischen und südostasiatischen Küche zu Hause sind. Es gibt sie in unzähligen Spielarten – groß wie Paprikaschoten und klein wie ein Daumennagel und in vielen Schärfegraden. Man verwendet Chillies frisch, getrocknet oder sogar geräuchert (Chipotles). Die großen, relativ milden Poblanochillies werden meist gefüllt. Zum Würzen sind natürlich die schärferen Sorten wie die etwa daumengroßen Jalapeños oder Serranos und die winzigkleinen Thai-Chillies interessant. Auch innerhalb ein und derselben Sorte fallen die einzelnen Chillies sehr unterschiedlich in ihrer Schärfe aus. Probieren Sie deshalb immer ein winziges Stückchen, damit Sie dann entsprechend dosieren können. Ziehen Sie Plastik- oder Gummihandschuhe an, wenn Sie mit sehr scharfen Chillies hantieren. Die scharfen Öle dringen sonst in die Haut ein und können sehr schmerzhaft sein. Niemals mit »Chilifingern« die Augen reiben oder kleine Kinder mit zarter und empfindlicher Haut anfassen. Bedenken Sie auch, daß das in den Schoten enthaltene Öl nicht wasserlöslich ist. Wenn Sie einmal zuviel Chili gegessen haben, keine Flüssigkeit trinken. Essen Sie statt dessen einen Löffel Joghurt oder, noch besser, saure Sahne oder Crème fraîche – sie mildert die Schärfe am besten. Ein Happen Brot oder Reis leisten hier ebenfalls gute Dienste.

Essig
Balsamessig
Balsamessig wird in der oberitalienischen Stadt Modena hergestellt und ist fast schon ein Mythos. Er wird aus dem Saft von Trebbianotrauben gewonnen und reift

traditionell in verschiedenen Fässern aus unterschiedlichen Hölzern (was manchmal Jahrzehnte dauert) und wird seit über tausend Jahren als Würzmittel geschätzt. Traditionell hergestellter *aceto balsamico* ist selten und extrem teuer; guten Balsamessig aus industrieller Herstellung (in Modena nennt man diesen Essig verächtlich *industriale*) bekommen Sie jedoch fast überall. Der säuerliche und zugleich süße, intensive und kräftige Essig ist eine ebenso einzigartige wie vielseitige Speisewürze.

Champagneressig

Wir verwenden diesen zarten Essig aus Champagnertrauben zusammen mit Zitrussaft und -schalen in vielen Vinaigrettes. Wenn Sie keinen Champagneressig zur Hand haben, nehmen Sie statt dessen einen guten Weißwein- oder Reisessig.

Sherryessig

Der feine Geschmack eines guten spanischen Sherryessigs ergibt zusammen mit fruchtigem Olivenöl, Knoblauch, Salz und ein paar gehackten Kräutern eine phänomenale Vinaigrette.

Rotweinessig

Der Unterschied zwischen einem hochwertigen, gereiften Rotweinessig und der minderwertigen Version, die es in jedem Supermarkt gibt, kommt dem Unterschied zwischen Tag und Nacht gleich. Es lohnt sich, dieses wichtige Würzmittel in einem Fachgeschäft zu kaufen.

Reisessig

Der helle Essig mit dem sauberen Geschmack paßt vorzüglich zu asiatisch inspirierten Gerichten.

Hominy

Eine Art Maisbrei oder Maisgemüse aus enthülsten und gequollenen Maiskörnern. Hominy wird meist fertig in Dosen angeboten. Als Ersatz frische oder ganze Maiskörner aus der Dose verwenden.

Ingwer

Die würzige Schärfe von frischem Ingwer belebt viele unserer Speisen – von Vinaigrettes bis zu Curries, Muffins und Desserts. Ein sicheres Zeichen für Frische sind feste Wurzeln mit seidiger Haut. Schälen Sie die Ingwerwurzel vor dem Reiben. Sie können den Ingwer über den kleinen Löchern einer Handreibe oder in einer kleinen Küchenmaschine reiben. Wenn Sie eine Maschine verwenden, den geschälten Ingwer in Rädchen schneiden und fein hacken. Ingwer hält sich länger, wenn Sie ihn in einer Papiertüte (kein Plastikbeutel!) im Kühlschrank aufbewahren.

Jicama

Die Knollenfrucht stammt aus Mexiko, hat eine kartoffelbraune Schale und ein knackiges, gelblich-weißes Fruchtfleisch. Man verwendet sie hauptsächlich, um Salaten einen gewissen »Biß« zu verleihen.

Kapern

Die kleinen salzig-pikanten Geschmacksexplosionen stammen von den Blütenknospen des Kapernstrauchs, der auf unzugänglichen Hügeln des Mittelmeerraums gedeiht. Kapern werden in Salz oder Salzlake angeboten und müssen daher vor der Verwendung gut abgespült werden. Kapern halten sich im Kühlschrank praktisch unbegrenzt lange.

Käse

Einige Käsesorten, die wir in unseren Rezepten erwähnen, werden Sie in Ihrem Supermarkt vermutlich nicht bekommen. Diese Käsesorten erhalten Sie nur im Fachgeschäft. Der Mehraufwand lohnt sich, denn ein hochwertiger Käse ergibt auch ein hochwertiges Gericht.

Reifer Käse – Parmesan, Pecorino und Asiago

In Rezepten, die Parmesan verlangen, nehmen wir den echten Parmigiano Reggiano oder den preiswerteren Grana padano aus Italien. Der edle Parmigiano Reggiano wird nach jahrhundertealten Verfahren ausschließlich von Hand gemacht. Diese Käse besitzen einen wunderbaren, klaren Geschmack und werten Salate, Nudelgerichte und Pizza auf. Sie sind jedoch ziemlich teuer und nicht überall ohne weiteres zu bekommen. Geriebener Parmesan aus der Dose schmeckt nach nichts und ist deshalb nutzlos. Pecorino Romano ist ebenfalls ein Hartkäse, der sich gut zum Reiben eignet. Er wird aus Schafsmilch hergestellt und schmeckt schärfer und würziger als Parmesan. Zum Reiben und Raspeln eignet sich außerdem junger Asiago aus Italien. Er hat eine weiche und cremige Konsistenz, ist aber nicht ganz so sahnig wie Fontina. Kaufen Sie Käse zum Reiben im Stück und reiben Sie den Käse nach Bedarf. Bewahren Sie diesen Käse in Folie verpackt im Käsefach Ihres Kühlschranks auf.

Blauschimmelkäse – Roquefort, Stilton, Gorgonzola

Französischer Roquefort, englischer Stilton und italienischer Gorgonzola besitzen jeweils einen ganz eigenen und unverwechselbaren Charakter. Sahniger Gorgonzola eignet sich gut für leckere Pizza oder Pasta; die schärferen Verwandten Stilton oder Roquefort eignen sich als Dessert – zum Beispiel über Apfel- oder Birnenscheiben gekrümelt.

Cheddar

Wir verwenden oft einen reifen, weißen Cheddar mit kräftigem, aber nicht beißendem Geschmack. Die meisten orangefarbenen Cheddars sind gefärbt. Wenn Sie eine Lieblingssorte haben, verwenden Sie diese. Ein milder Cheddar paßt praktisch zu allen unseren Rezepten, während ein sehr scharfer Cheddar die übrigen Zutaten leicht übertönen kann.

Frischkäse – Mozzarella, Ricotta und Frischkäse

Frischkäse wird direkt aus Molke und geronnener Milch hergestellt und weder gepreßt, gereift noch gewürzt. Wir haben glücklicherweise eine ausgezeichnete Quelle für frischen Mozzarella und Ricotta. Bei Frischkäse gilt: je frischer, desto besser.

Zum Pizzabacken und für Aufläufe verwendet man nicht den üblichen weißen Mozzarella, der in Lake eingelegt wird, sondern eine trockene, gelbliche Variante von festerer Konsistenz, die sich reiben oder in Scheiben schneiden läßt. (Nehmen Sie ersatzweise einen halbfesten Schnittkäse.)

Viele Frischkäsesorten werden mit Gelatine stabilisiert; es lohnt sich jedoch, nach einem »naturbelassenen« Frischkäse Ausschau zu halten. Die leichte, flockige Konsistenz und der sanfte, frische Geschmack sind ein Genuß.

Feta, Schafskäse

Feta wird gewöhnlich aus Schafsmilch gewonnen. Es gibt französischen, bulgarischen oder griechischen Feta mit jeweils unterschiedlichem Charakter. Der französische Schafskäse (aus Korsika) ist meist etwas milder. Probieren Sie ein wenig herum und nehmen Sie die Sorte, die Ihnen am besten schmeckt. Feta hält sich in seiner Lake lange Zeit im Kühlschrank frisch.

Fontina

Wir verwenden diesen milden, sahnig-weichen Schmelzkäse für Sandwiches, Pizza und Omeletts. Italienischer Fontina schmeckt uns am besten; aber auch dänischer Fontina ist gut und zudem preiswerter.

Gruyère

Französischer und Schweizer Gruyère schmecken gleichermaßen köstlich. Der Käse, der ein wenig an Emmentaler erinnert, ist für seinen milden und nussigen Geschmack bekannt.

Provolone

Der reife Käse wird aus Süditalien importiert und verfeinert Pizza, Lasagne und Baguette-Sandwiches mit seinem kräftigen Geschmack.

Räucherkäse

Geräucherter Käse macht vegetarische Gerichte herzhafter und interessanter. Viele Käsesorten gibt es heute auch geräuchert, doch unterscheiden sie sich ganz gewaltig in ihrer Qualität. Probieren Sie einen Happen, bevor Sie sich für den einen oder anderen Käse entscheiden. Wir verwenden geräucherten Mozzarella, Emmentaler und Cheddar; es gibt auch guten geräucherten Gouda.

Ziegenkäse

Die Schärfe von gutem Ziegenkäse ist unverwechselbar und zeichnet jungen und milden »Chèvre« sowie reiferen und strengeren Ziegenkäse gleichermaßen aus. Wenn Sie sich bisher noch nicht an Ziegenkäse herangewagt haben, sollten Sie mit einem guten Chèvre beginnen. Ziegenkäse schmeckt zu Salat und Pizza ganz bemerkenswert.

Kochwein

Wir kochen den Satz mit Sherry oder Wein vom Pfannenboden los, damit wir das dunkle und volle Aroma des gedünsteten Gemüses ganz ausschöpfen können.

Rot- und Weißwein

Jeder gute und trockene Rot- oder Weißwein, der sich zum Trinken eignet, eignet sich auch zum Kochen. Es muß kein Spitzenwein sein, aber genausowenig sollte er ungenießbar sein.

Sherry

Wenn es das kräftige und komplexe Aroma eines guten Sherrys sein soll, nehmen wir einen guten, trockenen *amontillado*.

Portwein

Portwein vermittelt eine tiefe Süße und paßt besonders gut zu Pilzen und Buttersaucen. Zum Kochen müssen Sie keinen edlen Tawny verwenden, ein einfacherer Portwein tut's auch.

Mirin

Süßer Sake speziell zum Kochen; gibt es in der Asienabteilung von guten Lebensmittelmärkten und in Asienläden.

Kronsbeeren

Kronsbeeren gehören zur Familie der Heidelbeeren und gedeihen in den kühleren Regionen Amerikas. Zur Erntezeit werden die tiefliegenden Kronsbeerfelder geflutet. Die Früchte treiben dadurch an die Wasseroberfläche und können mit speziellen Rechen von den Sträuchern gezupft werden. Die knapp kirschgroßen, leuchtend roten Beeren sind so sauer, daß sie pur ungenießbar sind. Sie kommen frisch, tiefgefroren oder getrocknet in den Handel und haben einen festen Platz auf dem amerikanischen Speisezettel. Man verarbeitet sie zu (stark gesüßtem) Saft; oder aber man hackt sie fein und bereitet ein Relish daraus – eine köstlich erfrischende Beigabe zu Braten. Die getrockneten Früchte werden in Kuchen und Muffins eingebacken. Sollten Kronsbeeren nicht erhältlich sein, können sie durch Preiselbeeren ersetzt werden.

Kürbisse

Das einstige Grundnahrungsmittel (neben Bohnen und Mais) der Indianer spielt auch heute noch eine große Rolle in der amerikanischen Küche. Schier unvorstellbar ist denn auch die Vielfalt an Kürbissorten, die in den USA angeboten wird. Einige Sorten findet man auch auf deutschen Märkten (grüne und gelbe Zucchini, Muskatkürbis, Hokkaidokürbis, die kleinen »Ufos« mit dem gewellten Rand und natürlich die bekannten Riesenkürbisse). Man unterscheidet zwischen Sommer- und Winterkürbissen. Sommerkürbisse wie Zucchini sind eher geschmacksneutral und für Mischgemüse oder zum Füllen geeignet. Winterkürbisse besitzen meist ein süßliches und aromatisches Fruchtfleisch, das man für Gemüsebeilagen oder für Pies verwendet.

Miso

Miso ist eine japanische Paste aus fermentierten, gekochten Sojabohnen und Reis. Die sehr eiweißhaltige Paste wird meist in einer rötlichen (*aka miso*) und einer weißlich-gelblichen (*shiro miso*) Variante angeboten (es gibt noch weitere Spielarten, z. B. aus Gerste) und zum Würzen für Suppen und Saucen verwendet. Als Faustregel gilt: je dunkler, desto intensiver im Geschmack. Miso gibt es in asiatischen Spezialitätenläden in Dosen zu kaufen.

Öle
Olivenöle

Natives Olivenöl extra bezeichnet Öl aus der ersten Pressung, die mechanisch, das heißt ohne Hitze oder Chemikalien erfolgen muß. Natives Olivenöl extra ist dunkel und aromatisch und somit ein eigenständiges Würzmittel. Jedes Jahr gibt es neue Marken im Handel; suchen Sie sich ein hochwertiges Öl aus, das Ihnen gut schmeckt. Manche Rezepte verlangen leichtes Olivenöl. Dieses Öl nennt sich auf dem Flaschenetikett *reines Olivenöl* und stammt aus späteren Pressungen. Reines Olivenöl ist leichter im Geschmack und heller in der Farbe; der Fettgehalt ist jedoch derselbe wie beim nativen Olivenöl extra. Bewahren Sie Olivenöl gut verschlossen und vor Licht geschützt auf.

Erdnußöl

Wir empfehlen Erdnußöl zum Braten und Backen, weil es erst bei sehr hohen Temperaturen zu rauchen und zu brennen beginnt.

Leichtes Pflanzenöl

Wir empfehlen hierfür Rapsöl, Distelöl oder Erdnußöl.

Dunkles Sesamöl

Das kräftige und intensive Öl verleiht vielen asiatischen Gerichten ein verführerisches Aroma. Dunkles Sesamöl wird aus gerösteter Sesamsaat gewonnen und ist eher ein Würzmittel als ein Öl. Denn es schmeckt äußerst intensiv und brennt bereits bei sehr niedrigen Temperaturen. Es wird schnell ranzig. Kaufen Sie deshalb nur eine kleine Flasche, die Sie im Kühlschrank aufbewahren.

Haselnuß- und Walnußöl

Ein paar Tropfen Nußöl können aus einem wohlschmeckenden Salat eine schlicht umwerfende Komposition machen. Wählen Sie eine Marke von guter Qualität und bewahren Sie das Öl im Kühlschrank auf; zartes Nußöl wird schneller ranzig als andere Öle. Nußöle sind teuer; da wir sie jedoch mit anderen Ölen mischen, sind sie recht ergiebig.

Oliven

Schwarze Niçoise-Oliven sind klein und aromatisch und stammen aus Frankreich. Gaeta-Oliven sind mittelgroß und kommen aus Italien. Wir verwenden stets die eine oder andere Sorte und mischen sie bisweilen mit den getrockneten Kalamata-Oliven. In Öl (statt in Lake) eingelegte und getrocknete Oliven sowie Kalamatas gehören in griechische und andere mediterrane Spezialitäten, so daß es sich lohnt, einen kleinen Vorrat zur Hand zu haben. Diese Oliven werden gewöhnlich nicht entsteint angeboten, doch der Stein läßt sich durch leichten Druck meist problemlos herauslösen. Wenn Sie keine guten Oliven bekommen, können Sie viel aus ganz gewöhnlichen Oliven herausholen, wenn Sie sie einige Stunden in aromatischem nativem Olivenöl extra, grob gehacktem Knoblauch und frisch gehackten Kräutern einlegen.

Pfeffer

Wir verwenden gewöhnlich schwarzen Pfeffer, doch manche Rezepte verlangen nach weißem Pfeffer oder Cayennepfeffer. Einige Speisen werden mit »Fünf-Pfeffer-Mischung« zubereitet. Diese Mischung aus schwarzen, grünen, rosa und weißen Pfefferkörnern sowie Nelkenpfeffer kann man auch fertig kaufen.

Filloteig

Filloteig ist in den Küchen des Vorderen und Mittleren Orients zu Hause. Die papierdünnen Teigblätter werden gerne für Teigtaschen, Aufläufe und gefüllte Desserts verwendet. Man schichtet meist mehrere Lagen übereinander und bestreicht sie mit zerlassener Butter, damit der empfindliche Teig nicht zerbröselt. Filloteig können Sie in orientalischen oder türkischen Spezialitätengeschäften bekommen, wo man ihn auch unter der Bezeichnung »Kanaky« kennt. Blätterteig ist leider nur ein unzureichender Ersatz.

Relish

Speisewürze, meist winzigfein gehacktes Gemüse, das kräftig angemacht und als Beilage zu Fleisch gereicht wird (Kronsbeeren-Relish, Gurken-Relish).

Safran

Safranfäden sind die getrockneten Blütennarben einer bestimmten Krokusart. Safran besitzt ein unbeschreiblich feines Aroma und eine satte gelbe Farbe, mit der man Reisgerichte und Suppen verfeinert. Safran gibt es als Fäden und zu Pulver gemahlen zu kaufen. Wir empfehlen die Fäden, die in etwas warmem Wasser eingeweicht werden.

Salz

Seit der Eröffnung unseres Restaurants verwenden wir feines Meersalz, und wir finden, daß es sich für vegetarische Küche besonders gut eignet. Das Salz, das Sie heute im Supermarkt kaufen können, ist in der Regel besonders behandelt, daß es nicht mehr klumpt.

Soda

Soda ist ein altes Hausmittel zum Backen, zur Wasserenthärtung, gegen Juckreiz und Verdauungsbeschwerden infolge von Magenübersäuerung. Chemisch betrachtet, handelt es sich um Natriumhydrogen- oder Natriumbicarbonat, das heißt doppelkohlensaures Natron. Es entsteht durch das Sättigen einer Sodalösung mit Kohlendioxid. Soda ist mäßig wasserlöslich und schmeckt salzig. Sie bekommen Soda in der Apotheke.

Sonnengetrocknete Tomaten

Die getrockneten Tomaten, die wir verwenden, sind in Olivenöl eingelegt. Sie schmecken intensiv und verleihen den Gerichten eine einzigartige pikante Note. In manchen Spezialitätengeschäften erhalten Sie auch »trockene« getrocknete Tomaten. Sie schmecken kräftig und süßlich und sind sehr vielseitig, können aber die in Öl eingelegten Tomaten nicht ersetzen.

Tortillas

Während eine »Tortilla« in Spanien eine Art Kartoffelomelett bezeichnet, versteht man in der Neuen Welt unter Tortillas dünne Fladen aus Weizen- oder Maismehl. Sie werden kurz auf einer heißen Platte gebacken und mit Gemüse, Käse und Fleisch gefüllt. Meist werden sie so zusammengefaltet, daß man sie direkt aus der Hand essen kann.

Vanilleschoten

Ganze fermentierte Vanilleschoten gehören in die Vorratskammer eines jeden Pâtisseurs. Schlitzen Sie die Schoten mit einem spitzen Messer der Länge nach auf und schaben Sie das aromatische Mark heraus. Geben Sie das Mark und die Schote in die Milch oder Sahne für eine Cremespeise. Nachdem die Vanilleschote zum Aromatisieren einer Creme oder Sauce gedient hat, herausnehmen, säubern und in einer Zuckerdose vergraben. Sie können die Schote mehrmals verwenden. Der Zucker erhält einen starken Vanillegeschmack und kann dann über Beeren gestreut, in Schlagsahne und Kuchenteig gegeben werden.

Danksagung

Dieses Buch entstand durch die Zusammenarbeit vieler Herzen und Hände. Bei Wendy Johnson, der leitenden Gärtnerin der Green Gulch Farm, möchten wir uns aufrichtig bedanken für das Kapitel über Biogartenbau und für ihr unschätzbares Fachwissen, das sie bereitwillig mit uns geteilt hat. Rick Jones, unserem Manager und Weineinkäufer, bin ich ebenfalls zu Dank verpflichtet. Er hat das Kapitel »Wein und vegetarische Gerichte« verfaßt. Außerdem möchte ich mich bei Greg Tompkins bedanken, der das Kapitel über das Brotbacken geschrieben hat. Sie alle haben wesentlich zu diesem Buch beigetragen.

Laurie Senauke betreute mich während des Schreibens und Redigierens. Dana Tommasino und Alison Wilmarth unterstützten mich mit ihrem schriftstellerischen Talent und ihrer Liebe zum Kochen. Die warmherzige und humorvolle Cathy Ehrhard probierte die Rezepte in meiner Küche zu Hause aus. Carole Forrest, unsere ehemalige Pâtissière, überprüfte alle Dessert-Rezepte. Karin Gjording versorgte uns mit Gartentips und arbeitete zusammen mit Wendy am Garten-Kapitel. Danielle Tompkins, Marcella Smith und Kyra Lowther unterstützten Greg bei den Brotrezepten. Lisa Anderson und Rosalie Curtis halfen bei der Redaktion. Ein ganz besonderes Dankeschön geht an die Tester von der Water Street und an den Great Blue Heron, der unseren Alltag bereichert.

Tiefsten Dank möchte ich unserem Küchenchef J. Kenyon aussprechen, dessen Verläßlichkeit und Kreativität im Mittelpunkt unserer Art zu kochen steht, sowie abermals Rick Jones. Durch ihre gewaltige Unterstützung wurde dieses Projekt erst möglich. Unseren gegenwärtigen und früheren Küchenchefs, deren Erfindungsgabe und Rezepte diese Seiten zieren: Diana Adkins-Glassman, Susan H. Brinkley, Michael McNamara, Laura Levin, Greg West, Ulysses Lowry, Richard Porto, Mark Hall, Donna Nicoletti, Jito Yumibe, Lea Bergen, Allison Henderson und Mary Downs. Bruce McCallister und Tom Girardot haben im Lauf der Jahre unsere Weinliste erweitert. Wir danken Philip Horn, Joyce Franklin, Jane Haseldine, Bo Thompson und dem ganzen Personal von Greens.

Das bahnbrechende *Greens Cookbook* bereitete das Fundament für dieses Buch. Deborah Madison und Edward Espe Brown revidierten unsere Anschauung über vegetarische Kost ein für allemal. Die Rezepte von Marion Cunningham, Lindsey Shere, Julie Sahni, Barbara Tropp und Joyce Goldstein boten uns besonders gute Anregungen. Sibella Kraus half uns mit ihren phantastischen Ideen und ihrem Rezept für die »Knallfrosch-Kartoffeln«. Peter Rudnick teilte uns bereitwillig sein umfangreiches Wissen über biologischen Gartenbau mit, das er sich in mehr als fünfzehn

Jahren auf den Gemüsefeldern der Green Gulch Farm aneignen konnte. Rosalind Creasy gab uns Empfehlungen für Gartenliteratur. Alice Waters' Worte »Eßt Frisches aus dem Garten« haben uns über Jahre motiviert.

Die ansprechenden Zeichnungen stammen aus der Hand von Cynthia Schafer.

An meinen Agenten Michael Katz, der mir immer wieder Mut gemacht hat, richte ich ebenfalls ein aufrichtiges Dankeschön. Seine klugen Fragen gaben dem Buch von Anfang an eine Richtung. Jane Hirshfields gut gewählte Worte schätzen wir sehr. Meine Lektorin Fran McCullough war mir stets eine wertvolle Hilfe. Ihre Sachkenntnis und ihre Anmerkungen spornten mich an, und ihr heiteres und freundliches Wesen verbreitete stets gute Laune. Richard Bakers Weitsicht machte das Greens Restaurant zu einer Institution. Ohne ihn wäre Greens heute nicht dasselbe. Mein Dank geht auch an Michael Wenger, der mich dazu einlud, dieses Buch zu schreiben, und schließlich an das Zen Center dafür, daß mir diese seltene Gelegenheit gewährt wurde.

Register

SLOW FOOD

Kommen Sie jetzt in den Genuß

Immer mehr Menschen erkennen, daß Essen und Trinken Teil unserer Kultur sind. Darum unterstützen immer mehr Menschen SLOW FOOD. Denn die internationale SLOW-FOOD-Bewegung setzt sich für die Achtung der Lebensrhythmen der Menschen und der Natur als Ursprung aller Nahrung ein; für die Verbreitung hochwertiger Lebensmittel, die naturnah mit sinnvollen Methoden erzeugt werden; für das Bewußtsein, daß jedes Land, jede Region und jede Jahreszeit eine Vielfalt von Nahrungsmitteln hervorbringen.

Darum machen bei SLOW FOOD alle mit: Produzenten und Händler, Winzer und Gastronomen, Verbände und Journalisten – und viele, viele private Genießer.

Mit der Anmeldung zur Bewegung SLOW FOOD International bekommen Sie automatisch Ihre Mitgliedskarte und ohne weitere Kosten die viermal im Jahr erscheinende Zeitschrift »Slow« zugeschickt. Die Mitgliedskarte gibt Ihnen die Möglichkeit, Rabatte und Vorteile, die unseren Mitgliedern exklusiv vorbehalten sind, weltweit zu nutzen. Außerdem werden Sie regelmäßig über SLOW- FOOD-Veranstaltungen in Ihrer Region informiert.

Ja, ich möchte in den Genuß kommen und werde Mitglied bei der Bewegung Slow Food international.

Name

Vornam

Firma

Straße

Postleitzahl/Ort

Land/Region

Telefon/Fax

Beruf

Datum/Unterschrift

Jahresbeitrag: DM 95,–, öS 650,–, sFr 120,–. Die Mitgliedschaft gilt 1 Jahr. Sie kann danach jederzeit und ohne Angabe von Gründen gekündigt werden.

Zahlungsart:
☐ Überweisung auf das italienische Postscheck- konto von SLOW FOOD beim Ufficio postale di Bra (Cn) – sede N°. 23-31 Konto Nr. 17251125 (Überweisungsdurchschlag liegt bei)

☐ Visa / Master Card

☐ American Express

☐ Karten Nr.:

Ablaufdatum

Ort/Datum

Unterschrift

Bitte diesen Coupon kopieren und einfach in einen frankierten Umschlag stecken oder faxen an:
SLOW FOOD INTERNATIONAL OFFICE, VIA DELLA MENDICITA ISTRUITA 14, I-12042 BRA (CN)
TEL: 0039 172 41 12 73, FAX 0039 172 42 12 93